"정신은 정보가 아니라
지식을 먹고 자란다."

샬롯 메이슨의
교육철학

샬롯메이슨 지음 | 차선미 옮김

샬롯 메이슨의
교육철학

초판 1쇄 발행   2022년 4월 13일

지은이	샬롯메이슨
옮김이	차선미
펴낸이	김진우
펴낸곳	생명나무
전화	02) 977-2780
등록일	2016. 10. 20.
등록번호	318-93-00280
주소	서울특별시 노원구 수락산로(상계동) 258, 502호
홈페이지	www.rcw.kr
총판	(주)비전북출판유통
	경기도 고양시 일산서구 덕이동 1347-7
	전화: 031) 907-3927
	팩스: 031) 905-3297
디자인	토라디자인(010-9492-3951)
ISBN	979-1-19593-065-4 03230
가격	22,000원

생명나무 출판사는
위대한 종교개혁의 정신을 계승하고, 개혁신앙의 유산을 이 시대에 적용하고 확산시키며 후손들에게 상속하기 위해 설립되었습니다. 이러한 거룩한 도전과 모험을 통해서 주께서 영광을 받으시고 주의 백성들이 새롭게 되며, 교회가 참된 권능을 회복하도록 최선을 다하겠습니다.

샬롯 메이슨의
교육철학

"정신은 정보가 아니라
지식을 먹고 자란다."

추천의 글

　한 세대가 가고 또 한 세대가 오는 일은 거스를 수 없어도 세속성이란 물결은 거스를 수 있다. 오늘날 우리의 교육현장은 어떤가? 자신들도 모르게 점점 세속화되고 있다. 학교가 앞장서서 아이들을 모세처럼 세상을 변화시키는 '하나님의 사람'이 아닌 '세상이 요구하는 인재'를 만들고 있다. 거인으로 자랄 수 있는 아이를 난장이로 만들고 있다. 이것들은 사람이 깨어지긴 했지만 하나님의 형상으로 지음 받은 인간이라는 사실과 교육은 구속역사의 틀 안에서 이루어져야 할 문화명령이라는 사실을 알지 못하는 무지에서 비롯되었다.
　이 상황을 어떻게 변화시킬 수 있을까? 안타까운 일은 다음 세대를 가르치려는 열정은 뛰어난 반면, 무엇을 어떻게 가르쳐야 할지 제대로 알지 못한다는 것이다. 건물의 기초가 부실하고 골조가 뒤틀려 있는 상태에서는 인테리어를 아무리 잘 해도 건물로서의 기능을 발휘할 수 없다. 마찬가지로 교사가 가르치려는 열정을 가지고 있더라도 교육의 목적과 방향이 잘못 설정되면, 아이들은 올바로 자랄 수 없고 이 세상에 이바지하는 재목이 될 수 없다. 교육철학이 필요한 이유가 여기에 있다.

이전과는 달리 한국 곳곳에 기독교 대안학교들이 설립되었다. 하지만 기독교육에 대한 서로 다른 이해와 생각의 차이 때문에 교사들 간에 어려움을 겪고 있고, 이로 인해 교육현장이 매우 혼란스러운 상태에 있다. 그리고 이로 인한 폐해가 고스란히 학생들에게 전가되고 있다. 이런 상황에서는 기독학생들이 세상을 변화시키는 일은 고사하고 세속성에 잠식당할 수밖에 없다. 그러므로 가르치는 사람이 변해야 한다. 가르치는 교사가 바뀌어야 학생이 변할 수 있다.

교사가 어떻게 바뀔 수 있을까? 기존에 자신이 가지고 있던 교육에 대한 이해와 생각을 내려놓고 사람을 가르치는 일에 대한 성경적인 이해를 가져야 한다. 새로운 교육사상을 받아들이고 실천할 수 있을 정도의 무게를 지닌 사상체계가 교사의 머리와 마음속에 들어와야 한다. 필자는 샬롯 메이슨의 『교육철학』이 이런 일에 기여할 것을 확신한다. 샬롯 메이슨은 영적으로, 정신적으로 박약한 현대인들에게 교육에 관한 중요한 통찰을 제공한다. 진보한 것처럼 보이지만 실제로는 퇴보한 이 시대에 다음 세대를 어떻게 가르칠 것인가에 대한 탁월한 관점을 제시한다.

이 유익을 맛보고 교육현장에 적용하기 위해서는 샬롯 메이슨의 교육사상의 결정체인 본서를 통전적으로 이해할 뿐만 아니라 내면화해야 한다. 그러지 않으면 그녀의 가르침은 하나의 팁이 되고 말 것이다. 샬롯 메이슨의 교육철학은 그의 책 중에서 가장 어려운 책이다. 게다가 19세기 영어로 쓰여 있고 당시 철학과 사상을 배경으로 하고 있다. 따라서 이 책을 이해하기 위해서는 영어 능력은 물론 당시의 철학과 세계관, 그리고 샬롯 메이슨이 살던 시대와 교육 전반에 대한 선 이해를 가진 이의 도움을 받아야 한다.

 감사하게도 차선미 선생님께서 이 일을 감당해주셨다. 그녀는 아내와 어머니로서 책임을 감당하면서 십 여 년 이상 홈스쿨러로 세 자녀들을 양육하였다. 그리고 그녀가 오랫동안 품었던 소망대로 샬롯 메이슨의『교육철학』을 현산크리스천스쿨에 적용하면서 학생들을 가르치고 있다. 이 책은 단지 영어를 한글로 번역한 많은 번역서 중의 하나가 아니다. 교육에 대한 어긋난 이해를 교정하고, 척박하고 뒤틀린 교육환경을 갈아엎을 만한 파워를 가진 책이다. 부디 이 책을 통해서 기독교 대안학교를 비롯한 많은 학교들이 큰 유익을 얻게 되길 바란다.

최 덕수 목사
(현산교회)

추천의 글

우리는 인류 역사상 초유의 코비드19 팬데믹으로 전 세계가 3년여에 거쳐 비대면과 거리 두기, 마스크의 일상화, 백신 접종과 방역 패스 등의 전혀 낯선 환경을 경험했습니다. 교육 분야에서도 예외는 아닙니다.

하지만 이는 우리에게 또 다른 기회이기도 합니다. '위기는 기회다'라고 하는 진부한 명제가 아니더라도 우리가 그동안 당연하게 받아들였던 대면 수업이라는 게 무엇이며, 어떤 의미와 가치를 가져다주었는지 돌아 볼 기회를 얻었기 때문입니다.

이 책을 통해 샬롯 메이슨은 이러한 질문들에 관해 적절하고 지혜로운 통찰과 교육 이야기들을 전해 줍니다. 간략하게 정리해서 말하면 이렇습니다.

샬롯 메이슨은 교육은 관계의 과학이라 말합니다. 이는 교육이라는 게 체계적 지식의 전달만이 목적이 되어서는 안 되며, 인간, 우주, 신과의 관계를 어떻게 제대로, 체계적인 시스템 안에서 유기적 관계를 맺으며 상호 반응하고 지속적으로 사랑하는 배움의 관계를 아이들이 배워갈 것인가에 관한 것임을 주장합니다. 단지 지식이 보이는 것에만 머무르는 것이 아닌, 보이지 않는 존재와의 관계를 포함한 지식의 총합과 그 관계까지를 본성적으로 연결하고자 하는 욕구를 지닌 존재로서의 사람, 아이를 제시합니다. 그래서 아이의 마음을 '영적 유기체'에 비유합니다.

　샬롯은 아이가 자기 스스로 학습하는 힘을 길러야 한다고 보았습니다. 왜냐하면 아이의 마음은 어른과 동일한 구조와 기능을 지녔기 때문이라는 것입니다. 하지만 아이는 하나님의 선한 창조물로 이 세상에 보내지지만 인간의 조상들이 범한 죄의 굴레에서 벗어나지도, 그 책임에서 자유롭지도, 못한 상태로 자라나게 됩니다. 그래서 이 아이들에게는 선생님이 필요 합니다. 구원에 이르는 지식과 지혜를 주는 하나님과의 끊임없는 만남과 신의 성품을 반영한 자연 지식이나 원리들과 부모나 교사를 통해 아이는 지식과 관계를 맺으면서 회복되고 자라나게 됩니다. 이는 성경을 포함한 살아있는 아이디어들이 들어간 문학적 스토리의 살아있는 책들을 통해, 다양하고 폭넓은 교육과정과 생명과 자연을 통해, 교사와 부모와 다른 사람들을 통해, 지식들과 관계를 맺고 사랑하면서 성장합니다.

　아이들을 성인과 동일한 사람으로(as person) 인식하고 개성(personality)을 존중하며, 교육 환경 조성(분위기 전환)과 습관의 훈련과 살아있는 아이디어를 가슴에 품어 가슴 뛰는 사람다운 삶을 살도록 합니다. 이를 위해 의지와 이성이라는 기차선로를 깔아 자유로운 생각과 삶을 살아가도록 하면서도 선택과 책임이라는 성숙한 인격을 지니도록 돕습니다.

　사실 샬롯 메이슨의 교육은 국력을 기르는 일과도 무관하지 않습니다. 왜냐하면 샬롯의 교육은 개인의 삶의 질을 바꾸는 것이며, 개성을 중시하며, 계속적으로 성장하는 삶, 배우는 삶, 즉 지식과 세상, 신을 사랑하는 삶을 지향하기 때문인데, 이렇게 자란 아이들의 타인과 세상에 관한 태도가 어떠하겠습니까? 이러한 아이들이 자라서 활동하는 나라와 세상을 생각해보십시오. 이 책의 2권 4장의 국력의 기초에 나오는 프로이센 왕국의 여왕 루이제가 프로이센의 몰락 원인을 국가적 무지에서 찾았다는 예를 굳이 찾아보지 않더라도 말입니다.

나는 개인적으로 6권을 좋아합니다. 왜냐하면 샬롯 메이슨의 교육 사상을 가장 잘 보여주는 책이며, 그녀의 정돈된 생각들을 잘 보여주기 때문입니다. 하지만 이전 번역본은 이 책의 중요성에 비해 아쉬움이 많았던 게 사실입니다.

그래서 이 번역본에 관해 추천사를 요청 받았을 때 개인적 부족함으로 잠시 망설였지만, 귀한 수고에 조금이라도 도움이 되었으면 하는 마음으로 추천사를 씁니다.

사실 처음에 일산 고양의 현산크리스천스쿨의 차선미 선생님의 수고로 이 책이 재번역되었다는 소식을 들었을 때 속으로 적잖게 놀랐습니다. 왜냐하면 많은 시간과 공을 들이는 고통스러운 시간들을 보냈을 것을 알기 때문입니다. 코메니우스와 페스탈로찌의 교육 사상을 기본으로, 플라톤과 칸트와 로크, 여러 신교육사상가들과 고전주의와 계몽주의, 낭만주의, 그리고 루소의 홈스쿨(가정교육)에 관한 새로운 개념어와 개혁주의신앙과 영국국교회 등에 관한 사상들이 배경으로 깔려 있고, 언어적으로는 고전 영어를 사용하기 때문에, 번역자에게는 여간 곤혹스러운 작업이 아니었을 텐데, 멈추지 않고 끝까지 감당한 노고에 마음의 진심을 담아 감사와 박수를 보냅니다.

차선미 선생님의 번역은 그동안 애매하거나 이해하기 어려웠던 내용들을 잘 이해하도록 돕습니다. 이는 이전 번역을 개정한 것이 아니라, 아예 새로운 번역을 해냄으로써 샬롯 메이슨의 6권 교육 철학을 좀 더 다양하게 이해하는 데 기여합니다.

물론 일부의 독자는 여전히 번역이나 개념 용어에 관한 정리에 아쉬움을 표할 수도 있을 겁니다. 그래서 오히려 이 번역이 필요하고도 소중하게 생각됩니다. 왜냐하면 이러한 또 다른 시도가 우리 모두가 살아있는 교육을 좀 더 제대로 이해하고 적용하며 살아갈 수 있도록 돕기 때문입니다. 뿐만 아니라 또 다른 징검다리를 우리 앞으로 던져 놓아 더 나아갈 수 있는 진전을 이루었기 때문입니다. 그리고 이러한 디딤돌들이 더 분명하게 저 교육의 땅으로 우리들을 요단강을 건너듯하게 할 것입니다. 아무쪼록 차선미 선생님의 수고가 또 다른 수고로 이어져 우리의 교육에 대한 열정을 고양시키고 자녀들과 학생들의 삶의 여정을 더 나아가게 하기를 바랍니다.

이 역작을 통해 샬롯 메이슨의 교육이 좀 더 널리 알려지고 한국의 기독교 대안학교들과 홈스쿨러들, 그리고 일반 학교에 도움이 되기를 희망해 봅니다.

2021년 1월 11일

송 성수(살아있는교육 개발연구소장)

추천의 글

"많이 가르치지 말라, 많이 가르치는 것은 아이들을 망치는 것이다. 어린이는 모든 가능성과 능력을 가지고 있는 인격체이기 때문에 교육은 자기주도 학습과 독서교육에 기반해야 하며, 살아 있는 책, 온전한 책을 읽도록 해야 한다."

저는 기독 신앙에 기초한 올바른 학교 교육이 필요하며 또 가능하다고 믿는 기독인입니다. 현산크리스쳔스쿨 설립에 관여하기 전에 샬롯 메이슨의 이 책을 처음 번역본으로 읽었고, 이 새로운 번역 출간물을 교정하면서 두 번 읽었는바, 저는 다음 세 가지 이유를 들어 본 서를 기독 신앙 안에서 아이들을 가르치려 애쓰시는 이 땅의 기독 선생님들과 학부모님들에게 기꺼이 추천합니다.

첫째, 샬롯 메이슨의 교육철학에 백배 공감하기 때문입니다. 샬롯 메이슨은 19세기 영국 교육에 지대한 영향을 미쳤던 교육자입니다. 아이들을 능동적 지성과 풍부한 학습 능력을 지닌 존재로 보고, 이를 발휘할 수 있도록 통제나 주입보다 양육과 격려로 가르치기를 주장하고 학부모연맹 활동을 통해 보급하는 데에 크게 이바지 했습니다. 특히, 어린이 교육을 인문고전과 같은 완전한 책을 기반으로 한 독서식 인문학 교육법으로 바꿔야 한다고 주장하였으며, 이 교육법은 크고 작은 다양한 규모의 학교에서도 가능하다고 말하고 있습니다.

둘째, 자녀들을 기독 신앙에 기초하여 교육할 수 없는가, 기독 대안학교의 교육철학과 방식을 좀 더 기독교적 인간관에 기초하여 세울 수 없는가를 고민하는 부모님들과 기독 선생님들에게 이 책이 답을 드릴 수 있다고 보기 때문입니다. 16세기 종교개혁자 칼빈은 '우리의 자녀들에게 황폐한 교회를 물려주지 않기 위해서' 학교가 필요하다고 생각했습니다. 인문학의 토대 위에서 신학을 세웠던 칼빈은 이를 위해 언어, 인문학을 기본으로 하는 교육, 학교를 생각했습니다. 무엇보다도 칼빈은 모든 지혜와 지식의 보물이 그리스도 안에 감추어져 있기 때문에 그리스도의 선지자 직무에 그 기초를 두고 교육하고 학문을 연구해야 함을 잊지 않았고, 하나님이 교회를 통하여 세계를 교육하신다는 생각을 가지고 있었습니다. 개혁신앙에 뿌리를 둔 샬롯 메이슨은 독서식 인문학 교육이야말로 아이들을 전인격적인 신앙인으로 키울 수 있다고 보았습니다. 개인적으로는, 한국사회에서 교육을 받을만큼 받은 저에게 "많이 가르치지 말라, 많이 가르치는 것은 아이들을 망치는 것이다. 어린이는 모든 가능성과 능력을 가지고 있는 인격체이기 때문에 교육은 자기주도 학습과 독서교육에 기반해야 하며, 살아 있는 책, 온전한 책을 읽도록 해야 한다."는 그녀의 경고가 뇌리를 떠나지 않습니다. 이 책을 읽고 현산크리스천스쿨에서 이런 교육 철학과 방법론에 따라 스스로 배우고 자라가는 아이들이 부럽기만 한 1인이 되었습니다. 온전한 학습을 위해서는 아이들이 스스로 읽고 생각하며 정리하도록 해야 한다는 그녀의 교육철학은 자기주도 학습의 모태가 되기도 합니다. 샬롯 메이슨의 책들이 이후 지속적으로 대안교육, 홈스쿨링의 철학적, 방법론적 바탕이 된 것도 이러한 점 때문입니다.

셋째, 역자의 기독 대안학교에 대한 헌신과 열정 때문입니다. 그녀는 기독 대안학교 교육을 그 자녀들을 홈스쿨링하면서 실행해왔고, 그 노하우와 열정을 바탕으로 현산크리스천스쿨 설립 과정에 주도적으로 참여, 현재는 현산크리스천스쿨의 정규 교사로 그 열정을 쏟아붇고 있습니다. 2019년 10월 현산크리스천스쿨 개교 이래 학교의 많은 부분의 교과과정을 설계하고 부족한 교과를 개발하는 일을 병행하면서 선생님이 보여준 지혜와 열정, 추진력은 학교에 자녀를 보낸 학부모님께, 그리고 학교를 설립한 현산교회에 든든한 버팀목이 되어주었습니다. 본 번역서는 현산크리스천스쿨 교사와 학부모님들과 함께 독서 모임을 하는 중에 기존 번역물의 심각한 오역을 바로잡는 과정에서 나온 부산물이기도 합니다.

현산교회가 기독학교(현산크리스천스쿨)를 설립한 보다 근원적인 이유는 자녀교육이 일차로 가정의 직임이자 교회적 직임으로 보았기 때문입니다. 그 명령에 순종하는게 쉽지 않은 일이지만, 순종할 수 있기 때문에 순종하는게 아니라, 하나님이 말씀하셨기 때문에 순종합니다.

다시 한 번, 언약의 자녀들을 기독 신앙에 충실하게 가르치려고 분투하는 모든 부모님과 선생님들에게 일독을 권합니다.

정 준화 집사
(현산크리스천스쿨 운영위원장/ 한국건설기술연구원 前부원장)

추천의 글	4
역자 서문	18
저자 서문	21
서론과 개요	31
도입 1	32
도입 2	37
도입 3	41
제1권 교육철학	57
제1장 자기주도 학습	58
제2장 아이는 온전한 사람으로 태어난다	70
1. 아이의 정신	70
2. 학교의 정신-아이	76
3. 학습의 동기	84
제3장 천성이 착한 아이, 천성이 나쁜 아이	87
1. 육체의 안녕	87
2. 정신의 안녕	91
3. 지적인 욕구	100
4. 방향이 잘못된 애정	102
5. 영혼을 위한 안녕	108
제4장 권위와 순종	113
제5장 인격의 존엄성	128

제6장 교육의 세 가지 도구	145
1. 교육은 분위기이다	145
2. 교육은 훈련이다	151
3. 교육은 생명이다	158
제7장 정신의 사용방법	168
제8장 의지의 사용방법	188
제9장 이성의 사용방법	201
제10장 커리큘럼	219
제1부 하나님에 대한 지식	224
제2부 사람에 대한 지식	239
제3부 우주에 대한 지식	288
제2권 적용된 이론	309
제1장 초등학교의 교양 교육	310
제2장 중학교의 교양 교육	328
제3장 실업학교의 범위	363
제4장 국력의 기초	389
1. 지식	389
2. 학문, 지식과 미덕	397
3. 지식, 이성 그리고 반란	405
4. 지식에 대한 새롭고 오래된 개념들	414
5. 교육 그리고 삶의 충만함	422
6. 문학 형태의 지식	430
부록	441
너무 넓은 그물망	442

샬롯 메이슨의
교육철학

역자 서문 | 저자 서문

역자 서문

어떤 책은 사람에게 벼락처럼 깨달음을 준다. 교육에 고민하고 진지하게 생각하는 모든 독자들에게 이 책에 대한 통찰이 똑같이 임하기를 간절히 바란다. 기독교인으로서 배웠던 중요한 사실은 인생은 속도보다는 방향이 중요하다는 것이다.

샬롯 메이슨은 살아 있는 책(Living Books)으로 아이들을 교육하기를 서문부터 마지막까지 일관되게 주장하고 있다. 정신의 행동방식, 좋은 습관, 의지의 사용방법, 초등교양교육, 중등교양교육, 실업학교 등 어느 단원을 들여다 보아도 같은 주장을 읽게 된다. 요지는 같지만 각각의 내용은 여전히 통찰력이 있고 풍부하다. 그리고 어느 관점에서 교육을 검토해도 결국 살아 있는 책(Living Books)으로 교육하는 게 정답이라는 샬롯의 간곡한 주장을 공감할 수 있다. 살아 있는 책이란 한 사람의 저자가 오랜 시간과 열정을 들여 문학적 요소를 담아 쓴 책을 말한다.

단지 최상위 소수의 사람들만 이해할 수 있는 어려운 고전을 읽는 게 인문학 교육이라고 주장하는 시중의 많은 책들과 샬롯이 말하는 인문학 교육과는 차이가 있다. 이해를 넘어서는 어려운 책을 읽기 위해서 우리는 해설하는 사람의 강의를 들어야만 하는데, 이것은 샬롯의 주장에 의하면 오히려 정신을 무디게 만드는 해로운 방식이다. 사람의 정신은 직접 읽어야 온전한 집중력을 발휘할 수 있기 때문이다. 지식이 아무리 고상하고 훌륭해도 결국 학습자의 정신이 그 지식에 작용하지 않는다면 배움을 일어나지 않는다. 교사는 설명하고 해설하는 일을 그만두고 학습자에게 적합한 책을 선정하여 공급해야 한다. 이 교육방식은 단지 학교 뿐만 아니라, 가정이나 교회에서 이루어지는 교육에도 적용되어야 한다고 생각한다. 학습자를 가만히 앉아서 듣기만 하는 청중으로 만드는 많은 교육이 개혁되기를 소망해 본다.

현대의 비기독교 독서 전문가들은 오히려 샬롯 메이슨의 교육 철학과 상당히 일치되는 원리를 이야기 한다. 그러나 배움의 동기가 다르고 세계관이 다른 사람들의 책을 참고하는 것은 가능하나 기독교 학교의 교육원리로 삼는 데는 무리가 있다. 다행이 중요한 독서 원리를 아우르면서도 하나님의 창조 원리와 기독교 세계관을 기초로 하는 교육 원리가 바로 이 책에 제시되어 있다.

개인적인 부족함에도 불구하고 잘못 번역된 책을 다시 번역해서 책을 내겠다는 나의 당돌한 입장이 부담스러운 게 사실이며, 무엇보다 오랜 노력과 열정을 들인 이 책을 누군가 쉽게 참고하여 출판하는 일이 생길까 하는 걱정도 동시에 가지게 된다. 부족하여 지적을 받는다면 당연히 감수하겠지만, 후자의 경우가 발생하지 않기를 간절히 바란다.

샬롯 메이슨의 교육 철학을 따르는 학교인 앰블사이드 학교들은 아직도 건재하고 있으며 이러한 방식으로 학교를 운영하는 학교가 전세계적으로 많이 있고, 교사 훈련프로그램도 정기적으로 운영되고 있다. 앰블사이드에서 제공하는 도서목록에 '순전한 기독교', '신앙 감정론' 등이 중, 고등학교 필독서에 포함되어 있다는 것은 나에게 큰 반가움이었다. 우리 아이들을 '기독교 강요'나 이러한 위대한 기독교 철학서를 읽을 수 있는 수준으로 키워 낼 수 있다면 무엇을 더 바라겠는가?

    이 책을 번역을 할 때, 강조하는 기호, 단락 나누기 등 원서의 형식을 거의 그대로 유지하도록 신경을 썼다. 가장 많이 쓰인 단어인 mind는 heart와의 구분을 위해서 '정신'으로 번역하였고, idea는 '생각'으로 일치시켜 번역했다. 어려운 인용 표현들에 대해서는 원문을 찾아보고 의도를 이해한 후 번역하였으며 필요한 경우 '역자 주'로 설명을 덧붙였다.

    이 책을 번역하는 데 가족의 도움이 없었으면 불가능했을 것이다. 문장 하나로 씨름하며 진도를 나가지 못할 때 함께 고민하며 해결의 실마리를 여러 번 던져주었다. 다듬어지지 않은 번역 초안을 읽고 오타와 문장의 오류를 찾아 주는 데 개인적인 시간을 내 준 교회의 동역자 양숙경 성도에게도 지면을 빌어 감사를 전한다. 그리고 무엇보다 이런 교육철학을 학교에 구현할 수 있도록 모든 지원을 아끼지 않으시는 최덕수 목사님께 깊은 감사를 드린다.

2022년 3월, 차선미

저자 서문

'교양교육'은 '물의 요정(Undine, 역자 주-La Motte Fouqu의 작품)'과는 거리가 먼 것처럼 보이지만 이 둘 사이에는 접점이 있다. 사랑의 손길로 물의 요정 안에서 한 영혼이 깨어났었다. 그리고 나는 지식의 손길에서 '대중의 영혼'이 깨어났다고 말해야 할 것 같다. 8년 전 광산촌 학교 아이들의 '영혼'은 이 마법의 손길을 통해 동시에 깨어났고 여전히 깨어 있다. 우리는 신앙이 영혼을 일깨우며, 사랑이 사람을 새롭게 만들고 직업의 소명도 그렇게 할 수 있다고 알고 있다. 그리고 르네상스 시대에 인간의 영혼, 즉 대중의 영혼은 지식에 눈을 떴지만 이 호소력은 현대인의 영혼에는 거의 다다르지 못하고 있는 듯 하다. 일반 학교에서도 수업과 점수에 대한 즐거움이 있기는 하지만, 나는 이 광산촌의 아이들 안에 있는 지식에 대한 열의가 새로운 가능성을 보여주는 현상이라고 믿는다. 이미 영국의 수천 명의 아이들이 이러한 지적 변화를 경험했지만, 그 아이들은 교육받은 부모들의 자녀였다. 따라서 광산 마을 주민의 자녀들이 똑같이 반응한다는 사실을 발견했을 때 세상에 새로운 희망의 문을 열여 주는 것과 같았다. 모든 아이들의 영혼은 즐거운 인생을 일깨워 줄 지식의 부름을 기다리고 있는 중인지도 모른다.

공립학교 내의 행복한 선동가였고 지금은 고인이 된 프랜시스 슈타인탈(Francis Steinthal) 부인은 "훈련된 삶, 합법적인 파업, 정의, 계급 전쟁의 종말, 발달된 지성, 그리고 저질스럽고 부패한 문학 시장의 종말이 아이들의 인생에 미칠 의미를 생각해 보세요! 우리는, 아니 오히려 아이들은 속죄 된 세상에서 살게 될 것입니다."라고 썼다. 이 글은 어떤 지방의회가 이 선구자 학교의 교육계획을 받아들였다는 소식을 듣고 열광하는 순간에 쓰여졌다. 열정은 밭이 희어져 추수할 때를 미리 내다보지만, 진실로 이 사건은 그런 높은 기대를 정당화하는 것 같다. 그 선구자 학교가 과감한 시도를 한 지 9년도 채 되지 않았지만, 이미 수많은 주 의회 학교에서 공부하는 수천 명의 아이들이 "공부는 기쁨을 제공한다."를 발견하고 있는 중에 있다.

　의심할 여지 없이 아이들은 그들의 수업을 있는 그대로 잘 배우며 행복해 한다. 그리고 이것은 특히 문제가 있는 학교에서 그러했다. 그러나 교사들과 아이들 모두가 점수, 즐거운 구두 수업, 학교의 다른 도구들에 의해 야기된 일상적인 흥미와 깨어난 영혼에 찾아온 지식에 대한 끊임없는 열망 사이에 존재하는 헤아릴 수 없는 차이를 발견할 수 있다. 그런 아이들은 학교 장학사들도 바꾸어 놓았다. 장학사들 중 한 명은 아이들이 읽어 준 내용에 대해 길고 생생하고 극적으로 말하는 모습을 보고 놀라서 "대단한 말솜씨군요!"하고 말했다. 지난 30년 동안 (많은 동료 교사들을 포함한) 우리는 학교, 가정 그리고 다른 곳에서 성 바오로 학교를 위한 딘 콜렛(Dean Colet)의 기도문의 내용인 "아이들이 훌륭한 삶과 훌륭한 문학에서 번창하기를 기도하라"에 따라 공부하는 수천 명의 아이들을 만날 수 있었다. 아마도 그렇게 가르친 모든 아이들은 행복하고 유용한 시민의 자질을 얻을 수 있는 원칙을 가지고 실행하며 자랄 것이다.

 나는 우리가 특별히 갈고 닦아야 할 연장은 없다는 사실을 덧붙이고 싶다. 그리고 공공의 이익이 우리의 목표이다. 제안한 방법은 어느 학교에나 적용할 수 있다. 이 책을 대중에게 제공하는 나의 목적은 교육과 관련된 모든 사람들에게 일반적으로 알려지지 않거나 무시되는 몇 가지 중요한 원칙을 강조하기 위함이다. 마치 요단강에서 목욕하는 것과 같은 이 몇 가지 방법은 대중에게(역자 주-원문에 쓰인 to the 'general'은 '장군'과 '대중' 둘 다 해석이 가능하며, 성경에서 나아만 장군이 엘리야 선지자의 말씀에 순종하여 요단강에서 목욕함으로 나병이 나은 것처럼 간단하다는 일종의 언어유희로 볼 수 있다.)' 추천하기에 너무나 간단하다. 그러나 이러한 원칙들과 방법들은 교육을 완전히 효과적으로 만든다.

 나는 내가 다음 책에서 발전시켰다고 한 어떤 진술도 오직 개인적 견해에만 의존하지 않았다는 사실도 덧붙이고 싶다. 모든 요점은 수천 개의 사례에서 증명되었고, 그 방법은 규모가 크고 작은 많은 초등학교와 중등학교의 현장에서 볼 수 있을 것이다.

 나는 다양한 길을 통해 한 종착역에 도달하기를 요청 받는 독자에게 인내를 빌어야 할 것 같다. 그리고 아마도 나이가 지긋하신 풀러(Fuller)의 말을 빌리는 게 최선일 것이다. "훌륭한 독서가에게. 내가 몇 가지에 대해서는 두 번씩 썼는지도 모르겠습니다. 만약 같은 단어가 아니었다면, 당신이 그냥 호의적으로 지나치기를 바란다는 의미입니다. 왜냐하면 당신도 생각해 볼 수 있듯이, 많은 독립적인 문장들에서 되풀이 된 단어를 알아내는 게 저에게는 어렵고 지루한 일입니다. 그 고통 외에도 그러한 조사는 내가 감당할 수 있는 것보다 더 많은 시간을 요구합니다. 내 삶의 모래시계가 지금 고갈되어 가고 있기 때문에, 나는 한 알의 모래도 낭비되어 떨어지게 허용하거나 지푸라기를 집기 위해서 1분도 허용할 수가 없습니다. ……그러나 이 말씀을 마치기 위해서는, 격언은 격언을 따라야 한다는 조언에 따라, 사도 바울의 말씀을 빌려 사과를 드립니다. '너희에게 같은 말을 쓰는 것이 내게는 수고로움이 없고 너희에게는 안전하니라.'"

우리의 위대한 대의를 위해 나와 함께 일하고 있는 친구들의 협력에 대해 감사하다는 인사도 없이 이 서문을 마치고 싶지 않다. 아마 이 서문은 내가 마지막으로 요청 받는 글이 될 것이다. 전국 학부모 연맹은 첫 번째 취지문에서 선언한 대로 훌륭하고 너그럽게 임무를 완수했다. "이 연맹은 모든 계층의 학부모와 교사들의 이익을 위해 존재한다." 그리고 지난 8년 동안 이 연맹은 초등학교를 대표하여 활발한 홍보의 수고와 비용에 대한 책임을 맡았으며, 그 중 약 150명이 현재 학부모연맹학교의 프로그램을 진행하고 있다. 작년 한 해 동안 존경하는 프랭클린(Franklin) 부인의 후원 덕분에 즐겁고 희망찬 발전이 있었다. 학부모들에게 일정한 혜택을 제공하기도하고, 경비를 충당하기 위해 소액의 지불을 필요로 하는 학부모연맹 결성이 런던 카운티 의회 학교에게 제안되었었다. 그리고 첫 번째 모임에 참석한 아버지 중 한 사람이 일어나 큰 실망감을 표현했다. 그는 300명가량의 학부모들을 만나리라 예상했었지만, 거기에는 약 60명의 학부모만이 참석했기 때문이다. 그러나 모임의 주최자들은 결국 학부모연맹 회원이 된 60명의 사람들로 인해 매우 기뻐했고, 이 일은 지금까지 힘차게 지속되고 있다.

우리는 수많은 동료들에게 깊은 은혜를 입었지만, 한때 로마에서신서를 썼던 그 정중한 신사조차도 다음 페이지에서 내가 분명히 하고자 하는 운동의 성공을 책임지고 있는 모든 사람들에게 적절한 감사를 표하지는 못할 것이다.

샬롯 메이슨
1922년, 엠블사이드, 교육원에서

샬롯메이슨의 교육철학 20가지

1. 아이들은 온전한 사람으로 태어난다.
2. 아이들은 착한 아이 혹은 나쁜아이로 태어나지 않으며, 단지 착하거나 나쁘게 될 가능성을 가지고 있을 뿐이다.(역자주-이것은 신학적인 교리를 말하는 게 아니고 일반 은총안에서 기대할 수 있는 교육학적인 가능성을 의미한다는 사실을 내용을 통해 확인할 수 있다.)
3. 한 편에 권위가 다른 편에 순종이 있어야 한다는 원리는 자연스럽고 필수적이고 핵심적인 원리이다.
4. 그러나 이러한 원리들은 아이들의 인격에 대한 존중으로 제한되며, 직접적인 두려움이나 사랑을 사용하든, 제안, 영향력, 또는 한 가지 욕망을 과도하게 부추겨서든 아이들의 인격이 침해되어서는 안 된다.
5. 그러므로 우리의 교육은 주변 환경의 분위기, 습관의 훈련, 살아 있는 생각의 제시라는 세가지 교육의 도구만으로 제한된다. 그리하여 "교육은 분위기, 훈련, 생명이다."는 학부모 연맹(P.N.E.U)의 모토가 된다.
6. 우리가 "교육은 분위기이다."고 말할 때, 소위 말하는 세심하게 조절하여 마련한 아동 환경이라는 장소에 아이들을 고립시킨다는 뜻이 아니다. 사람과 사물, 두 가지 모두와 관련하여 자연스러운 가정 분위기에 대한 교육적 가치를 고려해야 한다는 의미이다. 그리고 아

이들이 적절한 조건에서 자유롭게 생활하도록 해야 한다. 아이들의 환경을 유치한 수준으로 끌어내리는 시도는 아이들을 우롱하는 것이다.

7. "교육은 훈련이다."라는 말은, 정신적인 습관이든 육체적인 습관이든, 분명하고 사려 깊게 형성된 습관의 훈련을 의미한다. 생리학자들은 습관적인 사고방식, 즉 습관에 따라 두뇌 회로가 형성된다고 말한다.

8. "교육은 (살아 있는) 생명이다."는 말에는, 육체적 자양분뿐만 아니라 지적이고 도덕적인 자양분의 필요를 함축하고 있다. 정신은 생각을 자양분으로 삼는다. 그러므로 아이들은 풍부한 교과 과정을 가져야 한다.

9. 우리는 아이들의 머리는 단지 생각을 담는 주머니라기보다, 만약 이러한 비유가 허락된다면, 모든 지식에 대한 욕구를 가진 영적인 '유기체'라고 여긴다. 지식은 이미 소화할 준비가 되어 있는 정신에게 적절한 식단이며, 정신은 마치 몸이 음식을 소화하고 흡수하듯이 지식을 소화하고 흡수한다.

10. 정신이 단지 저장소라는 이러한 원칙은 예를 들어 헤르바르트처럼, 교육의 강조점을 (마치 잘 차려진 매혹적인 작은 양의 음식과 같은 지식을 준비한) 교사에게 두는데, 이런 원칙으로 배운 아이들은 적은 지식으로 가르침을 받게 될 위험에 처하게 되고 교사에게 있어 제일 원칙은 "아이들이 무엇을 배우느냐보다 어떻게 배우느냐가 더 중요하다"가 된다.

11. 우리는 보통의 아이들은 자신에게 적합한 모든 지식을 다룰 수 있는 고유한 정신적 능력을 가지고 있다고 믿기 때문에, 아이들에게 온전

하고 풍부한 교과 과정을 제공한다. 아이들에게 제공되는 모든 지식이 필수적이라는 점만 유의하면서, 고무적인 개념 없이 사실만을 제시하지 않는다. 이러한 개념으로부터 다음의 원칙이 나온다.

12. "교육은 관계의 학문이다."는 말은 아이들은 수많은 사물과 사상과 자연스러운 관계를 가지고 있으므로 우리는 아이들을 육체적인 운동, 자연지식, 수공예, 과학과 미술 그리고 살아 있는 책(living books)으로 훈련시킨다는 뜻이다. 왜냐하면 우리의 직무는 모든 지식에 대해서 어떤 내용을 가르치는 데 있지 않고, 아이들이 지식에 대해 첫 (first-born) 친밀감을 최대한 많이 가지도록 돕는 데 있기 때문이다.
"우리의 새로운 존재가 이미 존재하는 것에 어울리도록 하는 첫 (first-born) 친밀감"(역자주-William Wordsworth 시 인용)

13. 일반적인 아이들을 위한 교과 과정을 고안할 때, 사회적 계층에 상관없이 다음의 세 가지가 고려되어야 한다.

    (a) 아이들은 풍부한 지식을 필요로 한다. 왜냐하면 정신도 육체만큼 풍부한 음식이 필요하기 때문이다.

    (b) 지식은 다양해야 하는데, 천편일률적인 정신적 식단은 식욕(즉 호기심)을 만들어 내지 못하기 때문이다.

    (c) 지식은 잘 선택된 언어로 전달이 되어야 한다. 왜냐하면 아이들의 주의력은 문학의 형태로 전달되는 지식에 자연스럽게 반응하기 때문이다.

14. 지식이 재생산되기까지는 지식이 체화된 게 아니므로 아이들은 한 번 읽고 들은 내용을 '되뇌어 말하기'를 하거나 방금 읽은 내용의 일부를 써봐야 한다.

15. 아이들은 본성적으로 대단한 집중력을 가지고 있기 때문에 한 번만

읽도록 한다. 그러나 이 힘은 반복적인 단락 읽기 혹은 문제집과 개요서 및 그 비슷한 것들로 인해 소멸된다.

정신의 행동양식에 관한 이러한 관점들 그리고 몇 가지 다른 주안점들에 의해서, 우리는 아이들의 학습 능력이 지금까지 예상했던 것보다 훨씬 더 뛰어남을 발견할 뿐 아니라 유전과 환경에 거의 영향을 받지 않는다는 사실을 알게 된다. 또한 이 진술의 정확성은 단지 영리한 아이들이나 교육받은 계층의 아이들에게 국한되지 않으며, 초등학교의 수천 명의 아이들이 이러한 정신의 행동양식에 기초한 교육방식에 자유롭게 반응한다.

16. 아이들에게 제공할 수 있는 도덕적이고 지적인 자기관리에 대한 두 가지 지침이 있는데, 그것은 '의지의 사용방법' 그리고 '이성의 사용방법'이다.

17. 의지의 사용방법: 아이들은 다음과 같은 것을 배워야 한다.
    (a) '나는 원한다(I want)'와 '나는 의지를 발휘한다(I will)'를 구분해야 한다.
    (b) 의지를 효과적으로 발휘하는 방법은 의지를 발휘하지 않더라도 우리가 욕망하는 것으로부터 생각을 전환하는 것이다.
    (c) 생각을 전환하는 가장 좋은 방법은 재미있거나 흥미롭고 색다른 것을 생각하거나 해보는 것이다.
    (d) 이러한 방법으로 잠시 휴식을 취한 뒤 의지는 다시 새로운 활력을 가지고 본연의 일로 돌아갈 수 있다. 이러한 의지의 보조장치는 '전환'으로 우리에게 친숙한데, 그것의 역할은 잠시 동안 우리를 의지력의 수고로부터 완화시켜주고, 추가된 힘으로 의지를 다시 발휘할 수 있게 하는 데 있다. 의지를 돕는 보조 수단으로써 제안

(suggestion)을 사용하는 것은 배척되어야 하는데, 인격을 약화시키고 정형화하는 경향이 있기 때문이다. 자발성은 성장의 조건인 듯하며 인간의 본성은 성공과 함께 실패의 훈련도 필요로 하는 것 같다.

18. 이성의 사용방법: 우리는 또한 아이들이 자기자신의 명철에 너무 의존하지 않도록 가르쳐야 한다. 이성의 기능은 (a) 수학적 사실과 (b) 의지에 의해 이미 받아들여진 최초의 생각에 대해, 논리적인 증명을 제공하는 데 있기 때문이다. 전자의 경우, 이성은 실제적으로 오류가 없는 안내자가 되지만, 후자의 경우 이성이 항상 안전한 안내자일 수는 없다. 왜냐하면 최초의 생각이 옳고 그른 것과 상관없이, 이성은 반박할 수 없는 증거들을 통해 그 최초의 생각을 확증하기 때문이다.

19. 그러므로 그러한 가르침을 이해할 만큼 충분히 성숙해지면서, 아이들은 한 인격체로서 생각을 수용하고 거절하는 게 자신에게 주어진 아주 중요한 책임이라는 사실을 배워야 한다. 우리는 이러한 선택을 돕기 위해서 아이들에게 행동의 원리들과 더불어 광범위하고 적절한 지식을 제공해 준다. 이러한 원리들은 필요 이상으로 낮은 수준으로 살도록 하는 느슨한 생각과 부주의한 행동으로부터 아이들을 지켜 주어야 한다.

20. 우리는 아이들의 성장에서 지적인 삶과 영적인 삶의 분리를 허용하지 않으며 성령님이 아이들의 영혼에 끊임없이 접촉하시어 모든 관심거리와, 의무, 삶의 기쁨에서 지속적으로 아이들을 돕는 분이 되어 주심을 가르친다.

서론과 개요

서론과 개요

도입 1

지금은 교육에 관계된 모든 사람들에게 힘든 시절이다. 우리는 1차 세계대전에서 우리 병사들이 보여준 불굴의 용기와 용맹 그리고 헌신에 기뻐했다. 이 모든 게 학교 덕분이며 영국에서 여전히 '용맹한 피조물'을 양육하고 있다는 사실 덕분이다. 전 군대가 결출했다는 건 참 기분 좋은 일이다. 장교들의 영웅심은 모든 공립학교 남자 아이들이 받는 일말의 교육과 아이들이 순종과 명령의 습관을 습득하는 경기장에서 더해진 자극에서 비롯되었다. 그렇다면 집에 머물렀던 대다수 남자들이 잘못된 사고를 통해 보여준 깊은 무지는 어떻게 설명할 것인가? 우리의 책임이 아니겠는가? 나는 우리 대부분이 책임을 느끼리라고 예상하는데, 왜냐하면 이들은 우리가 교육이라고 이해하고 선택한 교육을 받았기 때문이다. 그들은 읽을 수 있고, 쓸 수 있고, 고집스럽게 사고 할 수 있으며, 비록 오류를 감지할 수는 없을지라도 논쟁을 해 나갈 갈 수도 있다. 좀 더 난처한 방식으로 묻는다면 왜 대다수의 남녀가 관대한 충동 그리고 사리에 맞는 애국심과 자기 자신의 관심분야를 넘어서는 이해에 무능해 보이는가 이다. 사람들을 교육하여 이러한 것들에 가능하도록 하는 게 대답이 아니겠는가? 이러한 것들은 교육 받은 사람들의 표지이지만 나라의 중추인 수백만의 사람들이 이러한 공공의 요구에 죽은 듯 보일 때, 우리는 질문할 수밖에 없다. 이 사람들은 왜 제대로 교육을 받지 못했으며 교육 대신에 우리는 그들에게 무엇을 주었는가?

교육에서 우리의 오류, 다시 말해 지금까지 우리가 저질렀던 오류는 '정신'이 무엇인지를 규정하는 개념에서 비롯되었다. 대부분의 교사들이 침투당한 그 이론은 능력개발이라는 낡은 관념을 암시하는데, 이는 사고는 두뇌 기능 중 하나에 지나지 않는다는 원리에 기초한다. 가르치는 고달픈 과정과 "무엇을 배우는지는 어떻게 배우는지보다 중요하지 않다."라는 해로운 주장은 대부분의 학교에서 제공하는 빈약한 교과 과정에 유일한 정당성을 제공한다. 많이 가르치지만 아이들이 거의 배우지 않을 때, 우리는 지금 이런저런 능력을 개발하고 있는 중이라는 생각으로 스스로를 위로한다. 지식이 교육의 유일한 관심이어야 한다는 사실, 훈련과는 구별된, 지식만이 정신의 매일의 양식이라는 사실을 인식하고 있는 국가 앞에는 위대한 미래가 놓여 있다고 말할 수 있다.

교사들은 타당한 이론의 토대를 찾고 있다. 그러한 타당한 이론은 교육에서 정신이 하는 역할과 이 주된 동인이 작용하는 조건을 확신을 가지고 인정해야 한다. 우리는 사고만이 정신에 호소할 수 있고 정신이 정신을 낳는다는 것을 인정하는 철학을 원하며, 이것은 지적이고 육체적인 훈련을 제공해야 할 감각기관과 근육발달 활동을 적절하게 보조적인 위치로 격하시킬 수 있는 철학이다. 후자인 육체적인 활동은 그것 자체로 아주 중요하지만, 그것을 교육의 전체로 또는 실제적으로 중요한 부분을 포함하는 개념으로 강화할 필요는 없다. 직업적인 훈련에 대해서도 똑같은 주장이 유효하다. 학술지들은 경멸하는 투로 질문하곤 한다. "책에서 얻은 게 아니면, 교육이 아닌가? 직업 현장에서 일하는 녀석들은 교육을 받고 있지 않다는 말인가?" 일반 사람들은 "그렇다, 받고 있지 않다."라고 말할 수 있는 용기가 부족한데, 왜냐하면 교육의 의미가 무엇이고 교육이 어떻게 직업적인 훈련과 구분이 되는지에 대해서 명확한 개념이 없기 때문이다. 그러나 사람들은 생계보다 자신들의 인생 자체를 위한 자격을 갖추게 하는 교육에 대해서 이해하기 시작하고 요구하기 시작했다. 사실 도구를 다루거나 설계도를 그리거나 회계장부 기록에 가장 탁월한 사람은, 필요한 직업훈련이 수반된다면, 수많은 주제에 관련된 책을 읽고 사고했던 사람일 것이다. 우리가 아이들을 그러한 사람들로 기르는 데 성공할수록 아이는 인생에서 더 많은 성취를 이루고 사회에 더 많이 기여할 수 있을 것이다.

 인격과 행동에 있어서 독일이 실패한 원인을 알아내고자 사려 깊은 관심이 무수히 쏟아졌다. 전쟁의 참화에는 단지 징후에 불과했고, 그 징후들은 삼 사대에 걸쳐서 그렇게 사고하도록 가르쳐진 사상 안에서 원인들을 추적할 수 있을 것이다. 우리는 이미 니체(Nietzsche), 트라이치케(Treitschke, 역자주: 독일 역사학자), 베른하르디(Bernhardi, 역자주: 프로이센의 장교 및 군사 역사학자)와 같은 사람들에 대해서도 많이 들어왔고, 그 중 무어헤드(Muirhead) 교수는 좀더 거슬러 올라가서 우리가 이러한 조사를 진행할 수 있도록 도움을 준다. 생존투쟁을 위한 자연의 선택, 즉 적자 생존에 대한 다윈의 이론은 그것에 적합한 토양인 독일에 뿌리를 내렸다. 협정을 거부하고, 약소국은 제거하며, 편의주의 외에는 법이 없다는 이 모든 것들을 공인하기 위해서 초인간, 초국가(super state), 힘의 논리가 마치 계란에서 닭이 나오듯이 자연스럽게 다윈주의로부터 탄생했다. 의심의 여지 없이, "힘이 있는 자가 차지하고, 능력 있는 자가 가지게 될 것이다." 라는 개념과 똑같은 선언이 프리드리히 2세의 보고서에서 우리를 강타하는데, 이것은 다윈의 이론보다 더 오래되었다. 인간의 본성에는 정신의 법칙보다 자연의 법칙에서 의무를 선택하려는 경향이 있으며 과학에서 윤리강령을 취하려는 경향이 있다. 그리고 이러한 경향성을 좇아, 독일은 다윈의 이론을 읽고서 잔혹함의 출현에 대한 자기 정당화의 길을 발견했다.

여기 이 사례들, 즉 "모든 본성적이고 정신적인 힘은 물질안에 존재한다. 물질은 모든 존재의 기초이다.", "우리가 영혼, 사상, 지식의 능력이라고 부르는 것들은 독특하기는 하지만 자연적으로 발생한 혼합된 힘들일 뿐이다."에서 어떻게 철학자들이 다윈의 글을 확장해 나갔는지 볼 수 있다. 다윈 자신은 생존투쟁이 인간의 본성의 상위 부분과 관련된 가장 유력한 동인이 된다는 원리에 반대했으며 프랑스 혁명을 가져왔던 로크의 가르침의 원리들에 대한 사상보다 근대 교육에 더 유물론적인 경향성을 주려고 생각한 적도 없었다. 그러나 인간의 사상은 생각보다 강력하며, 이 두 영국인들은 세계적인 두 가지 운동에 강력한 영향을 끼친 인물로 인정될 수 있을 것이다. 25년 동안 유물론적인 사상에 준비가 되었던 독일에서 다윈의 가르침은 다양한 도덕적인 규제를 폐지할 수 있는 제안으로 채택되었다. 다윈의 두드러진 추종자였던 에른스트 헤켈(Ernst Haeckel, 역자주: 독일의 생물학자, 철학자, 의사)도 자연선택이라는 법칙 안에서 독일의 무법한 행동을 발견하였고 또한 초인(superman) 교리의 잉태를 알아차렸다. "이 선택의 원리는 민주주의와는 완전히 다르며 엄밀하게 말해 귀족주의이다." 그리고 우리는 어떻게 부흐너(Buchner, 역자주: 1907년 노벨 화학상을 수상한 독일 화학자)가 다음과 같이 "육체적인 행동이라는 이름아래에 포함시킬 수 있는 모든 능력들은 단지 두뇌 물질의 작용일 뿐이다. 사고와 두뇌의 관계는 간과 담즙의 관계와 똑같다."고 주장하면서 이 새로운 이념들을 단순화하고 대중화시켰는지 알고 있다.

    교육적 사고 방식 안에서 우리가 소유하고 있는 전부라고 할 수 있는 개념을 독일이 '능력심리학의 신화'라는 형태로 다시 되돌려 주지 않았다면 그들이 다윈의 가르침을 어디에 사용하든 혹은 어디에 오용하든(전쟁을 위해 비축하든) 그것이 우리에게 당면한 관심사는 아니었을 것이다. 비록 견고하지는 않을 지라도, 영국 고유의 심리학은 적어도 능력기반(faculty basis)을 반박하는 수준까지 발전되어 왔다. "아무리 공격을 할지라도, 정신의 개념은 모든 심리학 저술자들의 글 안에서 발견할 수 있다."(브리태니커 백과사전에서 심리학에 대한 글을 인용)하는 말을 우리는 듣는다. 따라서 정신과 물질만이 있을 뿐인데, "심리학이 감정에 기초하고 있다."라는 말을 들을 때, 우리는 어디에 있는 것인가? 중간지점이 있다는 말인가?

도입 2

몸은 건강한 음식을 필요로 하며 다른 어떤 물질로도 몸의 영양을 공급할 수 없다. 이와 마찬가지로 우리는 정신 또한 본성에 적합한 고기가 필요하다는 사실을 인식하는 데 실패한다. 설사 전쟁이 아무것도 가르쳐 준 게 없을지라도, 전쟁은 사람이 영적이라는 사실은 가르쳐 주었다. 사람의 영혼, 즉 정신은 육체 그 이상이다. 사람의 영혼이 바로 그 사람이다. 그리고 사람은 마음의 사고를 위하여 자신의 육체를 숨쉬게 한다. 이렇게 우리의 영적인 본성을 인식한 결과를 통해 얻을 수 있는 교훈은 국가적인 사고의 배경을 형성하는 위대한 생각과 위대한 사건 그리고 위대한 고찰들이야말로 우리가 다음 세대에 넘겨 주어야할 교육의 내용이라는 것이다.

내가 지금까지 말해 왔듯이, 우리가 듣는 대부분의 교육적 사상은 신체적인 적성과 직업적인 훈련 외에 중요한 게 없다는 관념에서 나온 잡다한 다원주의 원칙에 기초한다. 이것들이 얼마나 중요하든지 간에 최우선해야 할 중요한 일은 아니다. 100년 전에 프러시아가 나폴레옹 전쟁에서 패망했을 때, 나폴레옹이 아니라 바로 무지함이 무시무시한 나라의 적이었다. 몇몇 철학자들은 바로 국가 재건에 착수했으며 역사, 시, 철학 등이 바로 폐허가 된 나라의 구제 책임을 증명했다. 왜냐하면 그러한 공부는 성품, 공공의 정신, 진취성 등 국가가 필요로 하는 자질들에 기여하며 개인의 행복과 성공을 앞당기는 가장 중요한 요소이기 때문이다. 반면에, 독일은 자국의 학교 교과 과정을 공리주의로 만들었고 바로 그때가 독일의 도덕적 몰락의 시작을 알리는 때였다. 역사는 반복된다. 본(Bonn)에 있는 학생들이 프랑스 소설들, 특정한 인쇄물들, 사치품과 그와 비슷한 물건들을 불태우는 준엄한 절차에 가담했다는 흥미로운 소문이 들려 온다. 이러한 일들이 독일의 붕괴를 가져왔으며, 이것이 그 옛날처럼 현재의 독일을 구하려고 시도하는 젊은 세대가 했던 역할이었다. 그들은 또다른 투겐트분트(Tugendbund, 역자주: 1808년 프로이센에서 결성된 도덕연맹단체)를 세우려 하는 것일까?

우리는 신체적이고 직업적인 훈련을 등한히 하지 않으면서도 정신을 양육하는 교육을 원하고 있다. 간단히 말해, 우리는 실제로 작동하는 교육철학을 원한다. 내 생각에 우리 학부모연맹은 30년 동안 수천 명의 학생들을 통해 시험해 보고 수정하면서 이론의 중심부에 도달한 듯하다. 이 이론은 지난 30년의 사이에 이미 시리즈1로 출간을 착수했으므로 여기에서는 일반적인 이론과 실천과는 다른 몇 가지 두드러진 요점만을 말하려고 한다.

(a) 교사가 아닌 학생이 배움에 책임이 있는 사람이므로 학생이 스스로 노력을 발휘해서 공부한다.
(b) 교사는 공감해주며 가끔씩 설명해 주고 요약해 주고 확장해 줄 뿐, 실제적인 배움은 학생에 의해서 이루어진다.
(c) 아이들은 한 학기에 나이, 학교, 단계에 따라 정해진 많은 양의 책에서 1000에서 3000페이지 분량을 읽는다. 각각의 수업에서는 정해진 분량에서 한 번만 읽기를 허용하며, 이 읽기는 시험범위 안에서 말하기와 쓰기를 통해서 점검한다. 기말시험이 다가오면 많은 부분을 포괄하는 시험공부는 당연하다. 아이들은 자신이 읽은 단락에서 아는 부분은 무엇이든 편안하고 능숙하게 힘찬 필체로 써

낸다. 아이들은 대게 철자도 제대로 쓴다.

때때로, '순전히 책을 통한 학습'이 다소 한심한 공부라며, "물건이 안장에 앉아서, 사람을 부린다."(역자주: Ralph Waldo Emerson 의 시를 인용, 실용주의를 비유함)는 것을 증명하려는 말들이 있어 왔다. 그러나 책의 사용에 관한 불신이 어떠하든 이 방식에는 해당 되지 않는다. 내가 아는 한, 지금까지는 어느 누구도 이 방법을 사용한 적이 없다는 사실을 지적해도 되겠는가? 아이들이 수많은 책의 수많은 페이지수를 한 번 읽기로 읽어내는 것 그리고 수개월 후에 독서 시험에서 아이들이 자유롭고 정확하게 쓸 수 있게 되는 이러한 방식이 광범위한 규모로 시도된 적이 과연 있었는가?

(d) 단지 흥미가 있다는 이유로 책이나 단락 또는 이야기를 선택하지 않아야 한다. 가능한 가장 최고의 책들을 선택하고 약 2년에서 3년 정도의 과정을 통해 읽혀 나간다.

(e) 많은 과목에 해당하는 다수의 책을 읽으면서도 사고의 혼란은 보이지 않으며 말하기나 글쓰기에서 큰 실수는 별로 없다.

(f) 아이들은 "학습은 즐거움을 위한 것이다."라는 베이컨의 말의 의미를 발견한다. 이 즐거움은 수업이나 교사의 성격에 기인한 즐거움이 아니고 순전히 매력적이고 유쾌한 책들 안에 있는 즐거움이다.

(g) 사용하는 책은 가능하면 형식에 있어서 문학책을 사용한다.

(h) 주의력을 끌어내기 위해 점수, 상, 등수, 보상, 체벌, 칭찬, 비난 같은 다른 유인책들을 사용할 필요가 없다. 학생들의 집중력은 자발적이고 즉각적이고 놀랍도록 완벽하다.

(i) 수학이나 문법과 같은 규칙에 관한 과목이라고 칭할 수 있는 과목에서 아이들의 성공은 교사의 능력에 달려있다고 할 수 있다. 물론

이런 과목에도 학생의 집중하는 습관은 유용하다.
(j) 흥미 있는 주제를 위한 산발적인 수업은 주어지지 않는다. 아이들이 배우는 지식은 일관성이 있어야 한다.

아이들이 배움에서 보이는 독특한 관심, 집중력이 관심을 끌었다. 그리고 아이들이 가진 광범위하면서 일정 수준까지 상당히 정확한 역사적이고 문학적인 지식 그리고 과학적인 주제들에 대한 지식 또한 주목할 만하다. 이러한 아이들은 교육받은 교양 있는 부모들의 자녀들일 것이라는 결론이 일반적이다. 그러나 가정의 교실이라고 해서 주목할 만한 교육적인 결과를 만들어 내지 않는다는 주장을 굳이 할 필요는 없을 것이다. 아이들이 보이는 이러한 능력은 모든 아이들이 공통으로 가지는 능력이기에, 일반 노동자 부모들의 자녀들도 인문학 교육의 드넓은 초원으로 인도할 수 있다는 희망을 품게 되었다.

두드러진 결과는 그에 상응하는 원인이 있다는 결론, 그리고 우리는 교육사상 영역에서 미지의 영역을 우연히 발견하였다는 결론을 내리는 게 합당하다고 생각한다. 어쨌든, 코메니우스(Comenius)가 모색했던 황금률이 스스로 드러난 셈이다. "교사들이 적게 가르칠 때 아이들은 더 잘 배운다."가 바로 그 법칙이다.

이제부터 독특한 결과들을 설명하는 몇 가지 교육적인 원리에 대해 간략히 정리해 보겠다.

도입 3 지금까지 인정되지 않고 무시된 원리들

지금까지 인식되지 못했던 원리들을 기반으로 해서 수백 개의 학교 또는 가정과 다른 곳에서 성공적으로 수행되었던 독특한 작업들에 대해 독자들을 설득할 수 있다는 희망을 가지고 나는 우리의 뛰어난 연구 중에서 몇 가지 요점만을 나열했다. 이러한 원리들에 대한 인식은 국가의 교육을 지적인 기반에 둘 수 있으며 보편적인 안정감, 삶의 기쁨 그리고 자기 주도성에도 기여할 수 있다.

이런 나의 주장을 뒷받침하기 위해 한 두 가지 주장을 더 덧붙이고자 한다.

이것은 영리한 아이들 뿐만 아니라 평균적인 아이들, 심지어 '늦된' 아이에게도 호소력이 있다.

이 교육계획은 동일한 과목을 다루는 일반학교보다 더 적은 시간에 수행된다.

시험공부, 야간수업, 벼락치기 등이 없으므로 직업적인 배움이나, 흥미, 취미 등을 위한 시간이 많다.

모든 지적인 수업은 오전 시간에 다 끝나고 오후에는 자연공부, 그리기, 공예 등이 주어진다. 이러한 제한을 두어도 아이들은 놀라운 양의 훌륭한 지적인 작업들을 만들어낸다.

숙제는 필요하지 않다.

우리 학부모연맹은 독특하고 천재적인 사람들이라기보다, 시계를 발견한 페일리(Paley)처럼 '좋은 것을 우연히 발견'한 사람들이다.

"나의 경험이 공유되지 않은 채로 있다는 의미는 얻은 게 없다는 뜻이다."

우리는 국가가, 아니 전 세계가 도덕적인 지렛대로서 강력하게 작용할 수 있는 교육적 발견의 혜택을 받아야 한다고 생각한다. 왜냐하면 이교도들의 무법함 없이도 우리는 새로운 르네상스의 기쁨을 경험하고 있기 때문이다.

우리가 수행하고 있는 결론의 일부에 도달하게 했던 곳으로 내가 기억할 수 있는 지점까지 거슬러가 보고자 한다. 내가 아직 젊었을 때, 나는 한 인디안 혼혈 가족의 아이들을 자주 만났다. 그 아이들은 영국에 있는 할아버지 집에 와 있었는데, 당시 나와 친한 친구였던 그들의 이모에 의해 양육되고 있었다. 그 아이들은 나를 아주 놀라게 했다. 그들은 관대한 충동과 건전한 판단, 뛰어난 지적 능력, 상상력, 도덕적 통찰력을 가진 아이들이었다. 마지막의 두 가지 면 (상상력과 도덕적 통찰)이 5살 작은 여자 아이에게서 관찰되었는데, 어느 날 그 아이는 슬프고 조용한 산책을 마치고 집에 와서는 한 동안 혼자 있더니 결국 흐느끼는 가운데 사려 깊은 말들을 쏟아 냈다. "한 불쌍한 남자가 집도 없고 먹을 것도 없고 누울 침대도 없었어요." 그렇게 그 아이는 울고는 진정이 되었다. 이러한 사건들은 가족들 안에서는 아주 평범한 것일지 몰라도 나에게는 새로웠다. 당시 나는 교육으로 세상을 재건하고자 하는 열정을 가진 젊은 교사였다. 나는 초등학교와 한 선구적인 교회 고등학교에서 아이들을 가르치고 있었기 때문에 큰 그룹의 아이들을 연구할 수 있었다. 그러나 아이들은 집에 있을 때만큼 학교에서 스스로를 표현하지 않는다. 나는 인디언 혼혈 아이들을 길라잡이로 삼아 한 인격체로서 아이들의 역량을 평가하기 시작했다. 그리고 곧이어 알아야 할 것을 아직 배우지 못했을 뿐이지 아이들은 우리 같은 연장자들을 능가한다는 의심을 하기 시작했다.

이 작은 아이들의 정신에서 발견한 한 가지 한계가 있었다. 내 친구는 그 아이들이 영어 문법을 이해하지 못한다고 주장했다. 나는 그 아이들이 7, 8세용 어린이 문법(아직 출판을 기다리고 있는)은 이해하고 쓸 수 있다는 입장을 고수했지만, 결국 내 친구가 옳았다. 나는 명료하고 생생하게 아이들을 가르쳐 보려고 최선을 다해 봤지만, 소용이 없었다. 주격 형태는 아이들을 곤혹스럽게 했고 아이들의 마음은 마치 어린 아이들이 '행복에 관한 작문'을 쓴다는 관념을 거부하듯 추상적인 개념을 거부했다. 그러나 나는 아이의 정신은 필요에 따라서 어떤 것을 거절하기도 받아들이기도 한다는 사실을 발견했다.

그 지점부터는, 어떤 것을 받아들이든 거절하든, 정신은 스스로의 영양분을 얻기 위해 기능을 한다는 개념을 지속하는 데 어려움이 없었다. 실제로 성장하고 건강해지기 위해 정신은 몸이 그러한 것처럼 자양분이 필요하다. 그러나 정신은 측량하거나 측정할 수 없는 영적인 것이기 때문에 정신의 자양분 또한 영적인 것, 사실은 생각(idea)이어야 한다(플라톤적인 이미지 감각). 나는 곧이어 아이들은 개념을 다룰 준비가 잘 되어 있고, 설명, 질문, 확장은 불필요하고 지루하다는 사실을 인식했다. 아이들은 사고를 통해 형성되는 지식에 타고난 욕구를 가지고 있다. 아이들은 상상력과 판단 그리고 소위 다양한 능력들을 동원해서 새로운 개념을 아주 잘 활용하는데, 마치 위액이 음식에 작용하는 것과 같다. 이것은 놀랍다기보다는 계몽적이라 할 수 있었다. 교사들의 모든 지적인 고안책들, 생생한 프레젠테이션, 적절한 삽화, 재기 넘치는 개요 설명, 모호한 질문 등 이런 종류의 도구들은 올바르게 공급되어야 할 적절한 영양분과 아이들 사이에 장애물이 되고 방해가 될 뿐이었다. 반대로 아이들은 건강한 아이가 저녁을 먹을 때 가지는 단순함과 욕망으로 흡수했다.

스코틀랜드 학교의 철학자들은 소위 말하는 욕구의 이론(doctrine of the desires)를 통해 나의 주장을 뒷받침해 준다. 마치 인류의 존속을 위해 식욕이 몸을 위해 작용하듯이 욕구가 정신의 행동을 자극해서 영적인(반드시 종교적일 필요는 없다) 존속에 부응한다는 사실을 나는 인식했다. 나는 이 중 하나, 즉 지적인 욕구(호기심)를 교육의 중요한 도구로 추론했다. 우리는 이 욕구를 아이와 지식 자체의 사이를 방해하는 다른 욕구들을 부추겨 마비시킬 수 있고, 사용하지 않는 팔다리처럼 만들 수 있다. 등수로 인한 경쟁의 욕구, 상에 대한 탐욕, 권력을 향한 야망, 칭찬을 위한 허영 등은 아이에게 걸림돌이 될 수 있다. 교사들은 성적, 상과 같은 수단을 통해 학교의 훈련과 학생들의 열심을 보장할 수 있는 정교한 체계를 가지고 있는 듯해 보이지만, 그러나 그 자체로 교육에 충분한 장려수단이 되는 지식에 대한 갈망을 말살하고 있는 셈이다.

이런 질문이 제기될 수 있을 것이다. 사람은 지식이 없이는 살 수 없다는 말인가? 지식이 모든 사람에게 정말로 필수적인가? 나의 어린 친구들은 이러한 질문에 대답을 제공해 준다. 만족을 모르는 아이들의 호기심은 이 광활한 세계와 이 세계의 역사는 정신적 영양실조로 무감각해지지 않은 아이를 간신히 만족시키기에 충분할 뿐이라는 사실을 나에게 보여주었다. 그렇다면 지식이란 무엇인가가 다음에 따라오는 질문일 것이다. 그것은 오랜 세월동안 지적인 노력으로는 해결되지 않은 질문이었다. 그러나 아이가 체화한 것이 아이에게 지식이 되고 아이의 정신은 그 지식에 따라 작용한다는 정도에서 충분히 이야기를 진행할 수 있을 것이다.

아이들이 가지고 있는 지식에 대한 경향성과 지식을 향한 열망은 다음과 같은 결론을 뒷받침한다. 지식의 범위가 인위적으로 제한되어서는 안 되며, 아이들은 최대한 받아들일 수 있는 다양한 지식을 가질 필요와 권리가 있다. 그리고 아이의 교과 과정의 제한은 단지 아이가 학교를 떠날 때의 나이에 좌우되는데, 한 마디로 공통 교과 과정(14살이나 15살까지의 나이)이 모든 아이들에게 적절한 듯 보인다.

우리는 지적인 능력이 단지 특권층의 소유이며 지성은 유전이나 환경적인 문제라는 봉건적인 관념을 물려받았다. 당연히 유전이 하는 역할은 있지만 모든 사람은 매우 혼합된 유전을 가지고 있으며, 환경은 만족 또는 불안을 조성한다. 그러나 교육은 정신적이며 눈으로 취하거나 손에 의해 영향을 받지 않는다. 정신만이 정신에 호소할 수 있고 생각이 생각을 낳는다. 그리고 그것이 우리가 교육을 받는 방법이다. 이런 이유로 우리에게는 모든 아이들이 위대한 사상을 얻을 수 있는 위대한 정신의 사람들, 즉 위대한 업적을 남겨준 사람들의 정신과 직접 소통하게 할 의무가 있다. 따라서 유일하고 필수적인 교육 방법은 아이들에게 가치 있는 책, 즉 다시 말해 많은 양의 가치 있는 책을 읽히는 데 있다.

한편으로는 수많은 학교들이 자체적으로 도서관을 가지고 있고 학생들은 공공 도서관 사용이 자유로우므로 아이들은 이미 독서를 잘 하고 있다고 얘기할지 모르겠다. 그리고 다른 한편으로는 최고 수준의 문학적 언어들이 노동자 계층의 아이들에게 침투할 수 없는 장벽으로 작용한다고 말할 수 있을 것이다. 우선, 산만한 독서가 즐겁고 우연히 유익할 수도 있지만, 그러나 그것은 지식을 관심사로 둔 교육은 아니다. 산만한 독서가의 정신은 읽는 내용을 개인적인 지식으로 만들기 위해 필요한 감상이라는 활동을 거의 만들어 내지 못한다. 우리는 배우기 위해 독서를 해야 하며 그렇지 않으면 우리는 독서를 통해서 배우지 못할 것이다.

문학적 형태에 관한 질문에 관해 말하자면, 설명하기에 너무 오랜 시간이 소요될 수많은 상황들과 고찰들이 나로 하여금 문학적 형태의 즐거움은 우리가 문학으로 충분히 '교육되어질 때'까지 우리 모두에게 고유하다는 사실을 인식하게 해 주었다.

주의력을 보장하는 어려운 문제에 대해 어떻게 해결책을 얻었는지를 설명하기는 어려운 일이다. 주의를 산만하게 하는 환경에 영향을 받지 않는 집중력, 모든 연령과 모든 계층의 아이들에게 일관된 집중력을 보장해 주기 위한 연구의 일환으로 아이들에 대한 수많은 관찰, 나 자신의 어린시절에 대한 기억, 그리고 현재 나의 정신의 습관에 관한 고찰은 정신의 특정한 법칙을 인식할 수 있도록 해 주었다. 이것은 '개인적인 자력(personal magnetism)'에 관한 문제가 아니다. 왜냐하면 수백만의 교사들이 가정에서, 초등학교에서, 중학교에서 이 방식으로 가르치면서 어렵지 않게 집중력을 끌어내기 때문이다. 이런 집중력은 '흥미의 이론(doctrine of interest)'에 좌우되지 않음에도, 의심의 여지없이 학생들은 흥미를 느끼고 때때로 즐거워한다. 게다가 매우 다양한 문제에 관심을 가지면서도 아이들의 집중력은 '지루한 부분'에서도 시들어지지 않는다.

내가 그동안 학교 교과 과정에 활용하려고 시도해 왔던 이런 원리들을 서너 문장으로 요약하기는 쉬운 일이 아니다. 근본적인 개념은 아이들은 온전한 사람으로 태어나며, 따라서 아이들도 어른들처럼 행동의 동기를 통해 영향을 받는다는 점이다. 이것들 중 하나가 바로 지식욕이며, 이 지식에 대한 갈망은 모든 사람에게 본성적이다. 역사, 지리, 다른 사람들의 사상 등 다시 말해 인문학은 우리 모두에게 적합하며 본성적인 지식욕의 대상이다. 우리 모두는 이 세상에 살고 있기 때문에 과학이 지식욕의 대상이 되며, 우리 모두는 아름다움에 대한 욕구가 있기 때문에 예술이 지식욕의 대상이 되고, 우리 모두는 어떻게 분별하는지 배우기를 갈망하기 때문에 사회과학이 지식욕의 대상이 된다. 우리 모두는 처세에 대해서 배울 필요가 있기 때문에 윤리가 지식욕의 대상이 되며, 우리가 들었던 전선(前線)에 있는 그들처럼 우리 모두는 하나님을 원하기 때문에 신앙이 우리의 본성적인 지식욕의 대상이 된다.

본질적 특성상 그 다음에 이어지는 아이들의 무언의 요구는 폭넓고 매우 다양한 교과 과정이다. 아이들은 온전한 사람으로서 그들에게 고유한 폭넓은 관심사에 대해 일정한 지식을 가져야 할 필요가 있다. 편의상 또는 시간적 제한을 이유로 이러한 온당한 교과 과정을 축소시켜서는 안 될 것이다.

온전한 한 인격체로서 아이들이 마땅히 공급받아야 할 지식의 범위를 인식한 다음에 제기해야 할 질문은 어떻게 지식을 습득하도록 아이들을 유도할 수 있을까이다. 그리고 그 다음 질문은 아이들이 학교에 있는 짧은 시간에 무엇을 배울 수 있을까이다. 우리는 이 두 가지 수수께끼에 유용한 해답을 발견했다. 나는 발명이 아니라 발견이라고 말했는데, 왜냐하면 학습에는 오로지 한 가지 방법밖에 없기 때문이다. 많은 주제에 대해서 말을 잘할 줄 아는 지식인이든 한 분야만을 배운 전문가이든 '그들은 알기 위해 읽는다'. 그리고 미진하고 두서가 없는 가정 교육이든 초등학교의 큰 규모의 교실이든 이 방법은 모든 아이들에게 유용하다는 사실을 나는 발견했다.

음식을 소화할 준비도 없이 아이가 태어나지 않듯이 아이들은 지식을 다룰 준비 없이 이 세상에 태어나지 않았다. 아이들은 지적인 식욕, 즉 지식욕을 가지고 태어날 뿐만 아니라 보유력(기억력) 또한 부가되어 있는 듯이 보인다. 아이들은 엄청나고 무한한 집중력을 가지고 태어나는데, 마치 최종적인 소화가 끝날 때까지 하나의 소화 과정에 다른 과정이 잇따르는 것과 같다. 이런 항변이 있을 수도 있을 것이다. "그래요, 아이들은 호기심이 많고 그에 따른 집중력도 있어요. 하지만 아이들은 단지 가끔씩만 수업에 집중하도록 유도될 수 있을 뿐이에요." 정말 현실이 그렇다면 바로 그것이 현재 수업의 결함을 설명하는 게 아니겠는가? 아이들의 식단이 신체적인 고려 사항과 연관되어야 하듯이 정신의 행동 방식도 이러한 식단과 연관되어 신중하게 규정되어야 하지 않겠는가?

몇 가지 측면에서 정신의 행동 방식을 고려해보자. 정신은 오로지 사상들, 상상들, 논리적인 주장들에 관심이 있으며 정신은 적절한 영양분의 혼합이 없이 정보만을 소화하기를 거절한다. 이 활동적인 정신은 수동적으로 듣기만 할 때 따분하며, 성인들이 일상 대화에서 쓸데 없는 소리에 지루함을 느끼듯이 교사의 장황한 이야기에 지루해 한다. 또한 정신은 문학 형식을 선천적으로 좋아하는데, 크든 작든 문학적인 형식이 주어질 때 정신의 호기심이 왕성하게 일어나 방대하고 다양한 주제를 수용할 수 있다.

나는 '정신'의 이러한 특징들이 모든 사람의 정신에 해당된다고 보기 때문에 이렇게 단언할 수 있다. 이러한 특징들과 정신의 다른 행동 방식에서 몇 가지 점들을 관찰한 후, 학교와 가정을 위한 하나의 시범적 교과 과정에 도달하게 했던 결과들을 적용하는 과제가 나에게 남겨지게 되었다. 구두식 교수 방법은 크게 생략되었고 다양한 주제의 수많은 책들이 학교 오전 독서 시간을 위해 마련되었다. 단 한 번만 읽는 것을 위해 많은 작업들이 준비되었는데 모든 독서는 읽어주든 직접 읽든 주어진 전체의 단락을 다시 말하는 방식으로 시험이 치러졌다. 이런 방식으로 배우는 아이들은 수개월이 지나도 자신이 읽었던 내용을 알고 있으며 놀라운 집중력을 보여준다. 아이들은 철자를 쓰고 작문을 하는 데도 별다른 어려움이 없으며 견문이 밝은 지적인 사람들이 된다.

그러나 아마 이런 주장들이 있을지도 모르겠다. 책을 읽거나 단락별로 읽어 준 내용을 듣고 난 다음에 그것을 다시 말하기, 혹은 읽어 준 내용 전체나 내용의 일부분을 써 보기 등 이런 활동들은 단순한 암기에 지나지 않는다는 주장이다. 이 비판이 가치가 있는 지의 여부는 쉽게 시험해 볼 수 있다. 그 비평가는 침대 등을 끄기 전에 신문에서 중요한 기사들을 읽거나, 보스웰(Boswell) 또는 제인 오스틴(Jane Austen) 책의 한 단락을 읽거나, 램(Lamb)의 수필 중 하나를 읽은 후, 자신이 읽은 내용을 조용히 되뇌면서 잠자리에 들 것이다. 그 사람은 단지 결론에 만족하지 않을 것이며, 자신의 정신이 작용하는 말하기라는 활동을 통해서 전에는 관찰하지 못했던 요점과 취지 등이 도출된 것을 발견하게 될 것이다. 전체가 가시화되고 놀라운 방식으로 두드러지게 된다. 장면이나 주장들이 실제로 그 사람에게 개인적인 경험의 일부가 된 것이며, 그 사람은 터득하게 된 것이다. 즉 그 사람은 자신이 읽은 내용을 내면화 한 것이다. 이것은 단순한 암기 활동이 아니다. 단순히 암기 활동을 할 때, 우리는 고안한 여러가지 단서들의 도움으로 사람의 이름, 일련의 요점, 혹은 단락 외우기를 계속해서 반복한다. 우리가 일련의 사실과 단어들을 외울 때 그 새로운 소유물은 잠시 동안만 목적에 도움에 될 뿐 내면화 되지는 않는다. 따라서 목적이 달성되고 나면 우리는 더 이상 그것을 기억하지 않는다. 이것이 점수를 얻기 위해 치러지는 시험이라는 수단을 통해 수행되어지는 암기이다. 나는 이런 종류의 암기에 대해서는 굳이 설명하지 않겠다(혹은 이해하지 않겠다). 암기가 교육에서 보조적으로 사용되고 있지만, 말할 것도 없이 이 암기를 집중력이라는 주요한 동인(動因)의 자리에 두어서는 안 된다.

    나는 오래전에 한 철학적인 친구가 인용했던 원리를 종종 떠올리는 버릇이 있었다. "정신은 정신 스스로에게 던진 질문에 대답하는 형태로 생성할 수 있는 지식 외에 아무것도 배울 수 없다." 비록 이 말의 출처를 알아내지는 못했지만, 그 말의 중요성에 대한 확신은 지난 40년 동안 훨씬 더 커졌다. 정신은 암묵적으로 외부에서 주어지는 질문을 금지한다(물론 이것은 도덕적 확신을 위해 소크라테스가 사용하는 질문과는 관련이 없다). 그리고 정신이 스스로 질문하는 과정은 지적인 확신과 배움의 활동에 있어서 필수적이다. 예를 들어 어떤 대화나 사건을 정신에 잡아매기 위해, 우리는 그것을 정신 안에서 거듭 살피는데, 즉 정신은 앞서 언급했던 자기 질문(self-questioning) 과정을 스스로 거친다. 이것이 바로 우리가 읽었던 단락을 다시 말할 때 일어나는 일이다. 각각의 새로운 일련의 사건들 혹은 진술들이 뒤따르는데, 정신이 스스로 "그 다음은?" 하고 질문하기 때문이다. 이런 이유 때문에 한 번만 읽도록 하는 원칙이 중요하다. 암기하려는 노력이 주의력이나 정신의 적절한 활동을 오히려 약화시킬 수 있다. 그리고 만약 몇 가지 요점을 강조하기 위해서 질문을 해야 한다면, 이러한 질문은 말하기 수행 전이 아니라, 말하기 이후에 혹은 말하기를 하는 중간에 이루어져야 한다.

오히려 훨씬 더 진보적인 심리학자들은 우리의 주장을 뒷받침해 주는데, 그들 또한 동일하게 '능력의 덩어리 대신에 단 하나의 주관적인 활동, 즉 집중력'을 주장하기 때문이다. 다시 말해서 "모든 정신적 활동에 공통된 요소가 하나 있다면, 그것은 바로 집중력이다."라고 단언한다. 교육의 내용이 아이들의 지적인 요구에 적합하게 제시될 때, 즉 교육 내용이 문학에 맞게 간결하고, 직접적이며, 단순하게 제시된다면 주의력은 언제나 변함없고 신속하며 꾸준하다.

염두에 두어야 하는 다른 하나는, 지적 능력은 도덕적인 자극이 필요하다는 점이다. 그리고 만약 '해야 함(must)'이 그 배경에 암시되어 있다면 우리 모두는 정신을 동요시켜 더 제대로 행동하게 할 수 있을 것이다. 수업 중에 아이들에게 있어서 다시 '들춰 볼' 기회나 태만한 아이들을 위한 다른 장치 없이도 '반드시 해야 함(must)'은 자신들이 읽었던 내용을 다시 말해야 하고, 글쓰기를 해야 한다는 확신을 통해 작용한다. 아이들은 다시 말하기 활동 그 자체가 너무 즐겁기 때문에 교사편에서 재촉할 필요는 거의 없다.

내가 해결하기 위해 그토록 노력한 교육철학의 완전한 사슬이 여기 있다. 그것은 적어도 실제로 성공적이라는 장점을 가지고 있다. 지금까지 말해 왔듯이, 몇 가지 요령을 채택하고 적용했으나, 무엇보다 나는 전체를 체계화하고, 교육이란 무엇이어야 하는가에 대한 응용철학의 체계를 만드는 데 성공하였기를 소망한다. 그럼에도 나는 조심스럽게 철학적인 용어 사용하기를 삼갔다.

이것이 간략하게 그 철학의 체계가 작동하는 방식이다.

1. 아이는 온전한 사람이며 영적인 요구와 능력을 가진 하나의 인격체이다.
2. 음식이 몸에 양분을 제공하듯이 지식이 정신에 양분을 제공한다.
3. 아이는 음식이 필요하듯이, 지식이 필요하다. 아이는 지식욕, 즉 호기심과 함께 다음의 능력을 갖추고 있다.
   - 지식을 이해하는 데 필요한 능력인 집중력, 상상력
   - 외부로부터 주어지는 도움 없이도 묵상, 판단과 같은 지식을 다루는 정신의 능력
   - 한 인격체로서 요구되는 모든 지식에 대한 흥미(관심), 이러한 지식들과 소통하고 획득하는 능력
   - 자신에게 필요한 모든 것을 내면화 하는 능력
4. 아이가 지식과 소통할 때 대부분의 경우 문학적인 형태를 요구한다. 그리고 아이는 자신의 인격에 감동된 종류의 지식을 재생산한다. 그렇게 하여 아이가 재생산한 지식은 자신만의 독창적인 지식

이 된다.

5. 지식의 자기화와 지식의 전용에 대한 본성적인 공급이 충분하기 때문에 자극은 필요하지 않으나 몇 가지 도덕적인 통제는 집중하는 활동을 보장하기 위해서 필요하다. 아이는 자신이 읽은 내용에 대해 다시 말하기를 요구 받는다는 확신에서 도덕적인 통제를 받는다.
6. 아이들은 최고를 소유할 권리가 있다. 그러므로 수업에 사용하는 책은 가능한 최고의 책이어야 한다.
7. 강의는 아이들을 지치게 만들고, 연습문제들은 아이들을 지루하게 만든다. 따라서 아이들 스스로 자신의 책을 사용하도록 허락해 주어야 한다. 그리고 아이들은 원할 때마다 도움을 요청할 것이다.
8. 아이들은 종교, 인문학, 과학, 예술에 관한 광범위한 지식을 필요로 한다. 그러므로 아이들은 각각의 짧은 학습시간 동안 절대적인 양의 독서를 포함하는 풍부한 교과 과정을 가져야 한다.
9. 교사는 일반적으로 언어, 실험 과학, 수학을 가르칠 뿐만 아니라, 학습에서 방향성, 공감과 이곳 저곳에서 생생한 단어를 제공하며, 실험 준비에 도움을 제공한다.
10. 이러한 조건들을 추구했을 때 '배움은 즐거움'이 된다. 그리고 매일 발전하고 있다는 인식은 교사와 학생 모두에게 큰 즐거움이다.

어떤 독자들은 진심을 담아 "나도 이 모든 것을 이전부터 알았어요. 그리고 어느 정도는 이러한 원리들을 실행해 봤어요." 라고 말할 것이다. 나는 어느 정도가 아니라 내가 언급했던 원리와 실천을 엄격하고 철저하게 실행하여 특별한 결과들을 얻었다고 말할 수밖에 없을 것 같다. 내 생각에 이것은 리스터(Lister, 역자주: 영국의 외과 의사)가 분투하였던 종류의 곤경이다. 당시 모든 외과 의사들도 도구들과 부속품들이 깨끗하게 유지되어야 한다는 사실을 어느 정도 알고 있기는 했었다. 하지만 결국에는 이 위대한 외과의사의 철저한 소독 처리가 수백만명의 목숨을 살리는 결과를 가져왔다. 그것은 이전에 수행했던 다소 방만한 방식이 아니라, 정확한 원칙을 빈틈없이 적용한 대입에서 비롯된 결과이다.

내가 간단히 설명한 이 방법이 옳고 유일한 방법인지에 대한 여부는 성공한 수천 가지 사례보다 더 광범위하게 시험해 봐야 한다. 그러나 빈틈없이 적용한 건전한 원칙의 결여 때문에 확실히 교육은 느슨하고 불확실하다. 결정해야 할 순간이 왔다. 우리는 '문명'에 대한 믿음을 가지고 있으며 우리의 진보를 자랑스럽게 생각한다. 아마 전쟁이 우리에게 가져다 준 어떤 고통도 우리가 교육과 동의어로 이해했던 문명의 철저한 붕괴로 인한 고통보다 더 심각하지는 않을 것이다. 이제 우리는 더 잘 알고 있다. 그리고 우리는 건강한 인간적 본능과 하나님의 은총을 다시 의지할 수밖에 없다. 교육해야 하는 부분은 사람의 정신이다. 감각과 근육의 훈련은 엄밀히 말해서 단순한 훈련일 뿐 교육은 아니다. 육체와 마찬가지로 정신에도 일정한 양의 자양분이 다양하게 규칙적으로 제공되어야 한다. 마찬가지로 육체와 같이 정신도 지식욕이라는 식욕을 가지고 있다. 다시 말하지만, 육체와 같이 정신은 주의력과 깊은 사고를 통해 자양분을 받아들이고 소화시킨다. 육체와 같이 정신은 맛없고 건조하고 불쾌한 음식은 거부한다. 다시 말해서 정신의 양식은 문학적인 형식으로 제시되어야 한다. 정신의 식단은 한 가지 종류에 국한된다. 정신은 생각(idea)에 의해 양분을 공급받고 정보들을 흡수하는데, 오직 그 정보들이 붙들고 있는 살아 있는 생각(idea)들과 연결된 경우에만 그렇다. 이 방식으로 교육을 받은 아이들은 놀랍게 반응하므로 능력, 성품, 표정, 주도력, 그리고 책임감을 발전시키게 된다. 그들은 아이들이지만 사실 훌륭하고 사려 깊은 시민들이다.

나는 이 책에서 이러한 종류의 교육들이 성공적으로 실행된 방법들과 원칙들을 소개하려고 시도했고, 코메니우스가 말한 "모든 지식은 모든 사람을 위한 것이다." 라는 말에서 목표하고 있는 교육 운동의 역사를 분명히 보여주는 단락들을 추가했다. 이 책에 등장하는 교사들과 교육 지도자들의 비평과, 이 방법을 실제로 실행하고 있는 사람들을 언급해도 좋다는 허락을 받았다.

공동체를 결속시키는 신비한 능력을 가진 소유물인 문학과 역사적인 암시의 공통 저장소를 포함하여, 공통된 사상과 공통된 지식의 기초를 모든 계층에 제공하는 길이 열렸다는 사실은 정말로 기쁜 일이다. 그리고 제한적이기는 하지만 노동자 계층에도 이런 교육을 제공할 수 있는 기회가 바로 눈 앞에 펼쳐진 것은 엄청난 진보이다. 안정적인 정신과 관대한 성품은 인문학 교육의 합당한 열매이며 변함없는 시금석이다.

이 책의 서문에서는 내가 힘써 세우려고 했던 몇 가지 요점들의 확장과 실례들로 나 자신을 제한하려고 한다.

1장
자기주도 학습
Self-Education

아마도 이 단락의 제목은 부적절한 공감을 불러일으킬 가능성이 있을 지 모르겠다. 율동적인 동작, 독립적인 행동, 흥미로운 다양한 방식을 사용하는 자기표현 등의 흐뭇한 광경이 마음에 떠오를 수 있는데, 정말 이러한 것들이 자기주도학습을 구성하는 요소일까? 이러한 현대의 만병통치약은 상당히 매력적이어서 무시하기 매우 어렵다. 팔다리는 우아하고 유연하도록, 손은 능숙하고 정확하도록, 눈은 잘 볼 수 있도록, 귀는 잘 듣고 목소리를 해석하도록 훈련하는 이러한 삶의 온갖 기쁨의 가능성들이 모든 아이들에게 열려 있다. 그리고 우리는 교육적인 열정의 산물이 될 시민의 모습을 간절히 기대하고 있다.

우리 학부모연맹도 이러한 교육의 주변적인 일을 부분적으로 시도한 적이 있었고 기꺼이 다른 프로그램들을 도입하기도 했었지만, 우리의 관점은 좀 다르다. 이러한 활동들이 품성과 행동에 미치는 영향에 대해 우리는 매우 회의적이다. 사람은 외부적인 것으로 만들어지는 게 아니라 내부적인 것으로 만들어진다. 아이는 '살아 있기' 때문에 아이의 성품을 빚어내고자 의도한 모든 외부적인 교육장치와 활동들은 장식에 불과하며 필수적이지 않다.

이것은 오래되고 진부하며 뻔한 소리로 들릴 수 있겠다. 그러나 아이는 온전한 사람이라는 개념에서 비롯되는 필연적인 결과들을 고려해 보자. 무엇보다 이 사람은 살아 있는 존재이다. 어떠한 외부적인 장치도 생명에 양분을 공급하거나 자라도록 촉진하는 능력을 가지고 있지 않다. 와인으로 목욕을 하거나 벨벳을 두르는 것은 방해만 될 뿐 육체적인 생명에 어떤 영향도 미치지 않는다. 생명은 외부에 바르는 방식을 통해서가 아니라, 유기물의 섭취에 의해서 공급받아 살아 간다.

아마도 인간의 정신에 관해 가장 정당한 비유는 동물의 몸, 특별히 인간의 육체일 것이다. 왜냐하면 우리는 이 육체를 가장 잘 알고 있기 때문이다. 잘 다듬어진 식물이나 정원의 비유는 오해의 소지가 있다. 특별히 모든 잎이나 잔가지의 경사를 조정하느라 짜증스럽게 바쁜 정원사 때문에 더욱 그렇다. 그러나 정원사라는 이유를 제외하더라도, 식물 안에 전혀 존재하지 않는 아이의 필수적인 속성, 즉 아이의 개성에 대해 인식하지 못하기 때문에 아이와 정원의 비유는 용납할 수 없는 개념이다. 이제 잠시 동안 정신과 육체 활동의 유사성에 대해서 생각해보자. 육체는 공기로 살아가고 음식을 통해 자라며 휴식이 필요하고 다양한 식단으로 발달한다. 그와 같이 정신(육체가 아닌 모든 것, 전적인 영적인 본성을 뜻한다)도 공기를 마시고 활동과 휴식을 요구하며 아주 다양한 식단으로 발달한다.

우리는 정신의 집 주위만 맴돌 뿐, 정신의 집 안으로는 좀처럼 들어가지 않는다. 정신 훈련들을 제공하기도 하지만 이러한 훈련들은 음식을 대체하지 못하며, 우리가 제공하는 미미한 양의 음식은 매일 한 개의 콩을 먹는 데 지나지 않는다. 육체의 식단은 풍부하게 고려하지만, 어느 누구도 잠시 멈추고 "정신 또한 음식과 규칙적인 식사를 필요로 하나요? 만약 그렇다면 정신의 적절한 식단은 무엇인가요?"라고 묻지 않는다.

　나는 이런 질문을 스스로에게 물어왔으며, 50년 동안 그 답을 찾기 위해서 노력해 왔다. 그리고 내가 발견 했다고 생각하는 해답을 전달 할 수 있기를 간절히 열망한다. 그 해답은 이것을 하고 저것을 하라는 형태로 주어지기 보다는 이런 저런 사항들을 고려하라는 초청으로 주어질 것이다. 우리가 충분히 생각한다면 행동은 저절로 따라올 것이다.

　생각(ideas)은 정신의 생명을 유지시킨다. 생각(ideas)이 여러차례, 즉 매일 제시되지 않는 정신은 지적인 활력을 잃는다. 그러나 프라우디(Proudie) 부인은 물을 수 있을 것이다, 진실로 과학적인 실험, 자연의 아름다움, 자연공부, 율동적인 동작, 감각 연습에는 생각(ideas)이 풍부하지 않다는 것인가요? 아주 흔하게 발명과 발견에 대한 생각(ideas) 그리고 예술에 대한 생각(ideas)과 관련하여서는 풍부하다. 그러나 우선은 인생에 영향을 미치는 생각, 즉 인격과 품행에 영향을 미치는 생각(idea)을 고려하는 편이 나을 것이다. 이러한 생각(ideas)은 정신에서 정신으로 바로 전달되는 듯하다. 생각(ideas)은 교육의 외부적인 작업에 의해서 도움을 받지도 않고 방해를 받지도 않는다. 모든 아이들은 이러한 많은 생각(ideas)을 입의 말로, 가족 전통의 방식으로, 속담으로 표현된 철학을 통해서, 실은 우리가 구전문학이라고 부를 수 있는 온갖 방식을 통해 얻는다. 그러나 정신을 육체와 비교할 때, 일반적으로 하루 세끼의 온전한 식사가 건강에 필요하듯이 대충 차려진 생각(idea)의 식단은 건강하지 못하고 빈약하게 된다. 지금의 학교들은 다른 사람의 형편을 헤아려 볼 수 있는 도덕적 상상력이나 감상의 능력, 진취성이 결여되고 겉만 번드르르한 젊은이들을 상당수 배출하고 있다. 이러한 자질들은 정신의 적절한 식단을 통해서 제대로 발달하며, 정규 학교 교과서나 정규 수업은 충분한 식단을 제공할 수 없다. 나는 공급양에 대해서도 강조하고 싶은데, 몸이 그렇듯이 정신에 있어서도 양은 너무나 중요하다. 정신과 육체는 둘다 충실한 식사가 필요하다.

정신에 적절한 자양분을 제공하기는 결코 쉽지 않다. 아이들에게 '머리가 나쁘다', '지능이 낮다'는 등의 험한 말을 하지만, 우리 중 상당수는 정신의 양분을 제대로 공급받은 아이들에게 나타나는 훌륭한 지능을 보증할 수 있다. 그러나 일반적으로 교사들은 그것이 무엇인지를 알아내는 데 노력을 기울이지 않는다. 우리는 플라톤이 비난한 '영혼의 거짓(that lie of the soul)'에 위험스럽게 가까이 왔다. 그리고 최고 진리의 부패, 즉 "지식은 감각이다."라고 말한 피타고라스에게 책임이 있다고 할 수 있을 것이다. 그러나 순전히 감각적인 교육 방법들을 추구하는 우리는 다르게 말하고 있는 것일까? 지식은 감각이 아니고 감각을 통해 비롯되지도 않는다. 우리는 타인의 정신의 사고를 먹고 산다. 사고에 적용된 사고는 사고를 낳고, 우리는 더 사려 깊은 사람이 된다. 누구도 추론하고 비교하고 상상하도록 우리를 초청할 필요가 없다. 육체와 같이 정신은 적절한 음식은 소화하며 반드시 소화하는 활동을 하는데, 그렇지 않으면 기능하기를 멈출 것이다.

아이들은 빵을 요구하는데, 우리는 돌을 주고 있다. 정신이 소화하려고 시도하기는커녕 오히려 통째로 내뱉아 버릴(아마도 시험지에?) 만한 사실들과 사건들의 정보만을 공급하고 있다. 정보가 원리에 의존하고 생각(idea)을 통해 영감을 받게 하라. 그러면 그 정보는 강렬한 욕구로 섭취될 것이며 영적인 본성을 통해 무엇이든 신체적 조직을 세우는 데 사용될 것이다.

얼마전에 할데인(Haldane of Cloan)경은 "교육은 영적인 문제이다."라고 말했는데 이보다 더 현명한 말은 없을 것이다. 그럼에도 우리는 교육을 신체 활동이나 완화제로 외부에서 바르기를 고집하고 있다. 우리는 이제 빛을 보기 시작했다. 사람 안에 있는 사람의 영혼만이 그 사람의 속을 알 수 있다. 그러므로 자기주도 방식으로 공부하는 것 외에는 교육이란 없으며, 어린아이도 학생으로서 학업을 시작하자마자 이 방식으로 공부한다. 우리의 임무는 아이에게 정신적인 양식을 제공하는 데 있으며, 양적이고 질적인 면 둘 다 중요하다. 각각의 교사는 정신의 양식을 제한적으로 소유하고 있으나, 우리는 이 정신의 양식을 어디서 조달할 수 있는지 알고 있다. 세계가 소유하고 있는 최고의 사상은 바로 책 속에 저장되어 있다. 따라서 우리는 아이들에게 책을 펼쳐주어야 하며, 책을 풍부하고 질서 있게 공급하는 일이 교사의 관심사이어야 한다.

나는 때때로 아이들에게 질투를 느낀다. 그러나 모든 현대 교육 운동들은 아이들을 지적으로 비하하는 경향이 있다. 정신적인 문제가 있는 아이들에게 적당한 이유식 고기(씹을 필요가 없게 만든)를 정상적인 아이들에게 먹이는 것은 때늦은 기발한 시도에 지나지 않는다. "대중에게 무턱대고 인기가 있는 것은 갑자기 왔다가 부활의 희망도 없이 가차없이 죽었다."라고 말한 버나드 쇼(Bernard Shaw)가 맞다면 특정한 인기 있는 형태의 새로운 교육에 대해 논의할 필요는 없을 것이다. 교육은 한편으로는 심리학과 다른 한편으로는 사회학과 진행 중인 결별을 통해 유익을 얻을 수 있을 것이다. 그러나 만약 교육이 회복된 자유를 병리학과 끔찍한 동맹을 맺는 데 사용한다면 어찌할 것인가?

여러 고려사항들이 나에게 다소 재미없는 일들을 권고하고 있다. 이제 나의 의도를 알려줘야 할 때이고 나의 연구와 원리들 그리고 일반적으로 사용되어야 하는 원리와 실천에 대해서 설명을 해주어야 할 때이다. 나는 마치 예루살렘의 문 앞에서 만찬을 즐겼던 굶주린 문둥병자들처럼 안타까움을 느끼기 시작했기 때문이다. 나는 어떠한 합리적인 욕구, 심지어 플라톤이 세운 가장 엄격한 기준도 충족시킬 수 있어 보이는 교육 이론 체계(가정교육 시리즈)를 펼치려고 시도해 왔다. 이 교육 이론 체계는 "반대의 시련을 견디고, 그것들을 반증할 준비가 되어 있으며, 이는 의견에 호소 해서가 아니라 절대적인 진리에 호소해서이다." 어떤 것은 새로운 것들이지만 대부분은 오래된 것들이다. 자비가 가진 특징처럼 이것은 강압적이지 않고 확실히 두 배나 축복되며 이것은 주는 자를 축복하고 받은 자를 축복한다. 주목을 끌 만한 극적인 결과는 아니지만, 빛나는 얼굴 표정은 이런 방식의 교육과 관련된 학생과 교사의 특징이다.

봄파스 스미스(Bompas Smith) 교수는 맨체스터 대학 취임식에서 "만약 우리가 포괄적인 이론의 빛에 따라 우리의 실천을 이끌 수 있다면, 달리 우리에게 일어나지 않았을 일들을 시도함으로써 우리의 경험을 넓힐 것이다." 라고 말했다. 포괄적인 이론의 빛을 제공하는 게 가능하게 되었으며 수많은 교사들이 달리 그들에게 일어나지 않았을 일들을 시도했다. 누군가가 그것이 거기에 있기 때문에 그것을 발견했다. 제대로 된 사람이라면 누구도 그러한 발견을 자신의 공으로 돌리지 않을 것이다. 반대로 그 사람은 아서 왕이 "내가 영광스럽게 우연히 발견한 이 보석들은 공공의 목적을 위함이다."라고 했던 말에 동의할 것이다. 우리는 수년동안 모든 대중에게 열리기를 간절히 원하는 알라딘의 동굴에 접근했다.

    내가 권고하는 이 이론의 몇 가지 장점들을 설명해 보고자 한다. 이것은 모든 연령, 심지어 7살 아이에게도 적절하다. 이것은 총명한 아이를 만족시키며 둔한 아이 안에서 지적 능력을 발견하게 한다. 교사나 학생편에서의 수고 없이도 이것은 주의력과, 흥미, 집중력을 보장한다.

    그렇게 배운 아이들, 사실 내 생각에 모든 아이들은, 힘이 있고 능숙한 말로 자신을 표현하고 풍부한 어휘를 사용한다. 특정한 수준의 정신적인 안정이 확보될 뿐 아니라, 지적인 작업들은 생각과 삶에 있어서 순결을 만들어 주는 듯 하다. 부모들은 학교 일에 관심을 갖게 되고 아이들은 부모들의 즐거운 동반자가 된다. 아이들은 책(무엇보다 이야기책)을 즐거워 하고 진실한 지식의 사랑을 나타낸다. 그리고 교사들은 교정하는 일에서 해방된다. 이러한 방식으로 배운 아이들은 어떤 학교에서도 예외 없이 잘 배운다. 따라서 점수, 상 등으로 학생들을 자극할 필요도 없어진다.

    어떤 독자들은 혹시 기대하고 있을지 모르나 내가 설명하고 있는 방식은 어떤 만병통치약이 아니다. 한 병에 1 실링 1½ 페니씩 하는 만병통치약은 당연히 존재하지 않을 것이다!

30년 전에 나는 가정교육에 관한 책을 출판했다. 사람들은 어떻게 개인 가정교사(당신에 보편적이었던)의 도움으로 이런 완벽한 계획이 실행될 수 있는지를 묻는 편지를 보냈다. 합당한 원칙들을 구현하고 아이들이 교사들에게 덜 의존적인 위치에 있도록 하는 일련의 교과 과정이 고안될 수 있다는 생각이 떠올랐다. 다시 말해서, 아이들의 교육은 주로 자기주도 교육이어야 했다. 일종의 통신교육학교가 마련되었다. 그리고 "나는 존재한다, 나는 할 수 있다, 나는 해야 한다, 나는 할 것이다."라는 학교의 모토는 아이들에게 온전한 사람으로서 가능성, 책임감, 의무 그리고 결정하는 능력을 부가하는 큰 효과를 가져왔다.

"아이들은 온전한 사람으로 태어난다."는 교육신조의 첫 번째 조항이다. 나는 6세에서 8세 사이의 아이들이 보여준 반응에 크게 놀랐다. 그들의 집중력, 지식에 대한 열정, 사고의 명료함, 책에 대한 올바른 분별력, 많은 과목을 다루는 능력은 내가 이미 신뢰했던 부분들이다. 나는 지식이라는 주제에 관해 다른 곳에서 권고했던 내용을 다시 반복할 의도는 없으며, 누구나 적용 가능한 시험에 관해서만 덧붙이고자 한다. 6세에서 10세의 아이들에게 생생하고 간결하게 쓰여진 사건의 전말을 읽어 주어 보라. 아이는 자신이 들은 내용을 단어와 단어가 아닌 요점과 요점들로 연결할 것이고 즐거운 독창성을 가미할 것이다. 거기에 더해서 몇 달 후에도 그 아이는 단락들을 연결할 수 있는데, 왜냐하면 그 아이는 장면들을 시각화 했고 지식의 조각들을 자기화 했기 때문이다. 신문 기사체에 쓰여진 미사여구가 많은 단락들은 아이에게 큰 감흥을 주지 못한다. 만약 단락을 반복해서 읽게 한다면 아이는 모든 글자를 빈틈없이 외우게 될지도 모르지만, 반복 연습은 영적이고 개인적인 요소를 사라지게 한다. 좀더 나이를 먹은 아이들은 베이컨(Bacon)의 수필 한 개나, 드 퀸시(De Quincey) 수필의 한 단락을 읽을 것인데, 역시 잠시 후 또는 몇 달 후에도 아이들은 그것을 힘있게 쓰고 일정 수준의 문체를 가지고 말할 수 있다. 우리는 폭스(Fox)가 어떻게 대학 만찬에서 버크(Burke)의 소 논문 전체를 낭송했는지 알고 있다. 학교에 이제 막 다니기 시작했든 평생 교육이든 교육에 속해 있어야 한다고 느끼는 집중력, 관심, 문학적 형식, 넓은 어휘력, 책에 대한 사랑, 말하기 준비 등에 대한 열쇠가 지금 여기 수면 위로 드러났다. 이것이 우리 모두가 바라는 바이다. 그것을 확보하는 방법은 우리가 '공적인 사용'을 위해 밝혀내려고 노력하고 있는 공공연한 비밀의 일부이다.

"교육이 흥미가 있으려면 그 영혼에 호소해야 한다."는 권위가 있는 말을 들으면서, 나는 상당히 성공적인 교육 실험을 대중 앞에 내놓기를 간절히 열망한다. 그리고 학부모와 아이들과 교사들에게 순수 미술만큼이나 흥미롭고 매력적인 교육이 여기에 있다.

지난 30년 동안 이 방식으로 교육받은 수천 명의 아이들은 상당히 광범위한 교과 과정이 제공한 자료만큼 '모든 것에서 올바른 판단력'을 보여주며 지식에 대한 사랑으로 자라났다.

나는 아이들이 기계적인 읽기와 쓰기에 대한 기술을 배우기 전부터 독서를 가르칠 것이다. 아이들은 즐겁게 배우기 때문에 읽어 주는 단락이나 페이지에 완벽한 집중력을 발휘하며, 자기 자신들만의 단어를 사용해서 요점 단위로 문제를 연결시킬 수 있는 능력도 가지고 있다. 그러나 아이들은 최고의 문학을 요구하며, 어떤 책도 그보다 수준이 떨어지면 읽기를 배우기가 어렵게 된다. 아이들은 6

살이 되어 글자로 학습하기를 시작하면서 기계적인 읽기와 글쓰기도 동시에 배운다. 아이가 이러한 것들을 획득하기 위해 2년을 소요하면서 잃은 것은 없다. 왜냐하면 아이는 그동안 성경책, 역사책, 지리, 동화를 세심한 주의력과 놀라운 재생산 능력, 아니 자신의 언어로 번역하는 능력을 가지고 읽었기 때문이다. 아이는 방대한 어휘력과 연이어 말하는 화법의 습관을 획득하고 있는 것이다. 한 마디로 말해서 그 아이는 시작부터 교육된 아이이다. 그리고 책을 다루는 능력은 학교의 오전 시간에 읽는 대 여섯 권의 책과 함께 아이의 나이에 맞게 발달한다.

그러나 아이들이 모두 똑같지는 않다. 실제로 남자와 여자가 다른 만큼이나 차이가 있다. 두 세 달 전에 6살이 채 안 되어 보이는 한 작은 소년이 학교에 왔다. 우편으로 온 생활 기록부에 따르면 그 아이는 다섯 가지 언어로 무엇이든 읽을 수 있고, 그리스어를 스스로 배우는 중에 있으며, 브래드쇼의 철도 가이드(Continental Bradshaw)를 통달해 어디서든 길을 찾아갈 수 있는 다소 통통하고 활기 있는 작은 아이였다. 그 아이는 학교에 왔을 때, 이미 이 모든 능력을 지니고 왔으며 당연히 그 아이는 이례적이라 할 수 있다. 마치 그러한 업적을 가진 어른이 이례적인 것과 같다. 그러나 나는 모든 아이들은 교사들이 인식하지 못한 능력, 무엇보다 지적인 능력을 가지고 온다고 믿는다. 우리는 그러한 능력을 설명의 홍수에 빠져 죽게 하거나 진전도 없는 헛된 노력으로 소멸시키는 경향이 있다.

모든 사람들은 자연스럽게 읽고 생각하는 부류와 읽지 않고 생각하지 않는 부류로 나뉜다. 학교의 임무는 아이들을 첫 번째 부류에 속하는 사람으로 이해하는 데 있다. 그리고 사고는 단순히 인쇄물을 읽는 데 있지 않고, 단락의 내용과 관련된 독서와 불가분의 관계에 있다는 사실을 기억할 필요가 있다.

　내가 지금 언급하고 있는 아이들은 책 뿐만 아니라 사물을 배우는 데도 몰두해 있는데, '교육은 관계의 학문이다'는 우리의 교과 과정을 규정하는 중요한 원칙 중 하나이기 때문이다. 이것은 아이가 실행해 볼 많은 경향성들을 가지고 학교에 간다는 의미이다. 따라서 기술적인 세부사항들이 아이들을 당혹하게 만들기도 하지만 아이들은 원리들을 이해하는 데 큰 어려움이 없기 때문에 과학에 대해서도 많이 배우게 된다. 아이들은 또한 다양한 공예활동을 통해서 나무와 진흙과 가죽의 감촉을 배우고 도구들을 다루는 즐거움을 배우며 그러한 재료들과 적절한 관계를 세워 나갈 수 있다. 그리하여 자신의 등수나 성적이 아니라 책이나 지식, 진흙, 새, 꽃 등이 항상 아이가 생각하는 대상이 된다.

　나는 우리의 교육작업을 시험해 볼 열린 마음을 가진 교사에게 우리가 내세우는 이론에 관해 어느 정도의 지식은 필수적이라고 강조하고 싶다. 왜냐하면 학교 교실에서 실시하는 모든 세부 사항들은 어떠한 특별한 원칙의 결과물이기 때문이다. 예를 들어서, 특별한 생각 없이 아무렇게나 책을 사용하는 교육을 시도해 보기는 쉬울 수 있다. 그러나 신앙과 마찬가지로 교육에 있어서도 동기가 중요하다. 그리고 좋은 점수를 위해서 자신의 교과서를 읽는 아이는 한 자도 틀리지 않고 정확히 외울 수는 있어도, 무언가를 배우지는 못한다. 이러한 원리들은 분명하고 상당히 간단하다. 그리고 통합된 이론의 부재로 인한 현재 교육의 혼돈된 상태를 고려해 보면, 현대의 사상에 일치하면서 모든 경우에 적합한 포괄적인 다른 이론은 부재한 상태이다. 그렇다면 즉시 실행 가능하고 언제나 즐거운 이론, 건전한 판단력과 자발적인 마음을 가진 출중하고 유용하고 헌신적인 사람들을 배출하여 스스로를 증명한 이 이론을 시도해 보는 게 좋지 않겠는가?

만연해 있는 다양한 교육방법 대신에 아이들을 위한 자기주도 학습법을 권유하면서 나는 수업의 과도한 업무에 지쳐 있는 자기희생적인 교사들에게 큰 위안을 주고 싶다. 차이는 다루기 쉬운 말을 조종하는 것과 다루기 어려운 말을 조종하는 데 있다. 전자는 그 자신의 즐거운 의지를 다루기 때문에 조종이 즐겁다. 자신의 학생들로 하여금 책의 도시의 자유를 허락하는 교사는 얼마든지 학생들의 안내자, 철학자, 친구가 될 수 있다. 그리고 그런 교사는 더 이상 강압적으로 지식을 공급하는 도구가 아니다.

2장
아이는 온전한 사람으로 태어난다

1. 아이의 정신

"진리가 영혼의 시야에…… 들어오는 순간,
영혼은 그 진리가 그 영혼의 오래된 친구라는 것을
알아 차리게 된다."
"진리의 중요성은 너무나 크기 때문에,
진리를 분별하는 일에 절대로 나태해서는 안 된다."

놀라운 진리를 제시하기 위해 계획된 이 단원을 오래되고 신성한 휘치코트(Whichcote, 역자주: 영국의 철학자, 청교도)의 엄숙한 명언으로 시작하는 것에 대해 독자들이 의아하지 않기를 바란다. 그러나 진리는 바람이 빠졌고 경이로움은 시들해졌다. 우리는 더 이상 빛나는 창공과, 싹트기 시작하는 나무와, 정교한 새 둥지의 건축에 관심이 없다. 따라서 젊은 부모들과 어린 형제자매들을 제외한 대다수에게 아기마저 더 이상 경이롭지 않다. 아이들은 갓 태어난 아기의 완벽한 발가락, 손가락, 귀 등 아기의 온갖 작은 완벽함에 경탄한다. 아기를 돌보는 이들은 아기에 대해 어느 정도는 이해를 가지고 있기 마련이다. 그들은 아기의 주된 임무는 성장임을 알기에 아기에게 맞는 음식을 먹인다. 그리고 만약 그들이 지혜가 있다면 아이의 약한 근육을 강화하기 위해서 꼼지락거리고 팔다리를 늘이도록 하는 자유로운 놀이도 제공할 것이다. 아기의 부모는 아기가 무엇에 이르게 될 것인지를 알며, 세상을 위한 새로운 기회가 열렸다고 느낀다. 그 동안에 아기는 음식, 잠 그리고 보금자리, 많은 사랑을 필요로 한다. 우리 모두는 그 만큼은 알고 있다. 그러나 아기는 거대한 흰색의 살덩어리 이상의 존재이지 않겠는가 하는 질문이 우리 앞에 놓인 문제이며 지금까지 교육자들은 그 질문에 대해 부정적으로 대답하는 경향이 있었다. 여기서 당기고 저기서 미는 수단을 사용하여 결국에는 교육자들의 마음속에 있는 양식에 어울리는 사람으로 압축하는 게 그들의 교육관이다.

또 다른 견해는 아름다운 유아의 신체는 놀라운 가치가 있는 보석의 세팅과 같으며, 양팔 저울 한쪽에 세계 전체를 놓고 다른 한쪽에 이 보석을 놓으면, 균형을 잃고 세계 전체를 놓았던 쪽이 솟아 오를 정도라는 견해이다. 한 시인은 흐릿하게 빛나는 어린 시절을 회상하고 그가 보았던 것을 기억하며 이렇게 표현했다.

"나는 호화로움과 영광 안에서 하나님의 창조물들과 함께 천사처럼 즐거웠다. 아기가 온 세계의 상속자가 될 것이고 학식 있는 사람들의 책에서도 밝혀 낸 적 없는 그러한 신비를 볼 수 있다는 게 이상하지 않은가? 옥수수밭이 빛났는데, 마치 한 번도 거둬들인 적이 없고 심겨진 적도 없는 불멸의 밀밭 같았다. 나는 그것이 거기에 영원부터 영원까지 서 있었다고 생각했다. 길에 있는 흙과 돌은 나에게 소중한 황금이었다……. 초록색 나무들은 나를 무아지경에 이르게 하고 황홀하게 했다. 그들의 달콤함과 특별한 아름다움은 나의 심장을 뛰게 했다. 거리에 뒹구는 아이들은 마치 움직이는 보석들 같았다. 나는 그들이 태어났다는 사실, 혹은 죽어야 한다는 사실을 알지 못했다. 거리는 나의 것이고 사람들도 나의 것이었으며 그들의 반짝이는 눈, 흰 피부, 붉은 얼굴들만큼 그들의 옷, 황금, 은도 다 내 것이었다. 하늘도 나의 것이었고 태양과 달과 별도 내 것이었다. 온 세계가 내 것이었으니, 나는 오로지 관중이었고 그것을 즐기는 자였다."

생생한 추억을 기억하고 재생하기 위해 트라헤른(Traherne)과 같은 시인이 필요하지만, 그럼에도 불구하고 아마 우리 모두는 인생의 쇼에서 관중이었었던 느낌을 떠올릴 수 있고, 배운 것을 말을 할 수 있기 전의 빛나는 시절을 기억할 수 있을 것이다. 펀치(Punch)라는 잡지는 한 때 아이의 보육사와 주변 환경에 대한 아기의 시각을 통해, 특별히 부당하게 밀고 당겨지는 대상이 되었던 아기의 시각을 통해 우리를 즐겁게 해 주곤 했다. 그러나 아마도 아기가 비평가는 아닐 것이다. 인지하고 받아들이는 게 유아들의 일이며 바로 이것들이 아기들이 매일 하는 일이다.

우리는 시인들이 자신들이 알고 있는 것 이상을 말하고 보는 것 이상을 표현한다는 생각을 가지고 있어서 시인들의 삶에 대한 견해는 에누리 되어야 한다고 생각한다. 아마 어느 누구도 정신의 노력으로 시인들이 인지하는 완전한 현실을 포착해서 말로 표현할 수 없다는 사실 때문일 것이다. 그러므로 우리는 드러날 영광을 단지 조금이라도 암시해주는 윌리엄 워즈워스(W. Wordsworth), 새뮤얼 콜리지(S. Colerige), 밸런치 보핸(B. Vaughan) 그리고 다른 사람을 증인으로 취할 수 있다. 우리는 시인이 아니기에 시인의 말을 경시하는 경향이 있다. 그러나 우리 중 가장 상상력이 없는 사람도 아이들 내면에 정신이 있다는 증거, 즉 놀랍도록 기민한 정신이 존재한다는 증거를 발견할 수 있다. 생후 첫 2년 동안 아이들은 그 후 2년 동안 보여줄 수 있는 어떤 노력보다 훨씬 더 많은 지적 노력을 해낸다는 사실을 곰곰이 생각해 보자. 논란이 많았던 화성인이 마침내 우리의 행성에 왔다고 가정하고 그 화성인이 지구의 조건에 맞게 자신을 순응시키기 위해 배워야 할 게 얼마나 많은지를 생각해 보라. 딱딱한, 부드러운, 젖은, 마른, 뜨거운, 차가운, 안정된, 불안정한, 먼, 가까운 등의 개념은 마치 달을 잡으려고 긴 앞치마를 내미는 아기에게 낯설듯이 화성인에게 낯설다. 화성인의 운행수단이 무엇인지 모르지만, 마음대로 달리고, 뛰고, 계단을 오르고 심지어 앉고, 서기 위해서는, 스케이트, 춤, 스키, 펜싱 등의 운동을 배우는 데 걸리는 시간만큼의 이성적인 노력이 요구된다. 그리고 아기는 이 모든 것을 생후 첫 2년 동안에 성취한다. 아이는 물질의 속성을 배우고 색깔을 알고 고체와 액체, 크기에 대한 첫 개념을 갖는다. 그리고 세 살이 되면 놀랍도록 정확하게 표현하는 법을 배운다. 나는 세 가지 언어를 완벽하게 구사하는 세 살 난 아이를 알고 있다. 그 중에 하나가 아랍어였는데, 아이는 자신이 하는 모든 일을 세 가지 언어 중 어떤 언어로도 말할 수 있었다. 이것은 대부분의 사람들이 외국 여행을 할 때 바라는 수준의 숙달이다. 메리 워틀리 몬태규(Mary Wortley Montagu) 양은 그녀의 시대에 콘스탄티노플의 어린아이들은 각각

상당한 지식을 가지고 5가지 언어로 재잘거릴 수 있었다고 말했다. 아이들이 아름답고 작은 육체만큼 완벽하고 아름다운 정신을 가지고 태어난다고 증명하지 못할지라도, 적어도 아이가 자신의 특정한 일을 위해 필요한 정신을 소유하고 있는 것은 분명하다. 아이에게 정신은 교육의 도구이며, 교육이 아이의 정신을 만들어 내지 않는다.

누가 아이의 사고의 범위를 측량할 수 있을 것인가? 하나님에 대한 끊임없는 질문들과 예수님에 대한 사색들은 한가한 호기심에 지나지 않은 것일까? 그것들은 우리 모두가 가지고 태어난 신에 대한 갈망의 징후일까? 아이들이 자기 만족적인 어른들처럼 무한하고 보이지 않는 것들에 대해서 이해할 능력이 있을까? 아이들이 우리의 방식으로 감금되고, 답습되고, 제한되는 게 아닐까? 동화는 모든 것이 가능한 곳으로 즐거운 도피를 가능하게 할 것인가? 우리는 아이들이 상상력이 없기 때문에 어떤 것을 배우기 위해서는 보고, 만지고, 맛보고, 다루어야 한다고 듣는다. 그러나 아이의 나이가 아직 개월 수로 계산되는 동안에 아이는 만지고, 찢고, 던지고, 맛보면서 사물의 속성을 배우는 일에 스스로 전념했다. 월단위가 연단위로 바뀌면서 아이는 구조가 복잡하지만 않다면 한 눈에 새로운 사물을 파악할 수 있다. 삶은 아이에게 지속되는 진보이다. 아이는 낡은 방식으로 낡은 것들을 검토하지 않는다. 아이의 기쁨은 전진하는 데 있다. 아이 안에 광대한 능력은 그 자체로 공포를 가져오기도 한다. 다시 트라헤른(Traherne)의 말을 인용하겠다.

"다른 어느 때 비라도 쏟아질 듯한 슬픈 저녁에 홀로 들판에서 모든게 잠들고 고요했을 때, 어떤 악의에 찬 공포가 상상력을 넘어 나에게 엄습했다. 그리고 그곳의 무익함과 고요함이 나를 불만족스럽게 했으며 황무지가 나를 겁에 질리도록 했다. 세상에 대한 종말의 두려움이 나를 에워쌌다. 나는 연약한 작은 아이였고 지구에 살아 있는 사람이 있다는 사실을 잊어버렸다. 그러나 어떤 희망과 기대가 모든 경계에서 나를 위로해 주었다."

트라헤른은 그에게 오는 교훈을 절대로 놓치지 않고 계속 말하기를,

"이것은 나에게 내가 세상에서 중요하다는 사실을 가르쳐 주었다 …… 지구의 아름다움은 나를 즐겁게 해주기 위해 만들어졌다 …… 도시와 성전과 왕국은 나의 존속을 위해 존재 한다. 세상에 홀로 있다면 황량하고 비참할 것이다."

이성은 상상력만큼이나 진실로 유아에게도 존재한다. 말을 할 수 있게 되자마자 아이는 온갖 일의 원인을 곰곰이 생각하고, 수천 개의 질문으로 우리를 당혹하게 한다. 아이는 '왜?'라는 질문을 멈추지 않는다. 아이의 이성적인 사고는 결코 무관심해지지 않는다. 얼마나 빨리 작은 개구쟁이들이 자신들의 유모와 엄마를 통제하고, 상대방의 기분을 계산하며, 감정을 이용하는 법을 배우는지! 작은 폭군이 될 가능성은 아이 안에 내재해 있다. "그 아이는 자신만의 의지가 있어요." 하고 아이의 유모는 말한다. 그러나 그 유모는 욕심, 고집 그리고 성미의 격렬한 발현이 의지의 표지라고 가정하는 잘못을 범했다. 작은 아이가 이 모든 것을 멈추고 의지가 발동하여

입술을 떨면서 자신을 억제할 수 있는 이유는 아이가 양심을 가졌기 때문이다. 걸음마도 떼기 전에 아기는 옳고 그름의 차이를 알며, 품속의 아기도 유모가 개구쟁이라고 하는 말에 얼굴을 붉힌다. 아이의 강한 의지는 순종의 어려운 기술을 배우는 것에 비례한다. 왜냐하면 누구도 그렇게 하겠다고 하는 의지를 발휘하지 않고는 순종할 수 없기 때문이다. 우리 모두는 작은 반항아가 가정과 학교에서 어떻게 북새통을 연출하는지 잘 알고 있다.

2. 학교의 정신-아이 (The mind of a school-Child)

그러나 아주 어린아이들은 매력적인 본연의 상태 그대로 두어야 한다. 그리고 아이가 수업을 할 준비가 되었을 때 학습에 참여시키면 된다. 나는 다른 곳에서(Home Education 시리즈), 아이가 자신이 하는 모든 일을 통해 힘을 강화시키고, 보고 듣는 모든 것에서 교훈을 얻는 자기주도 학습에 가담하는 세월 동안 아이의 부모와 교사들이 아이에게 빚진 것을 보여 주려고 시도했다. 지금 이 책에서의 주요 관심은 학교 측면에서의 교육이다. 나는 아이들이 놀라운 잠재력을 지닌 정신을 소유한 채 교사들의 손안에 들어왔다는 사실을 일깨워 주기를 열망한다. 마치 피아노 자체가 음악이 아니고 음악의 도구이듯이 아이는 당연히 정신의 도구, 즉 두뇌도 가지고 있다. 음식과 휴식이 공급되는 종류의 다른 기관들처럼 똑같은 조건 아래에 있는 뇌에 대해 우리가 마음을 쓸 필요는 없을 것이다. 몸은 건강을 유지하기 위해 휴식과 신선한 공기와 건강한 운동이 필요하지만, 몸의 적절한 활동은 정신에 달려 있다.

세계는 최근에 심리학에 너무 많은 관심을 두고 있다. 신경과 혈액(아마도 그냥 두어야 최선인)의 지배아래 있는 심리학의 영역은 '무의식의 정신'이라 불린다. 교육적인 노력에서 우리는 정신을 무시하고 심리학 영역의 증상에 우리 자신을 고심하게 하는 경향이 있다. 영적인 정신이 피곤을 모르듯이 두뇌도 육체를 위한 음식에 의해 영양분이 잘 공급되고 신선한 공기와 휴식의 적당한 조건을 공급받으면 피곤하지 않다. 이 두 가지 조건을 감안할 때, 우리는 찬란한 교육적 가능성을 소유하게 된다. 그러나 정신에 관해 적절한 인식을 제공하는 이론과 실천의 발전 여부는 우리에게 달려 있다. 어떤 권위자는 우리가 종교적인 삶에나 연관시켜야 하는 원리를 교육에 똑같이 적용시키려 한다고 말한다. 우리는 육체로 난 것은 육체라는 말씀을 들었으나, 아이들을 교육하려는 노력에서 이 위대한 원리를 잊어버렸다. 우리는 아이들에게 놀이 방식을 가르치고 있다. 놀이는 중요하고 바람직하지만 이것이 정신으로 인도하는 길이 될 수 없다. 우리는 아이들에게 적합한 환경을 제공한다. 그것은 전적으로 바람직하지만, 정신에 이르는 길은 아니다. 우리는 아이들에게 아름다운 동작도 가르친다. 몸을 위해 아름다운 동작도 교육에서 필요한 부분이지만, 이러한 활동들을 정신에 이르는 길로 여긴다면 이는 안전하지 않다. '영으로 난 것은 영이요'라는 말은 여전히 진리이다. 그리고 정신에 이르는 길은 상당히 직접적이어야 하며 오로지 사고라는 매개체를 통해서 다른 정신과 접촉되어야 한다. "정신이란 무엇인가?"는 오래된 난제이지만, "물질이 아니다."는 여전히 유효한 답이다. 가르치는 교사들은 물질이 정신에 영향을 거의 미치지 못한다는 사실을 반드시 깨달아야 한다. 왜냐하면 여전히 나무 막대기들이나 좀더 과학적인 장치를 수단으로 하여 전적으로 물질과 기술에 관련된 교육만 하는 학교들이 있기 때문이다. 어떤 초등학교 여교사가 편지에 "학생의 아버지 한 분이 어제 저에게 말하기를 '선생님이 저에게 일거리를 주셨어요. 아이가 현미경을 설치하고 연못의 물을 통해 단세포 동물과 다른 놀라운 생물들을 관찰하기까지는 나를 내버려 두지 않았어요.'"라고 했다. 여기에는 올바른 순서가 있다. 정신이 낳은 생각(idea)이 먼저 왔고, 그 생각이 확인과 설명을 요구했다. "어떻게 이런 일들이 가능할까?"하고 우리는 묻지만 대답은 명확하지 않다.

교육은 믿음과 같이 보이지 않는 증거이다. 우리는 육체의 직무는 성장이다 하는 개념에서 시작해야 한다. 육체는 음식으로 성장하며 음식은 그 자체로 완벽한 생명인 살아있는 세포로 이루어져 있다. 모든 비유가 잘못된 방향으로 이끌 수 있고 부적절할 수 있지만, 정신에 가장 적합한 자양분도 마찬가지로 생각(idea)이며 이 생각(idea)은 세포조직의 단일 세포처럼, 생명의 단계와 기능을 통과하는 것처럼 보인다. 우리는 욕구와 일종의 관심이라는 자극을 통해 이 생각(idea)을 받아들인다. 그리고 생각은 독특한 방식으로 공급되는 듯 하다. 우리는 신체나 정신을 위한 새로운 특허 치료법, 어떤 시인의 새로운 생각, 화가들의 학교라는 새로운 관념에 대해서 듣고 난 후, 그 생각을 흡수하고 수용한다. 그러고 나서 며칠이 지나면 우리가 읽는 모든 책마다 우리와 이야기하는 모든 사람들이 최근에 흥미로워진 이 관념에 양식을 제공한다. 무심한 독자는 '아직 증명되지 않았다'고 결론을 내릴 수 있겠지만, 만약 그 독자가 허공을 떠다니는 특정한 생각(idea)으로 향하는 자기 자신의 정신의 행동양식을 관찰한다면, 내가 자세히 설명했던 종류의 과정을 발견하게 될 것이다. 이러한 과정은 아이들 교육에서 특히 주의 깊게 고려되어야 한다. 이것을 늘 그랬듯이 부주의하게 취급해서는 안 된다. 아이들에게 삶, 신앙, 역사, 과학의 위대한 생각(idea)을 제공하는 게 우리의 임무이며, 우리가 제공하는 '생각(idea)'은 실제로 일어난 사실이라는 옷을 입고 있어야 한다. 우리는 아이들이 스스로 선택하여 생각을 다루도록 내버려 두어야 한다. 다음은 아이들이 지리를 어떻게 다루는지를 보여주는 예이다.

"내가 대양들 너머의 새로운 왕국에 대해서 들었을 때 그것의 빛과 영광이 내 안에 들어왔다. 그것은 내 안에서 일어났으며 나는 완전히 확장이 되었다. 내가 그것 안에 들어갔을 때, 나는 그 왕국의 상품들, 샘들, 초장들, 주민들을 보았고, 그 새로운 공간에 소유자가 되었다. 마치 그것이 나를 위해 준비되어 있는 듯 했고, 그 안에서 나는 크게 찬미하며 즐거워했다. 읽어주는 성경을 들으면 나의 영혼은 그 모든 시대에 있었다. 나는 그들의 빛과 화려함, 이스라엘 사람들이 입성한 가나안의 땅을 보았다. 고대 아모리 사람들의 영광과, 그들의 평화와 부, 도시와 가옥들, 포도나무와 무화과 나무를 보았다……. 나는 매우 생생한 방식으로 그것을 보고 느꼈다. 마치 그것은 영혼 안에서가 아니면 다른 방식으로는 존재하지 않는 것 같았다……. 나는 내 안에서 장소들을 바꾸지 않고도 그 모든 것들을 보고 즐길 수 있었다. 그것이 수천 년 전에 일어난 일일지라도 그것의 존재는 항상 내 앞에 있었다."

나는 다시 트라헤른(Traherne)을 인용하는 모험을 시도했다. 왜냐하면 자신의 어린 시절 기억을 이처럼 분명하게 보존하고 있는 작가를 알고 있지 못하기 때문이다. 그러나 괴테도 성경에 대한 그의 경험을 온전하고 설득력 있게 설명한다. 나는 '경험'이라고 신중하게 말했는데, 그 이유는 그 단어가 아이들이 알아가는 과정을 나타내기 때문이다. 아이들은 읽고 듣는 모든 것을 경험한다. 이러한 경험은 아이 속에 들어가 아이의 생명이 된다. 그러므로 이것이 '먹인다'는 단어의 가장 문자적인 의미 안에서 생각(ideas)이 정신을 먹인다는 의미이다.

우리의 지리 수업은 아이들을 그 장소로 데려가고 있는가? 아브라함의 부르심 또는 여리고성에 가는 길에 눈 고침을 받았던 장님에 대한 우리의 이야기 안에서 아이들이 살아보고 경험하는가? 만약 그렇지 못하다면, 이것은 교사 편에서의 열정과 의도의 결여 때문이 아니다. 교사의 잘못은 아이들에 대한 확신의 부족에 있다. 교사는 정신의 능력을 이해하지 못하여 교사보다 아이들이 더 잘 이해할 수 있는 문제들에 대해 많은 말로 아이들을 지루하게 한다. 얼마나 많은 교사들이 아이들은 그림을 필요로 하지 않는다는 사실을 알고 있을까? 단, 위대한 화가들이 그린 그림은 예외인데, 그것들은 삽화 이상의 다른 기능을 하기 때문이다. 아이들은 우리가 제공하는 빈궁한 그림보다 자신들의 정신 안에서 훨씬 더 훌륭하고 더 정확한 장면을 떠올릴 수 있다. 아이들은 행간을 읽고 작가가 생략한 모든 의미를 채워 넣을 수 있다. 랭(Lang)의 '트로이와 그리스의 이야기'를 읽은 9살 아이는 뗏목을 만들기 위해서 칼립소 섬에서 나무를 자르는 율리시스를 그렸다. '한여름 밤의 꿈'을 즐겁게 탐독했던 10살 아이는 사랑스러운 그녀의 아들을 티타니아로 데려가는 인디언 공주를 그렸다. 우리 같은 사람들은 율리시스가 뗏목을 만들었다는 사실과 그 소년이 인디언 공주의 아이였다는 내용을 알게 된 것에 만족하고 만다. 이것이 아이의 정신이 작동하는 방식이므로 우리의 관심사는 비옥한 지성을 굶주리지 않게 하는 데 있다. 아이들은 반드시 풍부하고 다양한 음식을 가져야 한다. 그리고 아이들은 그것을 가지고 무엇을 해야 할지 충분히 잘 알고 있기에, 소위 말하는 '능력'을 별도로 훈련하기 위해 우리 자신을 괴롭게 할 필요가 없다. 왜냐하면 정신은 하나이므로 함께 일하기 때문이다. 당신이 뭐라고 불러도 좋을 이성, 상상력, 숙고, 판단은 갑판장의 '영차' 하는 호출에 모두 총동원된다. 모든 것이 화물을 내리기 위해 갑판위에 총동원되어 있으며 정신의 훌륭한 선박은 풍부하고 향기로운 생각들(ideas)의 화물을 싣기 위해 기다리고 있다. 아이들이 지리 수업을 통해 '나는 놀랍게 확장되었다'하고 말하거나 혹은 그렇게 느끼기를 바라지 않는가? 아이들로 하여금 직접 보았거나 상상했던 사람의 눈으로 그 장소를 보게 하라. 기압계 차트, 온도 그래프, 등고선, 부조 모형, 구획, 측면도와 같은 도구들은 아이들에게 그 장소를 볼 수 있도록 해주지 않는다. 세계지도는 아이에게 잇달아 펼쳐지는 전경(panorama)이어야 하는데 그 전경이 너무나 매혹적이어서 밖으로 나가 놀기보다는 그것들을 곰곰이 생각할 정도이어야 한다. 그 무엇도 이런 종류의 기쁨을 주기 쉽지 않다. 우리가 여행할 때 스스로 볼 것을 선택하듯이 아이에게 그 세계를 보게 하라. 아이는 도시, 사람, 산, 강, 그리고 자신이 읽은 세계의 조각들을 가지고 여행을 떠날 것이다. 지리 수업이 바다 또는 강기슭이 되게 하라. 앞서 인용했던 시와 같이 아이는 "자신을 위해 준비된 새로운 공간을 찬미하고 그 안에서 즐거워할 것이다." 모든 세계가 사실은 아이를 위해 준비된 아이의 소유물이다. 우리의 이론을 예시하기 위해 기술적이고 상업적이며 심지어 역사적으로 지리학을 만들지라도, 그것이 아이의 권리를 빼앗는다면 우리는 사기적인 행동에 책임이 있게 될 것이다. 아이가 원하는 것은 세계의 모든 조각들이며 각각의 조각은 나머지 조각들의 열쇠가 된다. '세번(Severn)강의 해일(Bore)'을 읽고 나면 아이들은 '해일'이 발생할 때마다 그것에 대해서 친숙하게 말할 수 있다. 아이는 산을 알기 위해서 산을 볼 필요가 없다. 마치 영적이지 않으면 그 장소에 갈 수 있는 방법이 없는 것처럼, 우리는 모르지만 아이는 묘사된 모든 장면을 생생하게 볼 수 있다. 누가 아이를 측량할 수 있을까? 아라비안 나이트의 지니는 아이와 비교하면 아무것도 아니다. 아이는 병 속에서 나와 온 세상을 채울 것이다. 아이를 병 속에 가두려는 자에게 화가 있을 진저.

    아이들이 가지고 있는 정신 그리고 모든 사람이 가지고 있는 정신은 그 사람에게 충분한 생계 수단이 되며 사실 그 이상이다. 일하고 있는 모든 사람들은 미래에 언젠가 여가 시간을 갖게 될 것이고 이 여가시간이 어떻게 이용되어야 할지에 대해서는 논의가 많이 되고 있다. 자신의 정신을 매일 적극적으로 작동하지 않는 사람은 여가를 적절하게 사용할 수 없을 것이다. 한 사람의 인생에서 일상적인 일들은 지적인 양식을 제공해 주지 못하고 작고 단조로운 지적 운동을 제공할 뿐이다. 과학, 역사, 철학, 문학은 더 이상 교육받은 사람들의 사치품이 아니다. 모든 계층은 교육을 받아야 하고 그들이 매일의 양식을 먹듯이 정신의 양식을 먹어야 한다. 역사는 그것의 변화무쌍함을, 과학은 경이를, 문학은 친밀감을, 철학은 사고를 종교는 확신을 모두에게 제공한다. 교육은 아이가 이러한 황금의 세계를 거닐도록 준비시켜야 한다.

　타고난 듯한 심미안을 사용하도록 하기 위하여 어떻게 아이를 준비시킬 것인가? 교육은 아이에게 온전한 마음의 미술관을 제공해야 하며 여기에는 과거나 현재의 위대한 예술가들의 그림이 걸려야 한다. 이스라엘의 <팬케이크의 여인>, <바닷가의 어린이>, 밀레의 <새 먹이주기>, <첫 걸음>, <천사>, 렘브란트의 <야경>, <엠마우스에서의 저녁>, 베라스퀘즈의 <브렌다의 항복>과 같은 그림들이 좋은 예이다. 모든 아이는 자신의 상상의 홀 안에 위대한 대가들이 그린 수백 개의 작품들이 영구히 걸려 있는 채로 학교를 졸업해야 한다. 위대한 건축물, 조각상 등 아이가 보는 모든 것 안에 있는 형태나 색깔의 아름다움은 말할 것도 없다. 아마도 일몰, 구름 전경, 별이 빛나는 밤 등 백 가지 이상의 아름다운 전경을 제공할 수도 있을 것이다. 어떠한 경우라도 아이는 풍부하게 제공받아야 하는데, 왜냐하면 상상력은 마술적인 확장의 속성을 가지고 있어서 더 많이 가진 사람이 더 많이 가지게 되기 때문이다.

　아이들은 오로지 지능만 갖춘 게 아니라 마음도 잘 준비된 채로 우리에게 왔다. 우리 중 누가 어린아이들처럼 사랑할 수 있겠는가? 아빠, 엄마, 형, 누나, 이웃들, 친구들, 고양이, 강아지, 가장 볼품없는 고장 난 장난감 조각도 아이의 풍부한 애정의 대상이 된다. 아이는 얼마나 관대하고 감사가 넘치는 지, 얼마나 친절하고 소박한 지, 얼마나 동정심이 있는 지, 엄격한 호의에서 얼마나 자비심이 넘치는 지, 얼마나 충성되고 겸손한 지, 얼마나 공평하고 정의로운 지! 아이의 양심은 경계태세에 있다. 그 이야기는 사실인가? 이 사람은 선한

가? 이러한 질문들은 중요하다. 아이의 양심은 잘못했을 때 스스로를 책망한다. 아이가 훈련됨에 따라 의지가 아이를 도우러 올 것이며 아이는 삶을 정돈하는 법을 배울 것이다. 아이는 기도하기를 배우고 우리 늙은이들은 그 기도가 얼마나 실제적인지 깨닫지 못한다.

3. 학습의 동기

이제 내가 나타내려고 시도했던 아름답고 광활한 정신을 소유한 아이들 앞에 교사를 세워보자. 그 교사는 "내가 아이들에게 무엇을 주어야 합니까?" 라고 질문할 것이다. 교사가 아이들을 있는 모습 그대로 마주할 때 자신의 지루하고 판에 박힌 수업은 그대로 먼지로 바스러진다. 그 교사는 더 이상 진부하고 상투적인 말을 아이에게 제공할 수 없다. 교사는 아이를 더 이상 지루하게 할 수 없다고 느끼며, 욕심이나 경쟁이라는 무가치한 동기들로 둔하게 만들었던 정신에 자극을 줄 수 없다고 느낄 것이다. 그리하여 더 이상 연기와 미지근한 물 밖에 없는 티몬의 연회에 아이들을 초대할 수 없을 것이다. 아이들의 정신은 육체와 같이 규칙적인 휴식이 필요하고, 아이들의 정신은 정보가 아닌 지식에 굶주려 있다. 그러나 교사의 빈약한 지식의 재고는 아이의 정신을 만족 시키기에 충분하지 않으며, 교사의 관련성 없는 이야기는 사고의 훈련에 방해가 된다. 한 마디로 교사로는 충분하지 않다.

반면에 빈민가의 아이들은 어휘가 부족하며, 교육된 환경에서 비롯된 사고의 배경이 없다. 그 아이들은 오직 작은 물줄기만 조금씩 들어갈 수 있는 좁은 입구를 가진 큰 주전자와 같다. 따라서 지금까지 가르침은 설거지 물처럼 희석되었고, 주전자들은 빈 채로 돌아갔다.

그러나 우리는 모든 것을 바꾸었다. 1차 세계대전에서 위대하고 애국적인 시민의 모습을 모든 사람들 안에서 발견했듯이, 학교에서도 모든 아이들을 무한한 가능성을 가진 온전한 사람으로 발견했다. 모든 아이들이라 함은 늦된 아이들도 예외가 아니라는 뜻이다. 나는 그 근거로 독자들에게 내게 친숙한 학부모연맹의 몇 가지 경험들을 담대히 제시하려고 한다. 수천 명의 아이들이 초등학교, 중학교, 가정에서 배웠던 내용을 보여주는 지필시험을 치르는 광경을 나는 지켜본 적이 있다. 아이들이 얼마나 지식에 열중하고 있는 지! 대답이 얼마나 훌륭하고 흥미로운 지! 철자를 얼마나 온전하게 잘 쓰는 지! 우리는 그 학기가 얼마나 즐거웠는지를 알기 위해 교사들의 증언이 필요하지 않았다. 아이들이 배운 것을 말할 때, 아이들이 지니고 있는 열정이 사실을 증명했기 때문이다. 이 아이들 모두는 정신이 거닐 수 있는 즐거운 장소를 수백 개나 알고 있다. 이 아이들이 행복한 이유는 아이들이 어떠 한지 그리고 무엇을 필요로 하는지 알기 위해 상당한 관심이 기울어졌기 때문이다. 그러한 관심은 전반적인 교육의 관점을 바꾸는 결과로 보상이 된다. 우리 교사훈련 학교에서는 어떻게 아이들의 주의를 끌고, 질서를 유지하고, 성적을 매기고, 체벌하고, 보상하는지, 어떻게 다양한 규모의 학교에서 다양한 계층의 다양한 아이들을 관리하는지를 가르치지 않는다. 아이들의 능력과 요구를 제대로 알고 있는 교사들이 있는 학교에서 이러한 것들은 자연스럽게 주어진다. 빈민가의 아이들이 <리어왕>이나 <우드스톡>에 대해서 말하는 것이나 또는 반 아이크(Van Eyck)의 <양의 경배>나 보티첼리(Botticelli)의 <봄>에 대해 세세하게 묘사하는 말을 들을 때면 놀라지 않을 수 없으며, 이것은 계시이다. 우리는 우리의 신을 벗어야 한다(역자 주-떨기나무 앞에서의 모세처럼). 우리가 부모이든 교사이든 아니면 다른 구경꾼이든 아이들 안에 이런 능력이 존재한다는 사실을 알지 못했다. 이러한 경외심을 가지고 아이들을 어떻게 교육해야 하는지를 고민할 때 우리는 더 잘 준비가 될 것이다. 나는 우리의 경험 안에 있는 수백, 수천 개의 사례를 통해 정당화 된 주장을 할 뿐이라고 덧붙이겠다.

3장
천성이 착한 아이, 천성이 나쁜 아이

아이들은 착한 아이 혹은 나쁜아이로 태어나지 않으며, 단지 착하거나 나쁘게 될 가능성을 가지고 있을 뿐이다.(역자주 – 이것은 신학적인 교리를 말하는 게 아니고 일반 은총안에서 기대할 수 있는 교육학적인 가능성을 의미한다는 사실을 내용을 통해 확인할 수 있다.)

1. 육체의 안녕

잘 알려진 한 교육학자는 우리가 '진노의 자식'을 키운다면서 우리 모두를 혹독하게 비난했다. 그는 '작은 천사' 이론이 완전히 잘못되었듯이 이러한 가르침의 효과에 대해서 과장을 한 듯하다. 그러나 사실 아이들은 우리와 동등해 보인다. 이것은 아이들이 그렇게 변화되었기 때문이 아니라 그렇게 태어났기 때문이다. 착하거나 나쁘게 될 경향성과 기질은 물론, 좋거나 나쁜 것에 관한 기이한 직관적 지식도 가지고 태어난다. 여기에 우리의 교육 과업이 명시되어 있다. 육체와 정신, 마음과 영혼에는 착하거나 나쁘게 될 경향성이 있으며, 착한 마음을 키워 나쁜 마음을 약화시킬 수 있다는 게 우리 앞에 놓인 소망이다. 이것은 교육이 신앙의 심부름꾼으로서 위치를 가질 때 가능하다. 공동체, 국가, 인종은 종교적 사고에서 지금 정당한 위치를 차지하고 있다. 우리는 더 이상 아일랜드 여자들이 칭했던 '자신의 더러운 영혼의 구원'에만 열중해 있지 않다. 기독교는 좀 더 관대해졌고 책임감이 강해졌으며 비슷한 변화가 교육적인 사고 안에서 일어나야 할 때이다. 한 개인의 교육 혹은 한 사회 계층 또는 특정 국가의 교육이 아니라, 인류의 교육 즉 모든 계층과 모든 나라와 모든 개개인의 아이들에게 공통적인 인간의 본성을 고려한 교육을 할 때, 우리는 신선한 공기를 마실 수 있는 열린 공간에 있는 우리 자신을 발견하게 된다. 그러한 전망은 흥분되는 일이며 아이 안에 있는 잠재력에 대한 인식은 교육의 르네상스를 불러일으킬 것이고, 자신들만의 방법에 환호하는 낡은 세계를 해산시킬 수도 있을 것이다.

의사들과 사회학자들은 갓 태어난 아이들은 공평하게 시작한다고 말한다. 예를 들어 정상적인 아기는 폐 질환을 가지고 태어나지 않는데, 만약 그런 경향성이 있다면 그것에 대응하는 게 우리의 임무이다. 같은 방식으로 착하게 될 모든 가능성이 아이의 도덕적이고 지적인 장비 안에 포함되어 있으나, 그러한 모든 잠재력은 그것에 상응하는 나쁘게 될 경향성에 의해 방해를 받을 수 있다. 우리는 길을 보기 시작했다. 아이가 어떤 부분과 열정으로 구성되어 있는지 알고, 드러내는 위험들을 분별하여 여전히 즐거운 길로 자유로이 나아갈 수 있는 가능성을 더 많이 파악하는 게 우리의 과업이다. 한 아이에 대한 교육의 실패가 얼마나 실망스럽고, 심지어 혐오스럽든지 간에 우리는 모든 경우마다 반대 경향도 확실히 존재하기 때문에, 그것을 끌어내기 위해서 지혜를 동원해야 한다.

    부모들은 우리 같은 외부인들 즉 교사들이나 그와 비슷한 사람들보다 더 흔하게 이런 타고난 지혜를 가지고 있다. 물론 자신들의 아이에게 아무것도 할 수 없어서 아이가 제 구실을 하도록 교사들이 매만져 주기를 희망하는 부모들도 있다. 그러나 반면에 우리는 밥과 폴리가 학교보다 집에서 얼마나 더 사람답게 행동하는지를 볼 때마다 얼마나 자주 놀라는지 모른다. 아마도 이것은 부모들은 다른 사람보다 자신의 아이를 더 잘 알기 때문이고, 그런 이유로 아이들을 더 믿기 때문이며 하나님과 사람에 대한 믿음은 지식과 보조를 맞추고 있기 때문이다. 이런 이유로 해서 교사들은 아이들 안에 존재하는 인간의 본성에 대한 조감(bird's eye)을 가질 필요가 있다. 육체가 자라고 기능하기 위한 수단으로써 배고픔, 갈증, 사랑 등은 육체의 본성적인 특징이다. 그러나 모든 아이들 안에는 욕심, 차분하지 못함, 태만, 불순함이 있으며 이들 중 어느 것이라도 허용할 경우, 아이와 그리고 아이가 장차 되려고 했던 사람도 될 수 없다.

    다시 말하지만 우리의 오랜 친구인 오감은 지도와 연습이 필요하다. 특별히 냄새는 냄새 그 자체를 위해서 들판, 정원, 꽃, 과일의 좋은 냄새를 구별하는 습관을 통해 고상한 기쁨의 자원이 될 수 있다. 그러나 입맛은 그렇지 않은데, 입맛 그 자체를 위해서 과도하게 입맛의 욕망을 충족해 주면 사람은 입맛의 노예가 되어 버린다. 그러나 육체와 육체에 갖춰진 다양한 시종들에 대해서 새롭게 배워야 할 원칙은 별로 없다. 교육은 이미 다양한 계층의 모든 아이들의 근육을 훈련시키고, 감각을 개발시키며, 신경을 안정시키는 데 나름의 역할을 하고 있다. 최근에 우리는 한 아이에게 비롯된 발달은 모든 아이들에게도 비롯된다고 인지했다. 우리가 체육 교육에 대해서 실수한 게 있다면, 그것은 아마도 아이의 신경 안정에 관한 문제일 것이다. 우리는 육체를 위한 적절한 영양, 휴식, 신선한 공기, 자연스러운 운동 등 이들 전부가 신경계의 필요를 채워 준다는 사실을 충분히 고려하지 않았고, 어린아이가 뜨거운 차를 나르거나, 좀더 큰 아이들이 벼락치기로 시험을 공부할 때 겪는 과도한 신경의 긴장이 나중에 고통스러운 신경 쇠약의 원인이 된다는 사실을 충분히 고려하지 않았다. 우리는 점점 더 초조하고 지나치게 긴장된 나라가 되어 가고 있다. 골프나 크리켓이 다소 도움이 될지 모르겠지만, 신중한 교육, 즉 과도한 정신적 압박의 모든 증상을 자각하기 위해 깨어 있는 교육이야말로 아이들에게 만족할 만한 체격과 높은 수준의 체력 유지를 보장하는 데 훨씬 유익할 것이다.

정말로 유능한 교사가 주의해야 할 함정은 강한 성격의 아이로 하여금 진을 빼게 만드는 영향력의 행사이다. 그런 아이들은 대단히 열정적이고 열의를 보이는데, 교사가 언제나 고개를 끄덕여주고 입가에 만연한 미소를 띤 채 피리 부는 사나이의 역할을 할 수도 있기 때문이다. 그러나 교사는 조심해야 한다. 교사의 성격이 과도하게 작용하면 학생들의 성격이 억압되고 억눌릴 가능성이 있기 때문이다. 그 뿐만 아니라, 매력적인 성격의 영향력 아래서 아이들은 정신적 압박을 지속하는 상태에 이를 정도로 그들에게 주어진 요구에 과도하게 열정적일 수 있다. 이런 종류의 복종(독일인의 과도한 열정과 같은)은 최근의 한 소설에 부도덕하고 매력적인 여교사가 자신의 성격을 이용해 처참한 결과를 가져온 이야기로 강렬하게 그려졌다.

여교사의 교실 문에 입맞춤을 하던 소녀는 곧 이 여교사를 점점 잊어버리겠지만, 기생적인 습관은 이미 형성되어 소녀는 항상 자신의 육체와 정신을 지탱하기 위해 누군가 또는 어떤 이유들이 있어야만 한다. 내가 '그녀가' 또는 '그녀의'라고 불공평하게 말하는 이유는 그리스의 젊은이들이 아카데미에서 스승을 따라다녔던 이래로 자신이 헌신했던 소년들의 안정을 훼손했던 교사들이 늘 있어왔기 때문이다. 그의 동포들이 소크라테스에 대해 완전히 틀렸던 것일까? 이런 방식의 배신의 경향성은 베풀어야 할 게 가장 많은 사람들의 고귀한 정신의 약점이다. 이런 이유로 소위 인간의 본성을 폭넓게 볼 수 있는 시야가 필요하다.

2. 정신의 안녕

우리는 자기 마음대로 말하는 것뿐만 아니라 자기 마음대로 생각하는 것은 양도할 수 없는 권리라는 공통된 개념을 가지고 있다. 그래서 우리는 육체는 물리적 법칙에 종속되고, 애정, 사랑, 정의는 도덕법에 종속되는 반면 정신은 천하가 다 아는 난봉꾼이라고 믿는다. 아마도 이러한 개념은 지성에 대한 우리의 방치와 많은 관계가 있을 것이다. 우리는 정신이 착하고 나쁘게 될 경향성을 가지고 있으며 착한 것을 향한 모든 경향은 나쁜 것에 대해 상응하는 경향성에 의해서 방해를 받고 좌절된다고 인식하지 못한다. 나는 도덕적 해이를 말하는 게 아니라, 우리가 정의 내리기를 지체하고 부주의하게 다루고 있는 지적 태만을 말하고 있다. 큰 규모의 학급의 교사는 아무리 아이들이 외적으로 둔하고 주의를 기울이지 않더라도 교사의 앞에 있는 모든 아이에게는 지적 능력이 깃들어 있다고 인식하고 있을까? 모든 아이들은 과학이 보여주는 경이를 기꺼이 받아들이며 겨울 창공을 미끄러지듯 흐르는 세계에 관심이 있다. 한 여자 교사는 말하기를 "아이들마다 별에 대해 얼마나 재미있게 읽었는지 말하고 싶어서 썼어요."라고 했다. "우리가 함께 걷고 있으면 때때로 별들이 빛났어요."라고 말했던 11살 된 한 초등학생 소녀는 "나는 엄마에게 별들과 행성과 유성에 관해 말했어요. 엄마는 천문학이 정말 재미있어 보인다고 했어요."라고 했다.

우리는 천문학을 가르친다. 아니, 사실은 무미건조한 교과서와 도표 그리고 실험들을 수단으로 빛과 열을 가르친다. 그리고 이것은 악의 없는 마술(white magic)의 속임수보다도 아이들에게 더 지속되지 못한다. 무한히 작은 것은 무한이 큰 것만큼 아이들에게는 매력적이며, 원자와 이온의 활동은 아이들이 즐거워하는 동화 속 이야기와 같다. 외관으로는 동화 속 이야기라고 할 수 없지만 말이다. 등장인물 간의 상호작용이 있는 변화무쌍한 역사 이야기는 그 어떤 동화 만큼이나 즐겁다. 왜냐하면 아이들은 자신의 필름을 사용해서 장면을 연출하고 인물들을 나타내기 때문이다. 우리는 복장, 도구, 각각의 영웅의 시대에 있었던 작은 세부 사항들에 소란을 떠느라 정작 주제에 대한 알맞고 정확한 단어 제공하기를 잊어버린다. 그러나 정신의 눈은 실제로 수 마일(mile)이나 되는 연쇄적인 필름을 가지고 있는데, 이는 아이의 놀랍고 생생한 상상력이 아이의 지적 능력의 일부이기 때문이다.

아이들이 주어진 모범을 자신의 것으로 만드는 방식은 참으로 놀랍다. 찰스 9세의 심약하고 폭력적인 성격을 묘사하기를 잊어 버리거나, 스스로 자기 통제에 대한 교훈을 얻는 데 실패하는 아이는 아무도 없다. 따라서 우리가 도덕적인 내용을 지적할 필요가 없다. 아이들 은 스스로 도덕적 교훈을 얻을 수 있으며, 실패 없이 그것을 해낸다. 아이들은 그 주제에 대한 상대적인 어려움들에 영향을 받지 않논다. 7세의 아이들을 가르치는 한 교사는 "퍼블리콜라 (Publicola, 역자주: 군주제를 정복시킨 로마 귀족 중에 하나)에 대해 충분히 배우지 못하면, 아이들은 수업이 끝날 때 항상 아쉬워하는 신음 소리를 내요."라고 말했다.

나는 지금까지 주로 역사와 과학에 관해서 얘기를 했다. 수학은 마치 등반가에게 험준한 지형을 제공하는 것과 같으며, 과목 자체로 정신에 호소력을 지니고 있다. 그리고 교사들은 자신들의 장황한 가르침 속에 아이들이 익사하지 않도록 해야 한다. 문학과의 만남은 아이들에게 부요하고 영광스러운 왕국을 마련해 주고, 지속되는 휴가를 제공하며, 근사한 연회를 베푸는 것과 같다. 아이들은 처음부터 문학에 친숙하게 되어 문학을 배워야 하며, 할 수 있는 한 가장 최고의 책과 소통되어야 한다. 우리는 자연스럽게 이러한 교육이 교육수준이 높은 집안에나 걸맞다고 생각한다. 그렇다면 책이 흔하지 않는 지역에 있는 아이들은 어떻게 할 것인가? 글로스터셔 (Gloucestershire)지역의 한 현명한 교사는 이 문제를 다루는 데에 있어 두 가지 인식이 필수적이라고 지적한다.

"단어들의 뜻을 설명하려는 시도는 이야기의 흥미를 망치고 아이들을 귀찮게 한다. 두 번째로 아이들이 알고 있는 단어의 사전적인 의미는 부족할지라도 아이들이 문장이나 단락의 의미를 모르는 게 아니다. 아이가 알지 못하는 단어에 대한 수정은 쓰기나 말하기에서도 필요하지 않다. 의미를 파악하는 이런 능력에 대한 두 가지 사례가 지난 학기에 관찰되었다. 여태까지는 높은 지적 능력을 가지고 있다고 보이지 않았던 특별한 4학년 소년이 있었다. 지난 학기에 로물루스(Romulus)와 레무스(Remus)에 대해서 수업을 할 때 나는 그 아이의 말하는 능력과 이해하는 정도(그것은 단락에 이해하거나 그것을 자신의 어휘로 바꾸어 말하는 것 또는 그에게 읽혀 준 단어를 사용하는 것)가 다른 아이들보다 앞서 있음을 발견했고, 그 아이보다 높은 학년의 다수보다도 앞서 있음을 발견했다."

"우리를 가장 놀라게 했던 것은 아이들이 문학 안에 있는 정보는 기꺼이 흡수하고, 문학에 흥미를 느낀다는 사실이다. 지금까지 문학은 초등학교 교육의 범위 바깥에 있다고 여겼던 분야였다. 1년 전이었다면, 나는 남자 아이들이 리튼(Lytton)의 <헤럴드>, 킹슬리(Kingsley)의 <헤리워드>, 스콧(Scott)의 <부적>을 즐겁고 열정적으로 읽을 수 있거나 세익스피어의 <맥베스>, <존 왕>, <리차드 2세>에 대해서 이해할 수 있고 기쁘게 공부할 수 있다고 생각하지 못했을 것이다."라고 A학교의 교장 선생님은 말했다.

이것이 바로 대부분의 학교를 향한 주요한 비난이다. 바로 교사들이 학생들의 성향과 능력을 과소평가한다는 사실이다. 지적인 문제에 관한 한 아이들은, 심지어 늦된 아이들도 착한 것을 향한 비상한 가능성을 가지고 있다. 그 가능성은 정말로 놀라워서 우리가 아이들을 자유롭게 가게 둘 지혜만 가지고 있다면 아이들은 넘쳐흐르는 시내처럼 우리를 이끌어 갈 것이다.

그러나 나쁜 것을 향한 지적인 경향성과 가능성에 대해서는 어떻게 할 것인가? 잠자고 있는 정신을 깨우기 위해 교사들이 엄청난 노력을 쏟아붓는데도 불구하고, 수많은 학교에서 이러한 경향성은 지배적이다. 교사들이 더 일을 할수록, 아이들의 태만은 더 커지고 있다. 그리하여 학생들은 점수, 등수 그리고 앞으로 다가올 시험에 의해 자극을 받아야만 된다. 결과적으로 다소간 돌발적인 노력은 있지만, 생명력 있는 반응은 아니다. 아이들은 학교를 사랑하고 교사와 수업을 좋아하기도 하겠지만, 지식에는 전혀 관심이 없다. 학교는 이 지식에 열정을 불러일으켜야 한다. 우리 모두는 일상생활에서 장황하게 설명하는 사람이 얼마나 우리를 지루하게 만드는지 잘 알고 있다. 어떠한 생각에서 우리는 아이들도 우리와 똑같다고 생각하지 않을까? 아이들은 산만한 눈과 죽은 듯한 표정과 꼼지락거리는 손과 발 등 동원할 수 있는 모든 수단을 통해서 우리에게 말하고 있다. 우리 가운데 어떤 친절한 교사들은 아이들이 단지 나가서 놀기를 원하고 바깥에 있기를 원한다고 생각한다. 그러나 아이들은 잠깐의 휴식이 필요할 뿐 놀이를 필요로 하는 게 아니다. 아이들이 원하는 것은 문학의 형태로 전달되는 지식이다. 입심 좋은 교사의 강의는 아이들에게 별다른 영향을 끼치지 못한다.

정신적 무기력을 생산해 내는 또 다른 종류의 진정제에 대해 우리는 오랫동안 의심하지 않았다. 우리는 아이들이 알 때까지 동일한 내용을 계속해서 반복하는 스스로에게 자부심을 느낀다. 그러나 단조로움은 치명적이다. 한 아이는 "새로운 책으로 넘어가기 전에 우리는 똑같은 내용을 읽고 또 읽어야 해요."라고 썼다. 이것이 현실이 아닌가? 가정 학교에서 할머니들이 사용했던 책은 손자들에게 적합하다. 이전 주인들의 이름들을 서너 번 지우고 사용했던 책을 중고 가판대에서 구입할 수도 있을 것이다. 그러나 책도 아니고 교과서도 아니면서 초등학교에서 역할을 대신하는 모음집은 어떨까? 공공도서관 개관식에서 피셔(Fisher) 씨는 그가 초등학교들을 방문했을 때 매력적이고, 계몽적이고, 상상력을 자극하는 책을 찾을 수 없어 당혹스럽고 가슴이 아프다고 말했다. 그러나 그는 이어서 "우리 나라는 예술적이고 문학적인 능력으로 가득하고 항상 그래 왔다."라고 덧붙였다. 만약 이러한 능력을 활성화시키려면 우리는 아이들이 신체적으로나 지적으로 되새김을 하는 반추 동물이 아니라는 사실을 인식해야 한다. 아이들을 귀머거리로 만들거나 심지어 마비시키지 않고는 똑같은 내용을 되풀이할 수 없다. 진보, 즉 지속적인 진보만이 지적인 삶의 법칙이기 때문이다.

    다시 말하지만, 정신의 문제에 있어서 반복하는 '습관'은 좋은 시종이면서 나쁜 주인이기도 하다. 지난 세기말의 집착이었던 전문화(專門化)는 그 중요도가 떨어졌는데, 왜냐하면 한 분야만 사고하는 일에 너무 오랫동안 머무르는 것은 위험할 수 있기 때문이다. 예를 들어서, 우리는 일상의 문제와 흥미가 정신에게서 적절한 범위의 흥미와 일을 빼앗아 가도록 허용해서는 안 된다. 한 사람이 사고의 위대한 분야 중 하나에 몰두할 수 있고 그 사람이 어떤 다른 분야에서 자신의 길을 찾을 때까지 기쁘게 연구할 수 있다. 그러나 다윈이 시도 읽을 수 없고, 그림에서 기쁨을 찾지 못하고, 거룩한 일을 생각할 수 없을 때까지 어떻게 과학에서 길을 잃었는지 우리는 알고 있다. 다윈은 그의 삶의 전반을 지배했던 분야로부터 그의 정신을 돌이키지 못했다. 르네상스의 위대한(억제되지 않은) 시대, 즉 위대한 일들이 실행되고, 위대한 그림들이 그려지고, 위대한 건축물이 세워지고, 위대한 발견이 이루어지던 때에, 다른 한 사람은 화가, 건축가, 금 세공인, 그리고 수많은 지식의 달인이 되었다. 그는 그가 하는 모든 일에 탁월했고, 그가 아는 모든 것은 그의 일상적인 생각과 즐거움의 일부였다. 바사리(Vasari, 역자주: 예술가 전문 전기작가)가 레오나르도 다빈치(Leonardo da Vinci)에 대해서 한 말을 들어보자.

"신성함과 놀라운 지적 능력을 지닌 놀라운 기하학자였던 그는 조각하는 일만이 아니라… 많은 건축 설계도와 건물들을 준비했었다… 방앗간과 물의 힘을 이용한 엔진을 디자인하기도 했고, 그림이 그의 전문분야인 만큼, 그의 전 생애에서 그림 그리기를 연구했다."

레오나르도는 어제의 케케묵은 생각인, '예술을 위한 예술'에 대해서는 아는 게 없었다. 위대한 수학자이자 다양한 지식에 해박했던 영국의 크리스토퍼 렌(Christopher Wren)도 그러했는데, 건축은 그에게 부수적인 관심에 불과 했지만, 그는 베드로 성당을 건축했다. 실행하기에 비용이 너무 많이 든다는 이유로 아름답고 드넓은 런던을 위한 그의 계획이 버려졌다니, 얼마나 회복할 수 없는 손실이었나! 그러나 우리도 역시 지독하게 인색하여 애처로울 정도의 적은 비용으로 기쁨의 정원, 즉 실용적이고 아름다운 구조물로 빚어질 아이들의 정신을 그냥 방치하고 있는 셈이다. 계속해서 지식을 증가시켜야 한다는 교육의 임무는 일생동안 우리와 함께 해야 한다는 사실을 인식할 필요가 있다.

아마도 정신의 성장을 방해하는 수단들 중에 그 어떤 것도 '연습

문제'보다 더 난해한 수단은 없을 것이다. 이것은 아이로부터 저녁 식사 후 모든 단계마다 음식이 어떻게 소화되는지 보여달라고 기대하는 것과 다를 바 없다. 소화 과정이 어떻게 방해를 받을지, 한 마디로 어떻게 아이가 먹기를 중단할지 단번에 알 수 있다. 그러나 정신도 마찬가지로 양식이 필요하며 스스로 성취해야 하는 조용한 소화와 흡수 과정을 지속하도록 그냥 둔다. 깊이를 수반하는 능력을 가진 아이는 "존의 아버지가 톰의 아들이면 톰과 존은 무슨 관계일까?"와 같은 길고 복잡한 질문들로 망연자실하게 된다. 그러나 피상적인 아이들은 수수께끼를 알아맞히고 좋은 점수를 얻는다. 이런 종류의 시험을 사용해서 우리는 아이들을 바늘처럼 날카롭게 만들지만, 감상하는 능력과 지적인 관심이 없는 도시의 부랑아에 걸맞은 성향만 갖춘 젊은이들을 배출할 뿐이다.

상상력은 에스겔이 말한 모든 종류의 꼴사납고 악한 것들이 가득한 장소가 될 수도 있고 스스로가 영광을 받는 성전이 될 수도 있으며, 공포와 위험의 방이 될 수도 있으나, 또한 아름다운 집이 될 수도 있다. 상상력은 매일 영화나 싸구려 통속 소설을 통해, 호머나 셰익스피어를 통해, 위대한 그림이나 격렬하고 선정적인 그림을 통해 공급되는 이미지들의 저장소임을 기억해야 한다. 우리는 스핑크스에 대한 열정을 품었던 상상력이 넘치는 남자에 대해서 들은 적이 있다.

이성이 몽매한 사람들에 의해 정의되고 크리스마스 파티의 사회자 역할을 하는 요즘 같은 때에는 이성적인 생각에 오류가 있을 수 있다고 인식하도록 아이들을 훈련해야 하며 무엇보다 이성이 사람의 시종이지 주인이 아니라는 사실을 인식하도록 훈련해야 한다.

자신의 이웃에 대한 불신이든, 아내에 대한 질투이든, 자신의 종교에 대한 의심이든, 자신의 나라에 대한 경멸이든, 이성이 정당화하지 않는데도 사람이 선택할 수 있다는 관념은 존재하지 않는다.

이것을 깨달으면서 다음과 같은 사실 안에서 이성을 살펴보자. 수천 명의 사람들이 자신들의 두 동료가 특정한 회의 참석에 거부당했다는 이유로 파업에 들어갔다. 이 경우에서 우리는 사람들 스스로가 이성과 정의를 혼동하여 이러한 파업이 의로운 시위라고 여기게 만드는 이성을 볼 수 있다. 도덕적으로 경제적으로 국가의 힘을 약화시키는 이러한 오류에 대한 유일한 보호 장치는 성찰하고 비교할 수 있도록 폭넓은 분야를 제공하고 건전한 판단력을 세울 수 있도록 풍부한 자료를 제공하는 인문학 교육이라 할 수 있다.

인생의 수많은 즐거움을 좌우하는 심미적 '욕구'는 수많은 불행에도 무방비하다. 그 욕구는 말이나 그림, 음악, 나무, 꽃, 하늘 등을 통해서 아름다움이 적절하게 제시되지 않으면 영양실조로 죽게 된다. 미적 감각의 기능은 우리에게 기쁨의 낙원을 열어 주지만, 만약 우리가 잘못된 것이나 도덕적으로 더 나쁜 것을 열망하거나, 나 자신 그리고 나와 같은 부류의 사람들만이 아름다움을 감상하고 분별할 수 있다는 믿음으로 교만하게 자라게 된다면 어떻게 될까? 우리가 아름다움을 대할 때, 아름다움을 인식하기 위해서 다른 많은 아름다움을 보며, 아름다움의 존재 앞에서 우리 자신을 겸손하게 유지하는 자세는 교육에 있어 결코 작은 부분이 아니다.

3. 지적 욕구

몸이 식욕을 통해 공급을 받기 때문에, 사람은 지나친 탐닉에 의해 파멸을 자초하기도 하지만, 적절히 통제된 식욕은 왕성하고 혈기 있는 체격을 가져온다. 이와 같이 우리의 영적인 부분도 특정한 조달자를 통해 공급을 받으며, 이 조달자의 임무는 다양한 방법을 통해 영적이고 지적인 성장을 보장하는 데 있다. 아마 교육적인 직무의 그 어떤 부분도 육체를 섬기기 위해 식욕을 돋우는 역할을 하는 욕망의 남용보다 더 심각한 실수는 없을 것이다. 모든 아이는 인정을 받고 싶어 한다. 심지어 빨간 새 신발을 신은 아기도 일어나고 있는 일에서 일 등이 되기 원하며, 상황을 파악하기 원하고, 존경받기를 원하며, 다른 사람을 인도하고 관리하기를 원하며, 아이들과 어른들의 동반자가 되기를 원한다. 그리고 마지막으로 무엇보다 아이들은 배우기를 원한다. 그러한 욕구는 때에 따라 행동할 준비가 되어 있으며, 교육의 과업에서 이런 자연적인 공급을 적절하게 사용하는 게 우리의 임무이다. 우리는 욕망을 유용하게 사용하지만, 지혜롭게는 아니며, 사실 지나치게 잘 사용한다고 할 수 있다. 우리는 일 등이 되고 싶어 하는 모든 아이들의 욕망과 경쟁심을 이용해 학교를 운영하여 가장 유능한 아이보다는 진취적인 아이가 일 등을 차지하도록 만든다. 우리는 소유하고 싶어 하는 공통의 욕구, 즉 탐욕의 충동을 통해 경쟁을 가속화한다. 그리하여 상, 전시회, 장학금 등 제안할 수 있는 모든 장려책을 제공한다. 우리는 아이가 인정을 받기 위해 공부하도록 유도하며 아이의 허영을 악용하고, 아이는 자신이 할 수 있는 것보다 더 많은 일을 해낸다. 사람들은 말한다. 아이 안에 이미 존재하는 행동의 동기일 뿐인데, 그것을 사용하는 게 무슨 해가 되는가? 그러나 운동선수는 근육의 과도한 개발로 인해 다른 부분이 고통을 받고 있음을 발견하기 시작했다. 야망과 경쟁심이 지나치게 자극된 아이는 결국에는 무기력한 사람이 된다. 그러나 거기에 더 나쁜 악이 존재한다. 우리 모두는 빵을 원하는 만큼 지식을 원한다. 그리고 우리는 좀더 자극적인 음식을 제공하여 후자의 식욕을 해소할 가능성이 있다. 학습에 다른 자극을 사용하는 데 있어 가장 나쁜 점은, 열심히 학교생활을 헤쳐 나가게 하고 따분한 성인의 삶에 풍미를 주는 지식에 대한 자연스러운 사랑을 완전히 질식시킨다는 점이다. 아이들은 시험을 통과하기 위해서 벼락치기를 할 뿐 배우지는 못하며 삶의 무기가 되어야 하는 신성한 호기심은 학교생활 초반부터 거의 살아남지 못한다.

 이제 지식에 대한 즐거움만으로 아이가 학교생활을 유쾌하고 열정적으로 헤쳐 나가기에 충분하다는 사실이 완전히 증명되었다. 따라서 열정적인 관심과 공부에 대한 열심을 보장하기 위해 상, 등수, 칭찬, 비난, 체벌을 사용할 필요가 없다. 지식에 대한 사랑이면 충분하다. 물론 각각의 다른 자극들도 자연스러운 역할을 가지고 있다. 그러나 학교에서는 한두 가지 행동의 동기가 지나치게 작용을 하는 듯 보인다. 수행 영역은 '경주에서 경쟁적으로 탁월수 있는' 기회를 제공하는데, 특별히 본성적인 욕망이 주로 실행되는 '단체경기'에서 그렇다. 그러나 단체경기 시에도 사랑과 정의라는 주요한 감정을 없앨 위험이 있는 과도한 열심을 조심해야 한다. 의심할 여지 없이 교실에서는 지식 자체의 기분 좋은 자극이 세심한 주의력과 꾸준한 노력을 산출하는 충분한 자극이 된다. 그리하여 소유에 대한 욕망은 끊임없이 자신의 학식을 증가시키는 아이 안에 합당한 역할을 하게 된다.

4. 방향이 잘못된 애정

아이들을 다룰 때 우리는 육체와 정신 이상의 것을 의식한다. 우리는 아이들의 감정에 호소를 하는데, 여기에는 '정신'이든, '감정'이든 각각의 영적인 실체를 나타내기 위해 부여하기로 선택한 이름 이상의 의미가 있다. 아마도 우리는 그 감정들을 분석하고 이름은 지어주면서 그 감정들이 사랑과 정의 아래에 다 종속되어 있다고 인식하는데 그리 노력을 들이지 않았는지도 모르겠다. 인생의 모든 일을 감당하기에 충분한 이 두 가지 부(사랑과 정의)를 부여 받았다는 사실은 인간에게 영광스러운 일이다. 상황이 닥쳐도 아이는 지불 능력이 충분한 채무자의 여유와 환희를 가지고 맞이할 준비가 되어 있다.

그러나 도덕적 본성에 대한 이 풍부한 자질 또한 교사가 스스로 관심을 두어야 하는 사안이다. 아, 교사가 관심을 두기는 한다. 그러나 교사는 수천 가지 사소하고 진부한 이야기와 지도, 지침, 예화를 가지고 교훈을 주려고 하여 학생들의 날렵하고 예리한 정신을 극도로 지루하게 한다. 칭찬과 비난은 부모와 교사가 인색하고 조심스럽게 사용해야 하는 감정의 영역이다. 그러나 이러한 칭찬이나 비난을 아이들은 무시하거나 행동의 유일한 동기로 여기기 쉽다. 아이들은 '그것이 옳기 때문에' 행하는 데 익숙하지 않고, 오로지 누군가의 인정을 얻기 위해 행하게 된다.

　이러한 정서 교육, 즉 도덕 교육은 교사 개인의 자질에 의해 좌우되기에는 너무 섬세하고 개인적인 사안이다. 아이들에게 도덕적으로 양식을 먹일 때, 어린 비둘기들에게 소화하기 편한 음식을 먹이듯이 먹이면 안 된다. 아이들은 스스로를 위해서 선택하고 먹어야 하며, 자신들이 듣거나 지각하는 다른 사람들의 행동을 통해서 그렇게 한다. 아이들은 그러한 행동을 다루는 다양한 종류의 음식을 원하며 그것이 바로 시, 역사, 소설, 지리, 여행, 자서전, 과학, 산수가 이 직무에 투입되어야 하는 이유이다. 어느 누구도 아이가 어떤 음식 조각을 특정한 자양분으로 선택할지 모른다. "나는 플라톤(Plato)에 대해서 생각하느라 단추를 채울 수 없었어요." 라며 8살 된 작은 소년이 늦게 내려올 수도 있다. 다른 아이는 피터팬에서 자신의 고기를 발견할지도 모른다. 아이들은 복합적인 본성의 영양분을 위해서 폭넓게 읽어야 하고 자신이 읽은 내용은 알아야 한다.

　도덕 수업은 백해무익하다. 아이들은 훌륭하고 다양한 도덕적인 공급을 원하며, 그러한 공급에서 자신들이 필요로 하는 교훈을 이끌어 낼 수 있다. 모든 아이들, 심지어 가장 버릇없는 아이도 '사랑'을 타고 났으며, 친절함, 자애로움, 관대함, 감사, 동정, 공감, 충성, 겸손, 기쁨을 다양하게 표현할 수 있다는 사실은 놀라운 일이다. 우리를 대하는 가장 무지한 아이에게서 이러한 것들 중 어느 하나가 풍부하게 나타날 때 우리같이 나이든 사람들은 놀란다. 그러나 이러한 경향들은 아이들이 평생동안 지불할 수 있을 만큼 풍부하게 공급받은 법정화폐이다. 그러나 우리는 우리 자신 안에 일종의 통속적이고 평범한 경향성을 인식한다. 이런 인식은 우리 자신의 가르침이 아니라 우리가 가진 최고의 예술과 문학을 의지하게 만들고 무엇보다 예민한 쟁점들에 대해 이 섬세한 영혼들을 감동시키는 사례와 계율의 창고인 성경을 의지하게 만든다. 성 프란시스(St. Francis), 콜링우드(Collingwood), 다미엥(Damien) 신부, 그리고 빅토리아 십자훈장(VC)을 받은 사람이 어떤 장황한 설명보다 아이들에게 더 유익 할 수 있다.

다음으로, 올바른 삶을 위한 또 다른 훌륭한 양식이 있다. 그것 없이는 방치되거나 야만적인 영혼마저도 존재할 수 없다. 모든 사람은 내면에 정의감을 가지고 있으며, 정정당당한 시합에 대한 요구는 가장 무법한 무리에게도 영향을 미친다. 우리 모두는 아이들이 "공평하지 않아요."하는 말로 얼마나 우리를 괴롭히는지 잘 안다. 사랑과 마찬가지로 삶을 영위해 나가는 데 있어서 적절한 양식으로써 모든 사람 안에 존재하는 정의에 관하여서 알아야 할 게 많다. 잘못된 상황보다도 잘못된 생각과 잘못된 판단에서 훨씬 더 많이 발생하는 일반적인 불만은 우리에게 감사하게 부여된 정의감을 잘못 이해한 결과이다.

여기서 우리는 교육의 직무 하나를 마주하게 된다. 정의는 학교에서 우리가 적절하게 사용하는 데 실패하는 또 다른 영적인 공급이다. 이 놀라운 원리는 죽이거나 마비시키거나 심지어 무감각하게 할 수도 없다. 그러나 이것이 자연적인 과정에서 질식되면 선한 삶의 열매를 위해 비옥하게 만들어야 했던 곳에 혼란과 파괴를 확산시킨다.

의무와 권리를 분별하도록 준비시키는 것보다 더 중요한 교육의 직무는 없을 것이다. 우리 각자는 권리가 있으며 우리가 타인에게 의무가 있는 만큼만 타인도 우리에게 의무가 있다. 그러나 우리가 정확히 타인만큼의 권리만 있다는 사실과 우리가 타인에게 지우는 의무는 바로 타인이 우리에게 지우는 의무임을 배우기는 쉽지 않다. 우리 안에 내재하는 근절할 수 없는 이 원리 때문에 이 훌륭한 자기 조정(self-adjustment) 기술은 모든 사람에게 가능하다. 그러나 우리의 눈은 모든 교육 과정에서 그 필요를 보는 법을 배워야 한다. 교육 과정은 이러한 목적을 섬기지 않는 것에 비례해서 무용지물이 된다. 알다시피 공평하게 생각하려면 고찰만큼 지식도 필요하다.

젊은이들은 그들의 사고가 그들 자신만의 소유가 아니라는 사실을 알아야 한다. 그리하여 우리가 다른 사람을 고려하는 것은 정의와 불의의 문제이다. 특정한 예의의 말들은 우리가 대하는 모든 종류의 사람들에게 주어져야 마땅하다. 따라서 우리가 예의의 말을 하지 않는다면 이는 이웃에게 부당한 것이다. 아이들은 진리, 곧 말에 의한 정의가 자신들의 권리이자 타인의 권리라는 사실을 알아야 한다. 진리를 분별하는 능력을 가진 정신보다 시민으로 더 잘 갖추어야 할 소양은 없다. 이러한 정의로운 정신은 생각에 늘 주의를 기울이는 사람들에 의해서 잘 보존될 수 있다. 베이컨은 "그러나 오로지 스스로를 판단하는 진리는, 진리를 구혼하거나 구애하는 진리의 탐구, 진리의 현존인 진리의 지식, 진리를 즐거워하는 진리의 믿음이 인간 본성의 최고선이라고 가르친다." 라고 말했다. 가능하면 정해진 시간 내에 일을 적게 하는 기능인이든지, 후원하는 부모가 지불한 교육비나 교사들이 주는 신뢰를 보수로 받는 아이이든지 간에, 정의를 말로 적절하게 배운 학생이 진실하다면, 행함에서 정의를 배운 아이는 일에 있어서 더 진실하며, 태만한 방법을 허용하지 않을 것이다. 따라서 아이는 날림으로 하거나 꾸물거리거나 미루거나 베끼거나 태만하지 않아야 한다. 또한 아이는 도둑질로부터 자신의 손을 지켜야 하는 이웃에 대한 자신의 의무를 배워야 한다. 아이는 노동자이든, 종이든, 부유한 시민이든, 정의는 우리가 정직이라고 부르는 형태의 진실성을 요구한다는 것을 배워야 하며, 이것은 그저 들키기를 싫어하는 일반적인 정직이 아니라 조지 엘리엇(George Eliot)이 갈렙 가쓰(Caleb Garth)를 통해 보여준 고상하고 섬세한 가치관이다.

여기 도량이 넓은 미래의 시민으로서 반드시 배워야 하는 정의의 또 다른 형태가 있다. 사람의 견해는 그 사람의 사고가 진실한지의 여부를 나타낸다. 자기 자신이 정말로 생각해 냈든, 그 사람이 즐겨 읽는 신문이나 동료를 통해 주워들은 개념이든지 간에 모든 사람은 많은 견해를 가지고 있다. 자신의 견해를 겸손하고 주의 깊게 숙고하는 사람은 마치 생명을 구하듯이 진실하게 자신의 의무를 다한다는 의미이다. 왜냐하면 의무에 관해 그 이상도 이하도 없기 때문이다.

학생이 건전한 견해를 갖기 위해 정의롭게 사고하도록 지도를 받으려 한다면, 소위 말하는 건전한 원리, 즉 동기에서 정의에 이르는 데 얼마나 많은 지도가 필요하겠는가. 원리가 우리를 지배하고 특정한 사고와 행동으로 움직이게 만드는 가장 중요한 동기가 되지 못한다면 결국 무슨 소용이 있겠는가? 그리고 이러한 원리들은 무심히 습득되는 듯 보인다. 비록 우리가 원리에 대해 설명할 수 있는 능력은 없을지 몰라도, 삶이 악하든 선하든 우리의 삶은 자신만의 원리에 의해 지배된다. 폭넓고 지혜롭게 선정된 독서를 해야 하는 이유가 여기에 있다. '무슨 소용이 있는가?' '완전히 썩었다'와 같은 유행어는 항상 허공에 떠다니고, 공허한 정신은 사고와 행동의 근거로 사용하기 위해, 실은 인생의 지침으로 삼기 위해 시시한 원리들을 붙잡게 된다.

모든 아이들을 교육하기에 국제 재정부 안에 있는 영적 저장고보다 더 좋은 것은 없다. 갖가지 사랑스러운 동화, 계몽적인 시, 교훈적인 역사, 여행의 발견, 과학의 계시는 아이들을 위해서 존재한다. "지구는 어린아이의 것이고 항상 어린아이와 함께 있다."고 막심 고르키(Maxim Gorky, 역자 주-러시아 작가)는 잘 말했으며, 우리는 그 사실을 반드시 기억해야 한다.

우리(학부모교육연맹) 중 일부가 교육을 위하여 달성했다고 믿고 있는 공헌은 모든 아이들, 심지어 뒤쳐진 아이들도 자신들의 필요를 인식하고 필요한 음식을 간절하게 갈망한다는 사실의 발견이다. 이러한 종류의 식단에 필요한 준비가 미리 되어 있지 않은 상태, 즉 부족한 어휘, 지저분한 환경, 사고를 위한 문학적인 배경의 부재는 방해물이 아니다. 더 배고픈 아이가 저녁식사에 더 잘 준비되듯이 실제로 그것들은 배움의 장려책이 될 수 있다. 이것은 한낱 경건한 의견에 불과한 주장이 아니다. 이것은 수천 개의 사례에서 충분히 증명되었다. 빈민가 가난한 학교의 아이들이 작가의 아름다운 언어와 문체에 끊임없이 빠져들면서, 웨이벌리(Waverley, 역자 주-월터 스콧의 역사 소설)의 전체 줄거리를 간절히 말하고 싶어 한다. 아이들은 로제타 스톤(Rosetta Stone)과 그 지역 박물관에 있는 보물에 대해 말하며, 코리올라누스(Coriolanus)에 대해 토론하고 그의 어머니가 그를 망쳤다고 결론을 내린다. 아이들은 라 후치(La Hooch), 렘브란트(Rembrandt), 보티첼리(Botticelli)가 그린 그림들의 세부사항들을 외우고 있으며 어떤 역사와 연극의 발전, 어떤 시인의 은은한 감미로움과 영감도 아이들의 이해력을 넘어서지 않는다. 그러나 아이들은 문학의 형태가 아니면 배우기를 거부한다.

아이들은 이러한 조건에서 받아들인 지식은 즉각 흡수하며, 우리 모두에게 적용되는 지식의 시험을 통해 자신들이 알고 있다는 것을 보여준다. 즉, 아이들은 힘있고, 선명하고, 활기있고 그리고 멋지게 말한다. 이 아이들은 오랫동안 3R^(읽기·쓰기·셈-Reading, wRiting and aRithmetic)만을 배운 아이들이다. 어쩌면 청소년 범죄의 증가는 당연한지 모르겠다. 지적으로 굶주린 소년은 상상력을 위한 양식이 필요했을 터이고, 자신의 지적 능력을 위한 배출구가 필요했을 것이다. 영화와 같이 범죄가 용감한 모험을 제공한다는 사실을 부인할 수는 없다.

5. 영혼을 위한 안녕

우리가 정신과 육체의 바깥뜰인 감정의 거룩한 영역과 의지를 떠나서 인간이 제사장의 기능을 하는 거룩한 중에 가장 거룩한 곳에 들어가게 된다면, 우리는 아마 머뭇거리면서 겸허하게 아이들의 영혼을 위해 교육이 할 수 있는 게 무엇인지를 묻게 될 것이다. 사람의 이해력을 앞서는, 즉 사람의 사고의 범위 바깥에 있고 사람의 열망이 닿지 않는 곳에는 무엇이 있을까? 가장 현명한 사람조차도 무한한 무지로 완전히 당황할 수 있지만, 무지는 무능력이 아니며 무지의 철창을 초조하게 부딪치는 날개이다. 사람은 무한한 사고와 무한한 가능성의 우주로 나아갈 수 있다. 어떻게 사람의 영혼이 만족될 수 있을까? 왕관을 쓴 왕들은 왕국들보다 더 위대한 것을 원하기에 통치권을 버렸다. 통찰력 있는 학생들은 측량할 수 없는 지식의 바다의 언저리에서만 놀도록 하는 규제 아래에서 조바심이 난다. 어떠한 위대한 사랑도 사랑 자체로 만족할 수 없으며 사람의 영혼을 구원하는 것 외에 만족은 없다. 왜냐하면 사람과 관련된 것들은 유한하고 가시적이고 불완전하지만 사람의 갈망은 사람의 한계를 넘기 때문이다. 사람은 긴급하고 계속되는 억제할 수 없는 무한에 대한 필요를 가지고 있다. "나는 하나님을 원하고, 하나님을 위해 만들어졌고, 반드시 하나님을 가져야 한다."는 종교의 실용적 헤아림이 아니다. 왜냐하면 우리 안에는 다른 어떤 곳에서도 사용할 수 없는 사랑, 충성, 섬김에 대한 무한한 능력이 있기 때문이다.

그러나 아이들이 필요한 하나님, 모든 도움이 되시는 구원자이시며, 온갖 즐거움을 제공해 주시며, 모든 경배와 충성을 요구하시는 왕을 향해 우리는 어떠한 종류의 접근 방식으로 아이들을 준비시키고 있는가? 우리의 어떤 말과 사상으로도 부족하고 불충분 할 것이다. 그러나 우리는 아이들이 읽을 수 있고, 정말로 기쁘게 배울 수 있으며, 탁월하고 합당하게 말할 수 있는 신성한 단어들의 금고를 가지고 있다. 수많은 좋은 책을 읽어왔고 성경을 배웠던 10살의 아이는 "성경은 내가 아는 한 가장 흥미로운 책이에요."라고 말했다. "이 세상에 있는 동안 우리에게 당신의 진리를 허락 하소서."라고 했던 성 크리소스톰(Chrysostom, 역자 주-초대 기독교 교부)의 기도와 같은 아름다운 예배 안에서 아이들은 매일 궁극적인 기도의 대상이 되시는 하나님을 아는 지식을 서서히 얻을 수 있다. 그리고 아이들이 습득한 다른 모든 지식은 하나님을 아는 지식을 둘러 싸고 조명한다.

여기 이러한 지식이 어떻게 자라는지에 대한 한 예가 있다. 약 13살 정도 되는 여학생 학급에서 조지 허버트(George Herbert)의 수필을 읽는 것을 들은 적이 있었다. 조지 허버트의 서너 개의 시가 포함되어 있었는데, 그 중에 어떤 여자 아이도 이전에 그의 수필이나 시를 읽은 적이 없었다. 아이들은 읽었던 내용에 대해 다시 '말하기'를 했으며, 말하기 과정에서 '묘약(Elixir),' '도르래(The Pulley),'의 전체 내용을 자신들의 말로 바꾸어 말했고, 한두 개의 시도 읊었다. 시인이 의미했던 요점 등은 생략되었고, 단지 그 시인의 정확한 언어만이 자유롭게 사용되었다. 교사는 한두 개의 특별한 단어를 언급한 게 전부였다. 설명하고 보강하려는 시도(관심이 있다는 것을 보여주는 눈짓이나 단어에 겸손하게 공감하는 방식이 아니면)는 적절하지 않았을 것이다. 전 세계에 흩어진 중학교나 초등학교에 그리고 가정에서 비슷한 나이의 수백 명의 아이들이 같은 수필을 읽었고 다시 말하기를 했으며, 읽은 단락을 똑같이 손쉽게 의역했다는 게 매우 흥미로웠다. 의도가 전혀 분명치 않는 시를 포함해서 서너 페이지의 새로운 문제를 그토록 즉각적이고 빠르게 이해할 수 있는 능력이 나에게는 없기에 나는 아이들 앞에서 겸허할 수밖에 없다. 이러한 방식으로 위대한 사상가의 위대한 생각은 아이들을 깨우쳐 준다. 그리고 아이들은 지식으로, 무엇보다 하나님을 아는 지식으로 자라게 된다.

그러나 교육의 중요한 부분인 이 방식은 폭포수 같은 말과 지루한 반복, 꾸짖음, 비난 등 정신이 지루해질 수 있는 종류의 온갖 방법들 안에서 질식하고 애정은 사그라진다.

나는 선에 대한 가능성과 그에 상응하는 악에 대한 가능성을 그려 보기 위해 노력을 기울였다. 틀림없이 아이들은 방향과 통제를 기다리고 있지만 그럼에도 여전히 지식을 형성할 수 있는 영향력을 더 바란다. 나는 철학적인 용어를 피하고 육체와 영혼(soul), 육체와 정신(mind), 육체, 영혼, 정신 등에 흔하게 쓰이는 이름들을 사용했다. 왜냐하면 이러한 이름들이 우리가 파악할 수 없으면서도 명확한 개념을 전달해 주는 생각(ideas)을 나타내 주기 때문이다. 그리고 이러한 생각(ideas)이 교육적 사고의 기초를 형성해야 한다.

우리가 제공하는 교육이 단편적이거나 피상적이 되지 않으려면 우리가 연구하려는 재료에 대해 무언가를 알아야 한다. 일정 수준 아이의 요구 사항을 측정해야 하며, 이것은 단지 사회에 대한 아이의 유용성이나 아이가 살고 있는 세계의 표준에 기초를 두지 않고 아이 자신의 능력과 필요에 기초를 두어야 한다. 우리는 소위 자기 표현(self-expression)을 목표로 아이를 교육할 마음은 전혀 없다. 기록이든 인쇄물이든, 지식으로 받아들인 게 아니면 아이가 표현할 수 있는 게 없기 때문이다. 지식은 아이의 정신의 활동을 통해 수정되고 재창조되기 때문에 섭취한 지식을 소화하고 독창적인 어떤 형태로 발산하는 게 아이가 할 수 있는 전부이다. 그리고 이 독창성은 모든 사람들을 위한 음식인 공통의 빵과 우유에 의해서 만들어지며, 아이들 개인 각자의 특유한 정신에 작용한다.

교육은 계속되는 정신의 여행을 암시한다. 그러나 자기 성찰이나 어떤 형태의 자아의식(self-consciousness)을 유도하는 방식은 무엇이든 지적인 힘을 지체시키고 발전을 멈추게 한다. 어떤 독자는 내가 오늘날 이해되고 있는 심리학의 연구로 초대하지 않기에 실망스러울지도 모르겠다. 물론 무의식으로 설명되는 희미한 부위, 즉 마음과 정신의 중간 지점, 지적 능력이 신경과 혈액의 활동에 정복되는 장소의 존재에 관해 의심하지는 않는다. 정신은 그 본성상 무한히 그리고 항상 의식적이어서, 정신의 무의식을 말하는 것은 용어에서 모순이다. 그러나 심리학자들은 사람의 정신은 의식하지 못하는 방법들을 통해 생각을 하기 때문에, 우리의 임무는 수많은 자기 성찰을 통해서 이 무의식 세계의 본질과 경향성에 대해서 의식하도록 만드는 데 있다고 주장한다. 그러나 그들이 지금까지 도달한 연구의 결과는 그다지 고무적이지 않다. 우리 내면에 있는 최고의 것은 감각적이고 관능적이고 탐욕스러운 열등감에서 그 기원을 찾은 듯 보인다. 그러한 가능성들이 우리 내면에 안전하게 숨겨져 있다고 인정하는 것은 조악한 씨앗이 아름다움의 열매를 맺도록 정신에 양분을 공급한다는 의미가 된다. 의심할 여지없이 심리학자에게 있어 이 분야에 대한 연구는 매우 흥미로운 것이며, 지식의 한 범주에 할당량을 기여한다면 결국 열매를 맺을 수도 있을 것이다. 그러나 이 주제에 대한 어떤 권위자도 현재 그들의 연구를 교육학에 대한 기여로 제공하려 하지는 않는다. 아마도 육체와 같이 정신도 '나를 붙들지 말라(noli me tangere, 역자 주-(요한복음20:17)예수님께서 마리아에게 하신 말씀을 인용)'가 편의상의 조언인 부분을 가지고 있는 듯 하다. 그러나 우리가 이미 알고 있는 정신의 기능들을 다룬다면, 우리면 어쩌면 아직 확실하게 알고 있지 않은 학문의 분야를 체계화할 수 있는 위치에 도달한 우리 자신을 발견하게 될지도 모르겠다. 그리고 그것이 교육철학이 아니란 법은 없지 않을까?

4장
권위와 순종
Authority and Docility

한 편에 권위가 다른 편에 순종이 있어야 한다는 원리는 자연스럽고 필수적이고 핵심적인 원리이다.

전쟁(역자주-1차 세계대전)은 놀라움을 진부하게 만들어 버렸다. 그러나 전쟁 전 아주 오래전에 우리는 무선 전신의 발견으로 크게 놀라기도 했다. 통신이 신호나 소리, 또는 분명한 채널도 없이 무한한 공간을 지나 곧바로 도착지에 도달한다는 사실에 우리는 숨이 멎는 듯 해다. 우리는 발견의 실용성보다도 어떤 것에 대한 발견 자체에 가치를 두는 품위가 있었다. 이미 존재해 왔지만, 단지 지금 막 인지가 된 법칙 앞에서 우리는 경외심을 느꼈었다. 비슷한 방식으로 프랑스 전쟁터의 평범한 병사들에게서 영웅주의를 발견하였을 때 우리는 전율하였다. 이제 이러한 발견들은 교육의 장에서 우리를 기다리고 있으며 이 분야에서는 어떤 광부도 세계를 부하게 할 수 있는 광맥을 발견할 수 있다. 게네사렛의 호숫가에 있는 고대 도시의 시민들은 아주 놀라운 한 가지를 발견했고 어떻게 그것을 칭해야 할지 알았다. 그들은 예수님께서 서기관들과 같지 않게 '권위를 가지고 말씀하셨다'는 사실을 알았다.

    권위를 가지고 말하는 것은 우리에게 속한 게 아니다. "내가 진실로 진실로 너희에게 이르노니."는 신적인 말이요 우리에게 해당하는 말이 아닌 것이다. 그럼에도 불구하고 우리들 중에는 그리고 우리 안에는 위임된 권위가 존재한다. 이런 저런 주제에 있어서 "그 사람은 권위자이다." 라는 말은 올바른 표현이다. 왜냐하면 그 사람은 많은 연구를 통해 그 주제를 그 자신의 소유로 만들었기에 그렇게 말할 권리가 있다. 이러한 위임된 권위는 특별한 때를 대비하여 모든 사람 안에 맡겨진 듯 보인다. 낯선 사람들에게 일면 놀라울 수 있지만, 벤자민 키드(Benjamin Kidd) 씨는 암묵적으로 지켜지는 권위에 대한 전형으로 런던의 경찰들은 언급했다. 모든 왕과 지휘관, 모든 엄마와 누나들, 학교 반장, 작업반장, 경기의 주장은 그들 안에서 충성스러운 순종을 보장하는 이 권위를 발견한다. 그것은 그 사람이 훌륭해서가 아니고 권위가 그 사람의 직무에 적절하기 때문이다. 이러한 원리가 없다면 사회는 긴밀히 협업하기를 멈추게 될 것이다. 실제적으로 무정부는 세상에 존재하지 않는다. 최후에 그 무정부주의자가 자신 안에 단 하나의 권위만 발견할지라도, 그것은 소위 말하는 단지 권위의 이양일 뿐이다. 권위가 독재정치에 기여하고 자발적이든 비자발적이든 순종이 노예근성의 본성이라는 개념을 가진 나라들이 있다. 그러나 반대로 권위가 남용되는 것을 제외하면 권위는 자유의 존재를 조건으로 하며, 이것은 권위가 행사되는 사람들에게도 전적으로 어울린다. 그 명령(order)이 단지 정황

상의 명령일지라도 우리는 명령을 받기를 좋아하도록 지어졌다. 하인들은 자신들이 받은 명령에 대해서 자부심을 느낀다. '명령'이 명예의 훈장이라고 말할 때, 이것은 단어의 의미 있는 사용이다. '명령은 하늘의 제1법칙'이며 '명령은 권위의 결과이다'는 여전히 진실하다.

권위에 복종하도록 이끄는 우리 안에 내재하는 이 원리는 순종, 즉 유순함이며 이 원리는 또한 보편적이다. 만약 어떤 사람이 교만하여 다른 권위를 거절한다면 그 사람은 자신의 별자리나 운명에 스스로를 노예처럼 굴복시키게 될 것이다. 순종의 연습은 이성이나 상상의 연습만큼이나 자연스럽고 필수적으로 보인다. 그리고 권위와 순종 이 두 가지 원리는 모든 삶에서 정확하게 작용하는데 마치 지구가 공전을 유지하면서 한편으로는 태양에 이끌리고 다른 한편으로는 끊임없이 우주로 나아가려 하는 이 두 개의 자연력의 원리가 작용하는 것과 같다. 이 두 가지 사이에서 지구는 더도 아니고 덜도 아닌 중도를 유지하며, 날은 계속된다.

똑같은 두 가지 원리가 모든 아이들 안에서 작동하며 하나는 정돈된 삶을 생산하고 다른 하나는 반항에 기여한다. 자녀양육의 중요한 부분은 타원의 궤도에 아이가 충실할 수 있도록 하는 수단을 찾는 데 있다. 오늘날 우리 학교에 제공된 해결책은 자유이다. 아이들은 다스림을 받지만, 다스림을 받고 있다고 의식하지 못해야 하며, '명령 받은 대로 해라'가 움직이는 힘인 반면, '원하는대로 해라'는 외관상 아이들의 삶의 법칙이어야 한다. 명령된 자유의 결과는 획득된 것이며 명령된 자유(ordered freedom)가 세계시민의 1000명 중에 999명의 삶을 다스린다. 그러나 이러한 결과를 보장하는 간접적인 방법에 대한 약점은 '원하는대로 해라'가 '명령 받은 대로 해라'를 대신하게 될 때, 분위기에 위선이 생겨나고 아이들은 위대한 사람들과 고귀한 시민들을 특징짓는 자랑스러운 복종과 위엄 있는 순종을 배우는 데 실패한다. 물론 아이들이 자연스럽게 행동하고, 일어나고 돌아다니고, 조용히 앉아 있거나 아이들이 원하는 대로 즐겁게 장난을 치는 것은 유쾌한 일이다. 그러나 아이들은 순종도 역시 배워야 한다. 아이들과 우리의 행복에 있어서 순종이 즐겁고 편안해야 하며, 이것은 결코 작은 요소가 아니다.

교사 개인에게 보다는 학교의 규칙들과 지금 당면한 문제의 요구사항들에 대한 의지적인 순종을 이끌어 내는 게 교사의 역할이다. 만약 아이가 읽어야 할 단락이 있다면 아이는 주의력을 가지고 즉각적으로 의무를 이행해야 하며 그렇게 할 때 아이는 행복하다. 우리 모두는 중요성을 부가해서 말하는 방법을 알고 있다. "저는 11시까지 존스 부인의 집에 가야 해요.", "저는 브라운씨를 만나야 할 필요가 있어요." 그러한 규정을 따르지 않는 삶은 궤도를 이탈하게 되고 사회에 필요한 사람이 되지 못한다. 우리 모두가 질서 있는 항로를 따르는 게 중요하며, 아이들 심지어 유아들도 그들이 반드시 계속해서 가야 하는 여정을 시작해야 한다. 아이들은 다행스럽게도, 구심과 원심이라는 두 가지 내재된 힘을 가지고 우리에게 왔다. 하나는 아이들에게 자유, 즉 자기 권한을 보장하고 다른 하나는 '자랑스러운 복종(subjection)'을 보장한다.

그러나 부모들 그리고 부모들을 대신하는 사람들은 아주 섬세한 과업을 가지고 있다. 순종하되, 탁월함이라는 훈장을 착용한 자랑스러운 복종이 되도록 해야 한다. 이 탁월함을 확보하는 방법은 아이들과 궁극적으로 우리 모두를 지배하는 행동과 삶의 법칙 사이에 끼어들기를 피하는 데 있다. 권위가 높을수록 아이들은 순종에 더 탁월함을 보여야 하는데 아이들은 이것에 빠르다. 단순한 의지와 기쁨의 차이는 임의적인 부모나 교사의 권위와 아이가 스스로 다스림 아래 둔 사람의 권위의 차이에서 온다. 굴종이 순종의 자리를 차지한다면 나라와 가정과 학교에 엄청난 재앙이 될 것이다. 순종은 평등을 내포하며 교사와 학생 사이에 넘을 수 없는 격차는 없다. 둘 다 같은 목적을 추구하며 같은 주제와 관련되어 상호 이익으로 풍요로워진다. 그리고 즐거운 지식의 추구는 교사와 학생 모두에게 본질적인 자유를 제공해 준다. 그들은 진리가 자유롭게 한 자유인이다. 매일의 한결같은 지식의 추구와 즐거운 지식의 습득이 이러한 자유를 우리에게 제공해 준다. "정신은 정신만의 공간이 있다. 그곳에 지옥의 천국을 만들 수도 있고 천국의 지옥을 만들 수도 있다."라는 말이 있다. 마음의 천국은 명령된 자유(ordered freedom) 속에서 계속되는 확장이 아니겠는가? 그리고 불안하고 격렬하고 불타는 지옥은 자연스럽고 공의로운 명령에 대한 끊임없는 마찰에서 비롯되는 게 아니겠는가?

앉고 일어나고 가고 오는 피상적인 자유에 대해 말하자면, 그것은 모든 교사와 학생의 관계가 그렇듯 일단 아이들이 교육에서 해야 할 정당한 역할이 주어지면 저절로 해결되는 문제이다. 교육은 교사가 학생에게 베푸는 혜택이 아니라 학생 스스로 취할 양식이다. 정신이나 육체에 대한 우리의 주된 관심은 풍성하고 맛있고 영양가도 높은 매우 다양한 음식으로 잘 갖춰진 상차림을 제공하는 데 있으며, 아이들은 이것을 자신의 방식으로 그리고 자기 자신을 위해서 다루어야 한다. 이 음식은 자극적이고 영양가가 있는 속성을 제거해 소화하기 쉽게 조리하지 않고 자연 그대로의 형태로 제공되어야 하며 억지로 먹이거나 떠먹여주는 종류의 일들은 실행되지 않아야 한다. 배고픈 정신은 아이들로 하여금 매력적인 탐욕을 가지고 식탁 앞에 앉게 한다. 아이들은 그것을 흡수하고 소화시키며 성장하는데, 학교에서 너무 자주 실행되는 지루하고 열매 없는 되새김질에 익숙한 사람들에게는 상당히 놀라운 방식일 것이다. 교사가 충고하는 방식을 피할 때 아이들은 마음만 먹으면 자세를 바꾼다. 그러나 대개는 수업시간에 가만히 앉아 있는데 왜냐하면 작은 여담도 원하지 않을 정도로 자기 일에 열중하고 있기 때문이다. 반면에 어떤 교사들은 게임이든 훈련이든 체육과목에서 육체가 얻는 풍성한 효과를 보는 것을 그들의 업무로 삼는다. 체육은 현대 학교에 들어와서 잘 알려진 과목이지만, 정신의 활동이 육체의 기능을 놀라운 방식으로 촉진한다는 사실을 단지 언급하는 것으로 충분할 것이다. 미국 심리학자들은 사람들이 자신들의 정신을 계속 사용한다면 160년에서 1000년까지도 살 수 있다는 사실을 발견하지 않았는가? 반면에 운동중심주의의 과도한 추구는 정신적인 활동을 전혀 촉진시키지 못한다.

 교육자들의 관심이 교육의 유일한 조건인 정신 활동에 쉬운 선택권을 제공하는 데 있는 듯 보이던 시절에는 손재주, 원예, 포크댄스 등과 같은 활동이 강력하게 권고되어야 했다. 민감성을 준비시키기 위한 신경과 근육의 훈련에서 그러한 활동들은 고유한 기능을 가지고 있지만, 정신을 존속시키지 않는다. 다시 말하지만, 그것이 셰익스피어의 연극일지라도 육체적인 훈련으로는 아이에게 연극을 가르칠 수 없으며, 또한 가장 음악적이고 가장 감상적인 시일지라도 그것으로 아이들에게 시를 가르칠 수 없다. 아이들은 다음과 같은 관계를 가져야만 한다. 멀고 가까운 지역과의 관계, 광활한 우주와의 관계, 과거 역사와의 관계, 현재의 사회경제와의 관계, 아이들이 살고 있는 이 지구 그리고 온갖 동물과 새의 매혹적인 새끼, 풀과 나무의 소산물과의 관계, 아이들이 태어날 때 시작된 다정한 인간관계, 자신들의 조국과 다른 나라와의 관계, 그리고 무엇보다 인간의 관계에서 가장 숭고한 관계인 하나님과의 관계 등 아이들은 연결되기를 기다리는 수많은 관계를 가지고 세상에 왔다. 학생들 앞에 이러한 프로그램을 두고도 무지한 교사는 연산, 수공예, 노래 부르기, 연극하기, 또는 전체 교육으로 행세하는 수백 가지 세부 사항 중의 어느 하나를 지나치게 강조하고 지나치게 시간을 들인다.

해야 한다는 의무감이 아이들에게 있어야 한다. 이 부분에서 우리가 하는 실수는 아이들은 규율을 통해서 강제되어야 한다고 취급하는 반면 어른들은 자신이 원하는 대로 행동하는 데 있다. 학교와 가정의 규율에 반대하여 이런 저런 일을 하겠다는 '허락'의 요구에 시달리는 부모나 교사에게 그것은 단지 자업자득일 뿐이다. 그런 부모와 교사는 권한의 '아래'에 있지 않고, 권한을 갖고 있는 사람으로 태도를 취했다. 그리하여 아이들의 안녕을 위해 봉사하는 게 존재의 이유인 규율의 위반을 허락하는 데 자유롭다. 일체의 적절한 유순함과 순종을 확보하기 위해서는 두 가지 조건이 필수적이며, 이 두 가지 조건이 주어지면 교사와 학생 사이에 의지의 충돌은 거의 존재하지 않게 된다. 그 첫 번째 조건은 교사나 다른 지도자들이 임의적이지 않고 마치 권위 아래 하나인 것처럼 아주 분명하게 행동함으로써 아이들이 신속하게 분별하여 자신들이 할 일은 반드시 하도록 하는 데 있다. 그러므로 규칙들은 교사의 편의를 위해서 만들지 않아야 한다(나는 아이들의 양육을 위탁 받은 모든 사람들은 우리가 복종해야 할 최고의 권위가 있음을 인식하고 있다고 추정한다. 이러한 인식이 없이는 교사와 학생 사이에 존재해야 하는 건전한 관계를 세우는 방법을 알 수 없을 것이다.). 또 다른 조건은 아이들이 자유에 대해 섬세한 감각을 가져야 한다는 데 있다. 이 자유는 교사가 거의 개입하지 않고 자유롭게 주어져 아이들 자신이 선택한대로 전유(專有)할 수 있다는 사실에서 온다. 아이들은 자신들이 선택하고 자신들의 일에 만족하기 때문에 강제하거나 귀가 따갑도록 권면 할 필요는 거의 없게 된다.

그러나 순종의 원리와 마찬가지로 권위에 대한 원리 또한 아이들 안에 내재하고 있다. 그리고 교사의 재치와 판단력이 권위의 자유로운 역할에 대한 기회를 제공할 때, 아이들은 시민 그리고 가족 구성원으로서 삶의 의무에 준비될 수 있다. 공립학교에서 하듯이 반장을 지지하는 운동은 이러한 사실에 대한 인식이며, 아이들이 대표하는 권위라는 개념에 익숙해지는 게 좋다. 이것은 아이들이 자치정부의 한 형태인 그들 자신의 조직에서 선택된 구성원들에 의해 다스려짐을 말한다. 이러한 개념을 실행하기 위해서, 반장은 반드시 선출되어야 한다. 그리고 아이들은 올바른 임원들을 선택하는 데 놀라운 통찰력을 보여준다. 그러나 단지 소수의 학생들에게만 권위가 주어지기 때문에 이것으로 충분하지는 않다. 따라서 한 반의 구성원 모두가 돌아가면서 할 수 있는 특정한 작은 직책들을 마련하는 게 좋을 수 있다. 사람이 직책을 만들듯이 마찬가지로 직책이 사람을 만든다. 상당히 능력이 부족한 학생이라도 자신에게 주어진 의무들을 얼마나 잘 수행하는지를 보면 참으로 놀랍다.

모든 학교의 학업은 학생들이 배움에 대해서 책임감을 인식하는 방식으로 수행되어야 한다. 배운 내용을 숙지하는 게 학생들의 직무이다. 이 목적을 이루기 위해서 과목의 내용들이 반복되어서는 안 된다. 주간 복습에서 다시 들춰 볼 것을 알거나 혹은 월간 복습이 있을 것이라고 예상되는 일간지에 실린 사항들에 대해 우리 자신도 아마 신경을 쓰지 않게 될 것이다. 이러한 반복되는 조력들은 우리를 이리저리 방랑하는 허약한 기억력의 사람들로 만드는 결과를 가져온다. 수업 내용에 대해 반복을 허용할 때 배움에 대한 책임은 학생의 어깨에서 "너희가 알고 있는지 볼 거야." 하고 말하는 교사의 어깨로 옮겨 진다. 이렇게 하여 진부한 내용들이 계속해서 반복되고 아이들은 지루해져서 가만히 있지를 못하고 분위기 전환의 방편인 장난을 위한 준비 태세에 돌입한다.

교사들은 중대한 직무를 경시하는 경향이 있으며 두세 가지 오류에 집착하기 때문에 교육의 과정들을 방해하는 경향이 있다. 교사들은 아이들을 열등한 존재로 간주하고 자신을 우월한 존재로 여긴다. 그렇지 않다면 그들의 직무가 왜 필요하겠는가? 그러나 교사들이 아이들의 정신의 능력이 교사의 정신의 능력만큼 대단하다는 사실, 혹은 오히려 더 대단하다는 사실을 인지한다면, 아이에게 떠먹여 주기를 그들의 임무로 삼거나 학생의 허약한 소화력에 알맞게 만들기 위해서 지식의 작은 조각들을 대신 씹어서 주어야 한다는 생각은 하지 않을 것이다.

아이들에 관한 또 다른 방식의 평가절하는 이것이다. 우리는 아이들이 문학적인 어휘를 이해할 수 없다는 확신을 가지고 아이들의 마음을 흡족하게 하기 위해서가 아니라 우리의 마음이 흡족할 때까지 설명하고 쉬운 말로 바꾸어 표현한다. 교육을 잘 받은 엄마들이라면 아이들이 어떤 책이든 읽을 수 있다는 사실을 알고 있으므로 아이들이 요청하지 않으면 설명을 하려고 하지 않을 것이다. 우리는 이런 빠른 이해력이 단지 교육받은 부모들의 아이들에게만 부여되었다는 사실을 당연하게 여겼다.

무질서를 일으키는 또 다른 잘못된 이해는 집중력을 다루는 우리의 방식이다. 우리는 설득을 통해, 인상적인 프레젠테이션을 통해, 그림이나 예증이 되는 물건들을 통해, 집중력을 양성하고 돌보고 어르고 구애를 해야 한다고 믿는다. 사실 일의 성패를 자신의 성격에 두고 있는 교사는 자신의 공연으로 무대를 꾸미는 능력이 넘치는 배우이다. 집중력은 우리가 알다시피 어떤 능력이나 정의할 수 있는 정신의 힘이 아니다. 우리가 계속 말하듯이 주의력은 집중을 하기 위해서 다른 모든 힘을 깨우는 능력이다. 우리는 이런 필수적인 기능을 생산하고 훈련하려는 노력을 버려야 한다. 모든 아이들 안에는 자기 자신의 권위에 순종할 수 있는 나이아가라 폭포의 힘이 최대치로 점화될 준비가 되어 있다. 그러나 이 힘은 외부로부터 주어진 권위에 무한히 반항을 할 수 있는 능력이기도 하다. 우리의 역할은 주의력과 식욕은 같다고 여기고 책이나 모든 지식에 있는 가장 최고의 양식으로 먹이는 데 있다. 아이들은 스스로 배우므로 우리는 더이상 현인 노릇을 하지 않아도 된다. 우리의 지식은 너무나 정제되어 있고 우리의 용어 선택은 지식에 목마른 작은 피조물들의 능력에 응대하기에 너무나 빈약하고 모호하다. 우리는 가장 최고의 작가의 최고의 책, 즉 바로 우리 자신을 위해서도 사용할 필요가 있는 자료들을 아이들의 손에 맡겨야 한다.

교사로서 일을 방해하는 장애에 대해서 나는 한 가지만 더 언급하려 한다. 지식에 대한 평가절하는 현재 영국인들의 특징이 되었다. 최근에 아주 유명한 한 교육학자는 지식의 방면에서 아이들은 단지 두 가지를 원한다고 자신의 이론을 못 박았다. 즉 생계를 꾸리기 위한 목적으로 일하는 방법을 배우는 지식과, 시민으로서 행동하는 방법을 배우기 위한 지식이라는 것이다. 이 학자는 일하는 사람에 비례해서 작업이 완수되고 의무가 실행되는 원리를 이해하지 못했다. 사람이 사람다워 질수록 그 사람의 일은 더 가치 있어지고 그 사람의 수행은 더 신뢰할 만하게 된다. 그러나 우리는 대중 교육에서 효율성을 높이는 인문학적인 색조를 제거하고 있다! 예를 들어, 수백 명씩의 모둠으로 이루어진 학생이 약 9천명이나 되는 어느 청소년 학교에서는 각 모둠마다 감탄할 만한 공예나 기예 중에 하나를 배운다. 그러나 이런 국민의 대학교(people's university)에서는 3, 4년의 교육과정 동안 학생들을 더 나은 성인으로 그리고 더 나은 시민으로 만들기 위해 읽고 사고하게 하는 인문학적 지식을 위한 수업은 단 한 시간도 진행되지 않는다.

집중력을 다루는 우리의 방식으로 다시 돌아가자. 이것은 무심히 다룰 문제가 아니며 편리하면서도 놀라운 양을 확실하고 지속적으로 아이들이 배울 수 있게 하는 기반을 보장하는 기적과도 같은 방법이라 할 수 있을 것이다. 이 모든 것은 유익할 뿐만 아니라, 교육에 있어 필수적인 근본 원리이다. 이러한 방식으로 아이는 스스로 배우게 되며, 자기 통제(self-command)와 자기 설득(self-compelling)의 힘으로써 최고의 기능을 하는 자신 안에 있는 권위를 사용한다.

제인 오스틴(Jane Austen)이 어린 조카들을 즐겁게 해 주기 위해 단지 죽방울(cup-and-ball)을 백 번 던지고 받았다 할지라도, 우리 안에 있는 힘을 사용하는 것은 유쾌한 일이다. 스스로를 참여시키고 스스로 배우는 것, 이것이야말로 하나의 왕국을 물려받는 일이다. 그리고 무엇보다 이 방식은 아이들을 만족시킨다. 왜냐하면 아이들은 지식을 향유하도록 지음 받았기 때문이다.

런던에서 하루 이틀 정도를 보낸 11살 아이의 이야기가 여기 있다.

"어느 날 오후, 소녀의 엄마는 아이를 웨스트민스터에 데리고 갔다. 내가 그 아이의 잠자리를 봐주고 있는 동안 아이는 오늘 거기서 알아보았던 모든 것들이 이번 학기에 건축학에 대해서 들었던 내용이라고 말했다. 그 아이는 건축학을 아주 좋아했다. 아이는 또 대영 박물관을 방문해서 그 학기에 배웠던 것들을 보고 싶은 열망을 표현했다. 그래서 우리는 대영 박물관에도 가서 파르테논 관을 아주 자세하게 공부했다. 아이는 최고의 흥미를 가진 동반자였고 나에게 많은 사실을 가르쳐 주었다. 우리는 또 베드로 성당에도 갔는데 아이는 마담투소(역자 주-밀랍인형 박물관)에서 역사에 나오는 많은 인물들을 알아보며 아주 즐거워했다. 잭 콘웰(Jack Cornwell)과 간호사 카벨(Cavell)을 제외한 다른 현대 인물들은 소녀에게 큰 흥미를 주지 못했다."

아이가 스스로 배우고 있다는 사실에 주목하자. 우리는 단순히 아이가 이미 배운 것을 확인하도록 아이를 데려갔을 뿐이고 아이는 자신이 읽었던 내용을 말했을 뿐이다. 이것은 국립 박물관을 억지로 방문한 불쌍한 소녀의 목구멍에 정보들을 쏟아붓는 방식과는 다르다.

얼마 전에 왕과 여왕이 개인적으로 대영 박물관을 방문했다. 물론 바로 옆 복도에는 런던 주 의회 학교에서 온 한 그룹의 아이들이 파르테논 관을 관찰하고 있는 중이었다. 그 아이들은 위에서 언급한 소녀처럼 풍성한 정보와 흥미가 가득했는데, 왜냐하면 그 학생들도 똑같은 수업을 해왔기 때문이다. 아이들에게 자신들이 가진 관심과 즐거움을 자신들 뿐 아니라 통치자들도 공유하고 있다는 발견은 결코 사소한 일이 아니다. 그러한 가닥들이 사회를 묶는 끈으로 형성된다. 모든 사람을 위한 인문학 교육의 목적 중 한 가지는 공통의 지식에 대한 강한 공감대를 통해 높고 낮은, 부하고 가난한, 사회 계층 사이에 연결고리를 형성하는 데 있다. 공립학교에서는 고전문학을 통해서 이러한 목적에 도달했다. 때때로 호라티우스 (Horace, 역자 주-고대 로마 공화정 말기의 시인)의 짧은 인용구가 영국 하원들의 마음을 움직이고 연합하기도 하는데, 그것이 다만 시인의 세련된 사고이기 때문만이 아니라 그것이 다수의 연합의 열쇠가 되기 때문이기도 하다. 이렇게 죽은 언어를 통해서도 영향을 받는다면 풍성하고 영감을 주는 우리의 문학을 통해서 전달되는 공통의 사고, 즉 보편적인 행동의 동기 안에서 우리가 바라지 못할 게 무엇이겠는가?

이런 완벽한 집중력과 완벽한 기억력이 모든 고용주와 지도자들에게 주어질 수 있다고 상상해 보라. 나라에 얼마나 큰 자산이 되겠는가? 나는 이번 주에 한 대령으로부터 그의 최고의 소위가 예전의 학부모연맹 학교의 학생이었다는 얘기를 들었다. 이런 종류의 증거는 계속해서 우리에게 전달된다. 아랫사람 편에서의 부주의함과 건망증의 해롭고 절망적인 영향에 대해서 모르는 사람은 거의 없다. 아이들이 지시사항을 빨리 이해하고 기억하도록 훈련을 받게 된다면, 우리는 놀라운 성취를 이루는 세상을 그려볼 수도 있을 것이다.

우리는 아이들 앞에서 으스대거나 마치 우리 자신한테서 지식이 뿜어져 나오는 것처럼 지식을 전달하기 위해 성실하게 지식을 쌓는 스스로에 대해 자랑스러워 해서는 안 된다. 강의할 만한 충분한 자격이 있는 사람들이 있는데 그들은 어떤 한 가지 주제에 대해 자신의 책을 쓰기 위해 평생을 헌신한 사람들이다. 이런 사람들의 강의는 의심의 여지 없이 그들이 쓴 책만큼의 통찰력과 상상력과 힘으로 가득하다. 그러나 모든 학교마다 자신의 주제를 직접 설명해줄 그 많은 강사를 가질 수는 없다. 우리가 그렇게 할 수 있다면 정말 아이들에게 좋을 것이다. 교사의 성격은 지식의 즐거움에 있어서 아이들을 방해하는 영향을 줄 수 있다. 그러한 지식의 즐거움은 그 자체로 완벽한 주의력을 보장하는 충분하고 강한 힘이며 적절한 훈련이다.

나는 에레혼(Erewhon, 역자주-Samuel Butler의 SF소설)에서 꿈꿔 왔던 어떤 유토피아를 추구하려는 게 아니다. 우리 학부모연맹(P.N.E.U.)은 확고한 결의를 가진 젊은이들을 보낼 수 있는 힘에 자유를 준 듯하다.

"나는 정신적인 싸움을 멈추지 않을 것이며
내 손에 칼이 잠들지도 않을 것이다
우리가 영국의 푸르고 쾌적한 땅에

예루살렘을 건설할 때까지."

실제적으로 모든 학교에서는 놀라운 일들을 행하고 있다. 학교 책임자는 해외에 널리 퍼져 있고 이러한 학교 책임자들을 엄청난 열정과 희생으로 교육하고 있는 중이다. 그런데 우리가 개탄하는 이유는 학생들이 학교에서 약 8년 내지 12년의 뛰어난 가르침을 받은 후에도 그들이 어느 계층에 속해 있든 여전히 영화나, 축구, 폴로, 골프 등을 통해서 자신들의 필요를 충족시키는 데 있다. 그토록 수많은 사람들이 전쟁 때문에 마비된 손과 발, 인공적인 코나 턱을 가진 채 고향에 돌아온 것을 볼 때 우리는 연민으로 가득해진다. 그런데 우리의 많은 젊은 남녀들은 이보다 더 심각한 불구가 되어 가고 있다. 그들은 지적인 관심이 전혀 없으며 역사와 시는 그들에게 전혀 매력이 없고 최근의 과학적인 연구내용이 조금이나마 흥미를 줄 뿐이다. 그들의 '직업'과 그들이 확보할 수 있는 사회편의시설만이 삶에서 목표로 삼는 전부이다.

교육에 관심이 있는 사람들, 즉 신앙 다음으로 진실로 주된 관심이 신앙의 필수적인 심부름꾼인 교육에 몸 담고 있는 사람들에게 있어서 매일 자신의 지적 능력에 영양을 공급하지 않고 그것을 사용하지 않은 채 불구가 된 삶을 지속하는 사람은 큰 걱정거리이다

5장
인격의 존엄성

이러한 원리들은 아이들의 인격에 대한 존중으로 제한되며, 직접적인 두려움이나 사랑을 사용하든, 영향력 또는 한 가지 욕망을 과도하게 부추겨서든 아이들의 인격이 침해 되어서는 안 된다.

사람들은 아이들을 변덕스럽게 이리저리 사방으로 움직일 수 있는 보드게임의 말(counters)로 사용하려는 경향이 있다. 오늘날 우리의 절실한 요구는 더 나은 교육방법 보다는 아이들에 대한 충분한 이해에 있다. 그것은 아이들은 명석하건 둔하건 조숙하건 늦되건 간에 순전히 하나의 온전한 사람라는 이해이다. 특출한 자질들은 스스로를 돌보지만 부족한 지능도 마찬가지이다. 그리고 이 두 유형 모두 이전 장에서 아이들에 대해 제기된 모든 사항들 안에서 나머지들과 공유된다. 우리의 임무는 인격체로서 사람이 얼마나 신비로운지를 알아내는 데 있다. 모든 것들이 우리가 품고 있는 이 개념에서 나온다. 만약 인격에 대해서 곰곰이 충분하게 생각해 본다면 우리가 범하는 어떤 범죄도 사람의 일부분을 불구로 만들거나 망가트리거나 파괴하는 일보다 더 크지 않다고 인식하게 될 것이다.

우리는 다정다감한 방법은 말할 것도 없고 이것을 실행하는 다른 기발한 방법들을 많이 가지고 있다. 이 모든 방법들은 정도의 차이는 있겠지만 다음과 같은 생각들에 기초한다. 우리의 우월성이 아이들의 의존성에 비례한다고 설득하는 자기중심주의와, 학생을 위해서 우리가 하는 모든 일은 은혜와 친절이고, 부모나 교사로서 우리 마음대로 하고자 하는 것을 할 수 있는 권리가 있다는 생각이다. 하나님의 판단에서는 아이들의 상태가 우리 보다 더 높다는 사실을 고려해 본 적이 있는가? 아이들의 상태가 다 큰 어른과 같이 되어야 한다기보다 우리의 상태가 '어린 아이들과 같이 되어야 한다'는 말씀을 고려해 본 적이 있는가? 또한 우리가 자녀들을 양육하기 위해서 받아들이는 규칙은 대부분 부정적이라는 사실을 고려해 본 적이 있는가? 우리는 아이들을 경멸하거나 방해해서는 안 되며 ("아이들이 내게 오는 것을 허락하라."), 우둔한 서투름과 진지한 사고의 부족으로 아이를 모욕하지 않아야 한다. 우리에게 주어진 단 하나의 긍정적인 원칙은 "내 양을 먹이라."(초원을 제공해 주어야 하는)이고 아이들을 풍성한 양식 가운데 두는 데 있다. 요크셔 주립학교의 한 교사는 이 원칙을 "나는 그들을 초원에 두었다. 그리고 돌아와서 그들이 먹고 있는 모습을 발견했다."라고 표현했다. 그녀는 큰 규모 학급의 학생들로 하여금 그날의 수업내용을 읽게 했고 그녀가 돌아왔을 때, 아이들은 여전히 열정과 만족을 가지고 읽고 있었다. '아이들에게 최고의 경의를(Maxima reverentia debetur pueris)'이라는 말은 일반적인 해석보다 더 넓은 의미를 가진다. 우리는 이것을 아이들 앞에서 부적절한 행동이나 말을 하지 않아야 한다는 뜻으로만 받아들인다. 그러나 이 말에는 아이 안에 존재하는 특성과 가능성에 대한 심오하고 경건한 연구가 포함되어 있지 않을까?

그토록 광범위한 연구에 낙담할 필요는 없다. 아이들 양육에 있어 우리를 방해하는 악은 복음서에서도 무겁게 책망을 받았다. 우리는 순수하지 않다. 우리는 우리의 역할을 하면서 동기들을 불법하게 이용한다. 아마도 가장 비난을 적게 받을 만한 교육학상의 동기가 가장 정죄 받는 동기가 될 것이다. 그리고 인격을 약화시키는 더 미묘한 방법의 검은색과 비교한다면, 오히려 '크리클(Creakle, 역자 주-David Copperfield의 등장인물) 씨'의 공포정치는 회색으로 기록될지 모른다. 우리는 단지 이들 중 몇 가지만 취급하지만 일부가 전체를 나타내기도 한다. 지배적인 동기로써 두려움의 작용에 관해 데이비드 코퍼필드(위대한 교육 논문과 같은)를 다시 읽는 것 만한 게 없으며, 학교 교실에 있는 공포에 관해서는 '크리클 씨'를, 가정 안에 있는 똑같은 악덕에 관해서는 '머드스톤(Murdstone, 역자주- David Copperfield의 등장인물) 씨'에 대한 자세한 연구도 좋을 것이다. 그러나 디킨스의 영향 때문일까? 두려움은 더 이상 인정받는 학교 훈련의 기반이 아니다. 그리고 우리는 단순한 공포의 법칙보다 더 예리한 방법을 가지고 있다. 교사를 위해서 무엇이든 할 수 있고 모든 면에서 애정과 열의를 가지고 있는 학생들은 매력적인 인격의 사람에게 끌린다. 아이들은 자신들의 개성이 잠식되는 수준까지 순종하고 사랑스러운 교사의 미소에 부응하기 위해 애쓰며 외면하는 표정에 무너진다. 부모들은 얼굴에 미소를 띠고 모든 게 잘 되었다고 생각하지만 밥과 메리는 독립적이고 주도적인 사람이 되어야 하는 성장의 시기를 놓치고 있으며, 오로지 상기를 시켜 주어야만 움직이는 기생충이 되거나, 광신도나 선동하는 정치가의 손쉬운 희생자가 된다. 아이들의 사랑을 남용하는 이런 종류의 침해는 하나의 동기로서 제안하기를 "나를 위해서 해줘."라고 말한다. 그리고 학생은 교사를 슬프게 하지 않으려고 나쁜 일을 삼가고 교사를 기쁘게 하려고 좋은 일을 한다. 이 목적을 위해서 학생은 수업을 받고 올바르게 행동하며 좋은 의지를 보이고 학생 미덕의 전체 목록도 만들어 낼 수 있다. 그럼에도 아이의 성품은 약화된다.

'제안(suggestion)'은 더 미묘한 방식으로 작용한다. 교사는 인간의 본성에 작용하는 전반의 동기에 통달해 있으며 모든 제안은 이러한 본성들 중에 하나 혹은 다른 본성을 겨냥한다. 교사는 사탕이나 도깨비와 같은 유아적인 제안을 사용하지 않지만, 더 영적인 가치로 표현한다면, 주어진 아이의 독특성에 미묘하게 영향을 미치도록 제안을 사용한다. '제안'은 장점으로 설명하기에는 너무 미묘하다. 스티븐 패짓(Stephen Paget) 박사는 제안은 오로지 외과 의사가 사용하는 마취제처럼 사용되어야 한다는 견해를 가지고 있다. 그러나 이것은 너무 다루기 쉬운 도구라 경솔한 제안은 마치 풍향계의 바람처럼 아이의 정신에 영향을 미친다. "네가 물과 같이 불안정하여 탁월하지 못하리니."(역자 주-창49:4, 르우벤에 대한 야곱의 예언)가 아이들의 불행한 운명이 된다. 끊임없이 변화하는 제안의 영향 아래서 안정된 정신과 성품의 발전이 어떻게 가능할 수 있겠는가? 이것은 경솔한 제안의 경우에만 해당한다고 누군가는 말할 수도 있겠다. 그러나 모두를 같은 방향으로 이끄는 신중하게 놓인 기차의 무엇이, 인내와 정직, 용기 그리고 다른 탁월한 미덕을 만들어 내겠는가? 이런 경우에 아이들은 더 악화될 수 있다. 특정한 미덕은 밉살스럽게 되며 다른 어떤 미덕도 매력적이지 않다. 아이는 혼자 설 어떤 힘도 얻지 못하고 무슨 일을 하든지 외부로부터의 자극만을 기다리게 된다. 이런 관행이 수반하는 가장 중대한 위험은 받아들인 모든 제안이 그 사람을 다음 제안과 그 다음 제안에 열어 두게 만든다는 점이다. 즉각적인 결과가 아무리 좋을지라도 이런 제안이 아이들로 하여금 자신의 삶을 영위하는 데 무능하게 만들 수 있다는 두려움으로 아이들의 인격을 마땅히 존중한다면, 그런 위험한 수단을 사용하기를 꺼리게 될 것이다.

영향력은 제안과 유사하며, 이는 잘 지시된 말이나 선동적인 행동을 통해서 보다는 교사로부터 비롯되어 학생들을 감싸는 어떤 종류의 분위기를 통해 오히려 작용한다. 지난 세기말, 영향력의 매력, 영향력의 의무, 영향력의 수단을 연구하는 도덕적인 책들이 쏟아졌으며, 아이들은 다른 사람에게 의식적으로 영향력을 미치는 게 도덕적 의무라는 개념을 가지고 자라났다. 물론 그러한 영향력은 필연적이고 우리는 서로 영향을 줄 필요가 있다. 그러나 행동과 말에 의해서가 아니라 우리의 존재에 의해서야 하며 그러한 영향력은 자연스럽고 건전하다. 우리는 실제 인물과 가상 인물들에게서 이것을 흡수하는데, 자연스러운 영향력의 조류와 역류에 의해서 강하고 곧게 유지된다. 단 하나의 고정되고 반복되는 영향력 앞에서의 수동성과는 다르다. 교사를 숭배하고 예배하는 여학생과 남학생은 자유롭고 독립적인 삶을 사는 자유를 빼앗긴 셈이다. 아이의 인격은 발달하지 못하고 더 강한 성품의 지지에 기대는 기생 식물이 되어 사회에 진출한다.

지금까지 우리는 아이들에게 고유한 인격의 권리들을 우연적으로 침범하는 방법들에 대해서 생각해 보았다. 그러나 비록 덜 해롭기는 하더라도, 우리는 지적이고 도덕적인 성장을 무력하게 만드는 더 만연한 방법을 가지고 있다. 학교의 윤리는 특정한 본성적 욕망을 부당하게 이용함으로 뒷받침되는 학교 훈련에 좌우된다. 정신 또한 욕망이라고 더 잘 알려진 식욕을 가지고 있다는 사실은 고찰해 볼 가치가 있다. 먹고 자라고 생산하는 이러한 일들이 육체에 필수적이듯 정신에도 이러한 일들은 필수적이다. 만약 육체가 배고프지 않다면 육체는 스스로 먹으려고 수고하지 않을 것이다. 이와 같이 만약 특정한 욕망이 충족될 필요가 없다면, 정신도 욕망이 필요한 것을 취하는 데 수고를 하려 하지 않을 것이다. 그러므로 학교장들은 정신에 영양을 공급하는 기능을 하는 듯 보이는 욕망을 아이들의 실천 토대로 삼는 기회를 놓치지 않는다. 교사들이 범하는 잘못은 목적을 달성하기 위해서 잘못된 욕망을 자극하는 데 있다. 심지어 유아도 인정의 욕구를 드러내며, 엄마나 유모가 인정해 주지 않으면 아기는 행복하지 않다. 나중에 이와 똑같은 욕망은 아이가 셈을 하고, 산을 오르고, 학교에서 좋은 성적을 받아오는 일들을 해낼 수 있도록 돕는다. 지식이 정신에 그렇듯이 이것은 상당히 쓰임새가 있다. 사람들의 인정은 신경 쓸 가치가 있기 때문에 아이는 배우고 알고 게으름을 극복하고 꾸준히 일하는 습관을 가지게 될 것이다. 따라서 아이의 정신은 아이의 육체와 같이 매일 적절하게 영양을 공급받게 될 것이다. 그러나 인정의 욕구가 수반하는 허영심이 아이로 하여금 교사의 인정보다 마구간 소년의 미소를 더 신경 쓰도록 만들겠는가? 그렇지 않다. 인정에 대한 이런 욕구는 아이가 다른 아무것도 생각하지 않을 정도로 아이를 완전히 사로잡게 되고 아이는 그것이 가치가 있건 도덕적이건 상관없이 인정을 받아야만 하게 된다. 영웅주의적 행동이 명예 그 자체만을 목적으로 하여 일어날 수 있듯이, 폭력과 강도와 암살은 때로는 단지 악명을 떨치기 위해 일어난다고 추측할 수 있다. 악명과 명성은 둘 다 많은 사람들에 의해 생각되어지고 회자되어짐을 뜻한다. 일간지를 통해서 이런 본성적인 욕구가 어떻게 작용하는지 그리고 이제 감탄과 칭송이 된 최근의 영화배우, 절도범, 정보원, 영웅, 혹은 과학자들이 어떻게 우리 앞에 제시되었는지 우리는 알고 있다.

경쟁, 즉 탁월하려는 욕망은 교사들의 손에서 놀라운 일들을 해낸다. 그리고 진정으로 이 본성적인 욕망은 지적이고 도덕적인 노력에 놀라운 자극이 된다. 미덕을 좇아 경주에서 경쟁적으로 1, 2점을 빠르게 올릴 때 학교에는 좋은 분위기가 확립되고 그런 학교가 아이들에게 적합한 장소라고 여기는 부모들의 생각은 정당하게 된다. 그러나 지적인 부분에서는 위험이 따르는데, 실제로 다수의 아이들을 지배하고 있는 점수 체계, 상, 등수보다 학교에서 일어나는 일 중에 더 나쁜 일은 없다. 아이는 남들보다 빠르게 나아가기 위한 욕망에 너무나 전념하여 다른 아무것도 생각할 여유가 없다. 아이는 배움에 흥미를 갖지 못하고, 진학을 위해서 공부할 뿐이다.

그러나 오직 경쟁만이 우리 학교의 '대리자(Vicegerent)'로서 홀로 서 있지만은 않다. 선한 제도에 대한 탐욕스러운 노력은 또 하나의 자연적인 욕망의 가공되지 않은 이름이다. 그리고 소위 말하는 '진보'는 경쟁과 아주 밀착되어 있다. 어린아이는 학교에 들어가기도 전에 장학금을 받아야 한다는 의무를 가지며, 이것은 진실로 효과적이고 충분한 이유들이기도 하다. 가끔은 부유한 가정의 아이들이 상당히 형편이 어려운 가정의 아이들, 예를 들어 성직자들의 아이들을 위해서 의도된 상들을 휩쓸어 가는 경우가 있다. 장학금 제도는 과거에는 후원자들에 의해 남겨진 거대한 부를 이러한 특수한 목적을 위해서 분배하는 수단에 지나지 않았다. 모든 중등학교마다 자체 장학금 제도를 가지고 있고 대학들은 공개 장학금과 많은 경우 상당한 액수의 학비 보조금을 가지고 있다. 그리고 무상 교육이나 부분적인 무상교육은 단 한 가지 조건, 즉 명석한 머리라는 조건으로 중상층 대다수 젊은이들에게 열려 있다. 모든 중등교육과 공립학교에서 이러한 조건들을 기반으로 학과 과정을 운영한다는 사실은 그다지 놀랄 일도 아니다. 학교들은 성과 기준의 체계가 '헤이스팅스(Hastings)' 대학을 보장해 준다는 사실을 정확하게 알고 있으며, 아이들에게 기회가 있다는 기대를 가지고 아이들로 하여금 불굴의 노력으로 목적을 향하도록 명령한다. 더 나은 어떤 조취가 취해져야 하는지 말하기는 어렵지만, 탐욕의 고의적인 숭배는 참담하다. 이곳저곳에서 허약해진 지적인 삶으로 인해 인격이 황폐하게 된 것은 의심할 여지가 없다. 아이는 학창시절에 지식 안에서의 즐거움을 배우지 못하고, 정신적으로는 피상적이며 판단에 있어 변덕스러운 사람이 된다.

　훗날 나라에 봉사하게 될 아이들의 교육에 매우 효과적인 도움을 제공하기 위해 외부에서 도입한 체계로 벌이는 전쟁은 가망이 없다. 그러나 영국은 우리 아이들을 최대한 활용해야 하고, 이들 중 많은 아이들은 현재보다 더 나은 사람이 될 수 있다. 도움은 학교 내부에서 비롯되어야 하며 그 방법은 매우 분명하다. 대부분의 학교에서는 가장 낮은 학년은 11시간, 가장 높은 학년은 8시간의 국어수업이 배정된다. 이것은 집중하는 주의력을 통해 한 번 읽기로 충분한 책들, 즉 문학, 역사, 경제 등 다양하게 엄선한 책을 일주일에 16회에서 20회의 연속 읽기가 가능할 수 있다는 뜻이다. 자신이 읽은 책을 다시 말하는 활동은 공식적인 자리의 연설을 준비해야 하는 아이들에게 아주 유용할 수 있다. 시간표나 커리큘럼에서 보다는 교육 과정 안에서 이런 종류의 경미한 변화를 주어 현재보다 박식하고 견문이 넓고 설득력 있는 연설자들을 더 많이 배출할 가능성을 높일 수 있다. 단지 국어 수업에만 적용할지라도, 이러한 방법은 시험을 위한 벼락치기 장소가 되어버린 학교의 모든 경향성을 수정하도록 공헌할 수 있고, 아이에게 지식에 대한 사랑을 불어넣을 수 있을 것이다. 그리고 무엇보다 지식의 소유가 가장 즐겁기 때문에 소유에 대한 본성적인 욕망을 다른 새로운 방향으로 전환할 수 있다.

그 나름의 역할이 있는 야망이라는 권력 욕구를 삶의 모든 방면에서 유보할 필요는 없다. 그러나 교육자는 권력 욕구가 그 이상의 역할을 수행하지 않도록 해야 한다. 권력은 섬기는 기회가 많을수록 좋은 것이나, 남을 지배하고 관리하는 즐거움이 명백한 행동의 동기인 권력은 사내아이나 남성에게 해롭다. 각각의 다른 본성적인 욕구들처럼 권력 욕구는 지배하도록 허락한 삶을 망칠 수도 있다. 인류가 고통 받는 재앙의 절반의 원인이 바로 야망이다. 야망이 있는 사내아이와 남성이 훌륭한 목적 안에서 숭고한 노력을 기울이는 만큼이나 그의 동료들을 폭동과 무질서로 빠르게 인도할 수도 있다. 오직 사람들을 선동하고 인도하는 순간적인 도취만을 위해서 지배하기를 원하는 야망에 찬 사람들에 의해서 우리가 겪는 노동의 불안이 얼마나 영향을 받고 악화되는지를 누가 알겠는가? 다수의 사람들에 대해 "나는 그들을 내 마음대로 주무를 수 있어."라고 말할 수 있다면 근사할 것이다. 많은 책임을 짊어진 학교의 지도자는 조심해야 한다. 만약에 능력 있고 야심에 찬 녀석이 나머지 사람들을 관리하도록 허용해 주면, 그는 다른 사람들의 삶의 경영에서 그들의 정당한 몫까지 가로채게 된다. 누군가를 위대하게 만들기 위해서 어떤 아이도 연약하게 되도록 허용되어서는 안 된다. 아이가 비열하고 남을 조종하는 사람이 되지 않기 위해서는 야망이 자신에게 미치는 해악도 반드시 고려가 되어야 한다. 사람을 관리하는 일보다 지식을 지배하는 일에 아이를 예리하도록 만들기 위해 아이에게 건전한 야망을 제공하는 책임은 교사의 역량 안에 있다. 그리고 이것에서 아이는 다른 사람의 영역을 침해하지 않는 드넓은 야생의 들판을 가지게 된다.

교사의 손안에서 놀아날 수 있는 또 다른 욕망은 바로 사회를 향한 욕망이다. 이 욕망은 지인들 중에 장난꾸러기 남자아이들과 게으른 청년들, 어리석은 여자들의 양산과 밀접한 관련이 있다. 동료들과의 교제는 큰 기쁨이지만, 상당 부분이 우리가 동료로 누구를 선택하고 왜 그들을 선택했느냐에 따라 달라진다. 여기 젊은이들에게 도움을 될 만한 지침이 있다. 만약 그들이 지식이 즐거움을 준다는 사실을 잘 배웠다면 그러한 기쁨을 공유할 수 있는 동반자들을 선택할 것이다. 이런 방식으로 왕족들도 훈련을 받는데, 그들은 식물학자와 이야기하기 위해서 식물학에 대해 무언가 알아야 하고 역사학자들을 만나기 위해서 역사에 대해 무언가를 알아야 한다. 그러나 그들은 과학자들과, 모험가들과, 시인들과, 화가들과, 자선가들과 어울릴 수 있는 여유는 없으며, 그러한 전문가들도 날씨에 대한 인사나 짧은 안부 인사를 나누는 이상을 할 수가 없다. 따라서 전문가들도 다른 나라에 능숙해지기 위해서는 현대의 다른 언어들을 배워야 하고 고전의 수사학에 익숙해지기 위해는 고전 언어도 배워야 한다. 이러한 고려사항들이 왕립 교육을 좌우한다. 그리고 모든 아이들은 상류사회, 즉 배운 사람들의 사회에서 자신의 위치를 가질 수 있는 만큼 양육이 되어야 하는 왕자의 권리를 가지고 있다.

우리는 영국 사회 계층의 경직성에 대해서 불평하는 소리를 듣는다. 그러나 그러한 불평 중에 얼마나 많은 부분이 자신과 비슷한 패거리들, 병사는 병사와, 학교 교사는 교사와, 학생들은 단지 그들과 비슷한 부류끼리만 대화가 가능하도록 만드는 무지에서 기인한 것일까? 따라서 박식한 사람들과 대화가 가능하기를 원하는 학생이 가진 배움의 동기는 매우 가치가 있다.

우리는 정신을 자극하고 우리를 괴롭히는 위험인 관성의 힘으로부터 우리를 구하는 기능을 하는 몇 가지 욕망을 고려했다. 각각의 이러한 욕망은 고유의 역할을 가지고 있지만, 어느 한 가지가 지배적이 되면 그 결과는 처참하다. 이제 우리가 고려해야 할 마지막 욕망이 있다. 지식에 대한 욕망은 다른 행동의 동기들이 우세할 때, 특별히 등수에 대한 욕망인 경쟁과 부와 유형의 이익에 대한 욕망인 탐욕이 우세할 때, 학교에서 흔하게 그 기능을 박탈당한다. 이 신성한 호기심은 일상의 삶에서 주로 사소한 문제들을 알기 위한 욕망으로 인식되고 있다. 비용이 얼마나 들었는가? 그녀가 뭐라고 말했나? 누가 그와 함께 있었나? 그들은 어디로 가고 있는 중인가? 지구 한 바퀴를 두르려면 우표가 몇 개가 필요할까? 이런 호기심은 음식이 몸에 양분을 공급하듯이 정신에 양분을 공급하는 기능이 있는 지식의 용도에 도움이 되지 않으며 일관성이 없고 빈약한 정보에 의해 충족된다. 그러나 아이들이 지식을 매력적인 음식이 아니라 혐오스러운 약이라고 여긴다는 믿음이 우리의 교육을 혼란스럽게 한다. 그리고 가루약을 위장하기 위해 우리는 점수, 상, 운동경기, 매력적인 프레젠테이션 등의 어떠한 잼도 고안해 낼 수 있다. 고집스럽게 목발을 계속 사용하겠다는 사람은 약하고 무능한 다리를 가지게 되고, 눈가리개를 선택하는 사람은 태양을 견딜 수 없는 눈을 가지게 되고, 곱게 간 고기로만 사는 사람은 약한 소화력을 가지게 되며, 경쟁과 탐욕의 목발로 살아가는 사람의 정신은 지적인 필요에 충분한 자극을 주는 능력을 잃게 된다. 우리가 학생들을 더 열등한 목적을 위해 일하도록 만들었기 때문에 이러한 지식욕에 대한 위축은 학생들이 치러야 할 불이익이 되었다. 젊은 남녀들은 다가올 시험이라는 자극제가 없으면 독서를 하지 않는다. 학생들은 온화하고 유쾌하지만 폭넓은 사고와 고상한 목표가 없고, 시민에게 적합한 관대함이 거의 없다. 어떤 가능성은 여전히 존재하여 전쟁 중에 보고 놀랐던 대단한 행동을 평화시에 볼 수 있을지 몰라도 위대한 사고와 위대한 행동은 학생들에게 이제 낯설게 되었다. 그리고 우리는 늘 위대한 전쟁을 수단으로 아이들을 교육할 수 없으며 전쟁을 오랜 시간 견디는 것은 인간의 본성에 너무 무거운 형벌이다. 그러므로 전쟁에서 제공하는 위대하고 관대한 자극제들을 일상의 교육 과정에서 만들어 내야만 한다.

사실, 지식은 아주 맛 좋은 것이다. 우리는 일간지에 의해 던져지는 조각난 고기에 자족할 때조차 키플링(Kipling)의 코끼리에 대해서 '만족스러운 호기심'을 가지게 된다. 지식은 엄마의 모유와 같고, 우리는 그것으로 자라며 젖을 빠는 행동을 통해서 감탄할 만하게 만족한다.

실제로 모든 아이들은 인류의 모든 지식을 알기를 원한다는 사실을 깨달을 때, 교육의 작업은 굉장히 단순해질 수 있다. 아이들은 그들 앞에 놓인 지식에 식욕을 가지고 있다. 이것을 깨달으면 우리의 가르침은 신념에 대한 용기와 함께 활기를 띠게 된다. 리슐리외(Richelieu)는 가난한 사람들의 자녀 교육에 대한 열망이 무역과 전쟁을 추구하는 관심에서 멀어지게 만드는 것을 막기 위해 프랑스 전역에 있는 모든 예수회와 세속 대학들의 문을 닫아 버렸다. 이 열망은 우리와 함께 존재하고 있으며, 부모들 뿐 아니라 자녀들 안에도 존재한다. 고기를 요란스럽게 요구하는 배고픈 영혼의 열망에 대하여 비록 우리는 학교나 대학의 문을 닫게 하지는 않지만, 살아 있는 영혼이 소화할 수 없는 물질을 제공하여 아이들을 질식시키고 있다. 배움의 단조로움에 대해 교사와 아이들이 제기하는 불만은 비애로 가득 차 있다. 그리고 모든 공로는 재미있는 장치를 동원해 지루한 방식을 활기 있게 하는 교사들에게 돌아간다. 그러나 정신은 오락에 의해서 살거나 자라지 않는다. 정신은 단단한 양식을 필요로 한다.

글루체스터쇼어 교사들은 하우스홀드(Household)의 지도 아래서 이 방법에 내포된 원칙들을 완전하게 실행했는데, 나는 주로 그들의 경험들을 가지고 설명하기를 원한다. 그리고 그 교사들은 결코 혼자가 아니다. 수백 명의 다른 교사들이 똑같은 경험을 가지고 있으며 기회가 있을 때마다 그들의 경험을 자세하게 설명해 준다. '단락을 감지하는(sensing a passage)'이라고 묘사되어지는 이 힘의 발견은 엄청나게 부유한 나라, 즉 인간의 본성에서 금광을 발견한 것과 같다. 아이들이 듣기나 읽기에서 향유하고, 말하고 쓰기에 이용하는 문학적인 표현에 대해 아이들이 가지고 있는 본성적인 경향성이 우리가 발견한 원리이다. 우리는 이것을 아마 오래전에 이미 짐작했을지도 모르겠다. 비평가들은 높은 교육을 받은 사람들이 아니면 어느 누구에게도 이해가 불가능할 정도로 과도하게 세련된 미사여구로 설명하여, 역사가들이 우리를 위해 보전한 수많은 연설문들, 길들여지지 않은 전사들, 흉포하고 강한 지도자들의 이야기를 오히려 약화시키는 결과를 가져왔다. 그러나 오직 아이의 정신과 같은 정신만이 참신하고 섬세하게 표현된 사상을 만들어 낼 수 있다는 사실을 인지할 때가 왔다. 문학에 대한 본성적인 경향성, 혹은 다른 말로 수사학은 빈약한 어휘의 장애를 어렵지 않게 극복하도록 해준다. 이러한 경향성은 설명이 많은 구술 수업과 강의를 배제하고, 동시에 모음집과 교과서를 배제하도록 교수 방식을 지도해 준다. 아이들의 손에는 책이 있어야 하는데 이러한 책들은 특징에 있어서 다소간 문학적이어야 하며 문학적 작품에 적합한 간결함과 생생함을 가지고 있어야 한다. 지식에 대한 본성적인 욕구가 나머지를 다룰 것이며 아이들은 잘 먹고 잘 자랄 것이다.

 지식에 대한 욕구는 다른 욕구들을 자극할 수록 억압된다. 점수와 등수를 가치 있는 목표로 제안하는 교사들은 틀림없이 성과를 볼 수 있겠지만, 지식 그 자체를 위한 사랑과 인생의 후반에 있을 권태에 대한 대비책을 주지는 못할 것이다. 점수와 등수의 자극제들에 의해서 촉진되어진 모든 일들은 내가 늘 말해 왔던 단조로움을 수반한다. 그러한 일은 기계적이 되고, 아이는 학교생활의 과정을 지속하기에 충분히 준비되지 못한다. 한 사립 초등학교 교사는 말한다. "신입생들이 너무 낮은 수준에 배치된다는 사실(나는 이례적으로 특출한 아이가 아니라 평균의 아이에 대해 말하고 있다)은 잘 알려져 있어요. 우리가 아이를 높은 반으로 보내면 아이가 뛰어난 수학자이거나 고전에 능하거나, 국어에 뛰어난 학생이거나 상관없이 우리 반을 떠날 때 공립학교에서 그 아이가 했던 과정을 다하기까지 2년의 세월을 보낸다는 사실은 아주 흔한 경험이에요." 공립학교의 선생님들도 똑 같은 종류의 불평을 한다. 한 교사는 "20살의 아이는 그가 12살에 올랐던 똑같은 복숭아나무를 오르는 것과 같아요."라고 말한다. 다시 말해 시험의 관점에서 수행되는 배움은 절대적인 공정성으로 질문을 만들고 답을 표시할 수 있는 다소 좁은 기계적인 종류일 수밖에 없다. 그러나 이제는 뚜렷한 향상, 즉 낡은 땅을 다시 밟지 않고 하루하루 계속되는 전진이 교육의 조건이어야 한다.

 어떤 사람들은 마음 한편에 우리 앞에 놓인 이 가능성, 즉 모든 사람을 위한 인문학 교육이 프랑스 혁명에서 있었던 엄청난 격변과 같은 사회 전복의 원인이 될 수 있다는 불안한 두려움을 가지고 있다. 그러나 이는 잘못된 개념에서 일어나는 두려움이다. 모두에게 균등한 기회라는 교리는 의심의 여지 없이 위험하다. 이것은 '적자생존'의 지적인 표현에 불과하며 우리는 그 교리가 어떻게 작용하는지에 대해서 끔찍하고 구체적인 실례를 가지고 있다. 불안하고 야심에 찬 영혼은 두각을 나타내며 모든 기회를 입수해서 자신의 동료들을 지배한다. 그리고 그 사람은 자신과 자신의 관념의 발전을 위한 봉기는 그다지 큰 대가가 아니라고 생각한다. 이런 종류의 사람들은 시험이라는 길을 통해 정상에 오른 사람들이다. 야망 그리고 아마도 탐욕은 끈질긴 인내에 의해서 보강되어진다. 루이 14세가 말했듯이, 이러한 사람들은 자신의 행동을 이론으로 승격시키며 자신들의 기질을 지배 원리의 특징으로 사칭한다. 그리고 이러한 허위의 원칙들로 대중들을 선동하는데, 그들은 나머지 사람들에 대한 비례 감각도 없이 모든 사람에게 특정한 지위와 권력을 약속한다. 아마도 오늘날의 노동 불안은 학교에서 상과 등수를 위한 배움의 습관과 관계가 없지 않을 것이다. 일 등이 되고자 배우고 그것을 통해 무언가를 얻어낸 아이가 항상 사회를 견고하게 하고 국가의 일을 수행하도록 도와 주는 고요하고 잘 정돈된 시민이 되는 것은 아니다.

지식 자체를 위한 지식의 추구는 만족스럽다고 할 수 있는 진정제이다. 당신이 가르치는 학년의 모든 아이들이 당신이 가진 즐거움으로 배우고, 당신이 가진 동일한 기쁨으로 배운 내용을 표현하고, 당신이 가진 각양각색의 현인과 영웅에 대한 친밀함을 공유한다는 훌륭한 인식은 좋은 유대감과 관대함에 기여하며, 다른 사람보다 앞서려는 불안한 욕망으로부터 아이들을 지킬 수 있다. 양심적이고 지적인 교사는 이 모든 것이 한 사람에게, 즉 그 교사의 보살핌 아래 있는 각각의 아이들에게 돌아간다는 사실을 고려할 때 다소 압도당할 가능성도 있다.

다음의 글은 진실이다.

"우리 안에 영혼이 아껴 둘 어떤 능력도 없다.
진흙탕에서 우리를 일으키기 위해 주어진 혹은 요구된
모든 수단의 열정적인 협력과
저급한 추구로부터 당신의 마음을 자유롭게 하라.
유용성의 노예가 된 우리는
과거의 더 고귀한 충동이 필요하다.
만약 미래를 위해서 무언가 좋은 것이 와야 한다면."

의심의 여지없이, 워즈워스(Wordsworth)는 옳았다. 교육의 위대한 일에 있어서 영혼 안에 아껴야 할 어떤 능력도 없다. 지식 자체를 위한 지식 추구를 교육적 노력의 목적으로 삼는다면, 모든 능력, 혹은 모든 힘은 그 하나의 목적에 작용할 것이다. 아이들은 준비가 되어 있으며 이러한 교육 작업에 열심을 낸다. 그리고 아이들이 이룬 성취는 참으로 놀랍다.

6장
교육의 세 가지 도구

아이들의 인격을 존중함으로 우리의 교육은 주변 환경의 분위기, 습관의 훈련, 살아 있는 생각의 제시라는 세가지 교육의 도구만으로 제한된다. 그리하여 "교육은 분위기, 훈련, 생명이다."는 학부모연맹(P.N.E.U)의 모토가 된다. 우리가 "교육은 분위기이다."라고 말할 때, 소위 말하는 세심하게 조절하여 마련한 아동 환경이라는 장소에 아이들을 고립시킨다는 뜻이 아니다. 사람과 사물, 두 가지 모두와 관련하여 자연스러운 가정 분위기에 대한 교육적 가치를 고려해야 한다는 의미이다. 그리고 아이들이 적절한 조건에서 자유롭게 생활하도록 해야 한다. 아이들의 환경을 유치한 수준으로 끌어내리는 시도는 아이들을 우롱하는 것이다.

1. 교육은 분위기이다.

경쟁과 같은 한 가지 본성적인 욕망을 과도하게 이용하는 직접적인 사랑과 두려움, 제안, 영향력에 대한 사용을 차단한 우리는 더 이상 교육에서 이 모든 수단을 사용하는 데 자유롭지 않다. 그러나 우리에게 사용할 수 있는 세 가지 수단이 남아 있고, 각각의 수단에 대해 주의 깊은 연구가 필요하다. 그렇지 않으면 우리는 우리에게 남은 범위가 어느 정도인지 깨닫지 못하게 될 것이다. 이러한 교육적 도구들 중에 첫 번째를 살펴보자. 우리는 10년 내지 20년 동안 교육의 큰 부분으로서 환경에 우리의 믿음을 고정했다. 이것은 전체의 삼분의 일보다는 십 분의 구라고 말할 수 있다. 이 이론은 아이를 올바른 환경 가운데 두자는 것이다. 환경의 영향력은 미묘하지만, 효과는 영구적이어서 아이는 다양한 의도와 목적에 맞게 교육된다. 학교는 라틴어와 셈을 추가하고 그 밖의 다른 교과 과정을 포함시킬 수 있겠지만, 실제 교육은 색채의 조합, 조화로운 소리, 아름다운 형태, 자애로운 사람들이라는 수단들에 의해서 아이에게 이행된다. 아이는 온당한 사리를 알도록 교육되고 주변 환경과 조화를 이루어 미학적으로 성장한다.

"아기 피터의 방은 어린 소년의 영혼을 부화시키는 완벽한 꿈의 방이었다. 그 방의 벽은 따뜻한 크림색으로 칠해져 있었고 그 벽들에 피터의 아빠는 달리고 뛰어오르는 말들과 춤추는 고양이와 개들 그리고 높이 뛰는 양들, 짐승들의 축제 등의 문양을 넣었다……. 큰 놋쇠 소방대가 피터의 방에 있었다……. 그리고 피터가 뛰어다닐 수 있는 날을 대비해서 모든 탁자의 모서리는 부드럽게 원형으로 만들어졌다. 피터가 기어 다닐 수 있게 되어 있는 진홍색 하트 모양 깔개가 있었다. 피터의 방에는 또한 저울이 있어 매주 피터의 몸무게를 잴 수 있었고, 누군가 불안을 느낄 수 있을 때는 기준표가 있어서 피터의 몸무게가 얼마나 되어야 하는지를 보여주었다. 피터의 어린 시절에 대충이라는 것은 없었다."

이것이 웰스(Wells) 씨가 결론을 내지 못한 그의 교육논문인 '조안과 피터(Joan and Peter)'의 내용이다. 이것은 전 세계의 고상한 정신의 아이를 위한 준비과정을 묘사한 정확한 그림이다. 부모들은 교육을 주도할 이 여신에게 엄청난 희생을 바친다. 토미가 아름다움에 대한 감상을 통해 그의 영혼을 발달시키도록 계단을 조각상으로 꾸미느라 자신들이 가진 돈보다 더 많은 돈을 투자하는 부부에 관한 얘기를 우리는 듣기도 한다. 이러한 것들은 여하튼 18세기 이래로 계속되는 것인데, 독일은 이 숭배를 위해 높은 제단을 세웠고 나머지 우리들에게도 그것을 물려주었다. 아마도 유럽의 젊은 지식인 계층이라면 다 이와 같은 방식으로 자랐다고 말해도 무관할 것이다. 펀치(Punch)라는 잡지에서 보여주는 지치고 거들먹거리고 자만하는 분위기의 신 조지아풍의 젊은이들이 그 결과가 아니겠는가? 인도 과학자 보스(Jagdish Chandra Bose)가 식물의 신경 충동에 대해 내린 결론 중의 하나를 살펴보자.

"외부의 충격에서 정성스럽게 보호를 받은 유리 안의 식물은 매끈하게 보이고 잘 자라기는 하지만 그것의 높은 신경 기능은 위축되어 있다는 게 발견된다. 그러나 연속적인 타격(전기 충격)을 이 무력하고 부풀어진 표본에 가하면 그 충격들은 그 자체로 신경 회로를 만들어내고, 약화된 본성을 새롭게 불러일으킨다. 솜털 같은 보호가 아니라 역경의 충격이 진정한 남자다움을 개발시키는 게 아니겠는가?"

우리는 전쟁이 안겨준 끔찍한 일련의 타격이 모든 것을 바꾸었다고 생각했다. 그러나 그렇지 않다. 교육의 오류는 여전히 지배적이며, 이웃보다 내가 더 낫다고 생각하는 사람들은 여전히 우리 중에 있고 그들의 역할은 대부분의 사람들이 역경을 통해 얻을 유익을 대신 관리하는 데 있다. 열의를 가진 부모와 교사가 그들의 의무에 대한 일정표를 잘못 읽고 그들의 업무를 과도하게 확대하여 아이들의 인격을 침범했다면 어찌하겠는가? 이들이 원하는 것은 일련의 인위적인 관계가 신중하게 구축된 환경이 아니라, 누구도 일부러 조성하려고 애를 쓰지 않은 분위기를 원한다. 지구의 공기가 틀림없이 우리 주변에 존재 하듯이 자연적인 요소는 아이 주변에 존재한다. 그것은 사람과 사물로부터 벗겨져 나와 사건에 의해 동요되며 사랑에 의해 달달해지고 규정된 상식의 행동에 의해서 환기가 되어 계속 움직인다. 우리 모두는 아이가 생활하는 자연적인 상태, 즉 어떻게 아이가 엄마와 함께 집안일을 하고, 아빠와 즐겁게 뛰어 놀며, 자신의 형제들에게 놀림을 받고, 누나들에게 귀여움 받으며, 굴러 떨어짐을 통해서 배우는지, 아기의 필요에 의해서 자기 부인을 배우고, 소파와 탁자와 함께 전투와 포위 놀이를 하면서 가구의 즐거움을 배우며, 증조 할머니를 방문하면서 노인들에 대한 존경심을 배우는지 알고 있으며, 어떻게 주변에 모든 사람들과 동등하게 사는 법을 배우고, 강아지와 고양이를 통해 동물과의 친밀함을 배우며, 미나리아재비가 자라는 들판에서 즐거움을 배우고, 블랙베리 울타리에서 더 큰 즐거움을 배우는지 알고 있다. 어떤 완화된 수업의 융합이 아이들이 연장자들과 갖는 친밀함, 말하자면 요리사와 하녀, 대장장이, 목수 등 아이에게 찾아온 모든 사람들과 갖는 친밀함 만큼 효과적이겠는가? 아이들은 교육의 중요한 부분인 이런 종류의 일반적인 친밀함에 천재적이다. 물론 존경하는 이런 친구들이 아이들을 우롱하지 않도록 주의와 안내도 필요하지만, 어떠한 혼합된 환경도 이런 신선한 공기, 즉 사방에서 불어오는 건전한 바람을 대신할 수 없다.

우리는 확실히 교육의 도구로서 분위기를 사용할 수 있다. 그러나 아이들이 아니라 우리가 지켜야 할 금지 규정들이 있다. 아마 장미수 뿌리기나 완충제로 부드럽게 하기와 같은 인공적인 요소의 도입은 이들 중 가장 중요한 금지 규정일 것이다. 아이들은 삶을 있는 그대로 마주해야 한다. 만약 부모들이 걱정하고 동요되면 아이들은 그것을 분위기로 느끼게 된다. "엄마, 엄마, 이번에는 울지 않을 거죠? 그렇죠?" 하고는 포옹으로 그 문제를 사라지게 하려고 시도한다. 아이들도 이러한 문제와 더불어 살아가야 하기 때문에 우리는 아이들을 유리 상자에 가두어서는 안 된다. 만약 그렇게 한다면, 아이들은 즙이 많고 부드럽게 자라겠지만 명성 있는 식물이 되지는 못할 것이다. 그러나 적절한 관계는 유지되어야 하는데, 부모들은 권위 안에 그리고 아이들은 순종 안에 있어야 한다. 다시 말하지만, 강한 사람들은 자신들의 짐을 약한 사람들에게 지우지 말아야 한다. 따라서 아이들로부터 결정하는 수고를 기대해서는 안 된다. 이는 삶에서 가장 심신을 피곤하게 만드는 부분이며, 일반적으로 어린 아이한테서는 그런 부담을 덜어주어야 한다.

아마도 학교에서는 가정생활에서보다 분위기를 손상시킬 기회가 많지 않을 것이다. 그러나 수업은 너무 묽고 가벼울 수 있으며 교사들은 너무 온화하거나 혹은 너무 아는 척을 하여, 아이들을 지적으로 허약하고 극복하기 어려울 정도로 나태하게 만들 수 있다. 진실과 성실이 깃든 상쾌한 분위기는 모든 학교에서 감지되어야 한다. 교사와 학생들에 의한 공통의 지식 추구는 지각할 수 있을 정도의 상쾌한 분위기의 기류를 만드는 데 도움이 된다. 따라서 우연한 방문객들도 교사와 아이들의 얼굴에서 동일하게 지적인 생명력과 도덕적인 건강의 빛을 관찰할 수 있다.

그러나 학교는 지식에 대한 사랑 때문이 아니라 오래된 숙적인 점수에 대한 사랑 때문에 지나치게 열심히 일하고 있는지 모른다. 따라서 젊은이들의 얼굴은 평온하지 않고, 기쁘지 않으며, 갈급하며, 침착하지 못하고 불안하고 걱정스럽다. 아이들은 잠을 잘 자지 못하고 화가 나 있으며 시무룩하거나 눈물을 짓는다. 그리고 무언가 잘못되면 보통은 해결하기 어려워한다. 공기 중에 산소가 지나치게 많은 경우에는 아이들은 너무 자극적인 공기를 들이마시게 되며 그들이 받는 신경의 긴장에는 반작용이 수반되어야 한다. 따라서 교사들은 수업이 너무 힘들고 아이들이 이러저러한 공부에서 벗어나야 한다고 생각하고, 의사들은 아마도 아무개가 일 년 정도 제멋대로 자라도록 두어야 한다고 조언할 것이다. 불쌍한 작은 영혼은 생명 유지를 위해 가장 지식이 필요한 시기에 피해자로 전락하게 된다. 신경증상이 갈수록 나빠지는 현상은 놀랄 일도 아니다. 아이들은 신경 압박의 증상 아래 고통을 받고 있다. 잘못은 분위기에 있지 배움에 있지 않다. 아마도 교사는 학생이 시험을 잘 봐야 한다고 지나치게 걱정을 하고, 그녀의 신경 흥분은 전염이 되었을 것이다. "아무개가 시험을 치를 수 있을지 걱정이야. 그 아이는 배우는 것을 좋아하지만 시험 문제를 보면 울음을 터뜨려. 아마도 내가 최선을 다하지 않으면 절대 만족하지 말라고 너무 주장했기 때문일지 몰라." 일곱 살의 불쌍한 녀석은 도덕적 자극을 원동력으로 과도한 노력을 해왔다. 학급의 규모가 얼마나 크든지 각각의 개인 안에 좋은 성과를 만들어 내는 데 필요한 즐거운 동기로서 모든 아이들에게 자연스러운 지식에 대한 사랑 외에는 다른 동기는 없다. 나는 그것을 교사들이 알게 될 때 아이들에게 행복한 날이 올 것을 예감한다. 이러한 원칙을 수행하는 학교의 평온하고 즐거운 분위기는 젖병에 흡족해하는 아기들에 대해 생각해 본 적이 없는 외부인에게는 놀라울 수 있다.

이 문제에는 두 가지 길이 열려 있다. 하나는 온갖 종류의 조절된 조건 아래서 향기롭지만 무력하게 만드는 온실 공기의 조성이다. 이런 조건 아래서 아이들은 빨리 자랄지 몰라도 연약하고 의존적이 된다. 다른 하나는 아이들을 사방에서 불어오는 바람에 개방해 놓는 방법이다. 그러나 과도하게 공격을 받지 않도록 관심을 두어야 하는데, 예를 들어 지저분한 공기가 악한 동료의 모양으로 올 수도 있기 때문이다.

2. 교육은 훈련이다.

이 말에서 우리는 정신적인 습관이든 육체적인 습관이든 분명하고 사려 깊게 형성된 습관의 훈련을 의미한다. 생리학자들은 습관적인 사고방식, 즉 습관에 따라 두뇌 회로가 형성된다고 말한다.

우리가 알아낸 듯 보이는 교육은 교사나 아이들에게 근사하고 걱정없는 환희만이 전부가 아니다. 가르치는 우리나 배우는 학생들은 모두 똑같이 구속되어 있으며, 특정한 방향으로 기울여야 할 노력은 항상 있기 마련이다. 그럼에도 우리에게는 새로운 관점으로 직면해야 할 과제가 있다. 그것은 수업에서 학생들이 배우도록 우리 편에서 애를 쓸 필요가 없다는 것이다. 만약 우리가 믿기만 한다면, 그것은 본성이 다룰 문제이다. 수업을 올바르게 진행하라. 그러면 아이들은 즐겁게 배울 것이다. 습관 형성은 분투를 요구하는데, 여기서 다시 우리는 안도할 수 있다. 선한 삶의 지적 습관은 다음과 같은 올바른 교과 과정에서 형성되기 때문이다. 우리가 이미 강권한바와 같이, 아이들이 스스로를 위해서 공부해야 한다는 게 단 한 가지 올바른 방법이다. 아이들은 주어진 페이지를 읽고 자신들이 읽은 것을 말하는 수행 활동을 해야 하는데 그것이 바로 우리가 소위 부르는 배움의 활동이다. 이것은 아이들에게 숨쉬기만큼이나 쉬우며, 만약에 믿기만 한다면, 상대적으로 우리 자신에게도 쉽다. 이 매우 본성적이고 자발적인 배움의 활동을 수행하는 데 실패하기 때문에, 무시무시한 양의 인쇄물이 기억의 쓰레기통 안으로 사라져 버리는 사실을 우리 모두는 알고 있다. 어떤 지적인 습관도 집중하는 습관만큼 가치 있지 않으며 그것의 열매는 두 배나 된다. 이것은 단지 하나의 습관일 뿐 아니라 교육받은 사람의 특징이기도 하다. 습관은 제2의 천성이다고들 한다. 아마 습관은 10개의 천성이라고 말해도 지나치지 않을 것이다. 아랫사람들이 기억을 암시하는 온전한 집중력을 가지고 지시 사항을 듣는다면 일이 얼마나 편해질 수 있을지 우리는 상상해 볼 수 있다. 집중력만이 올바른 자기주도 학습에서 비롯된 습관은 아니다. 잘 어울리고 즉흥적으로 표현하는 습관, 순종과 선의의 습관, 냉철한 인생관, 바른 생각과 바른 판단의 습관들은 이러한 교육의 부산물이다. 동시에 정리 정돈하는 물리적인 습관은 아이들의 인격을 존중하는 교육이 수반하는 자기 존중(self-respect)을 돕는다.

　심리학자들은 어떤 사고이건 습관이 되면 뇌 조직에 흔적(mark)를 만든다고 말한다. 우리는 이것을 흔적이라고 담대하게 부르는데, 식별가능한 효과를 가진 인용 가능한 다른 단어가 없기 때문이다. 정신이 이 문제에서 두뇌의 도움을 받든 그렇지 않든, 교육의 최고의 기능은 선하고 유용한 생활, 명쾌한 사고, 심미적인 즐거움, 무엇보다 경건의 삶을 유발하는 사고 방식을 아이들 안에 확립하는 데 있다고 경험으로 확신할 수 있다. 어떻게 뇌 조직이 정신에 작용하는 게 가능한지는 불가사의다. 그러나 찡그리는 눈썹을 알아차릴 때마다 우리가 인지할 수 있는 그러한 작용은 일어난다. 혹은 다음과 같이 그 반대의 경우도 일어난다.

　　"달콤하고 매력적인 종류의 은혜,
　　눈길이 주는 완전한 확신
　　얼굴의 지속적인 편안함은
　　복음서들의 특징일지니"

　우리 모두는 미소를 짓는 물리적인 노력이 어떻게 우리 자신의 뚱한 기분에 영향을 미치는지 알고 있다.

　"육체가 영혼을 돕는 것 이상으로 영혼이 육체를 더 많이 돕는 것은 아니다."

말하자면 둘 다 좋은 삶이 달릴 수 있도록 철로를 놓는 일을 하고 있는 셈이다.

과거에 우리는 유아 노예의 시대를 겪었다. 그때는 지나치게 용의주도한 18세기 부모들과 오로지 자신의 편의와 이익을 위해서만 일하는 '크리클' 부부나 '스퀴어(Squeer)' 부부와 같은 악명 높은 선생님들이 가혹한 처벌을 양심적으로 가하여 좋은 습관을 강제하는 시대였다. 이제는 시계추가 다른 방향으로 움직인다. 우리는 철로가 기차를 수송하는 역할을 하듯이 습관이 삶을 수송한다는 사실을 놓쳤다. 면밀한 조사를 통해, 주어진 목적을 향한 습관의 선로를 놓는 작업이 수반되어야 한다. 그렇지 않으면 인생의 덜컹거림과 지연을 감당하기 어렵게 될 것이다. 게다가 습관은 필연적이기 때문에 만약 올바른 생각과 올바른 행동의 습관을 통해 삶을 편안하게 하는 데 실패한다면, 대신에 잘못된 사고와 잘못된 행동이 저절로 고정된다. '잃어버린 날들을 한탄하느라 잃어버린 나날들'과 같이 우리는 결정을 회피하고 그러한 우유부단이 지연을 가져온다. 그러나 사회적인 낙오자가 되지 않도록 대부분의 아이들은 예의와 질서의 습관으로 길러진다. 만약에 매번 목욕하고 화장실을 가고 밥을 먹고 포크를 들어 올리고 숟가락을 사용하는 일이 깊이 숙고해야 하는 문제이고 결정하는 노력이 필요하다면 삶의 노동이 얼마나 증가할 지를 생각해 보라. 습관은 불과 같아서 나쁜 주인일 뿐 아니라 없어서는 안 되는 하인이다. 일상에서 초조한 소심함, 망설임, 우유부단의 한 가지 이유는, 아마도 애초에 행동을 손쉽게 실행할 수 있는 습관의 길을 내어 삶을 적절하게 완화시키지 못한 데 있을 것이다.

우리가 목표로 형성해야 할 습관들을 일일이 나열할 필요는 없을 것이다. 모든 사람이 이러한 습관에 대해서 누구보다 더 잘 알고 있다. 우리는 병사들의 편안한 몸가짐에 감탄하지만 그것을 가능하게 하는 훈련에는 몸을 사린다. 우리는 오랜 저녁식사 시간 동안에 의자에 꼿꼿하게 앉을 수 있는 숙녀를 존경한다. 그녀는 나이가 들어도 반듯한 의자를 선호할 것인데, 왜냐하면 그녀는 마땅한 근육의 균형에 도달했으며 훈련의 과정을 통해 그렇게 했기 때문이다. 훈련은 대개 스스로 연습해야 하는 내부 집행부의 일이긴 하지만, 이러한 모든 습관은 갈등의 결과이기 때문에 특정한 분투는 반드시 필요하며 좋은 습관을 형성하는 다른 방법은 없다. 손쉬운 삶에 대한 나쁜 습관은 항상 즐겁고 설득력이 있으므로, 수고와 노력뿐만 아니라 희망과 성공의 확실성으로 나쁜 습관에 저항해야 한다. 왜냐하면 의도적으로 스스로에게 제안할 때, 우리의 내부 구조는 근육과 정신의 습관을 형성할 준비가 되기 때문이다. 우리는 행동을 낳는 개념을 즐거워하며, 행동을 계속해서 반복하면 습관이 된다. "행동을 심어라, 습관을 거둘 것이다.", "습관을 심어라, 성품을 거둘 것이다." 라는 말이 있다. 그러나 우리는 한 발 더 거슬러 올라가 가치 있는 행동을 만드는 사고와 개념을 심어야 한다. 아침에 한 번에 일어나려고 좁은 야전 침대를 선호했던 그레이트 백작 이야기를 듣고 게으른 소년은 아침에 지체없이 일어나기에 관한 개념을 얻을 수 있을 것이다. 그러나 아이의 유모와 엄마는 서둘러 일어나는 습관이 형성되기까지 얼마나 자주 그리고 얼마나 기발하게 그러한 이야기가 아이의 정신에 전달되어야 하는지를 알고 있다. 엄마는 또한 자기극복이 저항할 수 없는 기사도적 충동이 되기까지 어떻게 아이의 정신에 익숙해져야 하는지 알고 있다. 위대한 생각을 가볍고 무심하게 심기는 가능하며, 아마도 이러한 종류의 씨뿌리기는 드물고 우연히 일어나도록 해야 할 것이다. 왜냐하면 만약 아이가 선도자의 뻔한 의도를 감지하면 저항할 수 있기 때문이다. 부모와 교사가 좋은 습관은 권위자에 대한 순종에 달려있다고 전제할 때, 아이는 긴장을 조금 풀 수 있을 것이다. 시간 엄수를 하려고 분명한 노력을 기울여 왔던 아이가 어느 날 늦으면 온화한 교사는 야단을 치거나 벌주기를 보류하는데, 그렇게 되면 아이는 스스로 '그렇게 중요하지 않구나.'라고 여기고 시간을 엄수하지 않는 습관을 형성하기 시작할 것이다. 교사가 저지른 잘못은 시간 엄수가 아이에게 골칫거리라고 가정하고 처벌을 면해 주는 데 있다. 정돈된 삶에 있어 습관의 기능은 삶을 쉽고 자발적으로 만드는 데 있으며, 습관을 들일 때 필요한 노력은 처음 6번 또는 10번 정도에 국한된다.

만약 바퀴가 깨끗하고 단정하고 정돈되고 예의 바른 습관으로 기름칠 되어 있지 않다면 얼마나 삶이 수고로울 지 고려해 보라. 만약 옷을 입고 먹고 가고 오는 것에 대한 모든 세부사항을 결정하는 데 노력을 들여야 한다면 삶은 살아갈 가치마저 없어질 것이다. 시골 엄마들도 아이를 예절의 습관으로 훈련한다. 적절한 예절에 관한 습관의 규칙은 대부분 스스로 형성이 되는데, 이러한 예절의 위반은 다른 사람들에게 충격을 주고, 이것을 직면할 용기를 가진 아이는 거의 없기 때문이다. 신체의 단련, 도덕성, 예의는 거대한 습관의 열매이다. 그뿐 아니라 경건한 삶의 습관 또한 고착되고 즐거워질 수 있으며, 이것은 경건하고 의롭고 진지한 삶을 살기 위한 노력을 마땅히 지원해 줄 것이다. 가치를 부여해야 하는 생각(idea)에 대한 정보가 부족하여 경건의 습관이 아이들 안에서 기계적이 될 수 있다는 두려움 때문에 단념할 필요는 없다. 어린 드 퀸시(De Quincey)가 예배에 대해 느꼈던 것을 들어보자.

"일요일 아침에 나는 나의 가족들과 교회에 갔다. 그 교회는 복도와, 미술관, 오르간 등 온갖 종류의 오래되고 존경할 만한 소유물을 가진 영국의 오래되고 전형적인 교회였고 규모도 장엄했다. 긴 기도 속에 있는 회중이 무릎을 꿇고 있는 커다란 방에 종종 들어가곤 했는데, 그곳은 모든 병자와 어린아이를 대신해서 하나님께 간청하는 곳으로 수많은 것들 가운데서 가장 아름다웠다. 또한 모든 갇힌 자들을 향한 하나님의 연민이 보여지는 곳이기도 했다. 나는 몰래 울다가 창 위로 눈물이 흐르는 눈을 들어 선지자가 보았던 그 어떤 것보다도 영향을 미치는 태양이 비추고 있는 장관을 보았다…… 이 땅에 발을 디뎠던 사도들과 영광이 있었고 불 가운데에서 진리의 증인이 되었던 순교자들이 있었다. 나는 항상 색이 칠해져 있지 않은 창문 가운데 부분을 보았는데, 하얀 양털 구름이 깊고 푸른 하늘을 항해하고 있었다."

그리고 나서 그 어린 소년은 아픈 아이들에 대한 하나님의 자애로움의 환상을 보았다.

"이러한 환상은 기도와 구름 조각들을 통해 스스로 확립한 것이었고 그것들과 이야기가 있는 창들로 충분했다…… 꿈을 통해 그리고 어둠속에 숨어 있는 신탁에 의해 하나님은 아이들에게도 말씀하신다. 그러나 그 무엇보다 교회의 예배를 통해서 그리고 진리를 묵상한 마음에 목소리를 발하신다. 하나님은 자녀와의 교제를 방해받지 않으신다."

우리 자신의 어렴풋한 추억을 통해서도 뒷받침되는 눈앞에 이러한 증언을 통해, 우리가 마땅하게 칭하는 거룩한 예배가 특별히 아이들에게 적절하다고 믿을 수 있는 용기를 가지게 된다. 그리고 아름답게 쓰여진 책을 읽는 습관은 탁월하게 아름다운 예배의 화법에 대한 무의식적인 감상과 우아한 감각을 촉진할 것이다.

지금까지 정신, 도덕, 신앙 그리고 신체적인 발달에 있어 습관의 가치를 살펴보았다. 보다시피 아이나 어른이나 틀에 박인 사고에 익숙해져 마치 수영에 익숙하지 않은 사람처럼 새로운 개념의 단계마다 몸을 떤다면 대단히 비참할 것이다. 그러나 수많은 위대한 정신의 현명한 사고를 아이들에게 매일의 식단으로 제공하여 이러한 위험을 피할 수 있다. 그러면 아이들은 점차 그리고 무의식적으로 자신들의 의견에 용기를 가지게 될 것이다. 우리가 이 의무에 실패한다면, 젊은이들은 자유를 갖자마자 눈에 보이는 첫 번째 유행을 쫓아가게 될 것이며, 잠깐 시도해 보다가 버려질 유행들을 차례대로 시도해 보면서, 남은 여생동안 불확실하고 잘못된 인도를 받게 될 것이다.

3. 교육은 생명이다.

'교육은 생명이다'는 우리가 가진 마지막 도구이다. 생명은 정기적이고 균형 있는 자양분을 필요로 하며, 자급(self-supporting)하는 이상으로 자존(self-existing)할 수 없다는 특징을 내포한다. 육체적인 생명에 관한 한 이러한 특징은 완전하게 인식되는 부분이다. 그러나 정신 또한 정연한 양식을 필요로 하며, 만약 이러한 양식 공급에 실패한다면 소멸된다는 사실은 아마도 21세기의 위대한 발견이 될 것이다. 육체에는 음식이, 증기기관에는 석탄이 에너지의 유일한 원천이다. 그리고 정신은 오로지 양식을 공급받아야 일할 수 있다는 사실을 일단 깨닫고 나면 새로운 빛 안에서 교육을 볼 수 있게 될 것이다. 알약과 영양 보충제만으로 육체는 활력을 잃게 되고 일시적인 변덕만을 개발할 뿐이다. 축구 경기를 관람하는 남자들과 소년들을 보면 어떠한 종류의 정신의 양식으로 살아가는지, 비록 그들이 몸집은 크고 건장한 체격일지라도 결핍과 영양실조로 고통 받고 있지는 않은 지 궁금하게 된다. 정신은 오로지 한 가지 종류의 음식만을 다룰 수 있는 능력을 가지는데, 단순한 정보는 정신에 있어서 마치 몸에 톱밥 같은 음식이다. 그것을 소화할 수 있는 다른 소화기관은 존재하지 않는다.

생각(idea)이란 무엇일까? 우리는 묻는다. 그리고 우리의 깊이를 넘어 추락한 우리 자신을 발견하게 된다. 정신이라는 유기체는 플라톤에서 베이컨, 그리고 베이컨에서 콜리지에 이르는 위대한 사상가들의 결론이 맞는 듯하다. 우리는 어떻게 생각(idea)이 떠오르고 포착되고 파악되고 인상을 남기는지, 그리고 그것이 충분히 크다면, 마침내 어떻게 우리를 사로잡는지를 알고 있다. 한 마디로 그것은 독립된 개체처럼 행동한다.

우리가 만약 어떤 사람의 생활 습관과 정신적인 집착, 한 가지 목적이나 일에 대한 헌신을 살펴보면, 그 사람은 보통 이런저런 생각(idea)이 떠올랐다고 말을 할 것이다. 생각(idea)의 이 힘은 흔한 인식의 문제이다. 어떤 문구도 "나에게 좋은 생각이 있어." 라는 말보다 더 흔하고 기대감을 주는 말은 없다. 마치 잘 엄선한 파리를 향해 송어가 뛰어오르듯 우리는 열린 공간으로 솟아오른다. 생각(idea)이라는 단어가 발생하지 않는 곳은 한 영역 밖에 없다. 신기하게도 생각(idea)이라는 개념이 부재한 곳은 바로 교육의 영역이다! 학교의 도서 리스트 중 그 어떤 것이라도 한번 들여다보라. 추천도서들은 주도 면밀하게 건조되었는데, 즉 생각(idea)이라고 의심되는 최소한의 것까지 제거하여 가장 건조한 사실들의 진술로 압축되어 있다. 공립학교들은 더 심각하여, 그들이 제공하는 빈약한 식단으로는 평균의 아이들도 아사할 지경이다. 물론 비록 드물지라도 아이들은 최고의 정신의 최고의 사고로 영양을 공급받기는 하기 때문에 생각(idea)이라는 요소가 아예 없다고 할 수는 없다.

콜리지는 오늘날 과학적 사고의 범위 내에서 생각(idea)이라는 개념을 가져오는 데 다른 사상가들보다 더 많은 공헌을 했다. 심리학에서 표현하는 사고와는 다르면서, 그가 용서를 구하며 세상에 제시한 '낯선 단어'("우리는 '낯선 단어'의 사용에 대해 용서를 구하지만 그것은 우리의 언어가 절실히 필요로 하는 것 중 하나이다." -콜리지의 저서 '방법론')는 생각(idea)에 대한 정신의 반응이다. 다음은 콜리지의 저서 '방법론(Method)'에서 어떻게 생각(idea)이 일어나고 진척되는지에 대한 그의 설명이다.

"자석의 바늘의 변화에 대한 당혹스러운 사실을 처음 인지하면서 콜럼버스가 미지의 바다에 있었던 그 순간보다 더 심오하게 상상력을 자극하는 인류의 역사적인 사건을 우리는 생각해 낼 수 없을 것이다. 인간 상태에 가장 중요한 혁명을 생산할 운명인 예언적인 연속과 체계적인 관점 안에서 자연의 생각(자연보다도 더 높은 힘에 의해 선택된 정신에 제시된)이

갑자기 있는 그대로 펼쳐지는 사례가 역사에서 얼마나 많이 발생하는가! 의심의 여지없이 콜럼버스의 맑은 정신은 대단히 체계적이었다. 위대한 선도적 생각(idea)이 가난한 항해사로 하여금 '왕국을 약속 받은 사람'이 되도록 승인해 줄 것을 그는 분명히 보았다."

여기서 우리는 '자연보다도 더 높은 힘에 의해 선택된 정신에 제시된' 위대한 발명과 발견의 역사에 대해 우리가 알고 있는 것과 신기하게 잘 맞는 생각(idea)의 기원을 얻을 수 있다. 그것은 우리의 삶을 지배하는 생각(idea)뿐만 아니라 이사야 선지자에 의해서 우리에게 펼쳐진 실용적인 생각(idea)의 기원과도 부합한다.

"파종하려고 가는 자가 어찌 쉬지 않고 갈기만 하겠느냐. 자기 땅을 개간하며 고르게만 하겠느냐. 지면을 이미 평평히 하였으면 소회향을 뿌리며 대회향을 뿌리며 소맥을 줄줄이 심으며 대맥을 정한 곳에 심으며 귀리를 그 가에 심지 아니하겠느냐. …… 소회향은 도리깨로 떨지 아니하며 대회향에는 수레 바퀴를 굴리지 아니하고 소회향은 작대기로 떨고 대회향은 막대기로 떨며 곡식은 부수는가, …… 이도 만군의 여호와께로부터 난 것이라. 그의 경영은 기묘하며, 지혜는 광대하니라."

우리를 무기로 타격하기보다는 분위기로 감싸는 생각(idea)들에 관하여 콜리지의 이야기를 좀 더 들어 보자.

"기하학자의 정신의 생각(idea) 안에 있는 원에 대한 생각(idea)처럼 생각(idea)은 맑고 분명한 형태로 존재한다. 그렇지 않다면 그것은 단순한 본능이고 무언가를 향한 희미한 욕구이며… 젊은 시인의 눈을 눈물로 채우는 충동과 같을 것이다."

무언가를 향한 '욕망(appetency)'으로 표현되고, 정결하며 사랑 받을 만하며 칭찬 받을 만한(역자 주-빌 4:4) 방향으로 아이를 이끌어야 하는 한계가 없는 생각(idea)은 어떤 목적을 정해두고 혹은 시간을 제한해서 제공되어서는 안 된다. 마치 호흡하는 공기처럼 이러한 생각(idea)은 아이를 감싸고 있는 사색적인 공기(thought-atmosphere) 안에 깃들어 있다.

우리의 서투른 말과 방법들이 아이들에 의해서 이렇게 영감을 받아야 한다는 생각은 고통스럽다. 그러나 그 사실에 대한 인정은 우리가 아이들을 다루는 데 있어 더럽고 가치 없는 사고와 동기를 허락하지 않도록 조심하게 해 줄 것이다.

콜리지는 들이마시는 공기가 아니라 정신에 전달하는 고기처럼 그러한 명확한 생각(idea)들을 더 자세히 다룬다.

"마치 씨앗처럼, 처음 생각으로부터 잇따른 생각이 싹을 틔운다.", "활기차고 정신을 북돋우는 바깥세상의 초자연적인 힘인 사건과 이미지는 그렇지 않으면 썩고 소멸될 정신의 씨앗에 빛과 공기, 습도와 같다.", "우리가 추구할 수 있는 방법론적인 과정은 다양하며 각각의 머리에는 독특하고 지도적인 생각이 서 있다. 그 생각들(ideas)은 가리키는 길이 다양하고 방향이 기이한 만큼 위계 안에서 통례적으로 하위에 있다. 세계는 근대에 파괴적이고 필연적인 자연법칙의 과학으로 인해 …… 이성과 믿음을 소환하는 분야에서 진정한 방법론에 따르면 복종할 의무가 없는 제한적인 육체적 경험의 한계까지 몸살을 앓고 있다. 진보는 그것이 설정한 생각(idea)의 경로를 따르지만, 그 진로의 적절한 한계 안에서 그것을 유지하기 위해 끊임없이 깨어 있는 정신을 요구한다. 그러므로 사고의 궤도들은 말하자면 처음의 생각(idea)이 다른 것처럼 그들 간에 서로 달라야 한다." - 방법론(Method)

생물학이 새롭게 조명한 정신의 법칙은 "생각(idea)은 구별되는 힘이며, 스스로 확증하며, 영원한 본질과 연합되어 보인다."는 플라톤의 교리로 우리를 다시 데려가는 게 아니겠는가?

나는 지난번 책(부모와 자녀)에서 콜리지의 가르침에 대한 가벼운 해석을 반복하는 모험을 했는데, 왜냐하면 그의 이론은 공통의 경험과 부합하면서 일반적인 교육 관행을 뒤집을 수 있기 때문이다. 전체의 주제가 심오하지만 심오한 만큼 실용적이다. 우리는 교육의 기능이 정신 단련에 있다는, 즉 상응하는 입력 행위도 없이 정신에서 무언가를 계속 끌어낼 수 있다는 이론을 바로잡아야 한다. 자기 표현에 대한 현시대의 강조가 이러한 생각을 새롭게 확산시켰다. 외부에서 받지 않으면 우리 안에 존재하는 게 거의 없으며, 우리에게 전달된 어떤 생각(idea)에 대해 오로지 할 수 있는 일은 원래의 생각을 비틀어 보고 새로운 적용을 시도하는 것이다. 우리는 마지막 사람으로부터 받은 빛을 다음 사람에게 전달해 주는 성화 봉송 주자일 뿐이라고 겸손하게 인식해야 한다. 그러나 아이들이 익숙하지도 않은 주제에 대해 말하는 기이한 표현들은 여기저기에서 주워들은 짜깁기에 불과한 관념이라는 사실을 인식하지 못한 채, 심지어 우리는 아이에게 탱크, 노르만 성, 달의 얼굴모양에 대해 '자기를 표현'하도록 권유한다. 아이들의 양심은 민감하여 자신들이 차용해 온 생각에 대해 꽤 잘 의식하고 있기 때문에, 소위 독창적인 작문이 아이들에게 건전한지는 확실하지 않다. 글을 쓰기 전에 아이들은 원하는 만큼 자유를 사용하면서 주제에 관계된 책을 먼저 읽어보는 게 낫다.

그릇을 채운다, 판에 글을 쓴다, 플라스틱 물질로 본을 뜬다, 생명에 영양을 공급한다는 관념 중 어떤 개념으로 아이들을 교육시키건 아이들의 어린시절에서는 그리 뚜렷한 차이가 생기지 않는다. 그러나 아이가 자라면서 아이들의 생명에 양분을 공급했던 생각들(ideas)이 아이의 존재로 받아들여진다는 사실을 우리는 인식할 수 있게 된다. 체계안의 톱밥, 장애, 상처 등 나머지는 모두 버려지게 된다.

교육은 생명이다. 그 생명은 생각(idea)으로 유지된다. 생각들(ideas)은 영적인 기원이 동일하다. 하나님께서는 입의 말이나, 쓰여진 인쇄물이나, 성경 말씀이나, 교향곡을 통해서 우리가 그것들을 전달할 때 대체로 생각(idea)을 얻을 수 있도록 우리를 지으셨다. 우리는 마치 음식을 통해 몸의 생명을 유지시키듯이 생각들(ideas)로 아이들의 내적인 생명을 지탱하게 해야 한다. 아이가 작은 분량의 육체적 음식만 사용하고 남는 음식은 버리듯이, 아마도 아이는 우리가 제공하는 생각들(ideas)의 10분의 9는 거절할지 모른다. 아이는 이것을 선택할지 저것을 선택할지를 취사선택하는 사람이다. 우리의 임무는 마땅히 풍부하고 다양하게 아이에게 공급하는 것이며 아이의 임무는 자신이 필요한 음식을 섭취하는 것이다. 우리 편에서의 조급함은 아이를 짜증나게 한다. 아이는 강제적인 음식공급을 저항하고 인위적으로 쉽게 소화되도록 만들어진 음식들을 혐오한다. 아이에게 최고로 적합한 음식은 간접적인 문학 형식의 표현이다. 우리 주님도 기억하기 쉬운 놀라운 예화의 뛰어난 특성을 사용하셨는데, 이야기의 모든 세부적인 내용들이 기억으로 남을 뿐 아니라 그것의 적용은 어떤 흔적도 남기지 않고 지나간다. 우리도 위험을 감수해야 한다. 우리는 객관적인 교훈이라 생각하여, 정치인들과 시민들이 피해야 하는 일이 무엇인지를 보여주는 플루타르코스의 라이샌더(Lysander)를 아이들에게 자양분으로 공급할 수 있으나, 아이가 그의 귀여운 태도가 존경할 만하다고 생각할는지 누가 알 것인가. 다시 말해, 우리는 주님이 불의한 청지기의 혼란스러운 예화에서 하셨던 모험을 하는 셈이다. 주의해야 할 또 한 가지는 문학의 힘으로 쓰여진 소설, 시, 역사책을 공급할 때 많은 충전재를 넣어서 생각(ideas)을 제시해야 한다는 데 있다. 아이들은 아무리 과학적으로 만들었을지라도, 정신적이든 육체적이든 알약으로 살아갈 수는 없다. 아이가 읽은 책 전체에서 아이의 정신을 번성케 하는 생각(ideas)은 절반도 안 된다. 그리고 그것들은 예기치 못하고 의식되지 못한 형태로 오기 때문에, 어느 누구도 확실한 양분을 공급해 줄 스캇, 디킨스, 밀턴을 농축액으로 만들 수 없다. "너는 아침에 씨를 뿌리고 저녁에도 손을 놓지 말라 이것이 잘 될는지, 저것이 잘 될는지, 혹 둘이 다 잘 될는지 알지 못함이니라."(역자 주-전도서 11:6)의 경우와 같다.

    이 일에 관하여 우리의 주제넘은 죄 중의 하나는 생각(idea)을 주는 대신에 아이들(그리고 나이든 사람들)에게 의견을 주려는 모험을 하는 것이다. 우리는 의견이 사고를 표현하고 따라서 어떤 생각(idea)을 구체화한다고 믿는다. 그렇다고 할지라도, 의견을 결정화(crystallization)하는 바로 그 행동이 그 생각(idea)이 원래 가지고 있었을 생명력을 파괴한다. 러스킨에게는 미안하지만, 결정체는 살아 있지 않으므로 사람들에게 먹일 수 없다. 우리는 교회의 신조, 유클리드의 정리, 단순한 역사의 개요로 아이들을 먹이고는 아이들의 교육이 왜 그들을 사로잡지 않는지 의아해한다. 이 주제에 대해서 푸예(Fouillee, 역자주: 프랑스 철학자)의 얘기를 들어보자. 그에게 있어 생각(idea)은 철학과 교육에서 전부라 할 수 있다. 그가 다루지 않았던 교육의 기능은 신체적, 지적, 도덕적 습관의 형성이다.

"데카르트는 '과학적 진리들은 이긴 싸움이다'라고 했다. 젊은이들에게 원리들과 이 싸움의 영웅들을 주로 설명하라. 당신은 그들에게 과학적 결과들에 대해 흥미를 줄 것이고 진리의 정복을 위한 열정의 수단을 통해서 과학적인 정신을 그들 안에 개발할 수 있을 것이다……. 만약에 우리가 수학 원리의 정리에 관계되는 작은 역사를 알려 준다면, 만약에 아이들이 피타고라스, 플라톤, 유클리드 혹은 현대의 데카르트, 파스칼, 라이프니츠 작업에 참여할 운명이었다면 얼마나 산수와 기하학이 흥미가 있었을 것인가! 생기 없는 익명의 추상적 관념을 대신하는 모든 위대한 이론은 미켈란젤로나 라파엘의 그림처럼 스스로의 역사를 가지고 있는 인류의 살아 있는 진리이다." (Education from a national Standpoint by Fouillee 에서)

여기 콜리지의 모든 사고훈련의 지도적인 생각(captain-idea)의 적용이 있다. 이것은 노골적인 일반화인데(아이들이나 어른들 모두 이것들에서 자양분을 발견한다), 그러나 생각(idea)은 사실, 역사, 이야기라는 옷을 입고 있으므로 정신은 풍성한 실례의 세부사항에서 선택과 개시의 행동을 수행할 수 있다. 이와 같이 디킨스도 '데이비드 코퍼필드

(David Copperfield)'를 통해 "나는 관찰력이 뛰어난 아이였다." 하고 말한 후, 메마른 추상 관념이 아니라 다수의 매력적인 자연적인 사건에서 비롯된 추론을 통해 "모든 아이들은 매우 관찰력이 뛰어나다."고 말했다.

모든 길은 로마로 통한다. 그리고 내가 지금까지 말한 모든 의도는 다양한 인문학 독서와 예술적인 형태로 표현된 인간의 사고는 가끔 아이들에게 주어지는 사치도 아니고 작은 음식 부스러기도 아니며, 풍성한 양을 정기적으로 먹어야 하는 생명의 빵이라는 사실을 강조하는 데 있다. 이것과 그 이상의 의미는 "정신은 생각(idea)을 먹고 산다, 그러므로 아이들은 폭넓은 교과 과정을 가져야 한다."라는 말에 암시되어 있다.

7장
정신의 사용 방법

우리는 아이들의 머리는 단지 아이디어를 담는 주머니라기보다 만약 – 이러한 비유가 허락된다면 – 모든 지식에 대한 욕구를 가진 '영적인 유기체'라고 여긴다. 지식은 이미 소화할 준비가 되어 있는 정신에게 적절한 식단이며 정신은 마치 몸이 음식을 소화하고 흡수하듯이 지식을 소화하고 흡수한다.

정신이 단지 저장소라는 이러한 원칙은 예를 들어 헤르바르트처럼, 교육의 강조점을 (잘 차려진 매혹적인 작은 양의 음식과 같은 지식을 준비한) 교사에게 두는 것인데, 이런 원칙으로 배운 아이들은 적은 지식으로 가르침을 받게 될 위험에 처하게 되고 교사에게 제일 원칙은 "아이들이 무엇을 배우느냐보다 어떻게 배우느냐가 더 중요하다."가 된다.

나는 헤르바르트(Herbart, 역자 주-독일의 철학자·심리학자·교육학자)의 심리학에 대해 편견 없는 견해를 가진 한 스코틀랜드인의 유머로 표현하지 않을 수 없을 것 같다(John Adams의 '교육에 인용된 헤르바르트의 심리학').

"우리는 정신으로 생각(idea)을 설명하는 데 실패했다. 생각(idea)으로 정신을 설명하는 것은 어떨까? 헤르바르트(Herbart)가 어떻게 표현했는지 당신은 상상하기 어려울 것이다. 헤르바르트는 독일의 철학자이다. 그가 정신으로 시작하거나 혹은 그가 선호하는 대로 영혼으로 시작했다는 것은 사실이다. 그러나 기대는 허망하게 무너진다 ……. '가정된' 영혼은 화산의 분화구의 실제보다 더 실제적이지 않은 영혼이다. 그것은 완전히 어떠한 내용도 담고 있지 않다. 그것은 생각(idea)을 잡는 덫도 아니다. 생각(ideas)은 그들이 원하는 대로, 또는 오히려 다른 생각(ideas)들이 원하는 대로 영혼에 들락날락할 수 있다. 그러나 영혼은 어떤 생각을 부르거나 만들고 간직하거나 회상할 힘이 없다. 생각(idea)이 모든 문제들을 서로 간에 정렬한다. 정신은 반대할 수 없다.", "정신은 어떤 것도 받아들이거나 생산할 역량과 능력이 없다. 그러므로 그 본성에 이질적인 인상이 만들어질 수 있다는 의미에서 그것은 백지 상태(tabula rasa)가 아니다. 또한 라이프니츠 감각에서의 실체도 없고, 독창적인 자기 활동도 포함되지 않는다. 그것은 본래의 생각들(ideas)도 없고 감각도 없고 욕구도 없고 의지와 행동의 법칙도 없으며 어떠한 종류의 성향도 없고 이러한 것들과 아주 멀다. 영혼의 순전한 본성은 전혀 알려지지 않았으며 알려지지 않은 채 계속 남아 있다. 이것은 경험 심리학에 대한 주제만큼 사색할 만한 것이 못 된다. (Lehrbuch zur Psycholgie, by Herbart: Part III: pp. 152, 153) 따라서, 활기 찬 타성(vis inertiae, 惰性)만이 오로지 정신의 능력이다. 그것은 여전히 특정한 힘의 활동에 종속된다. 생각(ideas)외에 아무것도 영혼을 공격할 수 없기 때문에 그 생각들(ideas)이 실제로 정신을 이룬다."

우리는 문턱을 넘으려고 투쟁하는 생각들(ideas)에 낯설지 않다.

운이 좋아서 문턱을 넘은 생각들, 즉 특별히 처음 문턱을 넘은 생각들은 높은 곳까지 이른다. 이 생각들(ideas)의 행동 방식을 보면 이는 마치 무정부 집단에 빠진 사람들과 상당히 유사하다. 이 행동방식은 '통각 덩어리(apperception masses)'의 형성으로 묘사되는데, 매우 강력한 이 덩어리는 나름의 방식을 가지고 정신을 지배한다. 우리의 직무는 교육적인 원리에 대한 우리의 지식에 매우 심각하고 도발적인 공헌을 했던 헤르바르트의 심리학을 조사한다기 보다는 어떻게 그의 심리학이 교육에 실제적으로 작용했는지를 고찰하는 데 있다. 그러나 우리가 어떻게 헤르바르트의 심리학이 실험의 시험대를 견딜 것인지를 검사하기 전에, 윌리엄 제임스(William James) 교수가 심리학에 대해 일반적으로 말한 내용을 먼저 살펴 보자.

그는 우리에게 말하기를 "우리가 자연 과학으로서 심리학을 이야기할 때, 마침내 견고한 기반에 선 듯한 그러한 종류의 심리학을 의미하는 것으로 가정해서는 안 된다. 오히려 정 반대를 의미한다. 그것은 심리학이 특별히 취약하기 때문에 형이상학적 비평의 물줄기가 모든 마디마디에서 새어 나온다는 의미이다. 심리학의 온갖 기본 가정과 자료들은 더 넓은 관련성을 가지고 재고되어야 하며 다른 언어로 번역되어야 한다. 간단히 말해서 거만하게 표현하지 않고 주저하며 신중하게 표현해야 한다. 따라서 단어가 다루는 실제 요소와 힘에 대해 명확한 통찰이 존재하지 않는데, 사람들이 '새로운 심리학'에 대해 의기양양하게 이야기하고 심리학 역사에 대해 쓴 책을 읽을 때는 참으로 이상할 수밖에 없다. 일련의 가공되지 않은 사실들, 작은 험담과 의견 충들 그리고 단순한 설명 수준에서 작은 분류 및 일반화…… 그러나 무심코 추론된 어떤 결과를 통해서는 단 한가지의 법칙으로…… 단 하나의 명제도 나올 수 없다."

그럼에도 제임스 교수는 계속해서 심리학에 대해 놀랍도록 흥미로운 책을 저술했다. 비록 우리의 기초 또한 인류 공통의 경험 이상도 그 이하도 아니지만 하나의 정신이 우리 모두에게 공통된 경험을 표현할 수 있는 정도만큼 우리도 같은 작업을 해야 한다.

헤르바르트의 심리학은 다른 사람들처럼 자신의 역량을 확장하고 싶은 열심이 있는 교사들에게 대단히 만족스럽고 매력적이다. 여기 모든 아이들이 어떻게 교사들의 손에서 나오는 새로운 창조물이 되는지 보여주는 계획이 있다. 교사는 이것을 어떻게 하는지를 배우는데, 생각(ideas)이 마음속으로 밀고 들어가도록 결합할 많은 생각(ideas)을 단지 모으기만 하면 된다. 보라, 일이 완수되었다. 교사는 해낸 것이다. 교사는 생각(ideas)을 선택하고 각각의 생각들과 다른 생각들의 상관관계를 제시하므로 과업을 완성했다. 그 생각(ideas)은 가장 강력한 지배력으로 스스로를 확립하고 힘을 모으며, 만약 이 생각들이 좋은 것이면, 한 사람이 만들어진다.

여기 아주 우수한 교사에 의해 만들어진 한 주의 '과목들의 상관관계'가 있다. '산수(소수), 수학(1차 방정식, 평행사변형), 과학(잠열), 가정학(신경, 사고, 습관들), 지리(스코틀랜드, 일반 산업), 또는 동일한 주제 아래 그 다음 주를 위한 미터법 문제들인 기호들(규칙을 위한), 삼각형(내각의 합), 기계류, 순환, 영국의 제도들의 조각상' 등 이런 교육은 의심 없이 생각(ideas)이 민첩성과 능력이 있어서 서로 뛰어오르고 어떻게 요구된 '통각의 덩어리'를 형성하는지 알고 있으며 우리가 그 능력을 소유하고 있지 않다고 주장한다.

성공적이고 능력 있는 현대의 한 교육자는 헤르바르트의 원리에 가치 있는 지침을 더해준다. 예를 들어, 초등학교 저학년에게 주어진 '로빈슨 크루소 집중 계획'은 시리즈 수업중의 하나이다. 먼저 문학과 언어 부분에 아홉 가지 수업을 가지고 있는데, "로빈슨은 언덕을 오르고 그가 섬에 있다는 사실을 발견한다."와 같은 주제에 관한 것이다. 그리고 나서 열 가지 사물 수업 중 첫 번째는 '바다', 두 번째는 '외지에서 온 배', 그리고 여섯 번째는 '구조선', 일곱 번째는 '갑각류', 그리고 열 번째는 '동굴'이다. 누군가는 생각지도 못한 이러한 주제들을 어떻게 만들었는지 신기할 따름이다. 세 번째 시리즈는 그리기 수업인데, 아마도 배, 선박, 노, 닻 등 많은 그리기가 될 것이다. 그 다음에 이어지는 수업은 로빈슨이 만들었던 공예이다. 첫 번째는 해안의 모형이고, 그런 다음 로빈슨 섬의 모형, 로빈슨의 집, 로빈슨의 도자기이다. 다음의 과정은 '로빈슨 크루소의 어린 시절의 단락 그리고 사물 수업에서 논의된 문제에 대한 일반 독자들의 단락' 등에 대한 독서수업이다. 그 다음에 이어지는 과정은 작문 수업인데, "수업의 주제에 대한 간단한 작문이다… 학생들은 교사가 칠판에 적은 문장들의 뼈대를 만들고 그 후에 교사가 쓴 내용을 베낀다." 라는 지침에 따른다. 여기 한 개의 작문이 있다. "로빈슨은 나무에서 첫 날 밤을 보냈어요. 아침에 그는 배가 고팠는데, 그의 주변에는 열매가 없는 나무와 풀 외에는 아무것도 찾을 수가 없었어요. 해안에서 그는 몇 개의 어패류를 발견해서 먹었어요." 그러나 아이들이 배웠던 다른 어떤 주제에 대해서 학부모연맹 교육 방식으로 공부한 6살이나 7살 아이의 방대한 결과물과 지금 이것을 비교해 보라. 학부모연맹 학생들은 아동판이 아닌 로빈슨 크루소를 한 번 읽은 후에도, 진실로 수십 페이지에 달하는 내용을 서술할 수 있다.

　의심할 여지없이 그 다음에 수많은 양의 산수 문제가 주어지는 데, '수많은 지력의 사례 그리고 로빈슨이 다루었던 간단한 문제들'에 관한 것이다. 여덟 번째와 마지막은 '나는 내가 바라다보는 모든 것의 지배자이다'라는 내용의 노래를 부르고 낭송하는 과정이었다. 이 교육학자는 말한다. "수업은 매번 40~45분 정도 지속되었다. … 일상적인 조건에서는 '로빈슨 크루소'의 이야기가 그 학기 전체의 작업에서 주된 요점이 된다……. 나는 독일의 수업과 영국의 수업을 비교해 보았는데, '로빈슨 크루소'를 공부하는 데 독일에 있는 학교들만큼 여기의 학생들도 열심과 관심이 열렬하다고 확신하였다…… 이야기를 한층 더 전개해 나가면서 얼마나 풍부한 자료를 갖게 되는지 누구든 쉽게 알 수 있다." 참으로 누구나 그렇게 볼 것이다. 자가 생산능력이 있는 기발한 증폭이 항상 그렇듯이, 이 모든 것은 교사들에게 아주 재미있는 일이다. 교사들은 아마도 적은 내용에서 우격다짐으로 많은 과정을 뽑아 내고자 최선을 다 했을 것이다. 아이들을 즐겁게 해 주어야 하는 쇼와 영화 혹은 그와 비슷한 것에서 교사는 사실 한 배역을 연기하는 것에 불과하다. 한 가지 확신할 수 있는 것은 '로빈슨 크루소' 책만이 아니라 로빈슨의 모험을 설명하기 위해 억지로 동원된 모든 과목에 대하여 아이들 편에서 지속될 철저한 혐오와 질색함이다. 다른 곳에서도 사과 한 개를 가지고 백 가지 수업을 만들어 내는 과정도 읽었는데, 사과를 따기 위해 종이로 사다리 만들기 등이 포함된다. 그러나 아, 닳아 빠진 사과를 먹는 것은 추천할 일이 아니다! 고대 그리스 풍자극(Greek Chorus)도 아마 "우리는 찬양할 수 없다." 라고 말할 것이다. '로빈슨 크루소' 시리즈 수업의 주창자로만 언급하고 이름 붙이기를 삼가는 이 사람은, '로빈슨 시리즈' 다음으로 스페인 함대(Armada)에 대해서도 또 다른 끊임없는 시리즈를 이어가고 있다.

'집중 시리즈(concentration series)'를 만들어 내는 양심적이고 기발하고 부지런한 교사들은 각각의 그러한 수업들이 불경죄(lese majeste)의 행동이라는 사실을 거의 인식하지 못한다. 이러한 수업은 폭넓은 지식과 문학적 표현에 대해 능력이 있고 열심이 있는 아이들을 바보로 전락시킨다. 평생 동안 지속될 권태가 시작되고 지식에 대한 모든 접근은 지루한 길을 암시하게 된다. 아이들의 정신은 학교생활이 끝나기 오래 전부터 병들고 소멸된다. 나 또한 이런 주제들을 상당히 오랜 동안 추적해 왔다. 왜냐하면 생각(ideas)이 아이들의 정신을 자라게 하는 유일하고 적합한 식단이라고 믿었기 때문이다. 우리는 화성에 대해서보다도 정신에 대해 더 모르는 상태에 있다! 우리는 결과로 밖에 판단할 수 없으며 이 결과들이 정신은 '영적인 유기체(spiritual organism)'라는 결론으로 이끌어 준다.(실체가 없는 것을 '유기체'로 말하는 것에 대해 내가 사과할 필요는 없을 것이다. 왜냐하면 헤르바르트의 '통각 덩어리'보다 용어에 있어서 더 모순되지 않기 때문이다.) 우리는 신체라는 비유를 통해 정신도 규칙적으로 충분한 자양분이 필요하다는 결론을 내린다. 그 자양분은 생각(ideas)을 충당하려는 끝없는 열망으로 수집하는 생각(ideas)을 통해 제공된다. 그리고 이런 정신의 양식을 조건으로 뚜렷한 성장과 발전은 나타난다. 아이들이 시시하고 지루한 구두 수업과 허약하고 따분한 이야기책을 좋아한다는 이유가 그러한 책들이 영양가 있는 음식이라는 증거는 아니다. 아이들은 막대사탕을 좋아하지만 그것으로 생명을 유지할 수는 없다. 그러나 어떤 특정한 학교에서는 특유의 설탕 절임으로 아이들에게 지적이고 도덕적이고 신앙적인 필요를 공급하려는 심각한 시도들을 하고 있다.

다른 곳에서 말해왔듯이, 아이의 생명 유지에 필요한 생각(idea)은 주로 문학적 특성을 가진 책에서 발견된다. 이러한 책들이 주어진 아이들의 정신은 스스로 구분하고 정렬하고 선택하고 거부하고 분류하는데 이것을 헤르바르트는 문턱을 넘으려고 안간힘을 쓰는 잡다한 생각들(ideas)의 투쟁이라고 치부해 버렸다. 이것은 단지 명목상의 구별이 아니며 철학자였던 헤르바르트의 사고는 보편적이라고 받아들여졌다. 아마도 의식적으로 이 철학자의 이론을 따르고 있는 학교는 얼마 안 될지 모르지만, 영국이나 다른 나라의 수많은 학교가 가진 지적인 근거에는 헤르바르트의 이론이 따라온다. 여기에는 많은 이유가 있을 것이다. 모든 교육의 짐을 교사에게 지우는 그 계획은 교육의 주된 동인으로 교사의 성격을 강조하며 상당히 총명하고 헌신적인 수많은 교사들에게 독창적이고 흥미롭고 다소 창의적인 작업을 제공한다. 그 계획은 더 높은 수준으로 길러낸 아이들을 통해서 이전에 알았던 세상보다 좀 더 나은 세상을 만들기를 열정적으로 희망하는 사람들에게 광범위하고 성공적으로 호소하고 있다. 이것은 동일하게 교육위원회와 학교 운영자들에게도 호소력이 있다. 이를테면 교사들이 모든 지식의 개요서이므로 단지 수도꼭지를 틀기만 하면 필요한 지식이 흘러나온다는 개념에 따라오는 이점을 고려해보라. 모든 책임이 교사에게 전가되고 안도감은 매우 클 것이다. 그 뿐만 아니라 수업을 보고 듣는 것도 재미있어질 수 있다. 퍼즐 조각 맞추기의 인기는 예를 들어, 구명 부표와 로빈스 크루소와 같이 관련이 낮을 것 같은 조각 맞추기를 즐거워하는 인간의 본성 안의 경향성을 설명해 준다. 주중에 어떤 날이든 일련의 작은 성공들이 관찰될 수 있을 것이다. 그러나 매우 독창적이고 즐겁고 매력적이고 극적인 연출로 야기된 이러한 똑같은 성공들은 교사가 그녀 자신의 요점에 도달한 방식일 뿐이다. 내가 그녀의 요점이라고 말하는 이유는 여자들이 이러한 종류의 교수법에 탁월하기 때문이다. 물론 남자들도 그렇게 부족하다는 말은 아니다. 그렇다면 아이들은 어떨까? 아이들 또한 즐겁고 호의적이다. 아이들은 퍼즐 맞추기를 즐기며 자신들의 주의를 끌기 위해 전념하는 교사를 대단히 좋아한다. 그러한 방법들이 수행되는 동안에 그 방법의 실제적인 작용에 있어서 잘못된 것은 없다. 그러나 나중에 이것은 사려 깊은 사람들 사이에 실망과 불안을 일으킨다.

수년 전에 알렉산더 패터슨(A. Paterson)씨가 자기 만족으로 쓴 그의 저서 '다리를 건너서(Across the bridges)'로 우리를 놀라게 한 이후 돌이킬 수 없는 수많은 일들이 있어 왔다. 국가 차원에서, 우리는 그 시절 우리의 노력의 결과에 대해 크게 만족했다. 학교를 곧 떠나서 직업을 가지려고 하는 7학년 소년들보다 더 총명하고 빈틈없고 똑똑한 사람은 없었다. 그러나 상황이 좋지가 않았다. 인격의 가치가 하락하는 결과와 함께 성공과 곧 이어 실업이라는 막다른 골목에 초대하는 오래된 이야기를 우리는 알고 있다. 어떠한 조치가 취해져야 할까? 이제는 실업 이후의 조건에 대한 질문이 심각하게 받아들여지고 있다. 만약에 소년이 직업을 잃는 경우라 할지라도 근로학교 수업이 소년의 '체면치레'가 되는 중국의 기술을 배우도록 도와준다. 그러나 패터슨 씨는 최고의 소년들을 한 물간 아이들로 만드는 학교들의 신속성을 비난한다. 그는 일을 구하고 좋은 임금을 받고 자신의 일을 감탄할 만하게 잘 수행해서 '폴리테크'에 들어가는 소년의 경우를 인용하는 게 아니다. 페트 리지(William Pett Ridge, 역자 주-영국작가)가 우리와 친숙하게 만든 종류의 소년, 즉 그 소년이 될 수 있었던 사람에 훨씬 미치지 못하고 관념이 너무 조악하고 원칙들이 너무 도덕적이지 못하고 흥미가 너무 빈약하고 비록 상스럽지는 않더라도 즐거움을 위한 선택이 너무 무미건조해서 결국 자신의 좋은 동료들의 아래로 전락하는 소년을 의미한다. 소년은 자신의 능력을 활용하여 고상한 정신의 즐거움을 향유할 수 있는 방법을 학교에서 배울 수 있었을지도 모른다. 그러나 학교에서는,

"학습은 너무 많은데, 배움이 거의 없다. 자신의 훈련과 경험이 부여한 능력을 사용할 준비가 된 교사는 너무 많이 일하는 반면에, 고군분투해야 하는 학생의 몫은 너무 가볍다. 아이들을 위한다고 교육을 너무 쉽게 만들 수 있으며, 종종 도전적이지만 결국에는 집중력과 혼자 일할 수 있는 능력을 낳도록 정신을 훈련하는 학습을 빼앗을 수도 있다. 학생들의 손에 책이 들려 있는 경우가 드물고, 학생들은 그들 앞에 놓인 지루한 단어들에 집중하도록 강요된다. 가까이 설명해 줄 사람도 없이, 반복하는 작은 요령과 연상을 통해 암기하는 일을 쉽게 만들며……. 모든 약속과 함께 7학년에 도달한 소년은 철도 서비스 회사에 입사한 후, 첫 번째로 요구되는 일은 스스로 앉아서 전신 부호의 기호를 완전히 익히는 것이다. 소년이 전에 혼자 했던 유일한 일이라면 정신 훈련의 가장 온화한 형태인 짜릿한 시를 배웠던 것뿐이었기에 이 소년은 이것이 극도로 성가시게 여겨진다." "30분 동안 속으로 읽는 게 가끔 허락된다……. 소리 내어 읽기가 정규과목이면 좋을 것이다. 그러나 개인 독서 습관과 비교할 때 형편없는 선물에 불과하다."

(Across the Bridges, by A. Paterson)

아이를 위해 교과 과정은 무엇을 하고 있는가? 패터슨(Paterson) 씨의 이야기를 다시 들어보자.

"14살이면 학창 시절을 마치게 되는 평균의 소년들 앞에 준비 된 교육적 이상은 무엇인가? 당국에서 생산하려고 하는 유형은 무엇인가? 강의 요강을 한 번 훑어본다면 아직도 프랑스어와 대수학, 바이올린 연주가 모든 영국의 초등학교에서 납세자의 희생으로 가르쳐진다는 기이한 망상 아래 있는 평범한 냉소가를 안심시킬 것이다……. 그 교육 계획안은 소년들이 읽기, 쓰기, 산수에서 철저히 건전하고 실용적인 지식을 가지고 떠날 수 있도록 고안되었다. 그러한 영어, 지리 그리고 역사의 기초를 가지고 신문을 읽고 자신이 하는 일에 대해서 어떠한 의견도 가지고 투표도 할 수 있게 될 것이다……. 그들 사이에서 한 주에 교육시간의 24시간의 반 이상을 차지하는 이러한 읽기·쓰기·셈(3 R's-Reading, wRriting and aRrithmetic)은 교육에서 보조적인 것이다… 현재 보여지는 현상은 교사를 낙담시키는 게 확실하다. 읽기, 쓰기, 셈을 위한 지식은 교육이 아니고 훈련도 아니며 더 많은 지식을 위한 단순하고 기초적인 조건이다. 합당한 요구 사항이 충족된 후에도 많은 학교에서 소년은 이러한 단순한 기초에 씨름을 하느라 2년 이상 혹은 그 이상의 시간을 보낸다. 총명한 방문자가 평균적인 학생의 공책을 살펴보면 높은 수준의 단정함과 정확성에 놀라게 될 것이며, 매우 눈에 띄는 질서의 우수성을 발견할 것이다. 필기는 존경스럽고 30명 중 16명은 문법과 철자의 오류 없이 작문을 할 수 있다. 그러나 자발적인 사고와 이성적 추리, 자연스럽게 우러나오는 질문과 상상력이 자극되는 일은 아이에게 일어나지 않을 것이다. 이런 형태의 뛰어난 완벽함은 우리나라의 교과 과정의 기초적인 원리들에 대해 의심하게 만든다. 많은 공립학교의 소년들은 법률가나, 목사나, 의사뿐만 아니라 한 사람의 성인이 되도록 훈련되지 않는다. 만약 아이들이 체계적으로 배우고 독립적으로 생각할 수 있게 배운다면 아이들은 취향과 필요성의 요구에 따라 그러한 삶과 직업에 맞는 훈련에 적합하게 될 것이다. 그러나 우리의 초등학교에서는 이런 쓰기와 완벽한 철자가 필요한 훈련일 뿐인 사무종사자들의 나라를 만들어 내고 있는 셈이다."

교사 자질이라는 바로 그 결점이 교사의 일을 효력 없게 만든다. 교사는 너무 많은 일을 하기 때문에 실패한다. 다시한번 우리의 권위자의 이야기를 인용해 보자.

"10살과 13살 사이의 평균 소년들에게 있어서 정신적인 자본의 낭비가 현저하다. 국가에 대한 손실의 총합은 정말로 심각하다. 학교에서의 10년의 배움은 가정의 많은 결점을 극복하게 해주고 일반적인 아이들 안에 빨리 받아들이려는 마음을 발견하게 한다……. 학교생활 동안에 많은 기회들을 잃어버리고, 14세 이후에는 더욱 끔찍한 일이 재발한다. 두뇌는 다시는 어려운 짐을 질 일이 없고 욕구와 감각에 자동으로 반응하게 하는 제한된 공식의 단순한 중심으로 오그라든다. 소년의 일반 교육은 완전히 실패이다. 아시아는 단지 이름인데, 그가 학교에서 그것의 강과 항구를 말할 수 있음에도 불구하고 그 철자를 쓰는 것을 어려워한다……. 40세의 노동자의 어휘는 14세의 소년보다 실제적으로 부족하며, 정신의 능력이 너무나 오그라들어서 자라나는 삶의 경험이 정신에 양분이 되지 못했다……. 다수의 소년들이 학교를 졸업한 후, 직업에서 오로지 능력의 절반만 사용한다는 말은 사실이다. 그리고 나머지 절반은 웅크리고 영원히 잠을 자게 된다."

여기에서 우리는 미래에 극심한 낭비가 있으리라는 우울한 전망을 가지게 된다. 우리 모두는 1918년 교육법에 대해서 박수를 보냈고, 모든 아이들이 16세까지 교육을 받을 수 있다고 확신했다. 아마 18세까지도 가능할 것이다. 관대한 감정의 물결이 온 나라에 전파되었고 수많은 노동자들은 그 법을 기꺼이 지지했다. 승인된 8시간이 젊은이들을 더욱 믿음직하고 지적이고 책임감 있는 사람으로 만드는 데 쓰인다면, 당연히 고용주들의 관대함에 대한 보상이 될 것이다.

하지만 장애물들이 앞에 놓여 있다. 이 교육법에서 이익을 얻기 위한 유일한 방법은 교과 과정을 8시간의 대학과정으로 만드는 것이다. 지금 패터슨(Paterson) 씨가 기쁘게 말하듯이, 대학 교육은 각각의 직업에 고유한 전문적인 지식을 갖춘 법정 변호사, 증권 중개인, 은행원은 물론 군인과 선원들을 준비시키는 교육이 아니다. 대학들의 암묵적인 주장은 상상력이 풍부하고 판단력이 훈련되고 폭넓은 관심사를 가지도록 제대로 교육을 받은 사람이라면, 그 사람은 어떤 복잡한 직업에도 숙달될 준비가 되어 있다는 데 있다. 동시에 그 사람은 자기 자신을 활용할 줄 알며 자신의 행복을 위해서 교육과 본성이 그 사람에게 부여한 것을 어떻게 사용할 줄을 알면서도 자신의 이웃과 공동체의 행복을 증가시키기 위해 자신의 즐거운 여가를 사용한다. 즉 그러한 사람은 생계를 유지할 뿐만 아니라 말 그대로 자신의 인생을 살아간다.

대학들은 이런 주장을 이행하고 있다. 다양한 직업분야들은 신문의 표현을 빌리자면 '자기 직업의 자랑거리'라 할 수 있는 사람들로 풍부하다. 판사, 교구 위원, 위원회의 구성원들, 경우에 따라 필요한 특별 경찰관, 가이 매너링(Guy Mannering, 역자 주-Walter Scott의 소설)의 불행한 지주 고드프리 버트람(Godfrey Bertram)이 그랬던 것처럼 자랑스럽게 최근까지 명예직으로서 직분을 맡고 있으며 자신들의 이름 뒤에 J.P.(justice of the peace)라고 쓰는 의회 의원들은 자신의 여가를 포기하고 동료 시민을 섬기기로 작정한 사람들이다. 영연방 전체에 걸쳐 그러한 방식으로 행해지는 엄청난 양의 자발적 봉사활동을 비롯해 부분적이거나 적절한 봉사활동 또한 독서에 관련된 대학들의 독특한 기능을 정당화한다. 그뿐 아니라, 관대하며 사심 없는 일들은 돈으로 지불될 수가 없다. 자치주, 지방자치, 준 자치도시의 구성원들을 비롯하여 우리의 위대한 정치가들, 성직자들, 병사들, 공무원들은 의무이상으로 그들의 본분을 해내고 있다.

모든 계층에서 이런 훌륭하고 헌신적인 자원봉사를 확보하는 일은 국민으로서 우리 앞에 놓인 과업이다. 과업이 좀 더 쉬워 질 수도 있는데, 왜냐하면 모든 사람이 잠재적인 영웅이었던 1차 세계전쟁 때 우리 모두는 이 과업의 실현을 보았기 때문이다. 훌륭한 신체적 문화와 더불어 사람들에게 더 확장된 지식과, 폭넓은 견해와, 고상한 목표, 의무, 훈련을 제공했던 군대는 그 자체로 남자들에게 비할 데 없는 대학이 되었다. 그것으로 충분하기에, 전쟁이 그만 둔 곳에서 논의를 계속하는 대신에, 우리는 육체적, 도덕적, 정신적인 퇴보를 경계해야 한다. 하향하는 비탈은 항상 가까이 있으며 우리는 그 하향 비탈을 내려가는 게 얼마나 쉬운지 알고 있다. 그리고 우리는 사람들을 교육하기 위해 또 다른 위대한 전쟁을 감당할 형편이 안 된다. 그래서 우리는 어떤 식으로든 '대학' 교육의 요소를 제공해야 하며, 피셔(Fisher) 씨의 위대한 결의서는 그러한 방법을 주목하고 있다. 4년 동안(적절한 학창기간) 젊은이들은 고상함과 지성을 갖추게 하는 영향력 아래에 지낸다. 그러나 우리는 학문적 이상에 충실해야 하며, 전문화된 산업을 대비하는 온갖 방법들은 멀리하는 게 낫다. 공학기술, 면사 방적, 그리고 나머지 것들을 위한 전문화 교육은 전혀 필요하지 않다. 가능성이 있는 아이들은 금방 그 분야에 스스로 훌륭한 일꾼이 되리라는 사실을 모든 기업가들은 잘 알고 있다. 전쟁 중 여성 노동자의 화려한 기록은 우리의 견해를 뒷받침해 줄 수 있을 것이다. 자체 보유 기술이 있는 회사들은 공업학교들이나 그와 비슷한 학교들의 노력을 그다지 높이 평가하지 않는다. 그런 학교 출신의 학생들은 그 직업에 대해서 얼마나 알고 있느냐에 따라 고용된 게 아니라 그들이 앞으로 총명하게 되고 적임자가 될 가능성으로 고용된다. 근로청소년학교(continuation school)를 국민의 대학(People's University)으로 여겨야 하고, 온갖 돈벌이가 되는 예술과 공예품 배우기를 삼가야 하는 이유가 여기에 있다. 덴마크와 스칸디나비아는 젊은이들을 교육하는 데 이러한 관대한 교육정책을 시도해 왔으며, 이는 기업의 필요 요구사항에 의해서가 아니라 학생들의 본성적인 이해 능력과 지식의 대한 아이들의 고유한 욕구에 따른 것이었다. 역사, 시, 과학, 예술에 대해 알고 싶어 하는 욕구는 모든 사람에게 자연스러운 욕구이다. 그리고 100년 된 실험의 성공은 이제 나머지 다른 세계를 위한 실물 교육이 될 수 있을 것이다.

독일은 다른 이상을 추구했으며 유용성의 개념과 연합된 독일의 노력 또한 대단했다. 여기에 만약 우리가 기억할 유일한 교훈이 있다면, 학습자의 특별한 이익이나 국가의 이익보다 더 높은 동기를 제공해 주지 못하고 도덕적이거나 지적인 고양을 제공해주지 못하는 교육이 얼마나 부질 없는지 전쟁이 보여주었다는 데 있다. 독일은 도덕적으로 파산했다(오직 한 시절만이라고 희망해 보자). 단지 전쟁 때문만이 아니라 영적인 것들을 무시하고 공리주의 교육계획서에서 영적인 것들에 명목상의 자리를 주고 초라한 연출을 제공한 교육의 결과 때문이다. 국민의 대학(People's University)이 우리가 목표로 삼아야 할 대학이라는 사실을 담대하게 마주하기를 촉구한다. 대륙 전역에 수천 개의 단과대학을 가진 대학이나, 각각의 근로청소년학교(마음을 끄는 이름은 아니다)는 어떤 한 이웃을 위한 학교이다.

그러나 대학교육의 과목은 대부분이 라틴어와 그리스어와 같은 죽은 언어라는 통로로 전달되는 상황에 대해 논의가 있어야 하겠다. 이러한 언어들이 아무리 문학작품에 기품을 주더라도 영국의 문학이 다른 어떤 문학작품에 견주어 뒤쳐지지 않는다는 게 우리의 주장이다. 그러므로 소포클레스(Sophocles), 투키디데스(Thucydides), 베르길리우스(Virgil)가 더 높은 차원의 교육을 위해 할 수 있는 그 무엇을 그 안에 가지고 있든지 간에, 밀턴, 기본(Gibbon), 셰익스피어, 베이컨, 그리고 위대한 작가들인 다수의 위대한 사상가들이 더 쉽게 영향을 줄 수 있다. 죽은 언어로 비밀에 부쳐진 것보다 우리의 공통의 말로 전달된 학습이 더 쉽게 이루어지며, 이러한 사실은 우리에게 허용된 시간의 부족을 극복하는 데도 도움이 될 것이다. 절대적인 관심을 기울인다면, 우리는 1년에 400시간(4년 과정에서 1,600시간)을 가지고 많은 일을 할 수 있다. 그러나 인문학이라고 부르는 지식을 젊은 학생들이 갈망한다는 것, 그들은 절대적인 집중력을 가지고 읽을 수 있으며 읽은 것을 이해할 수 있다는 확신으로 교육을 할 때만 이것이 가능하다. 아이들은 읽고 나서 다시 말하는 활동이 제공하는 대중 연설을 위한 준비를 환영할 것이며, 이것은 오늘날에는 거의 모든 사람이 갖추어야 하는 하나의 성취이다.

다른 접근은 로빈슨 크루소 수업에서 보여주었던 그런 몇 가지 집중 계획이 될 것이다. 비누에 대한 1년의 작업인 비누의 제조, 성분, 비누 교역, 비누 운반, 비누의 사용, 비누 송장 만들기, 비누의 종류 등등 무한대로 이어진다. 철, 면, 못, 핀, 엔진, 단추 등도 똑 같은 과정이 가능하다. 1개당 1000개의 공정이 기발한 집중 계획을 제공할 것이다. 공리주의 교육의 옹호자들은 즐거워할 것이고 젊은 학생들은 바빠질 것이다. 그리고 항상 어느 정도까지는 그들의 지혜를 사용할 것이다. 어떤 결과를 얻었을까? 약 200년 전에 청소년교육 운동이 나폴레옹 전쟁에 의해서 황폐화된 유럽을 뒤흔들었을 때, 영국도 우리의 역할에 충실했다. 일찍부터 그 물살은 물질적이거나 정신적인, 유용하거나 교육적이라는 두 흐름으로 갈라졌다. 이미 제조업에 뛰어났던 영국은 이 흐름 중에 첫 째의 물살에 휩쓸렸고, 독일, 프랑스, 스위스도 그 뒤를 따랐다. 반면에 스칸디나비아의 여러 나라들은 '국민의 고등학교(People's High School)'의 아버지(역자 주-스벤 그룬트비, Grundtvig, 덴마크 문학자)의 "정신은 위대하다. 정신은 정신으로 드러난다. 정신은 오로지 자유가 있어야 활동한다."는 가르침을 따랐다. 우리는 한편으로 뮌헨 학교에서 다른 한편으로 독일군인의 사기(士氣) 안에서 공리주의 교육의 신격화를 보게 된다. 인격이 차지해야 하는 개인의 판테온 신전 안에 있는 틈새에 효율성이라는 양철신을 세움으로 배움은 더디게 되었다. 우리는 젊은이들을 사회에 유용하게 만드느라 스스로를 괴롭히고 있다. 자기 자신의 유용성을 위해 이익을 취하는 게 왜 문제가 되고 무엇이 문제란 것일까? 만약 학생이 생계를 이어갈 수 있기에도 적합하고 또한 세계에 기여하는 사람이 되기에도 적합하게 되기를 원한다면, 우리가 그 학생을 위해 개인적으로 무엇을 더 잘할 수 있겠는가? 우리는 '사람이 떡으로만 살 것이 아니요 하나님의 입에서 나오는 말씀으로 살 것이니'라는 기록된 말씀을 잊었다. 종교의 진리 안에서 말한 것이든 시, 그림, 과학적인 발견 또는 문학적 표현에 의한 것이든 사람은 이러한 것들을 통해서 살고 정신의 생명은 이 모든 것들 안에 존재한다. 영적인 생명은 매일의 양식으로 생각(ideas)이 필요하다. 우리는 유명한 스웨덴 교수의 말을 통해서 다음과 같은 원리를 알 수 있다. "흙에 심겨진 씨앗에게는 단지 흙을 비옥하게 만드는 게 최고의 조건이 되듯이, 잘 개간된 인문학적 훈련이 사업능력의 가장 확실한 기초를 제공한다. 그러나 농부의 경우에는 전혀 그런 조건이 되지 않는다." 우리는 그렇게 멀리 갈 필요도 없다. 우리도 우리의 선지자가 있으며 나는 확신에 찬 피셔(Fisher) 씨의 지혜로운 말을 인용하면서 이 장의 주제를 마무리하려고 한다.

"이제 나는 교육의 내용에 대해 말하려 한다. 이것은 학교에서 가르쳐야 할 내용에 대한 것이며, 가능하다면 광범위하게 이야기를 하려고 한다. 나는 나의 오후 독서 시간에 존 스튜어트 밀(John Stuart Mill)의 편지에서 아주 시의적절한 또 다른 말을 발견했다. 그것을 여러분에게 읽어 주기 원한다.

'부자나 가난한 자나 누구이건 간에 다른 사람들의 의견을 배우지 말고 스스로 생각할 수 있도록 유도되어야 한다. 설사 그들이 할 수 있는 것보다 훨씬 더 많이 배울 수 있을지라도 이러한 것을 가능하게 하는 것은 물리적인 과학이 아니다.'

우리나라의 젊은이들은 경제 정책, 경제 역사 또는 물리적인 과학에 의해서 재생되어서는 안 된다. 그들은 상상력에 영향력을 미치고, 인격에 영향을 미치며, 영혼에 영향을 주는 생각들(ideas)에 의해서 오로지 고양될 수 있다. 아이들 앞에 그러한 생각들(ideas)을 제시하는 게 모든 좋은 교사들의 역할이다."

"나는 가끔 학교에서 애국심을 가르쳐서는 안 된다고 하는 말을 듣는다. 나는 그 이론에 반대한다. 나는 애국심은 학교에서 가르쳐야 한다고 생각한다. 내가 말하는 애국심은 이런 의미이다. 나는 맹목적인 애국심을 말하는 게 아니다. 내가 의미하는 애국심은 모험담과 문학과 나라 고유 역사에서의 모든 고상한 것들을 감상할 수 있는 지적 능력을 의미한다. 학창 시절 동안에 젊은이들은 위대한 것을 감탄하도록 교육되어야 한다. 부한 나라보다도 가난한 나라일수록 학교가 더 중요한 요소라는 것을 기억하자……."

"학교에서 가르치는 더 큰 의미의 용어에서 나는 애국심을 원한다고 말하는 것이다. 물론 어느 나라나 비판할 게 많은 법이고 나는 학교에서 이러한 비판하는 능력을 연습하고 훈련해야 된다는 점을 가장 먼저 제안하는 사람일 것이다. 그러나 아이들이 나라의 기관을 비판하는 법을 배우기 전에 그리고 나쁜 것에 대해 비판적이 되는 것을 가르치기 전에, 좋은 것을 알아보고 감탄하는 법을 먼저 가르치자. 결국 인생은 매우 짧고, 우리 각자가 살아갈 수 있는 인생은 단 하나이다. 사는 동안에 가능한 한 많이 사랑하고, 많이 존경하고, 기쁨을 최대한 고조시키게 하자. 우리가 단지 교육을 비판적인 쓰라림을 통한 훈련으로만 본다면 우리는 인생의 모든 단맛을 잃고 우리 자신을 불필요하게 비참하게 만들게 될 것이다. 젊은이들에게 그것을 너무 빠르게 소개하지 않아도, 이 세상은 있는 그대로도 슬픔과 어려움으로 가득하다……."

주의 – 아마도 교육의 몇몇 권위자들은 육체적인 훈련과 공예에 매주 한

두 시간을 배정하도록 결정할지도 모르겠다. 그런 경우에 독서를 위한 시간이 그만큼 줄어들 것이다. 그러나 나는 긴 저녁 여가시간에 동호회 활동(Club life)이 모든 마을이나 지역에 중요한 특징이 되기를 강권하고 싶다. 군사 훈련이나 다른 훈련들, 체조, 춤, 노래, 수영, 목공, 요리, 간호, 옷 만들기, 짜기, 도예, 연극 등 지역 사회의 빠른 지능화 요구사항이 무엇이든지 간에 다양한 수업들이 개설 될 수 있을 것이다. 수업 출석을 강제할 필요는 없을 것이다. 거의 모든 지역마다 관련 조직들이 존재하고 있으며 동호회 활동(Club life)과 관련되어 공개적인 전시나, 시상식 등과 같은 행사를 할 만한 특정한 사회적 명소들이 있을 것이다. 근로청소년학교(Continuation School)의 지적인 삶은 이러한 저녁 취미는 물론이고 모든 지역에 없어서는 안 되는 토요 야외 스포츠 동호회(Saturday Field Club)에 열의를 줄 수 있을 것이다.

나는 근로청소년학교(Continuation School)를 가능한 한 강력하게 옹호했었다. 그러나 더 탁월한 방법이 있다. 요즘과 같은 고임금 시대에는 부모들이 그들의 자녀가 17세까지 학교에 기꺼이 다니도록 하는 게 당연하게 되었다. 이런 경우 6세부터 학교에 다니기 시작했던 아이들은 중학교를 지속할 수 있을 것이고 우리는 세상에서 새로운 것을 볼 수 있을 것이다. 모든 남자와 여자들이 인문학 교육을 받을 것이며, 생계가 더 이상 교실의 생각(ideas)과 목적을 깎아 내리지 않을 것이다. "지식이 덕이다." 라는 플라톤의 말에 따라, 신앙이 알려주는 지식이 덕이라면, 우리는 어쩌면 우리시대에 정의가 어떻게 나라를 높이는지를 볼 수도 있을 것이다.

8장
의지의 사용 방법

우리는 도덕적이고 지적인 자기관리에 대해서 아이들에게 두 가지 방법을 제공해 줄 수 있다. 이것을 우리는 의지의 사용 방법 그리고 이성의 사용 방법이라 부를 수 있다.

의지의 사용 방법: 아이들은 다음과 같은 내용들을 배워야 한다. (a) '나는 원한다(I want)'와 '나는 의지를 발휘한다(I will)'를 구분해야 한다. (b) 의지력을 효과적으로 발휘하는 방법은 의지를 발휘하지 않더라도 우리가 욕망하는 것으로부터 생각을 전환하는 것이다. (c) 생각을 전환하는 가장 좋은 방법은 재미있거나 흥미롭고 색다른 것을 생각하거나 해보는 것이다. (d) 이러한 방법으로 잠시 휴식을 취한 뒤 의지는 다시 새로운 활력을 가지고 본연의 일로 돌아 갈 수 있다. (이러한 의지의 보조장치는 '전환'이라는 것으로 우리에게 친숙한데, 그것의 역할은 잠시 동안 의지력의 수고로부터 우리를 완화시켜 주고 추가된 힘으로 의지를 다시 발휘할 수 있게 하는 데 있다. 의지를 돕는 보조 수단으로써 제안(suggestion)을 사용하는 것은 배척되어야 하는데, 인격을 약화시키고 정형화하는 경향이 있기 때문이다. 자발성은 성장의 조건인 듯하다. 그리고 인간의 본성은 성공과 함께 실패의 훈련도 필요로 하는 것 같다.)

인생의 위대한 것들과 인생 그 자체를 정의하기란 쉽지 않다. 의지는 '인간의 유일무이한 능력'이라고 우리는 들었다. 그러나 누가 의지에 대해 정의를 내릴 수 있을 것인가? "사람의 의지가 바로 그 사람이다." 라는 말을 우리는 듣기도 한다. 그러나 대부분의 사람들이 단 한 번의 확실한 의지를 발휘하지 않고도 인생을 살아간다. 선택의 행동으로 하게 되는 기상, 옷 입기, 아침 식사 등과 같은 아침에 하는 일들과 저녁의 휴식 등의 일들을 해 나가는 데 있어서 습관과 세상의 관례와 관습이 우리를 대신해 많은 선택을 이미 해주었기 때문이다. 어쨌든 우리는 이 정도까지는 의지에 대해 이해하고 있다. 의지의 기능은 선택하고 결정하는 데 있으며 결정하는 수고가 클수록 일반적인 의지는 약해진다. 우리를 위해 다양한 의견들이 제공되기 때문에 우리는 간접적으로 혹은 제삼자를 통해서 원리들을 취한다. 그리고 우리의 습관은 알맞고 편리하다. 품위 있고 질서정연한 삶을 위해 무엇이 더 필요하겠는가? 그러나 모든 사람에게 가능하고 필수적인 하나의 성취는 인격이다. 그리고 인격은 의지의 반복적이고 익숙한 행동을 통해 두들겨져서 모양과 아름다움을 갖춘 정교하게 가공된 금속이다. 교육에 있어서 우리의 목표는 행동보다는 성품이며 가르치는 사람들은 이것을 스스로에게 분명히 해야 한다. 잘 알다시피 간접적인 경로를 통해 행동에 이를 수 있으나, 행동이 성품에서 그 원천을 가질 때 세상에 가치가 있다.

　육체와 영혼에 대한 모든 공격은 사람의 인격과 의지에 대해 서서히 잠식하는 공격이다. 그러나 새로운 일대결전(Armageddon)이 우리에게 다가오고 있는데, 그 공격은 더 이상 간접적이지 않다. 그것은 의식적이고 직접적으로 사람의 의지, 즉 그 사람을 목표로 하고 있다. 그러나 대세에 저항하려는 선한 의지를 가진 사람들이 우리 가운데 항상 있을 것이기 때문에 우리는 우둔한 사람들의 나라가 되는 상황에서 탈출할 수는 있을 것이다. 부모와 교사들의 직무는 이러한 선한 의지의 사람들을 배출하는 것이다. 제안(suggestion)을 통해서 아이들의 도덕적 강단을 의도적으로 약화시킨다면 이는 중대한 범죄이며 그 문제에 대한 사려 깊은 고찰은 충분히 억제제로 작용할 것이다. 그렇다면 생각해 보자. 우리가 의지를 가지고 하는 행동을 우리는 자발적이라고 묘사한다. 의지의 의식적인 작용이 없이 하는 행동은 자기도 모르게 하는 행동이다. 의지는 오직 하나의 행동 방식을 가지며, 그것의 기능은 선택이다. 따라서 우리는 선택을 통해서 인격의 힘을 키운다.

요람에서 무덤까지 수많은 제안(suggestion)들이 쇄도한다. 제안은 교육의 일부이여, 우리는 그것들 중에서 선택을 해야만 한다. 그러나 의도가 있는 제안이나 외부의 인격에 의한 제안은 부가된 힘을 가지고 있으며 그것에 저항할 수 있는 사람은 극히 드문데, 왜냐하면 그 제안이 우리 스스로를 통해서가 아니라 다른 사람에 의해서 선택되었기 때문이다. 우리의 경향성은 이런 대리적인 선택을 수용하고 가장 쉬운 길을 선택하게 만든다. 육체의 건강을 위해서나 정신의 편의를 위해서나 의심할 여지없이 이런 수많은 대리적인 선택은 우리의 이익을 위해서 이루어진다. 그러나 교육적인 수단으로 제안을 제시하는 사람들은 아이들에 대한 이러한 모든 시도들이 아이가 스스로 선택하는 능력을 가진 사람이 되는 것을 약화시킨다는 사실을 신중하게 생각하지 않고 있다. 다른 사람의 습관과 원리들과 의견들을 의존해서 사는 기생적인 존재는 범죄자가 되기 쉽다. 고든 폭동이 나타낸 바와 같이, 그들은 범죄의 격분에 휘말지는 '인간의 유일무이한 능력'이라고 우리는 들었다. 그러나 누가 의지에 대해 정의를 내릴 수 있을 것인가? "사람의 의지가 바로 그 사람이다." 라는 말을 우리는 듣기도 한다. 그러나 대부분의 사람들이 단 한 번의 확실한 의지를 발휘하지 않고도 인생을 살아간다. 선택의 행동으로 하게 되는 기상, 옷 입기, 아침 식사 등과 같은 아침에 하는 일들과 저녁의 휴식 등의 일들을 해 나가는 데 있어서 습관과 세상의 관례와 관습이 우리를 대신해 많은 선택을 이미 해주었기 때문이다. 어쨌든 우리는 이 정도까지는 의지에 대해 이해하고 있다. 의지의 기능은 선택하고 결정하는 데 있으며 결정하는 수고가 클수록 일반적인 의지는 약해진다. 우리를 위해 다양한 의견들이 제공되기 때문에 우리는 간접적으로 혹은 제삼자를 통해서 원리들을 취한다. 그리고 우리의 습관은 알맞고 편리하다. 품위 있고 질서정연한 삶을 위해 무엇이 더 필요하겠는가? 그러나 모든 사람에게 가능하고 필수적인 하나의 성취는 인격이다. 그리고 인격은 의지의 반복적이고 익숙한 행동을 통해 두들겨져서 모양과 아름다움을 갖춘 정교하게 가공된 금속이다. 교육에 있어서 우리의 목표는 행동보다는 성품이며 가르치는 사람들은 이것을 스스로에게 분명히 해야 한다. 잘 알다시피 간접적인 경로를 통해 행동에 이를 수 있으나, 행동이 성품에서 그 원천을 가질 때 세상에 가치가 있다.

육체와 영혼에 대한 모든 공격은 사람의 인격과 의지에 대해 서서히 잠식하는 공격이다. 그러나 새로운 일대결전(Armageddon)이 우리에게 다가오고 있는데, 그 공격은 더 이상 간접적이지 않다. 그것은 의식적이고 직접적으로 사람의 의지, 즉 그 사람을 목표로 하고 있다. 그러나 대세에 저항하려는 선한 의지를 가진 사람들이 우리 가운데 항상 있을 것이기 때문에 우리는 우둔한 사람들의 나라가 되는 상황에서 탈출할 수는 있을 것이다. 부모와 교사들의 직무는 이러한 선한 의지의 사람들을 배출하는 것이다. 제안(suggestion)을 통해서 아이들의 도덕적 강단을 의도적으로 약화시킨다면 이는 중대한 범죄이며 그 문제에 대한 사려 깊은 고찰은 충분히 억제제로 작용할 것이다. 그렇다면 생각해 보자. 우리가 의지를 가지고 하는 행동을 우리는 자발적이라고 묘사한다. 의지의 의식적인 작용이 없이 하는 행동은 자기도 모르게 하는 행동이다. 의지는 오직 하나의 행동 방식을 가지며, 그것의 기능은 선택이다. 따라서 우리는 선택을 통해서 인격의 힘을 키운다.

요람에서 무덤까지 수많은 제안(suggestion)들이 쇄도한다. 제안은 교육의 일부이여, 우리는 그것들 중에서 선택을 해야만 한다. 그러나 의도가 있는 제안이나 외부의 인격에 의한 제안은 부가된 힘을 가지고 있으며 그것에 저항할 수 있는 사람은 극히 드문데, 왜냐하면 그 제안이 우리 스스로를 통해서가 아니라 다른 사람에 의해서 선택되었기 때문이다. 우리의 경향성은 이런 대리적인 선택을 수용하고 가장 쉬운 길을 선택하게 만든다. 육체의 건강을 위해서나 정신의 편의를 위해서나 의심할 여지없이 이런 수많은 대리적인 선택은 우리의 이익을 위해서 이루어진다. 그러나 교육적인 수단으로 제안을 제시하는 사람들은 아이들에 대한 이러한 모든 시도들이 아이가 스스로 선택하는 능력을 가진 사람이 되는 것을 약화시킨다는 사실을 신중하게 생각하지 않고 있다. 다른 사람의 습관과 원리들과 의견들을 의존해서 사는 기생적인 존재는 범죄자가 되기 쉽다. 고든 폭동이 나타낸 바와 같이, 그들은 범죄의 격분에 휘말

리기 위해 단지 인기 있는 폭동이 일어나기를 기다릴 뿐이다. 비록 정당한 이유를 밝히지는 못했지만, 우리는 맹렬한 격노에 관해 나름대로 끔찍한 사례들을 가지고 있다. 남녀노소를 불문하고 사람의 가장 중요한 기능이라 할 수 있는 의지의 명령에 의해서 지시를 받지 않은 사람들의 의지는 훼손된다. 사람의 의지는 다른 사람의 불법적인 침입에 대한 보호 장치이다. 우리는 신체에 대한 범죄는 저지르면 안 된다고 배운다. 그러나 정신을 침범하고 다른 사람의 의지를 지배해서는 안 된다는 것과, 아이이건 어른이건 다른 사람으로 하여금 어떤 사람의 무의식의 생각을 살피게 하는 게 온당하지 않다는 것을 누가 우리에게 가르치는가? 우리가 선택하는 사고는 일반적으로 우리 스스로가 생각한 사고이어야 하며, 교사의 역할은 각각의 아이들에게 세계에 대한 올바른 사고를 길어낼 수 있는 충분한 저장고를 제공해 주는 데 있다. 올바른 사고는 절대로 자기 표현(self-expression)의 문제가 아니다. 올바른 사고는 생각(idea)의 자극에 따라 흐른다. 그리고 우리는 책과 그림 안에 있는 다른 사람의 삶과 다른 국가를 관찰하여 생각(ideas)을 저장한다. 이 생각이 양심을 가르치고 의지를 자극하며 어른이나 아이는 '선택을 한다'. 그들에게 접근해 온 사람들로 하여금 의지력이 참견을 받도록 하고, 판단이 제안을 받도록 하고, 행동이 지시를 받도록 허락한 위정자들의 연약함으로 어떻게 커다란 영국연방이 해체되었는지를 최근에 한 유능한 정치가(Memoirs of Count Witte, 역자 주-러시아 총리 세르게이 비유 백작의 회고록에서)는 보여주었다.

    공황 상태에 빠질 필요는 없으나 교육의 위대한 목적들 중에 하나는 의지를 강화하는 데 두어야 한다. 아마도 영혼의 도시에 대한 지도를 연구하는 게 우리에게 지침을 줄 수 있을 것이다. 적어도 아이들 앞에 그 도시의 부유함에 대한 조감도를 펼쳐 주어야 한다. 아이들은 모든 인간 안에 존재하는 위대한 유산인 위대한 세상으로 들어갈 수 있는 놀라운 능력에 대해서 스스로 배워야 한다. 그것의 모든 아름다움과 모든 사상은 모든 사람에게 열려 있다. 모든 사람이 그 세상의 유익을 위해 봉사할 수 있으며, 하나님 나라의 비전을 갖게 된 곳에서부터 누구나 그 매력이 넘치는 산에 오를 수 있다. 사람은 몸의 감각과 식욕을 통해 자신의 몸에 관한 무언가를 알아야 하며, 상상력과 심미적 감각으로 자신의 지적 능력을 알아야 하고 사랑과 정의에 의한 명령을 통해 자신의 도덕적 본성을 알아야 한다. 그리고 사람은 인간의 영혼을 공격하는 위험성이 얼마나 되는지 깨달아야 하고, 동시에 자기지도(self-direction)의 의무가 자신 안에 있다는 사실을 알아야 한다. 더불어 지성과 상상력, 굶주림과 갈증이 그러한 것처럼 방향설정(direction)을 위한 능력이 사람 안에 박혀 있다는 사실도 알아야한다. 이러한 다스리는 능력이 바로 양심과 의지이다. 역사, 시, 산술, 그림에 대한 교육 전체의 질서는 양심이 규칙적이고 단계적인 방향설정 없이는 질서 있는 삶에 무능하다는 가정에 근거한다. 의지와 관련해서도 우리는 지도가 필요하다. 사람들은 일반적으로 의지의 작용은 자동적이라고 추측하지만, 인간의 영혼의 어떤 힘도 자동으로 작용하지 않는다. 다른 모든 힘들을 조율하는 의지의 사용 방법에 대한 얼마간의 연구는 인간 영혼의 왕국의 최고의 기능을 이해하는 데 도움이 될 것이다.

    우리는 적어도 10대 초반의 아이들에게 표류의 가능성, 즉 의지가 아무 역할도 하지 못하는 곳에 식욕과 욕망에 이끌린 방만한 삶의 가능성이 있다고 일러 주어야 한다. 또한 온전한 한 사람으로서 자신이 가고자 하는 대로 기꺼이 의지를 발휘하는 고유한 힘과 책임감을 가질 수 있는 가능성에 대해서도 마찬가지이다. 그리고 아이는 몇 가지 다른 오류에서도 보호를 받아야 한다. 아이는 칼을 달라고 떼를 쓰거나 식탁보를 잡아당기겠다고 고집한다는 이유로 강한 의지를 가지고 있다고 하는 얘기를 집에서 들어왔다. 아이는 역사 수업에서 그리고 이야기와 시를 읽으면서 완고하고 고집스럽게 자기주장을 관철하는 사람들을 만나게 된다. 아이는 경솔한 소년 페이톤(Phaeton)을 비웃으며, 사려 깊은 눈으로 에서를 평가하고 더 높은 인정을 받은 야곱보다 에서가 더 매력적이라고 생각함에도 불구하고 에서는 고집스럽고 야곱은 의지가 강하다고 인식한다. 아이는 이것과 다른 많은 사례를 통해, 강한 의지는 '좋은 것'과 비슷한 말이 아니며 혹은 자신의 뜻대로 하겠다는 결정과 비슷한 말이 아니라고 인식한다. 아이는 독서를 하면서 우연히 마주치는 인물들을 고집스러운 사람들과 의지의 지배를 받는 사람들로 구분하는 법을 배운다. 그리고 이것이 결코 선과 악을 구분하는 선은 아니다.

그러나 이것은 충동적이고 자기 만족적이며 자기 유익을 추구하는 사람들과 비록 그것이 밀턴의 사탄처럼 끔찍한 목표일지라도 그들 자신의 너머에 그리고 자신의 외부에 목표를 가지고 있는 사람들 사이를 구분한다. 따라서 아이는 단지 의지를 발휘해야 할 뿐 아니라, 자신의 외부의 대상에 대해 의지를 발휘한다는 결론에 이른다. 아이는 루이 11세를 통해 비열한 사람과 위대한 왕을 인식하는 법을 배울 것이다. 왜냐하면 그 자신이 아니라 프랑스가 그의 비뚤어진 정책의 대상이었기 때문이다. 의지는 또한 느리게 성장하고 제시된 생각들(ideas)을 자양분으로 삼아 자란다. 그렇게 해서 모든 것들이 적절히 교육받은 아이의 유익을 위해 함께 작용한다. 격동하는 사람은 의지의 지배를 받지 않고, 충동이나 열정 그리고 욕망의 지배를 받는다는 사실을 아이들은 알아야 한다. 그러나 가치가 없거나 악한 목표를 동반하는 부단한 의지를 갖는 것도 가능하며 선한 목표를 향해 한결같은 의지를 가졌지만 가치 없는 수단으로 그 목적을 달성하는 것조차도 가능하다. 소박하고 교정된 의지, 즉 우리 주님께서 말씀하신 '성한 눈(single eye, 역자 주-마 6:22~23)'이 정직한 생활과 섬기는 삶을 위해 필수적이고 유일한 조건으로 보인다. 그러나 좋든 나쁘든 항상 의지의 첫 번째 조건은 자신의 외부를 대상으로 한다. 이러한 의지를 이해하는 아이들은 자기 수양을 이상적으로 여기지 않기 때문에 일본에서 무사도가 왜 대단한지 궁금해 하지 않으며, 브라우닝이 그의 시 '동상과 흉상(The Statue and the Bust)'에서 제기하는 문제에 착수할 것이다. 통치가 왕의 독특한 기능이듯이 의지도 사람에게 독특한 기능이라고 아이는 서서히 인식할 것이다. 통치가 없는 왕이 왕이라 말할 수 없듯이 사람이 의지력을 발휘하지 않으면 그 사람은 사람답지 못한 사람이 된다. 그러나 부단한 의지조차도 상승과 하강의 시기가 있으며, 의지력이 하락하는 시기를 헤쳐 나가는 방법이 삶의 비결 중 하나이다.

아이는 또한 자신의 의지가 육체의 욕망, 눈의 욕망, 인생의 허영으로부터 비롯된 유혹의 대상이 된다는 사실을 배워야 한다. 사람의 의지는 혼자 행동하지 않는다. 의지를 발휘하는 데는 그 사람 전체가 필요하며, 사람은 자신의 온갖 능력이 얼마나 훈련과 지도 아래 있는가에 비례하여 의지를 지혜롭고 정의롭게 발휘한다. 의지를 발휘하기 위해서는 먼저 깨달아야 한다. "어찌 깨닫지 못하느냐?"고 우리 주님은 유대인에게 말씀하셨으며, 우리 대부분도 그와 같아서 잘 깨닫지 못한다. 우리는 오지 않는 위대한 기회들을 기대하면서도 바로 우리 안에 있는 의지의 행동 영역은 보지 못한다. 삶에 대한 관심은 건강해야 하며, 건강한 정도에 따라서 기회들과 사용할 수 있는 능력들이 뒤따른다.

영혼의 왕국의 다른 모든 능력들과는 달리 의지는 자신이 원하는대로 행할 능력이 있는 자유로운 주체이다. 그리고 의지가 해야 할 한 가지는 선택하는 일이다. "오늘 너희는 선택하라."(역자 주-여호수아24:15)는 일상의 모든 일에서 우리 각자에게 오는 명령이며 의지의 직무는 선택이다. 그것이 두 연인이든 두 개의 드레스 사이에서 내리는 결정이든 선택, 즉 결정하는 노력은 쉽지 않다. 그래서 많은 사람들은 옷, 방, 독서, 유흥, 감탄할 그림, 친구를 선택하는 일에 유행을 따라 선택을 최소화한다. 우리는 다른 사람을 위한 선택에는 열심이면서도 정작 우리 자신을 위한 결정의 책임은 회피한다.

집안의 가장, 국가, 교회, 그리고 하나님의 법에 항상 순종하는것에 대해 무슨 말을 해야 할까? 순종은 인격을 지탱하는 시험대이고 이는 선택에 의한 순종이어야 한다. 순종의 선택은 고단하기 때문에 어린아이들은 순종의 습관을 훈련해야 한다. 그러나 당당한 모든 아이들은 권위가 있는 모든 사람에게 순종하기를 선택하도록 배운 아이들이다.

그러한 순종은 기사도의 본질이며 기사도는 자기의 유익을 구하지 아니하는 마음의 성질이다. 기사도적인 사람은 한결같은 의지의 사람이며, 알다시피 그러한 의지는 개인의 이익을 목적으로 계속 행사될 수 없다.

우리가 무엇을 선택하는지를 파악하는 게 좋다. 사물은 오직 생각들(ideas)을 나타내는 표지일 뿐이다. 하루에도 서너 번 우리는 우리의 마음에 제시된 두 가지 생각(ideas)을 발견할 것이며, 우리는 옳고 합리적인 근거를 바탕으로 선택을 해야 한다. 그러므로 선택 의무를 온전하게 행하도록 힘써야 하며, 최저 가격으로 최고를 얻는 게 우리의 직무라는 부정직한 오류를 경계해야 한다. 가장 싸고 최신 유행을 좇는 것은 의복과 장신구, 가정용품, 실내장식의 문제에만 국한되지 않는다. 우리는 동일한 불안과 불확실성으로 의견과 생각들(ideas)을 좇는다. 신문에 나오는 어떤 유행 그리고 어떤 관념이든 우리는 열심히 선택한다. 다시 강조하지만, 의지가 바로 그 사람이다. 의지의 직무는 선택하는 일이다. 선택하는 일에서 벗어나는 여러가지 방법이 있겠지만, 그것은 항상 "너희가 섬길 자를 오늘 선택하라."고 말한다. 하나님을 섬길지(사람도 포함한다) 그리고 자신을 섬길지 두 가지의 섬김이 우리 모두에게 열려 있다. 만약 우리의 목표가 단지 성공, 일신의 안일, 삶에서 모든 가능한 편안함, 사치, 즐거움에만 있다면 우리는 자신을 섬기는 셈이다. 그리고 자신을 섬기는 데는 어떤 의지 행위도 필요하지 않다. 식욕과 욕망이 항상 가까이에서 필요한 노력에 박차를 가하기 때문이다. 하지만 우리가 하나님과 이웃을 섬긴다면, 제시되는 생각들(ideas) 사이에서 선택할 때 우리는 항상 경계해야 한다. 인생에서 학창시절은 일 년 중 봄과 같다. 우리는 먹고 마시고 골프를 치고 비싼 차를 모는 게 직무인 듯이 보이는 사람들을 세상에서 만나게 된다. 그 사람이 우리가 알지 못하는 자신의 인생의 깊은 곳에 무언가 다른 직무를 가지고 있을지도 모르겠으나, 우리가 보기에 그 사람은 자신을 섬기는 일에 집중되었다. 그러나 당신은 또한 의미 있는 일을 하는 위치에 있는 다른 사람을 만나기도 하는데, 그 사람의 생각(ideas)은 학교에서 그리고 대학에서 그 사람을 가르쳤던 위대한 사람들에게서 수용했던 생각이다. 그리스의 연극이 그 사람의 취미이며 그 사람은 위대한 사고에 열려 있고 섬길 준비가 되어있다. 왜냐하면 우리는 젊었을 때 배운 것을 평생 실행하며 살기 때문이다.

의지가 우리의 행동과 사고에 영향을 미치기는 하지만, 그 직접적인 작용은 양심과 이성이 양쪽에 서 있는 좁은 샛문(Postern)에 국한되어 있으며, 그곳은 생각들(ideas)이 스스로 제시되는 곳이다. 그 생각을 수용할까? 아니면 거절할까? 의지가 최고의 위치에 있으며 의지의 행동은 우리가 수집한 모든 원칙과 형성한 의견들을 가지고 결정한다. 우리는 개념을 수용하고 그것을 심사숙고한다. 처음에 우리는 막연히 그것에 따라 행동할 의도였다. 그러나 그런 다음 우리가 분명한 목적을 형성하고 결심하고 나면 행동이나 보편적인 정신의 타협이 따라온다. 우리는 러드야드 키플링(Rudyard Kipling)이 한때 담배 가게를 소유하기를 원했다는 이야기를 알고 있다. 그는 왜 그랬을까? 그는 이 방식을 통해 매주 담배를 사러 오는 사람들과 접촉을 할 수 있었기 때문이었다. 다행이도 그는 흡연자가 되지 않았지만, 처음에 그를 움직였던 그 생각(idea)은 그의 평생 동안 작용했다. 그는 항상 주변에 사람들이 있었으며 그의 이야기와 책들을 통해서 그가 얼마나 많은 젊은이들이 '용감한 선장(역자 주-Captains Courageous, 키플링의 소설)'이 되도록 감동을 주었는지 누가 알겠는가!

그러나 여론과 이성에 지지를 받은 가치 없는 생각이 요새의 옆에 난 문에 나타난다고 가정해 보자. 양심은 어느 쪽에 탄원을 할 것인가? 의지는 맞서 싸우다가 곧 지치게 된다. 그러면 무엇을 할 것인가? 끝까지 싸울 것인가? 중세 교회는 마땅히 유혹으로 간주되는 나쁜 생각들(ideas)을 그렇게 처리했다. 그러나 채찍, 털 셔츠(hair shirt, 역자 주-중세시대 회개수단으로 입음), 돌 벤치, 수척해진 체격은 그다지 성공적이지 못한 대결전을 설명해 준다.

지나치게 긴장한 의지가 휴식을 요구할 때, 항복점(역자 주-탄성 한계를 넘어 되돌아가지 못하는 점)으로 인해 긴장을 풀지 못할 수 있다. 그러나 오락이나 기분 전환(라틴적 사고는 우리가 필요로 하는 아름답고 적절한 이름을 제공해 준다)을 찾아 볼 수 있고 또 그래야만 한다. 육체적이거나 정신적인 일의 변화도 매우 좋다. 그러나 그 밖의 변화가 용이하지 않은 상황이라면 아무리 시시하더라도 무언가 다른 일을 생각해 보자. 우리 자신에게 문제의 주제에 대해 생각해야 할 사고를 제안하지 않는 한, 새로운 넥타이, 새로운 모자, 읽고 있는 이야기책, 만나고 싶은 친구 등 어떤 것도 가능하다. 의지가 지금 원하는 것은 논쟁에 대한 지지가 아니라 휴식, 변화, 전환을 통한 회복이다. 그러고 나면 의지는 놀랍도록 짧은 시간 안에 본연의 임무로 돌아갈 수 있다. 아무리 따분하고 지루하고 어렵고 위험해도 바로 오늘 의무의 길을 선택할 것이다. '의지의 사용 방법'은 능력의 비결이며 모든 사람들이 갖춰야 할 자제력의 비결이다. 이는 실제적으로 옳은 일을 손쉽게 하기 위해서나 신앙생활의 발전을 위해서 뿐만 아니라 아이들의 지적인 안녕을 위한 비결이기도 하다. 자유의지라는 주장은 정당한 주장이다. 의지의 대상이 옳든 그르든 오로지 의지만이 자유롭다. 의지는 선택의 문제이며 자유로운 선택이 아닌 선택은 없다. 그런데 우리는 자유의지를 자유 사고로 바꾸는 경향이 있다. 우리는 스스로 지적 무정부주의를 허용할 뿐 아니라, 마음의 감정이나 육체의 정욕만큼 정신의 사고를 정돈하는 일이 온전히 의지에 달려 있다는 사실을 잊어버렸다. 우리의 사고는 우리 자신의 것이 아니며, 우리는 선택할 때 자유롭게 사고하지 못한다. "오늘 너희는 선택하라."는 명령은 스스로에게 받아들이도록 허락한 사고에 해당된다. 의지는 인간 영혼에서 수용하고 거절할 수 있는 유일하게 자유로운 주체이다. 그러므로 인간의 온전함이나 도덕적 진실성에 비해 너무 많이 입증된 모든 지적인 문제에 대해 의지가 책임이 있다. 우리는 피상적인 일이든 심오한 문제든 우리가 원하는 대로 자유롭게 생각할 수 없다. 따라서 삶을 영위하는 데 필요한 크고 작은 일에서 지도를 받은 양심과 훈련된 이성이 의지를 지원한다.

의지의 조율 능력은 갑작스러운 결심의 문제가 아니다. 마치 우리가 무의식적으로 그리고 자동적으로 공기를 들이 마시듯이, 그 능력은 다른 사람들, 즉 고대와 당대의 인물들의 삶과 사상에서 비롯된 교훈과 모범이 유입된 느리고 질서 정연한 교육의 결과물이다. 그러나 선택의 순간은 즉각적이고 의지는 자발적이다. 따라서 교육의 목적은 이런 즉각적인 선택과 매일매일 나타나는 자발적인 행동에 준비되도록 하는 데 있다.

젊은이들에게 의지의 사용 방법의 비밀을 제공하면서 자기 인식(self-knowledge), 자기 존중(self-reverence), 자기 통제(self-control)를 제시할 때, 아마도 주의가 필요할 것 같다. 모든 적절한 교육은 외부를 향해야 한다. 자기이익에 집중되어 있는 정신은, 비록 그것이 모든 미덕의 이득이 될지라도, 인생에서 더 높고 더 순수한 비밀을 놓치게 된다. 의무와 봉사는 아이가 거의 의식하지 못하고 겪는 의지의 고된 훈련을 위한 충분한 동기가 된다. 학생이 겪는 점진적인 의지의 강화는 영혼의 도시나 국가에 얼마나 큰 결과를 가져오든지 그 자신에게는 거의 감지되지 않는다. 의지, 즉 자유의지는 자기 밖에 있는 대상을 가져야 한다. 그리고 이에 대해 한 시인은 가장 결정적인 말을 해주었다.

"우리의 의지는 우리의 것이다, 그 방법은 몰라도
우리의 의지는 우리의 것이다, 그것을 당신의 것으로 만들기 위한"

9장
이성의 사용 방법

우리는 아이들이 자기자신의 명철에 너무 의존하지 않도록(너무 자만하지 않기를) 가르쳐야 한다. 이성의 기능은 (a) 수학적 사실과 (b) 의지에 의해 이미 받아들여진 최초의 생각에 논리적인 증명을 제공하는 데 있기 때문이다. 전자의 경우, 이성은 실제적으로 오류가 없는 안내자가 되지만, 후자의 경우에는 항상 안전한 안내자는 아니기 때문이다. 왜냐하면 이성은 최초의 생각이 옳고 그른 것과 상관없이 반박할 수 없는 증거들을 통해 그 최초의 생각을 확증해주기 때문이다.

그러므로 아이들은 그러한 가르침을 이해할 만큼 충분히 성숙해지면서 한 인격체로서 생각(idea)을 수용하고 거절하는 게 자신들에게 주어진 아주 중요한 책임이라는 사실을 배워야 한다. 우리는 이러한 선택을 돕기 위해서 아이들에게 행동의 원리들과 더불어 광범위하고 적절한 지식을 제공해 준다.

갑자기 멈춰서 그 자신의 이성의 행동을 관찰할 수 있는 모든 아이들과 어른들은 신세계를 발견한 콜럼버스와 같다고도 할 수 있을 것이다. 일반적으로 우리는 우리 편에서 이성에 주의를 기울이지 않고 이성이 어떤 일을 수행하도록 두지만, 때로는 놀라서 감탄하는 순간이 오기도 한다. 저것보다는 이 카펫을 선호하고, 다른 길보다 이 길을 더 우선하며, 밥 브라운보다 이 친구를 선택했던 수많은 논쟁들이 눈앞에 하나 하나씩 펼쳐지는 것을 보게 될 때가 바로 그때이다. 왜냐하면 이성에 의해서 제안되었던 모든 찬성은 배후에 있는 어떤 반대에 대한 갑론을박이기 때문이다. 두 사람이 추론할 수 있는 일치된 하나의 의견이 없을 때 어떻게 해야 하겠는가? 음식, 옷, 게임, 교육, 정치, 종교에 대해 두 사람은 각각 반대편을 선택한다. 그리고 각자는 자신의 주장을 강화하기 위한 더 강력한 증거에 의해 이미 확신 하고 있지 않다면 상대를 납득시켜야 하는 틀림없는 증거를 제시하게 될 것이다. 역사나 소설의 모든 인물들이 이 이론을 뒷받침해 준다. 아마도 올바른 추론을 하는 데 아이들이 이러저러한 결론을 선호하여 주장을 펼쳐 나가도록 하는 것만큼 더 좋은 훈련은 없을 것이다.

이와 같이 위대한 맥베스 장군은 눈부신 승리를 거둔 전쟁에서 귀환하였고, 그의 머리와 가슴은 한껏 부풀어 있었다. 그가 성취 못 할 게 무엇이란 말인가? 군대를 다스릴 뿐만 아니라, 그가 나라를 다스릴 수는 없겠는가? 이성은 그가 위대한 일을 할 수 있는 단계를 전개한다. 위대한 일, 아, 그러나 그것이 합법적인가? 가능한 위업인가? 양심이 더 이상 지지해 주지 않을 때 우리 모두가 운명론에 도피하려는 경향성을 보이듯이, 아슬아슬하게 때를 맞추어 그는 '운명의 세 여신'을 만난다. 그는 귀족 코도르처럼 될 수도 있다. 보라, 확증서가 현장에 도착했다. 그는 왕도 될 수 있다. 만약 이것이 정해진다면, 그는 무엇을 할 수 있을까? 그는 더 이상 자유로운 주체가 아니다. 수많은 타당한 주장들이 스스로 펼쳐지며 그의 안에 있는 능력을 실행할 기회만 갖게 된다면 스코틀랜드와 온 세상, 그의 아내와 그 자신이 어떻게 높아지며 부흥하며 축복을 받을 지를 보여주었다. 기회? 이미 결정되었다. 수단과 방법을 찾는 것만이 그에게 남겨졌다. 그가 상상력이 결여되지는 아니하였으니 그는 시적인 정신도 가지고 있었고 어렴풋이 예견된 공포 앞에서 움츠러들기도 했다. 그러나 이성이 그를 도우러 왔으며, 선견지명을 가진 정신에 앞서서 피비린내 나는 온갖 비극이 점진적으로 초래되었다. 우리가 처음 맥베스를 만났을 때 그는 명예로 가득한 사람이었고 친구들의 군대였으며 왕의 후한 신임을 받는 자였다. 변화는 갑작스럽게 이루어졌다. 우리는 아마도 이성이 모든 관점에서 그를 정당화했다고 믿을 것이다. 그런데 이성이 일을 개시하지는 않는다. 야망에 의해서 작동한 의지가 높이 솟은 위대한 개념을 이미 허락했고, '운명의 세 여신'이 그의 욕망에 형체를 주었다. 의지가 제공하는 이런 찬조가 없더라면 운명의 예언이 뱅코우에게 했던 것 이상으로 그의 행동에 영향을 미치지 못했을 것이다.

하지만 이성이 악의적이며 단지 나쁜 조언의 촉진제라고만 간주해서는 안 된다. 간호사 카벨(Nurse Cavell), 잭 코넬(Jack Cornwell), 로버트 경(Lord Roberts), 고든 장군(General Gordon), 퀴리 부인(Madame Curie) 등은 우리도 영광스러운 행동을 배출하는 사상의 흐름을 따라 갈 수 있다는 충분한 암시를 남겼다. 나이팅게일이 그녀를 사로잡았던 동점심을 어떻게 수용하고 환영하고 도출해 냈는지 우리는 알고 있다. 그리고 아프고 고통 받는 군대의 환자들을 살리는 그녀의 위대한 기획이 어떻게 수많은 난관을 극복했는지, 그녀를 움직였던 똑같은 설득력 있는 주장을 어떻게 권위자들에게 전달했는지를 우리는 알고 있다. 그것은 중세시대 교회의 행복한 사고였는데, 주창자들에 의해 선택된 일곱 교양학과(seven Liberal Arts)로 각각의 선도적인 사상이며, 자신의 이성이 제기한 주장으로 다른 사람을 설득할 수 있는 가능성을 나타내는 사고이다. 프리스키아누스(Priscian)는 문법을 세상에 가르쳤다. 피타고라스, 아르키메데스, 그리고 유클리드의 이름은 여전히 사람의 이성에 호소하는 과학을 상징한다. 그러나 선악에 대한 위대한 지적 진보와 발견 또는 세계적인 변화를 가져오는 사건 만이 오로지 이성의 설득력을 드러내는 게 아니다. 크든 작든 어떤 사람의 이성이 철저하게 작용하지 않은 물건은 사용되지 않는다. 소파, 서랍장, 배, 장난감 병정 상자들은 모두 점차적으로 고려된 물건들이다. 발명가는 자신의 발명품이 바로 사용될 수 있을 정도로 장점을 고려했을 뿐만 아니라 단점을 극복하기도 했다. 유용하거나 아마도 아름다운 그 물건이 어떻게 생겨났는지를 고찰하는 수고를 마다하지 않는 사람은 어디에나 있다. "너는 어떻게 그것을 생각해 냈어?"는 아이에게 질문해 볼 가치가 있는 말이다. 아이가 고안한 새로운 게임에 대해 혹은 자신이 이름을 지어주고 사람을 거주하게 하고 통치하는 새로운 상상의 나라에 대해 당신에게 설명하러 오면, 아이는 아마도 무엇이 먼저 '아이의 머리에 그것을 집어넣는지' 그리고 그 이유들이 아이에게 어떻게 차례로 생겨났는지를 말할 것이다. '너는 어떻게 그것을 생각해 냈어'라는 질문 후에 아이에게 생기는 다음 질문은 "그 사람은 어떻게 그것을 생각해 냈을까?"이다. 그리고 아이는 자신의 머리에 들어온 첫 번째 개념과 어떤 물체의 완성, 행성의 발견, 법칙의 생성으로 나아간 합리적인 단계들을 구분할 것이다. 때때로 아이가 범죄 심리학에 관심을 가질 필요도 있다. 아이는 이성이 어떻게 범죄의 정당성에 대한 확실한 증거를 가져오는지를 이해하게 될 것이다. 가인으로부터 최근의 강력 범죄자에 이르기까지 모든 범죄 행위는 범인 안에 저절로 생기는 합리적인 주장들에 의해 정당화 된다. 뱀이 '운명의 세 여신'의 역할을 할 때 이브가 속아 넘어갔던 주장을 우리는 잘 알고 있다. 그 나무는 먹음직도 하고 보암직도 하고 지혜롭게 할 만큼 탐스럽기도 한 나무였다. 이는 순종에 대한 반대 항변을 제압할 만큼 그럴듯하고 훌륭하며 설득력 있는 주장들이다. 아이들도 자신들 앞에 이러한 주장들이 놓여 있다는 사실과 잘못된 일을 하려고 할 때마다 그 잘못된 일에 대한 훌륭한 이유들이 나타난다는 사실을 알아야 한다. 그러나 다행스럽게도 아이들이 옳은 일을 하려고 할 때에도 올바른 행동을 위한 설득력 있는 이유들은 그에 못지않게 나타난다.

　추론하는 연습을 충분히 해보거나 실제 인물이건 이야기속의 인물이건 다른 사람들의 이성에 대해 추적을 해보면, 아이들은 합리적이다는 말과 옳다는 말이 비슷한 용어가 아닐 수 있다는 결론에 쉽게 도달할 수 있다. 이성은 시종이지 지배자가 아니며 아이의 왕국에서 영혼을 돕는 시종 중 하나에 불과하다. 한 국가보다는 훨씬 작은 규모의 한 사람의 통치에 있어서 식욕, 야망, 안락함에 대한 사랑 이상으로 이성을 신뢰해서는 안 된다. 왜냐하면 권리에 대한 잘못된 방향을 위해서도 논리 정연한 주장이 발휘되기 때문이다. 누구나 이성의 무의식적인 작용을 알 수 있는데, 자신의 편에서 어떠한 행동이나 의도가 없어도 정신 안에 온갖 아름다운 단계들이 서로 뒤쫓아 오기 때문이다. 그러나 사람이 자신도 어찌할 수 없는 생각 때문에 서둘러 악에 빠졌다고 추측할 필요는 전혀 없다. 왜냐하면 이성이 악을 시작하는 게 아니기 때문이다. 이브가 선악과 앞에 서 있었을 때와 같이 오로지 사람이 어떤 방향이나 계획에 대한 생각을 선택할 때, 이성은 비로소 역할을 한다. 따라서 사람이 선한 목적에 대해 생각하기를 선택하면 많은 훌륭한 이유들이 그 사람을 지지하기 위해 서둘러 따라온다. 그러나 사람이 잘못된 관념을 즐거워하기를 선택하는 순간, 그 잘못된 관념이 옳다고 증명하는 수많은 주장을 가지고 잘못된 의도를 강화하는 이성의 종을 울리는 셈이다.

세상이 오류로 가득할 때, 이성의 기능에 대한 올바른 인식은 우리 모두에게 커다란 도움이 될 수 있다. 젊은이나 노인이나 다른 사람들을 존중하는 개인의 겸손은 질서정연한 본성에 적합하며, 이러한 겸손은 여론이나 가치 있게 여기는 사람들의 의견이 온당하게 뒷받침하는 결론을 기꺼이 받아들이게 만든다. 그럼에도 불구하고 무의식적으로 다가온 주장을 통해 가해자에게 정당화되어 자신의 이성에 의해 누적된 힘이 없었다면, 아마 가해자는 어떤 잘못을 저지르거나 잘못된 말을 하지 않았을 것이며, 어떤 범죄도 저지르지 않았을 것이다. 셰익스피어가 틀린 것인가? 그리고 만약 셰익스피어가 틀렸다면, 우리는 자기의 악행을 흡족해하는 사람을 악인이라고 생각할 수 있으나 행동의 관점에서 사실 그는 자신에게 위선자는 아닌 것이다. 이것은 인간의 본성에 어긋나지 않은가? 셰익스피어 위대하다! 마침내 리처드가 비할 데 없는 자신의 악행을 보았을 때, 스스로 밖에 나가 목을 매는 규칙에서 아마도 그는 예외였던 것 같다. 그리고 리처드는 마지막에 "나도 나 자신을 불쌍히 여기지 않는다."는 말도 하지 않았다. 이성은 우리가 제안하는 어떤 일에나 좋은 얼굴로 가장한다는 사실을 우리 자신이나 아이들은 알고 있어야 한다. 그리고 우리가 옳다고 증명할 수 있다는 사실이 정당성을 입증하지는 않는다. 왜냐하면 이성이 긍정하지 않는 한 수용 가능한 이론은 단연코 없으며 고려해 볼 수 있는 행동도 없기 때문이다. 당연히 우리는 수많은 확실한 증거를 통해서 베이컨이 셰익스피어를 썼으며 그리고 어떤 기발한 사람이 작업한 일련의 주장들을 통해 증명하여 존슨 박사가 성경을 썼다고 알게 될 수도 있다. 왜 아니겠는가? 프랑스인들이 신성한 명예를 위해 이성의 여신을 선택했을 때, 논리적인 사상가의 나라를 위하여 그들은 엄청난 과오를 범했다. 그러나 진실로, 아마도 그들이 논리적인 나라이기 때문에 그렇게 했을 것이다. 논리가 바로 이성의 공식을 제공해 주기 때문에, 논리적으로 증명되었다고 해서 반드시 옳다고 할 수 없다. 우리는 동일하게 공정하고 동일하게 덕망이 있으며 누구든지 동료로 선택할 만한 두 사람이 거의 모든 질문에 반대 의견을 가지는 현상에 더 이상 놀라워할 필요가 없다. 각자가 논리적인 주장을 가지고 자신의 견해를 뒷받침하기 때문이다. 그러므로 감히 말하는데, 우리는 종교계 교조주의자와 정치계의 선동가, 과학계의 몽상가의 처분에 달려 있다고 할 수 있다. 우리는 이러저러한 의견의 선두에 서 있기 때문에 자신의 영혼도 구할 수 있다고 생각한다. 그러나 만약 이성의 아름답고 경이로운 작용에 대한 인식과 더불어 이성이 수반하는 한계를 인식하며 자랐다면 그렇지 않을 것이다.

우리는 미확정 논쟁에 대답할 수 있어야 하지만, 논리적인 반박에 의해서가 아니라 그러한 주장의 오류를 드러내고 우리 자신 편에서 반대 입장을 증명하는 방식이어야 한다. 예를 들어, '매우 사랑스럽고 몹시 짜증스러운 종종 비뚤어진 열성가이지만 본질적으로 실제적인' 칼 마르크스(Karl Marx)는 오늘날 사회주의 사상을 지배하고 있다. 선을 위해 혹은 악을 위해, 1848년의 마르크스 선언이 하나 하나 시행되고 있다. "가장 진보된 나라들을 위해 다음과 같은 조치가 매우 일반적으로 적용될 수 있다."라는 말을 우리는 듣고 있다.

(1) 토지 자산의 수용 및 국가 지출에 대한 임대료의 적용- 마르크스의 제안을 자세히 조사할 지면은 없으나, 한 가지 오류만은 생각해 보자. 토지의 임대료는 토지 주인의 풍요와 즐거움이라는 단독 사용으로 추측할 수 있다. 예를 들어 공개된 베드포드(Bedford) 공작의 세금 명세서는 공원의 재산에서 파생된 소득이 공원을 유지하고 세금을 내기에 부족하다는 사실을 보여준다. 다시 말하지만, 토지 소유자는 전반적으로 유리한 조건아래 있는 큰 규모의 노동력을 가진 고용주와 다르다. 게다가 넓은 토지 소유자 대부분은 개인의 비용으로 자신들의 토지를 아름다운 상태를 간직한 공공의 장소로 만드는 매우 중요한 자선을 유지하고 있다.

(2) 무거운 누진 과세법- 이 사실에 놓인 오류는 이 선언서에서 이익을 얻어야 하는 무산 노동자 계급이 그들의 숫자로 인해 필연적으로 규모가 큰 납세자가 되어야 한다는 데 있다. 그러므로 우리가 러시아에서 보는 바와 같이 무거운 누진세는 노동자들이 소멸할 때까지 그들을 압박할 것이다.

(3) 상속 폐지- 모든 사람을 동일한 수준으로 감소시키기 위한 조치가 고안되었다. 알다시피 계급의 폐지는 사회주의의 주된 목적

이다. 여기서 기저를 이루는 오류는 계급이 바다의 물 입자와 같이 계속적인 상하 운동에 따른 연속적인 유동 상태가 아니고 고정되어 있다고 가정하는 데 있다. 알다시피 소비에트 러시아가 아니어도 대부분의 문명화된 국가에서는 오늘 맨 아래에 있던 사람이 내일 맨 위에 있을 수 있다. 이러한 자연스러운 이동을 통제하려는 시도는 마치 크누트(Canute) 왕이 바다에게 명령하는 것과 같다.

(4) 모든 이민자와 반란자의 재산 몰수 - 강탈한 권위는 폭정에 의해서 지지를 받을 수밖에 없다. 그리고 최악의 폭정은 소비에트 연방공화국에서는 반드시 그래야 한다는 듯이 모든 사람이 명령을 내린다고 생각하게 요구하거나 사람들을 무력하게 만들기 위해 처벌하는 데 있다. 이것은 인간의 본성에 대한 오해에서 비롯된 오류이다. 사상의 자유와 운동의 자유와 같은 개념을 위해 사람들이 희생하지 못할 게 없는 법이다.

(5), (6), (7) 중앙집권화를 통해 신용, 운송, 공장, 생산도구를 국가가 직접 관리한다. 그런데 국가는 모든 사람들을 뜻하므로 사실은 노동자 계급이 직접 다양한 부와 재산을 얻는 수단을 갖추어야 한다.

논리적으로 검토된 국민의, 국민에 의한, 국민을 위한 국가에 대한 준비가 여기 있다. 그러나 여기에 놓인 오류는 그것이 어떤 변화도 일으키지 않고 단지 통치자들의 변화에 영향을 미치는 혁명에 기여한다는 데 있다. 소비에트 연방 공화국에서는 영속적인 사회적 유동성의 법칙에 따라 임의적이고 압제적인 새로운 지도자가 최고의 자리에 오를 것이다. 왜냐하면 그들은 전례와 관습에 얽매이지 않기 때문이다. 아이들은 그렇게 운영되는 국가의 나중 형편이 어떻게 처음보다 더 나쁘게 되었는지를 보여주기에 조금도 개의치 않을 것이다.

(8) 모든 사람에 대한 강제 노동의 의무- 소비에트 국가의 초기 개념은 적절한 자유와 공평한 조건을 모두에게 제공해 주는 것이었다. 그러나 실은 그런 국가의 계획에는 모든 사람들에게 징집과 군사 훈련을 요구를 할 필요가 있었던 것이다.

(9) 농업과 제조업의 연합경영- 도시와 농촌의 차이를 점차적으로 줄이기 위한 목표가 가능한 것일까? 이것은 우리 모두가 실제로 보고 싶어 하는 선언문 중의 하나이다.

(10) 모든 아동을 위한 공공 및 무료 교육- 우리는 '그것이 필요하거나 바람직할 수 있는 사람을 위하여'라는 조건으로 이것이 행복하게 수행되는 것을 보았다. 그러나 소비에트 공동체를 통해 형성된 교육의 개념에는 어려움이 있다. 무상교육에 대한 호소는 허울 좋은 눈가림이다. 그러한 교육의 취지는 다가오는 세대를 과격한 혁명의 원리로 훈련하려는 데 있기 때문이다.

10번째 원칙에 대한 검토를 계속해 보면, 다음 (b)조항은 '지금 형태의 공장 내 아동노동 폐지'를 요구한다. 거기까지는 좋다. 우리는 행복하게 이것이 폐지되는 것을 보며 살았다. 그 조항의 불길한 해석이 있을 수 있으나 표면적으로는 모든 선량한 시민들의 동의를 얻는다.

(c) 교육과 물질제조의 결합- 우리 또한 경제적인 동기로 근로청소년학교(Continuation School)를 통해서 공산주의자의 길을 가고 있다. 인류를 위한 더 나은 교육에 대한 우리의 노력을 좌절시키는 오류가 이 원칙의 밑바탕에 깔려 있다. 그것은 특정한 제조 공정을

지식 교육과 같은 비율로 배우는 아이가 교육에 전체 시간을 투자한 아이보다 미래에 더 나은 일을 한다는 가정이다. 이것을 증명할 수 있는 고용주들의 합의된 의견은 없었다. 그러나 반대로 주어진 아이가 잠재력이 많아 사업체에서 일을 금방 배울 때, 고용주는 오히려 만족할 것이다. 교육의 기능은 전문적인 기술의 제공이 아니라 사람의 개발이다. 사람다워질수록 어떤 일이든 더 잘하는 법이다. 그리고 내가 앞서 말한바와 같이 근로청소년학교 개념은 '인문학'의 대학교육 과정이어야 하며, 소위 말하는 '최고의 인문학', 이것이 어떤 의미에서 '최고'인지에 대해서는 논란의 여지가 있지만, 즉 고전(역자 주-그리스, 라틴어)어가 아니라 모국어가 제공하는 독창적이고 풍부한 인문학이어야 한다.

이러한 열 가지 마르크스 원칙들은 강의나 구두 수업이 아닌 토론을 위한 풍부한 토대를 제공해 준다. 이것은 '시사 문제'를 어떻게 아이들과 대화하는 기회로 활용하는지를 보여주는 예이다. 이런 방식이 학교 교육 과정의 특징이 되어야 한다. 아이들은 논쟁을 따르고 그들 자신을 위해서 오류를 감지해야 한다. 역사와 문학에 방부 처리 되어 있든, 파업이나 봉기 소식에 떠돌아 다니든, 이성은 정신의 다른 힘들처럼 작업할 재료가 필요하다. 아이들이 수학적인 준비만을 가지고 논란의 여지가 많은 세상을 직면하게 하는 것은 무모한 짓이다. 만약 우리의 직무가 아이들의 추론하는 능력을 훈련하는 데 있다면 그러한 훈련은 틀림없이 도움이 될 것이다. 그러나 추론 능력은 아이 안에 이미 존재하고 있으며, 단지 작업할 재료가 필요할 뿐이다.

다음의 주의사항은 반드시 마음에 새겨 두어야 한다. 이성은 사람의 다른 특징과 같이 습관에 종속되고, 취급하기에 익숙한 재료를 가지고 작용한다. 플라톤은 이 문제에 대해 공정한 판단을 내렸는데, 그는 수학이 공적이든 개인적이든 미로와 같은 복잡한 일에 실마리를 제공해 주지 않는다고 인식했다.

독서와 그날의 과업은 아이들 특유의 추론 능력을 즐겁게 사용하는 여지와 기회를 제공해 줄 수 있어야 한다. 또한 아이들은 자신들이 저지른 오류가 드러날 때, 다른 곳에서도 오류를 감지할 수 있게 더 잘 준비될 것이다.

우리는 무엇을 할 수 있을까? 모든 무의미하고 신성 모독적인 명제들을 토론하려고 아이들과 시간을 낭비해야 하는가? 아마 그렇지 않을 것이다. 그러나 우리는 아이들이 스스로 이 두 가지 특징을 분별할 수 있도록 하는 원리들에 대해 아이들을 도울 수 있다. 아무 기초도 없고 어떠한 것에도 이르지 못할 때 명제는 무의미하다. 거기에다가 신성모독은 죄이며 전능하신 하나님께 뻔뻔스럽게 구는 죄이다. 말하지 않아도 하나님은 경외할 분이시며 놀랍고 사랑스럽고 정의롭고 선하심을 우리는 안다. 그것은 마치 태양이 빛나고 바람이 부는 것만큼이나 확실하다. 아이들은 또한 우리가 법칙이라고 부르는 일들이 너무나 변함없이 정기적으로 일어나고 있기 때문에 기적이 덜 기적적이라 여겨진다는 사실을 인식하며 자라야 한다. 나무에 물이 오르는 것, 삼촌의 눈을 가진 소년이 태어나는 것, 우리의 진지한 기도에 우리가 인식할 수 있는 대답이 오는 것, 이러한 일들은 더 이상 기적적이지 않게 되었다. 왜냐하면 그러한 일들은 자주 그리고 예외 없이 일어나기 때문이며 우리가 그러한 일들에 대해 놀라워하기를 그쳤기 때문이다. 우리 주님께서 길에서 수많은 기적을 행하셨을 때 예루살렘의 사람들도 물론 그러했을 것이다.

"나의 아버지께서 일하시니 나도 일한다."라는 말은 나라들과 개인들에게 명령하시는 법칙이라는 사실을 인식하고, "나의 영이 영원히 사람과 함께 하지 아니하리니."는 모든 사람에게 끔찍한 경고임을 인식하며, 아버지와 그 아들이 끊이 없이 일하시기에 악행이 억제되고 선행이 장려가 된다는 사실을 인식하는, 아이에게는 삶 전체가 놀라움과 경배의 사건이기 때문에 기적이 일어날 때가 인생 최고의 순간이 되지 않을 것이다.

다시 말하지만, 만약 우리가 불확실한 종교적인 소란에서 아이들을 지키기를 소망한다면, 우리는 아이들이 신앙이 무엇인지를 이해하도록 도와주어야 한다.

"나는 '신앙이 나의 개인적인 행복을 보장해 줄 것인가?' 하는 이 질문에 우리가 전적으로 답을 해야 한다고 생각한다. 그리고 그 대답은 '그렇지 않다'이다. 만약 우리가 그러한 행복을 염두에 두고 신앙에 접근한다면, 대답은 결코 틀림없이 절대로 '아니다'이다." (What Religion Is, by Bernard Bosanquet, D.C.L.)

여기 주저하는 영혼들을 떠들썩하게 압박하는 사이비 종교가 제공할 수 있다는 최종적이고 확실한 답이 있다. 육체의 안락과 정신의 안도감이 이들에게 주어지고 상실감도 보상된다. 심지어 사랑하는 사람이 세상을 떠나는 최고의 상실감마저 보상된다. 소위 영매라고 부르는 강신술을 통해 죽은 영혼과 대화도 가능하며 믿음으로 치유도 가능한데, 이 믿음은 우리를 조종하는 치료사의 능력 안에 있는 믿음이다. 죄와 죄에 대한 슬픔은 우리와 상관이 없다. 우리는 주변의 불안한 영혼들을 멀리하며 지속적이고 밉살스러운 자기만족 속에서 살 수 있다. 만약 우리가 과연 죄와 슬픔, 불안, 고통이 없다고 의지를 발휘한다면, 이런 것들은 없을 것이기 때문이다. 말하자면, 신앙이 '나의 사적이고 개인적인 행복을 보장해 줄 것이다'라는 사고는 인생의 모든 괴로움과 비참함에서 나를 해방시켜 줄 수 있다. 이 행복한 면역력은 오로지 나의 의지의 능력의 범위 안에 있는 문제로, 신앙에서 중요한 사람은 나 자신뿐이다. 그런 경우에 나를 위한 신앙의 직무는 육체적이며 영적인 모든 불안감을 없애고 자기 만족이라는 열반 위로 나를 부양시키는 데 있다. 그러나 대답은 보산퀘트(Bosanquet) 교수처럼 "절대로 아니다."이다. 신앙은 나를 위해서 이러한 일들을 해주지 않는다. 이러한 일들을 해주는 신앙의 최종 모습은 자기자신 외에 어떤 관심도 없는 우상 숭배, 자기 숭배이기 때문이다. 인용문을 계속 살펴보자.

> "글쎄, 그러나 만약 그렇지 않다면, 무엇인가? 어떤 것이 좋은지 혹은 어떤 것이 대단한지를 평가하는 데 그것이 단순히 아무런 유익이 없다면, 어떻게 그것이 우리에게 의미가 있겠는가? 따라서 우리는 이 질문에 대답을 해야 한다. 그러나 조금 다른 질문이라면 대답은 아주 다르게 되돌아 올 수 있다. 예를 들어 우리는 이렇게 물을 수 있다. '신앙이 나의 삶을 가치 있게 만드는가?' 그리고 이에 대한 대답은 아마도 '신앙은 우리의 삶을 가치가 있게 만드는 유일한 것이다'가 될 것이다."

한마디로 "나는 하나님을 원하고, 하나님을 위해 지어졌고, 반드시 하나님을 가져야 한다."

물론 아이들은 믿음과 감미로운 사랑을 통해 하나님께 즉시 도달할 수 있다. 우리가 무엇을 더 가질 수 있을 것인가? '온유하신 예수님'이 아이들과 동행하시며 아이들의 잠자리도 지키신다. 천사들은 아이들에게 장관들이며 아이들은 하나님 나라의 모든 특전들을 향유한다. 그러나 애정만큼 이성도 아이들 안에서 활동적이라는 사실을 잊지 말아야 한다. 지난 세기말에 사람들은 아이들의 믿음에 합리적인 토대를 제공하는 올바르고 쉬운 방법을 가지고 있었다. 기독교 신앙의 모든 조항들은 '말씀의 증거'인 소요리문답 등에 의해 뒷받침되었고 이 방법은 아주 유용했다. 그러나 오늘날에는 말씀이 증명해야 하는 대상이 되었다. 만약 우리가 '말씀의 증거'에 의존하려면, 공격 지점을 바꾸어야 한다. 아이들은 삶의 모든 위대한 사실들 중 어떤 것도, 심지어 우리 자신이 살고 있다는 사실조차도 증명할 수 없음을 알아야 한다. 그러나 우리는 증명하지 않고도 아는 것에 의존해야 한다. 우리가 알고 있는 이 다른 종류의 확실성이 아이들에게도 세워져야 한다. 이성은 결코 오류가 없는 게 아니다. 오히려 가장 오류가 많으며 설득되기 쉽고 양쪽의 영향에 개방되어 있으며 의지가 수용한 개념이 무엇이든지 옳다고 증명하는 충실한 하인일 뿐이다. 일단 자신의 이성에 오류가 있을 수 있다는 가능성을 한번 확신하게 되면 우리는 반대자들의 추론에서도 오류를 감지할 수 있게 되고 온갖 이론의 바람에 휩쓸리지 않을 수 있게 될 것이다. 모든 엄마들은 상당히 논리적이면서 어리석은 아이의 그릇된 결론에 해답을 주는 게 얼마나 어려운지를 알고 있다. 그렇다고 이 어린 초보자들과 함께 중대한 사안을 다루는 일을 단념할 필요는 없다. 그러나 다만 때를 따라서 해야 한다. 확신 있는 아이들을 배출하는 일이 우리의 직무이긴 하지만, 삶의 중대한 질문들로 아이들을 지루하게 할 위험을 감수하지는 않아야 한다.

많은 아이들이 종종 자신들의 이성의 힘을 사용하는 단순한 즐거움 때문에 사소한 일에는 귀찮게 논쟁하는 반면, 비록 이 힘을 강화하거나 개발시키지 않아도 자신들 안에 있는 힘을 자유롭게 발휘하게 하는 공부는 싫어한다. 그러나 몇몇 아이들은 문법에서, 특별히 어미 변화에 거의 의존하지 않는 영어 문법에서 기쁨을 얻기도 한다. 산수 다시 말해, 수학은 단지 적은 비율의 학생에게만 흥미를 준다. 아이들이 얼마나 지적인지 상관없이, 수학 문제들은 끝까지 나머지 학생들을 당황스럽게 한다. 그러나 이 나머지 아이들은 문학과 역사에서 인생의 문제들을 이성적으로 풀어가는 일에 기쁨을 얻을 수 있는 아이들이다. 아마도 우리는 다수의 암묵적인 투표를 받아들여야 하고 유용하다고 여겨지는 공부에 과도한 비중을 두는 일을 중단해야 한다. 그런 공부는 아이의 추론 능력이 우리의 훈련을 기다리게 만들었으나, 아이들이 사랑만큼이나 이성으로 충만하다는 사실을 인식할 때 우리는 다른 입장에 있을 수 있다. 우리의 직무는 이 최고의 능력이 잘 발휘될 수 있는 풍부한 재료를 공급하는 데 있다. 마음이 맞는 사고의 분야에서는 어떤 발전이 일어나든 실천이 따라온다. 동시에 우리는 아이들이 이러한 즐거운 공부들 중 어느 것도 태만하게 하도록 해서는 안 된다. 아이들이 말의 아름다움과 특징들을 즐거워할 날이 올 것이며, 말이 진실의 매개체로서 거룩하기 때문에 말을 함부로 조작하거나 형태를 훼손해서는 안 된다는 사실을 깨닫게 될 날이 올 것이다. 우리는 그날을 기대하며 아이들을 준비시켜야 한다. 아이들이 자신들의 감각으로 문장을 저울질하는 데 익숙해질 때까지는 아마도 구문 분석은 연기해야 할 것이며, 문장의 세밀한 분석을 시도하기 전에 아이들이 비유적인 표현에 익숙하도록 해야 한다. 그리고 문법적 명칭들은 최소한으로 줄이는 게 좋다. 아이들이 무언가를 일반화하지 않는다는 사실은 아이들이 놀라운 근면성으로 세부 사항을 수집하고 있다는 뜻이다. 아이들은 감동을 있는 그대로 유연하게 유지하므로 아이들이 그것을 공식화하도록 재촉하지 않아야 한다. 만약 단어의 사용이 그 자체로 법칙이 된다면, 비유와 시구(詩句)의 언어는 얼마나 더 그러 하겠는가! 우리는 2 더하기 2는 4이며 우주가 어떤 가능성으로도 5 더하기 3을 4로 만들 수 없다는 논제에서 러스킨(Ruskin)이 얼마나 교훈적이고 인상적이었는지를 기억한다. 이러한 관점, 즉 불변의 법칙에 따라 아이들은 수학에 접근해야 한다. 같은 관점으로 자신의 사과는 항상 위로 떨어진다는 어떤 사람의 터무니없는 진술만큼 유클리드의 '터무니없다'가 얼마나 인상적인지 아이들은 알 것이다. 도형과 선의 성질은 고정된 불변의 법칙을 통해 떨어지는 사과와 같다. 그리고 가장 낮은 적용 분야에서도 이러한 법칙을 이해하기 시작하는 것은 대단한 일이다. 아이들이 산술에 접근하는 방식은 숫자를 규정하는 수많은 발견들이다. 아이는 다섯 사람에게 15펜스를 줄 때, 각각에게 6펜스 혹은 9펜스를 주지 않을 것이다. 그렇지 않으면 '터무니없다'가 아이에게 유죄 판결을 내릴 것이다. 이윽고 아이는 정답들이 순전히 자의적인 게 아니라 이성에 의해 도달한 사실임을 인식하게 될 것이다. 규칙이라는 개념을 드러내고, 어떤 법칙을 발견하기까지 심지어 새로운 법칙에 대해서 추측을 해볼 수도 있는 수학은 인간의 정신에 즐거운 학문이다. 그러나 모든 아이들이 프로 권투선수 챔피언이 될 수는 없으며 모든 아이들이 수학에 맞서 싸울 수는 없다. 그러므로 아마도 교사의 임무는 수학은 교육을 구성하는 여러 공부 중에 하나이며 모든 사람이 접근할 수 있는 공부는 결코 아니라는 믿음으로 아이들에게 가능한 많은 문을 열어 두는 데 있다. 따라서 수학이 지나친 시간을 독점해서는 안 되며 또는 시험관이 선호하는 공부에서 능숙함을 보이지 못했다는 이유가 유용한 직업들을 갖는 데 장애가 되어서는 안 된다. 왜냐하면 당연히 수학의 정답들은 고정되어 있고, 다른 과목에서 시험관들을 괴롭게 하는 성가신 망설임과 불공정에 대한 두려움이 없이도 평가할 수 있기 때문이다.

우리는 '이성적인 단호함, 온화한 의지, 지구력, 선견지명, 힘과 기술'에 정통한 아이들을 배출하게 될 것이다. 그러나 우리의 선한 의도에 과단성을 더해야 한다. 그리고 꾸준한 마찰을 통해, 다시 말해 수학적인 공부만을 통해서 훌륭하고 윤기가 있는 이성적인 영혼을 길러 낸다고 기대할 수는 없다.

10장

교과 과정
The Curriculum

우리는 보통의 아이들은 자신에게 적합한 모든 지식을 다룰 수 있는 고유한 정신적 능력을 가지고 있다고 믿기 때문에 아이들에게 온전하고 풍부한 교과 과정을 제공한다. 아이들에게 제공되는 모든 지식이 필수적이라 는 점만 유의하면서 고무적인 개념 없이 사실만을 제시하지 않는다. 이러한 개념으로부터 다음의 원칙이 나온다.

"교육은 관계의 학문이다."는 말은 아이는 수많은 사물과 사상과 자연스러운 관계를 가지고 있으므로 우리는 아이들을 육체적인 운동, 자연지식, 수공예, 과학과 미술 그리고 살아있는 책(living books)으로 훈련시킨다는 뜻이다. 왜냐하면 우리의 직무는 모든 지식에 대해서 어떤 내용을 가르치는 데 있지 않고, 아이들이 지식에 대해 첫(first-born) 친밀감을 최대한 많이 가지도록 돕는 데 있기 때문이다.

"우리의 새로운 존재가 이미 존재하는 것들에 어울리도록 하는 최초(first-born)의 친밀감" (역자주: William Wordsworth 시 인용)

일반적인 아이들을 위한 교과과정을 고안할 때, 사회적 계층에 상관없이 다음의 세 가지 요소가 고려되어야 한다.
(a) 아이들은 풍부한 지식을 필요로 한다. 왜냐하면 정신도 육체만큼 풍부한 음식이 필요

하기 때문이다.
(b) 지식은 다양해야 하는데, 천편일률적인 정신적 식단은 식욕(즉 호기심)을 만들어 내지 못하기 때문이다.
(c) 지식은 잘 선택된 언어로 전달이 되어야 한다. 왜냐하면 아이의 주의력은 문학의 형태로 전달되는 지식에 자연스럽게 반응하기 때문이다.

모든 세부 사항은 학부모연맹의 앰블사이드(Ambleside) 학교의 책임자로부터 얻을 수 있을 것이다. 이 단원의 다양한 부분을 위한 아이들의 답변 방식의 예시들은 작문 아래에 몇 가지 답안이 있는 경우를 제외하고는 공간의 부족함 때문에 생략되었다.

> 지식이 재생산될 때까지 지식이 자기화 되지 않기 때문에, 아이들은 한 번 읽거나 들은 후에 '다시 말하기'를 해야 한다. 그렇지 않으면 읽은 내용의 일부를 작성해야 한다.
> 아이들은 본성적으로 대단한 집중력을 가지고 있기 때문에 한 번만 읽기를 요구한다. 이 집중력은 단락을 반복해서 읽음으로 그리고 문제집과 개요서와 비슷한 것들로 인해 소멸된다.
> 정신의 행동양식에 관한 이러한 관점들 그리고 몇 가지 다른 주안점들에 의해서, 우리는 아이들의 학습 능력이 지금까지 예상했던 것보다 훨씬 더 뛰어남을 발견할 뿐 아니라 유전과 환경과 같은 주변 상황에 거의 영향을 받지 않는다는 사실을 알게 된다.
> 또한 이 진술의 정확성은 단지 영리한 아이들이나 교육받은 계층의 아이들에게 국한되지 않으며, 초등학교의 수천 명의 아이들이 이러한 정신의 행동양식에 기초한 교육방식에 자유롭게 반응한다.

전적으로 학교장의 선택에 달려 있는 교과 과정보다 우리 학교에서 더 소홀한 것은 없을 것이다. 그런데 정말 그럴까? 대부분의 중학교는 대학에 들어갈 수 있는 자격을 부여해 주는 시험을 위해 공부한다. 도달해야 할 표준은 이 시험에 의해 정해지며 학교장은 스스로를 무력하게 여길 수밖에 없다.

초등학교는 더 이상 시험 결과를 목적으로 공부하지 않지만, 가장 우수한 학생들을 중고등 학교에 입학시킬 수 있는 장학금을 받으려고 노력하면서, 초등학교들도 간접적으로 같은 한계에 부딪히게 된다. 그러나 중등학교에서는 가르치는 과목과 각 과목에 대한 자율성이 초등학교보다 훨씬 적다. 그리고 그 결과는 놀랍다. 8살의 초등학생 아이는 14살의 중학생보다 더 높은 지능과 더 넓은 지식을 보여주었으며, 이는 8살 아이는 내가 목표하고 있는 원칙에 따라 가르침을 받았던 반면에, 14살 아이는 일정한 수준의 장학금을 목적으로 공부를 해왔기 때문이다. 사립 초등학교 아이들은 그리스어는 아니더라도 라틴어와 수학에서도 일정한 표준에 도달한다.

만약 우리가 주어진 기간에 모든 아이들이 도달해야 하는 인문학 과목의 범위에서 유사한 표준을 확립하는 데 성공한다면, 공평한 기회가 평균의 아이들에게 주어질 것이며, 총명한 젊은이들, 특별히 부지런한 젊은이들은 앞서 나갈 것이다.

우리는 아이의 학습과정을 규정해야 하는 자연법칙이나 내재하는 원칙이 없다고 가정하는 실수로 인해 고생을 한다. 그래서 한편으로 로크(Locke)의 주장에 따라 '신사'가 알아야 하는 내용들을 가르치며, 다른 한편으로 문맹의 시민으로 자라지 않도록 읽기, 쓰기, 셈하는 기술을 가르치고 있다. 이 두 가지 모두는 우리가 실행하는 교육을 지나치게 실용적으로 만들 수 있다. 즉 아이의 교육이 숙련

공의 직업 소명을 위한 간접적인 직업 훈련이 될 수 있으며, 이는 미래 직업에 직접적으로 관련되도록 하기 위한 수고를 동반하게 만든다.

그러나 만약 우리가 어떤 본성에서 제안된 완전한 교과 과정을 찾는다면 어떨까? "인류는 그들의 권리증서를 잃어버렸다." 라고 볼테르(Voltaire, 역자 주-프랑스 계몽주의 작가)는 말했다. 인류는 권리증서를 되찾으려고 애써왔다. 교육은 여전히 갈피를 잡지 못하고 있으나 볼테르의 경구는 유효하다. 우리는 권리증서를 찾지 못했고, 그래서 아이들에게 어떤 본질적인 요구도 하지 않는다. 유행의 선도자가 자신이 원하는 방식으로 가르치는 동안에 우리의 가장 큰 목표는 젊은이들이 사회에 유용하도록 만드는 게 되었다. 왜냐하면 우리는 그것에 맞설 권리증서가 없기 때문이다. 당연히 교육은 경제적인 수요와 공급의 법칙을 따르고 있다. 그러나 수요는 교사나 부모보다는 자녀로부터 비롯되어야 한다. 그렇다면 어떻게 아이들의 수요를 분명하게 표현할 수 있을까? 우리는 이 질문을 반드시 고찰해야 한다. 왜냐하면 해답은 우리가 '인간의 본성'이라고 요약한 복합적이고 종합적인 조사에 달려 있기 때문이다. 이제 막 싹이 트기 시작하는 천재 혹은 특출한 집안의 아이 뿐만 아니라, 거리의 모든 아이들 안에 있는 인간 본성의 가능성은 무한하고 다양하다.

일본에 살고 있는 9살 된 한 어린 영국소년이 말했다. "엄마, 이 모든 것을 배우는 게 정말 즐거워요. 모든 것은 무언가 다른 것에 들어맞는 것 같아요." 그 소년은 비밀을 온전하게 알아내지 못했다. 비밀은 모든 것이 소년 자신 안에 있는 무엇인가에 들어맞았다는 사실이다.

신사나 기능공에게 적합한 교육이 우리의 목표였던 시절은 지났다. 이제 우리는 아이를 과거의 사람들이 생각했던 것과 현재의 사람들이 생각하는 것, 즉 자신의 민족과 국가의 역사를 알고 싶어 하는 욕망을 가진 인격체로 다루어야 한다. 인류의 최고의 사상은 문학의 형식을 취하고 있으며, 가장 높은 수준에서는 시, 즉 조형예술 형식과도 같은 시의 형식을 취하고 있다. 아이는 하나님의 자녀로서 전능하신 아버지를 알고 그분에 대해서 배우는 게 가장 큰 욕망이며 영광이어야 한다. 아이는 한 인격체로서 자기 자신, 육체, 정신, 영혼을 어떻게 이용하고 보살피고 훈련해야 하는지에 대한 많은 지식과 열정을 가져야 한다. 또한 가족, 도시, 교회, 주, 이웃 국가, 그리고 온 세계와 수많은 관계를 가져야 한다. 아이는 아름다움과 흥미로 가득 한 이 세계의 거주자로서 이 세계의 특징을 인식해야 하고 어떻게 규명하는지를 알아야 하며, 이 세계와 우주의 모든 부분의 모든 기능이 법칙에 의해 조화를 이룬다는 사실을 배우기 시작해야 한다.

이것은 사람의 교육적 권리를 기초로 하는 광범위한 프로그램이다. 광범위하나 우리는 그것이 불가능하다고 하지 않을 것이며 아이를 저 방향이 아닌 이 방향으로 까다롭게 선택해서 교육시키지도 않을 것이다. 또한 과학과 '인문학' 중 하나를 선택하지도 않을 것이다. 나는 우리의 역할이 아이에게 고유한 이 폭넓은 관계를 되도록 많이 그리고 활기차게 유지하도록 해주는 데 있다고 본다. 셸리(Shelley)가 '많은 진리를 바라보며 밝게 자라는 명철'이라고 얘기했을 때, 그는 교육의 비결을 제공한 셈이다.

아이가 가지고 태어난 관계는 매우 다양하기 때문에 우리가 제공하는 지식도 다양해야 한다. 케이프 식민지에서 가르치는 한 여성은 "'인문학 교육의 팜플렛'에 수록된 논문에서 작문(by A. C. Druri)은 거의 믿을 수 없는 수준의 숙련도를 입증한다. 실수는 아이들이라면 할 수 있는 실수일 뿐이며 교만해지지 않을 정도의 실수에 지나지 않는다. 어떤 사실이나 표현에서 자신의 노력을 완전히 실망하게 만들 정도의 실수는 없었다."라고 썼다.

그렇게 배운 아이들의 지식은 어떤 방향에서나 연속적이고 지적이며 완전하다. 과목의 수가 많을수록 학생의 노동이 더 많아진다는 가정은 실수이며, 반대로 과목의 다양성 그 자체가 원기 회복을 제공한다. 시험을 보는 주간 동안 30장 또는 40장을 써낸 아이가 피곤하지 않다는 게 드러난다. 과목의 수가 아니라 수업 시간의 양이 학생에게 피로를 준다. 이것을 염두에 두기에 우리는 수업시간을 짧게 가지며 방과 후 과제는 없다.

제1부 하나님에 대한 지식

아이에게 고유한 세 가지 종류의 지식인 하나님, 인간, 우주에 대한 지식 중 중요도에서 첫 번째 자리를 차지하는 하나님에 대한 지식은 없어서는 안 되는 지식이며 사람을 가장 행복하게 만드는 지식이다. 하나님에 대한 지식을 전달할 때 아이들을 잘 알지 못하고 아이들의 정신에 대해 좁고 빈약한 측정 기준을 가진 교사들보다는 엄마들이 일반적으로 더 성공적이다. 부모들은 아이에게 수준을 낮춰서 말하지 않는다. 그러나 우리는 교육 출판물을 통해 아이들에 대한 교육 기법이 아이들의 '작은' 정신에 맞게 개념을 낮춘다는 사실을 알 수 있다. 어른에게 유리한 이 어리석은 편견을 포기한다면, 우리는 아이들의 마음의 범위와 깊이에 놀라게 될 것이다. 하나님과 아이들의 관계는 그 '첫 친밀감(fists-born affinity)'들 중에 하나이며, 우리의 역할은 아이들이 좋은 관계를 갖도록 돕는 데 있다. 엄마는 가족에 대한 보살핌과 사랑의 모든 증거를 가지고 부재 중인 아빠를 설명하듯이 하나님에 대해 설명할 수 있다. 아이의 눈이 꽃이 만발한 초장과 거대한 나무, 흐르는 강을 즐거워할 때, 엄마는 '하나님께서 그 모든 것을 지으셨다'는 생각으로 아이들을 설레게 만들며 어떻게 아이들의 심장박동수가 기쁨과 감사로 높아지게 만들 수 있는지를 안다. "산들과 골짜기가 그들의 것이며 눈부신 강도 그들의 것이다. 그들의 눈은 거룩한 기쁨의 눈물로 가득 찬다." 그리고 이것은 아이들의 능력 밖에 있지 않다. 우리는 '아서 펜데니스(Arthur Pendennis, 역자 주: Thackeray의 소설에 나오는 인물)'가 어떻게 어머니와 함께 석양 아래에서 산책을 하며 밀턴의 위대한 구절을 낭송했는지를 기억한다. 소년이 8살이었을 때, 그 두 사람의 눈은 '거룩한 기쁨의 눈물로' 가득했다. 학교 교사는 그것과 똑같은 애정 어린 기회들을 가질 수 없다. 그러나 만약 교사가 아이들의 정신을 공정하게 측량하는 데 수고를 들인다면, 얼마나 많은 일들이 일어날 수 있는지 놀라게 될 것이다.

아이들을 얕잡아 보는 일부 교사들의 관점은 학생들이 적은 성과를 내도록 하는 원인이 된다. 큰 규모의 학급의 여학교에서는 어린아이들이 이해하고 배울 수 있다는 기대가 낮기 때문에 아이들은 낮게 형성된 기대에 부응해서 살게 된다. 우리(학부모연맹) 아이들은 여섯 살 때, 명확한 '학교' 교육을 시작한다. 당연히 1, 2년 더 일찍 시작할 수도 있지만, 사실은 자연과 환경이 어린 아이들에게 폭넓은 교육의 지경을 제공하기에 아이들이 특정 나이에 이를 때까지는 직접적인 지적 노력을 요구하지 않는 게 좋을 것이다.

'아이들에게 말로 전하는' 종류와 같은 모든 가르침에 있어서, 유치원이 되었든 집이 되었든 대부분의 아이들은 자신들이 해야 할 몫(share)을 가져야 한다. 그러나 의식적이고 정신적 노력, 즉 읽거나 들었던 내용을 다시 말하는 정신적인 노력을 학생들로부터 요구하는 이 방식은 현재 사실상 교육 부분의 영역 밖에 있다. 우리가 필요한 경우에 간직하고 싶은 사건들, 설교, 강의, 대화 등을 다시 우리 자신에게 말하는 활동은 모두가 배우는 방식이다. 그 방법은 인간의 정신만큼 오래되었다. 그러나 안타까운 사실은 이것이 일반적인 교육에서는 거의 사용되지 않고 있다는 데 있다. 이 주제에 관해 존슨(Johnson)박사의 이야기를 들어 보자.

"특별히 인상적으로 들은 말은 무엇이든지 더 새로운 사건의 개입으로 그 인상이 지워지기 전에, 어린아이들은 다른 형제나 자매들 혹은 하인들에게 언제나 즉시 그것을 다시 말하도록 격려가 되어야 한다. 그 아이가 천국과 지옥에 대해 처음 들었을 때 아이는 그것을 완벽하게 기억했다. 아이 엄마는 당시 침대에 같이 있었던 어린 청강생의 주의를 사로잡을 수 있을 만큼 대단하게 두 장소에 대해 묘사했기 때문이다. 엄마는 평소보다 일찍 일어나서 아이에게 옷을 입히고 그 내용이 아이의 정신에 아직 인상으로 남아 있을 동안에 엄마는 대화를 할 만하다고 알고 있고 가장 마음에 드는 일꾼에게 아이를 바로 보냈다. 바로 그것이 아이 엄마가 바라던 일들이었다. 그리고 아이가 흔하지 않은 적절한 표현들로 먼

옛날의 일과 오래된 과거의 대화를 기억할 수 있는 이유는 주로 이 방식 때문이다."

(Hester Lynch Thrale Piozzi가 쓴 Johnson 박사의 일화 중에서).

그렇다면 교육의 가장 중요한 이 부분에서 우리의 목표는 아이들에게 하나님에 대한 지식을 제공하는 데 있다. 우리가 직관적인 지식에 대한 문제를 검토할 필요는 없을 것이다 그러나 습득이 가능한 명시적 지식은 성경에 그 근원이 있다. 훌륭한 영어(모국어), 시어(詩語), 명쾌한 성경의 진술을 우리 자신, 혹은 어떤 호의적인 다른 사람의 표현으로 대체한다면 아이들에게 최악의 모욕이 될 것이다.

최고의 문학은 항상 직접적이고 단순하다. 그리고 6살의 보통 아이는 신약과 구약 두 가지를 다 즐겁게 들을 수 있다. 아이는 단락 단위로 읽어 준 내용을 사랑스러운 매력을 가미한 꾸밈없는 화술로 다시 말할 수 있다. 신앙은 두 가지 측면을 가진다. 첫 째는 우리가 기독교로 이해하는 하나님을 향한 의지의 태도이고, 다음은 인간에 대한 하나님의 다루심이 점진적으로 증가하는 이해에서 생겨난 하나님에 대한 인식이다. 첫 번째 측면으로 보면 괴테는 결코 종교적이지 않았다. 그러나 두 번째 측면에서 보면 안절부절 못하는 불안한 생활에 푸르른 휴식의 배경을 형성하며 그가 어떻게 그토록 무한하고 탐나는 소유물에 도달했는지 생각해 볼 가치가 있다. 그는 연구할 가치가 높은 그의 교육논문인 '내인생에서(Aus Meinem Leben)'에서 역사 전체를 온전히 우리에게 전달해 준다. 그의 말에 따르면,

"사람은 자신이 원하는 곳으로 방향을 전환할 수 있고, 자신이 하고자 하는 일을 수행할 수도 있다. 그러나 그럼에도 불구하고 사람은 단테가 그 사람을 위해 깔아 놓은 길로 돌아올 것이다. 그리고 이번 사건에서 나에게 이런 일이 일어났다. 언어에 대한 나의 노력(히브리어, 그가 열 살이었을 때)과 거룩한 성경의 내용은 수없이 찬미 되었던 아름다운 땅과 경계를 이룬 나라들과 수천 년 동안 지구라는 곳을 영화롭게 한 사람들과 사건들에 대한 나의 상상력을 가장 생생하게 표현하는 결과를 낳았다……. 아마도 누군가는 너무나 자주 반복되고 해설되고 보편적으로 알려진 역사를 내가 여기에 그토록 상세하게 피력한 이유를 물을 수도 있을 것이다. 이에 대한 답변을 위해 나는 인생의 산만함과 불규칙한 교육이 어떻게 내 정신과 감정을 한 지점에 집중시켰는지 보여주는 방법 외에 다른 방법이 있을지 모르겠다. 왜냐하면 나의 삶의 상황들이 얼마나 불안하고 독특하였든지 간에 나를 둘러싸고 있던 그 평화를 다른 방법으로는 설명할 수 없기 때문이다. 만약 내 인생의 이야기가 증거가 될지도 모른다는 활동적인 상상력이 나를 여기저기로 인도할 수 있다면, 그리고 만약 우화, 역사, 신화의 메들리가 정신을 어수선하게 하겠다고 협박한다면, 나는 그 아침의 나라에 다시 갔을 것이며 모세의 다섯 권의 성경에 얼굴을 묻고 널리 퍼져 있는 목자들에게서 가장 큰 고독과 가장 큰 위로를 발견했을 것이다."

괴테가 어떻게 이러한 영혼의 안식과 그의 사고에 관해 이런 신선한 배경을 얻었는지 알아 두는 게 유익할 것이다. 고집스러운 삶의 모든 오류 속에서도 이런 가장 내밀한 안식은 그를 떠난 적이 없었던 것처럼 보인다. 우리는 그의 눈이 마치 신의 눈과 같이 평온했다고 들었다. 그 큰 평온함의 비밀이 여기에 밝혀져 있다. 괴테는 자신들의 자녀가 신앙의 능동적인 원리 뿐만 아니라 수동적인 원리를 소유하기를 원하는 사람들이 고려하기에 좋은 교육의 원리를 우리에게 펼쳐준다. 신약의 가르침이 구약의 가르침에 합당하게 근거를 두지 않았거나 구약을 동반하지 않았기 때문에, 예를 들어 다윗이 시편에서 끊임없이 표현한 광범위하고 모든 것을 아우르고 모든 것을 침투하시는 하나님에 대한 사고에 실패하는 결과를 낳는다. 구약성경 역사의 온전하고 점진적인 그림을 아이들에게 줄 수 있다는 믿음과 용기를 갖자. 아이들은 성경에 전개되었듯이 유대 민족이 전형이 된 인류 역사의 전경을 무의식적으로 인지할 것이다. 어린 괴테가 그랬듯이 수많은 어려운 문제들을 가지고 자신들의 교사를 곤혹스럽게 하면서 즐거워 하는 우리 아이들이 작은 회의론자들일까? 그토록 현명했던 연로한 알브레히트(Albrecht) 박사처럼 우리도 설명하는 데 서두르지는 말자. 아이들의 질문을 제쳐 놓거나 회피하거나 아이들에게 최종 답변을 제공하지도 말자. 그러나 박사가 했던 것처럼 겸손하고 세심한 주의를 기울여 어려운 문제들을 검토했던 사려 깊은 해설자들을 아이들에게 소개해 주자. 만약 우리가 이런 방식으로 행동한다면, 어려운 문제들은 적절하게 해결이 될 것이다. 다시 말해, 온 세계를 교육시킨 위대한 계획이 점차적으로 전개되어 어려운 문제들은 보이지 않게 될 것이다. 6세에서 12세 사이의 아이들에게 캐논 패터슨 스미스(Canon Paterson Smyth, 역자 주- 'The Bible for the Young'의 저자)보다 더 나은 해설자는 없을 것이다. 그는 아이들의 마음을 헤아리고 실제로 어려운 문제들을 극복하게 도와준다. 또한 그는 아이들의 사고에 자극을 주고 행동에는 방향을 줄 수 있는 몇 안 되는 작가 중 한 명이다. 6세에서 12세 사이의 아이들은 대선지서, 소선지서 등 열왕기서와 연결되어 소개되는 구약 이야기 전체를 다룰 수 있다. 교사는 주제를 그림으로 다루는 어린이 성경에 있는 단락을 읽어 주면서 수업을 시작할 수 있다. 예를 들어,

"엘라 계곡의 전투 현장입니다. 이스라엘 진영은 한 쪽 비탈지에 주둔해 있으며 블레셋 사람들의 진영은 그 반대편에 있습니다. 이스라엘 사람들은 재치 있고 영리한 자그마한 체구의 사람들이고, 블레셋 사람들은 삼손이 오래전에 놀리고 비웃곤 했던 때와 똑같이 덩치가 크고 우매한 거인들입니다. 양쪽 진영 모두에 커다란 흥분이 있습니다." 등.

이 글을 읽은 후에는 이야기를 나누거나 토론을 해 볼 수 있을 것이다. 그런 다음 교사는 단지 아이들의 사고를 위한 배경 지식으로서 해설을 제공하면서, 다시 말하기 부분에 해당하는 성경 구절을 아이들에게 읽어 준다. 읽고 다시 말하기는 일반적으로 대단히 흥미로운 작업이다. 아이들은 요점을 놓치는 법이 없으며 종종 그림 같이 생생한 감상을 덧붙인다. 수업이 끝나기 전에 교사는 개인적인 적용을 위한 시도보다는 존중해 주고 공감해 주는 방식으로 도덕적이거나 신앙적인 교훈을 강조하고, 독서가 제공했던 하나님에 대한 새로운 사고와 행동 방식의 새로운 면을 제시한다.

3단계에서 4단계의 아이들(12살~15살)은 코슬리 화이트(H. Costley White) 목사가 쓴 '구약의 역사(Old Testament History)'의 전체를 스스로 읽게 된다. 이 작업에서는 성경책만을 유일한 교재로 사용하기보다는 흠정역(KJV) 성경의 말씀들을 함께 사용하며, 현명하고 필요

한 생략은 구약성경 역사를 다루는 데 더 용이할 수 있다. 그에 따라 이 책에서는 "각 시대는 동시대의 문학(예를 들어, 선지자와 시편과 기념물)을 관련 지어 설명하고 있다." 또한 "간단한 역사적 설명과 일반적인 해설은 적절한 부분에 삽입되어 있다." 라고 설명한다. 예를 들어, 우리는 창세기 3장 이후에 가인과 아벨 이야기를 다음과 같이 소개하면서 읽어 줄 수 있다.

"이 이야기의 원래 목적은 인류 사이의 죄의 발전을 설명한다. 그리고 이 첫 번째 사례에서 실제 살인(murder)이었던 살인죄(homicide)의 기원을 설명하는 이야기였다. 납득할 수 있는 설명을 해주지 않는 그 이야기에는 어려움이 있다. 가령 이런 질문들이 있을 수 있다. '하나님은 왜 가인의 제물을 받지 않으셨을까?', '하나님의 불쾌감은 어떠 하셨는가?', '가인을 위해 어떤 표시가 지정되었는가?', '그는 누구와 결혼했는가?', 그러한 질문에 대답하는 가장 좋은 방법은 우리가 모른다는 사실을 인정하는 것이다. 그러나 우리는 이 초기 이야기가 반드시 일관성 있고 완전한 전체를 형성하지는 않고 선택된 이야기라고 덧붙일 수 있다. 바로 이 경우에 원래 이야기가 잘려지고 편집되었다는 표시들이 있다.

"가르칠 수 있는 교훈은 다음과 같다. (1) 하나님께서는 인간의 행위가 아닌 동기를 판단하신다. 마음으로 예배하는 예배는 어떤 예식보다도 가치가 있다. (2) 살인죄보다 질투와 미워하는 죄가 훨씬 책망을 받아 마땅한 죄이다. 참조. 산상수훈, 마태복음 6:21. (3) 인류의 형제애에 대한 위대한 교리이다. 즉 각 사람은 그의 형제를 지키는 사람이며, 다른 사람들의 삶의 조건에 대해 책임을 분담한다. (4) 죄는 항상 스스로 형벌을 자초한다. (5) 하나님께서는 인간이 죄의 절정에 도달하기 전에 충고하신다."

본문에 대해 유일한 주석을 구성하는 각주들은 추천할 만하게 짧고 간결하다.

성경책 자체의 말씀으로부터 자세하고 상당한 양의 구약의 지식을 습득했기 때문에, 다시 말해 하나님의 계시로서 그리고 전능하신 하나님의 본성과 세상에 대한 그분의 통치 방식에 관한 유일하고 고유한 자료로서 성경을 무효하게 만드는 관념에 자리를 내어 주지 않으면서도 어려운 문제들은 자유롭게 받아들이도록 훈련이 되었기 때문에, 아이들은 여전히 성경 본문에 따라 신성함에 대해 더 상세하게 공부할 준비가 된다.

우리는 학생들이 5단계와 6단계(15~18세)에 이르게 되면, 더 멜로우(Dummelow)의 '한 권으로 보는 성경주석(One Volume Bible Commentary)'이 대단히 도움이 된다는 사실을 알았다. 그 책은 편리한 형식으로 제공되도록 디자인되었다.

"말씀의 의미에 대한 간단한 설명과 그것과 관련하여 발생할 수 있는 본문의 도덕적인 또는 교리적인 주된 어려움을 설명하는 데 도움이 되는 다양한 서적과 참고 사항에 대한 소개문을 제공하였다. 그리고 전체적으로 성경을 통해 제안된 더 큰 질문들을 다루는 일련의 기사들에 서문도 제공하였다. 나는 그 해설서가 희귀한 문학적 매력을 가졌으며 영적인 삶의 발전을 위해 상당히 유용한 성경임에도 불구하고 종종 읽히지 않은 많은 성경책들을 숙독으로 인도할 수 있기를 소망한다. 최근 몇 년 동안 저자와 해석에 관한 질문에 많은 빛이 비추어졌으며 이 책의 기고자들은 극단적이거나 위태로운 종류의 의견을 피하면서 근대 학문의 가장 확실한 결과를 통합하기 위해 노력했다. 때때로 이들의 결과는 전통적인 견해와 다르다. 그러나 그러한 경우에 학생은 성경의 영적 가치와 권위가 변화에 의해 줄어들기보다는 향상되었다는 것을 알게 될 것이라고 소망하고 또한 그렇게 믿는다."

이 글에서 편집자는 주석의 목적을 너무나 정당하게 제시하고 있기 때문에, 우리는 이 책의 매우 실용적인 가치가 있다는 사실만 덧붙이겠다. 학생들은 성경의 개괄적인 설명과 각각의 책에 대한 소개문을 읽는다. 학생들은 제공된 주석과 함께 선지서들과 시가서들도 읽는다. 이와 같이 아이들은 구약성경의 책들과 현대 학문이 아이들의 해석에 가져다 준 도움을 통해 상당히 계몽된 지식을 가지고 학교를 떠나게 된다. 더불어 우리는 하나님이 그들을 대하시는 방식에 대한 존경과 기쁨도 커지기를 소망한다.

신약성경은 다른 범주에 속한다. 그리고 동일한 주석이 사용되고 동일한 방법이 뒤따른다. 그것은 경건한 독서이며 한 번 읽은 후 이어지는 말하기는 흥미롭게도 완벽한 이야기이다. 우리 모두는 천 번 들었던 구절이라도 다시 말하는 게 얼마나 어려운지 알기에 이것은 정말 놀라운 일이 아닐 수 없다. 집중력을 가지고 한 번 읽기는 이러한 어려움을 없애 줄 수 있다. 그리고 우리는 아이들의 정신 안에 복음서에서 묘사한 모든 온화하고 아름다운 장면이 완벽한 이야기의 그림으로 저장이 되리라고 확신할 수 있다. 그리고 만약 똑같이 부드러운 가르침으로 기적에 대한 실물교육(object lesson)를 강요한다면, 우리는 금욕적인 사람을 재생산할 수도 있을 것이다. 그러나 우리 주님의 인성은 점진적으로 그분의 말씀과 그분의 사역 안에 계시됨으로써 아이들에게 실제적이고 소중하게 된다. 이것은 선한 일을 시작하셨던 세상의 구주에 대한 정확하고 자세한 지식이 남긴 인상을 통해서이다. 감정적인 호소를 통해서가 아니다. 성경 기록들을 고요하게 깨닫고 추론하기 때문에 교리적인 가르침이 아이들에게 흘러 들어간다. 그리하여 거룩하신 주님을 향한 충성이 아이들 삶에 지침이 될 가능성이 높아진다.

 나는 우리 주님의 삶과 가르침에 관하여 소위 시적인 표현의 중요성을 촉구하고 싶다. 어린 독자는 이 공부에서 각 사건의 반올림, 즉 주님의 가르침을 특징짓는 점진적 전개의 흥미롭고 유쾌하고 조화로운 발전을 경험해야 한다. 그리고 이런 종류의 시적 통찰력에 다시 말하기의 습관은 놀랍도록 도움이 된다. 관련된 모든 사건이 일종의 얕은 돋을새김(양각)으로 부각되어 그 동안의 모든 가르침이 의미를 펼친다. 모든 논거가 납득이 되고, 성경 인물들은 우리가 현실에서 알고 있는 대부분의 사람들보다 더 친밀하게 우리에게 드러난다. 아마도 교훈적인 가르침은 되도록 하지 않는 게 바람직할 것이다. 그러한 가르침은 어린 청중을 지루하게 할 위험이 상당히 있으며, 순진해 보이는 청중들 안에 반대 의견(counter-opinion) 심지어 반대 신념(counter-conviction)을 유발할 수 있는 더 큰 위험도 존재한다. 전반적으로 성경읽기 자체가 가능하면 도덕을 자극할 수 있도록 최선을 다해야 할 것이다.

 "우리는 현재 기독교와 사이비-기독교라는 종교적 사상의 단계에 있으며, 이런 때에 그리스도의 삶과 가르침에 대한 종합적인 공부는 유용할 수 있다. 우리는 부서진 파편들을 가지고 정신이 지칠 때까지 분석해왔다. 그리고 비평가에게 어떤 새로운 관점도 남아 있지 않을 때까지 비평했다. 그러나 이 땅에서의 그리스도의 삶과 그분의 가르침의 철학적 방법에 대한 종합적인 개념을 가지면, 그분의 말씀은 성취될 것이며 인자는 들려 질 것이고 주님은 모든 사람을 당신께로 이끄실 것이다. '시'는 나에게 있어 위대한 주제를 이야기해 주는 완전히 새로운 매개체의 제공과 같다. 시는 더 객관적이고 더 농축되어 있으며 산문보다 더 경건한 취급이 가능하다. 좀 더 어려워지는 성경구절에서 워즈워스(Wordsworth)가 일컬은 '진정한 주석'을 시도할 수 있을지 모른다. 다시 말해 사람들의 인생에서 최고의 순간은 대부분 그리스도와 직접 대면하는 복음서의 이야기에서 선명하게 그들 앞에 찾아온다. 따라서 산문보다 시에서 소위 극적인 상황을 다루는 게 오히려 가능하다. 시는 큰 힘을 사용하면서 동시에 더 적은 말을 사용하기 때문이다.

우리는 미래가 낳을지도 모르는 위대한 서사시의 한 조각을 가지고 있다.

'저 거룩한 들판들 그 축복받은 발이 걸었던 곳
우리를 위해 쓰디쓴 십자가에서 천 사백 년 전 못 박혔던 곳.

만약 셰익스피어가 우리에게 전부를 주었다면, 우리가 얼마나 부유하였겠는가! 우리 주님의 인성에 대한 관점으로 그분을 직접 다루는 모든 시들은 대단히 소중하다. 우리는 트렌치(Trench)가 말해주는 시구도 매우 좋아한다.

'사마리아 우물 옆에 앉아 계시는
혹은 해안에서 가난한 어부들을 가르치시는 예수님.'

그리고 케블(Keble)은 말하길,

'그분이 열광하는 군중을 헤쳐 나가는 순간은
한 장엄한 구름의 행진처럼 고요하도다.'

또는 그의 다른 시에서,

'그의 온유한 능력으로 그분은 산의 미간을 오른다.'

의심할 여지없이 다루는 주제가 최고로 위엄이 있기 때문에, 시가 짧지만 각각의 모든 행이 소중하다. 그러는 사이 우리는 위대한 서사시를 기다리고 있다. 그 필요성이 시급해 보이기 때문에 필자는 6권 '세상의 구세주'에서 일시적인 미봉책을 제공하는 모험을 감행했다." (더멜로우 첫 번째 책의 서문에서)

부활절 시험에서 13세 반의 소녀(4단계)가 이 질문을 다루었다: "사람들은 어둠 속에 앉아있었습니다."...... "나는 세상의 빛이다." 당신이 할 수 있는 만큼 이 진술의 의미를 간추려 보세요. 시로 쓰기를 요청을 받지 않았으나, 그 소녀는 자신이 다루어야 할 문구가 필수적으로 시적이어야 하며 그것이 자신을 가장 잘 표현할 수 있다는 아름다운 본능에 의해 가르침을 받지 않았겠는가?

사람들은 어둠 속에 앉아있었습니다. 모든 것이 어둡습니다.
아직 그분에게서 빛이 나오지 않았습니다.
아직 내세의, 천국의 희망은 없습니다.

전쟁과 투쟁에서 멀리 떨어진 평화로운 천국.
발할라(오딘(Odin)이 사는 곳) 현관으로 가는 일부 전사들은
하루 종일 싸우고 죽어 저녁에, 하!
그들은 다시 깨어나 큰 홀에서 술을 마셨습니다.
어떤 사람들은 그들의 몰락에 영원히 잠들 것입니다.
또는 그들의 변덕스러운 신들과 함께
그래서 모두 어둡고 어둡습니다. 불쌍한 이방인들!
전방의 빛과 구름이 흩어지고
황금빛, 영광스러운 오늘의 새벽, 새들, 꽃들, 햇살을 통해
'나에게 오라'고 부르시는 그분의 능력.

17세의 소녀(5단계)가 다음 질문에 대답했다: 생명의 떡에 대해 에세이나 시를 써 보세요.

'어떻게 그가 여기 오셨나요?' 사람들이 외쳤습니다.
누가 성전에서 그를 찾았습니까? 그는 일으켰습니다.
기적을, 그리고 무리를 먹이셨습니다.
다섯 개의 작은 빵과 물고기를 통해
이제 그들은 왕이 있습니다.
그리고 그들은 모든 좋은 것.
그들이 수고하지 않은 음식과 옷과 보살핌,
그리고 그들이 필요로 할 수 있는 모든 편안함?
그런 생각이 왕을 구했습니다.
구주께서 부르짖으셨습니다.
'멸망하는 고기를 먹지 말라. 오히려 영원한 떡을 내가 줄 것이다.'
이 떡은 어디에 있습니까? 그들이 외쳤습니다.

그들은 이것은 그분이 주신 하늘의 떡인 것을 모릅니다.
땅의 음식을 구하지만 '내가 생명의 떡이니,
나에게 오는 모든 사람은 이 떡을 먹는다.
그러므로 너희는 떡을 받으라.
너희 조상들은 광야에서 만나를 먹고 죽었다.
그러나 이 떡을 먹는 사람은 그 몸을 먹는 것이다
나는 영원한 생명의 떡이다.
그것은 하늘에서 내려온 것이니. 너희가 먹지 않으면
죽을 것이나, 먹으면 살 것이요.'
이렇게 예수께서는 갈릴리에서 오래 전에 가르쳤습니다.
사람들은 그분의 말씀을 들었을 때 불평했습니다.
'어떻게 할 수 있습니까? 그분은 어떻게 우리의 떡이 될 수 있습니까?'
그들은 그때 그분의 말씀에 대하여 마음을 강퍅하게 하였습니다.
그들은 들을 수 없었고 이해할 수 없었습니다.
그래서 그들은 더 쉬운 방법으로 돌아갔습니다.
그들 중 많은 사람들이 더 이상 그분과 동행하지 않았습니다.
우리가 이제 말씀을 들을 수 있도록 해주십시오.
진실에 대항하여 마음을 강퍅하게 하지 않도록 해주십시오.
예수께서는 가르치기 위해 오셨습니다.
그는 듣지 못할 마음에 외치지도 않을 것입니다.
'나는 생명의 떡이다. 나는 이 선물, 영원한 생명을 가지고 있다.
그리고 내 하나님 아버지의 집에 처소도.'

학부모연맹학교 고학년들은 시간순으로 정렬된 본문과 함께 권별로 '세상의 구주'를 읽는다. 그리고 낮은 학년은 각각의 공관 복음서를 돌아가며 읽는다. 4단계에서는 S.P.C.K가 출판한 윌섬 하우

(Walsham How)의 복음서에 대한 주요 주석의 도움을 받아 요한복음과 사도행전을 추가한다. 서신서와 요한계시록에 대한 공부는 대부분 5단계와 6단계에 국한된다. 교리서적, 기도서, 교회사는 적절한 본문을 사용하여 비슷한 방식으로 가르친다. 성찬 준비를 위해 갖는 시간과 더불어 주일학교도 이러한 가르침을 위한 충분한 기회를 제공할 수 있다.

제2부 사람에 대한 지식

(1) 역사

이미 나는 교육의 중요한 부분으로 역사에 대해 이야기했다. 몽테뉴(Montaigne)는 조언하기를 "교사는 역사의 도움으로 가장 훌륭한 시대에 있었던 가장 가치 있는 정신에 대해 알아야 한다."고 했다. 특히 역사의 위대한 시대 중 하나에 살고 있는 우리가 현재 일어나고 있는 일에 대해서 올바르게 생각하기 위해서는 이전에 겪었던 일의 무언가를 알아야 한다. 예를 들어, 국제연맹은 비엔나 의회 뿐만 아니라 유럽 역사에 한 획을 그은 갖가지 영구 평화조약을 우리에게 상기시켜 주었다. 그리고 이것은 여전히 사실이다.

그런 문제에서 사례가 없이 행해진 일들을 두려워해야 할 것입니다.
당신은 이 임무에 대한 선례를 가지고 있습니까? (헨리 8세)

우리는 허세를 부리는 왕의 지혜에 박수를 보낸다. 그리고 전쟁과 평화라는 기차에 실려 온 우울한 걱정거리에 대한 선례들을 불안하게 바라본다. 우리 앞에 직면한 질문들을 결정하기 위해 우리 안에 건전한 판단력의 부족을 인식하고 있기 때문이리라. 따라서 그 무엇도 역사에 정통한 것보다 더 큰 자신감을 줄 수 없을 것이다. 영국연방 자치국가들 중에서 학식이 있는 사람들은 요즘 젊은이들이 역사에 대한 배경지식이 없으며, 그 결과 "우리는 국민입니다."만이 젊은이들의 주된 사고라고 불평을 한다. 그들은 심지어 웨스트민스터 사원의 유실을 아무런 유감 없이 바라볼 수도 있을 것이다. 위대한 사건들이 일어났고 위대한 사람들이 살았고 활동했던 장소들이 그들에게 무슨 의미가 있겠는가? 역사에 대한 이러한 무관심은 영국연방 자치국가들에만 국한되지 않는다. 본토에 있는 젊은이들 또한 동일하게 무관심하다. 인류 역사에는 언제 어디서든 감당해야 할 위대한 부분이 있었으며 그 역할을 감당했던 위대한 사람들이 있었다. 그러나 어른들 마저도 아이들을 고무시키는 이러 지식에 관심이 없으며 정보의 저장소도 가지고 있지 않다. 어떤 역사적인 순간에 국가를 위해 봉사를 할 수 있는 기회는 어느 때든 누구에게나 찾아올 수 있다. 합리적이고 사려 깊은 애국심은 상당히 많은 양의 역사 읽기에 달려있다고 해도 과언이 아닐 것이다. 우리는 젊은이들이 감정적이고 맹목적 애국심보다는 이런 합리적인 애국심을 배울 수 있기를 소망한다.

 만약에 사람들 안에 역사에 대한 지식이 거의 없다면, 학교에 그 잘못이 있다는 데 의심의 여지가 없을 것이다. 아마 교사들은 영국 역사에 대해 강의수업에서 필기하고 과제를 통해 배운 대략적인 지식을 위한 시간밖에는 주어진 시간이 없다고 호소할 것이다. 우리 대부분은 그런 교육과정이 비록 흥미가 있을지 몰라도 얼마나 불만족스러운지 알고 있다. 심지어 새커리(Thackeray)조차도 '4명의 조지(The Four Georges)'에 대한 강연을 통해 지식의 중요한 요소를 소개할 수는 없을 것이다. 역사에 대한 지식은 인상과 의견 이상의 지식을 제공해야 한다. 그러나 시간의 부족은 정말로 어려운 문제이다.

지금 내가 주장하고 있는 이 방식은 배움의 시간을 크게 증가시킨다는 장점을 가지고 있다. 학교의 각 학기는 시간 가치를 4배로 증가시킬 수 있다. 대부분의 학교에서 영국 역사의 뼈대만을 제공하기 위해 소요되는 시간과 거의 비슷한 시간에 우리는 놀라운 양의 역사를 배워 나간다는 사실을 발견했다. 젊은이들은 역사라는 주제에 큰 관심을 가지고 있으며, 올바른 책을 제공한다면 집중적으로 관심을 기울인다. 설득력 있는 강의는 보통은 시간 낭비이며 학생들의 집중력에 무거운 짐이다. 따라서 우리 학부모연맹에서는 두 가지에 우리 자신을 제한한다. 그것은 지식과 열렬한 공감이며 이 공감은 그 지식에 의해 자극된 관심 안에 있는 공감이다. 모든 아이들이 구두 서술이나 글로 쓴 작문을 통해 배우고 표현하도록 하는 게 우리의 역할이다. 이러한 방식으로 이례적인 분량의 영역이 다뤄지며 학기말 작문 시험은 어떠한 교정이 필요하지 않을 정도로 정확하다. 한 번의 읽기는 고집스럽게 요구되는 조건인데, 왜냐하면 산만한 정신의 습관은 과목들을 다룰 수 있는 기회가 두 번째 또는 세 번째 있다고 기대되는 한 주의를 기울이려는 노력을 자연스럽게 지연시키기 때문이다. 그러므로 '집중하는 노력'이라는 말은 잘못되었다. 완전하고 철저한 집중력은 노력을 필요로 하지 않고 피로를 유발하지 않는 자연스러운 기능이다. 때때로 우리가 의식하고 있는 불안한 정신의 노동은, 집중력이 방황하다가 다시 본론으로 돌아갈 때 나타난다. 그러나 대부분의 교사가 목표로 하는 집중력은 교육을 위해 선천적으로 제공되었으며 훈련이나 노력의 결과가 아니다. 우리의 관심은 주어진 수업 내용을 배울 수 있는 두 번째 또는 세 번째 기회가 허용되지 않을 것이라고 주지 시키면서 문학적 특성을 가진 풍부한 자료들을 제공하는 데 있다.

당연히 교사의 성격은 큰 가치가 있지만, 아마도 이 가치는 감정보다는 지적인 부분에 있다. 교사의 정신과 학생들의 정신이 조화롭게 작용하는 일에 교사가 관심이 많다는 사실은 어린 학생들에게는 훌륭한 동기가 된다. 하지만 주의를 기울이는 게 부담이라고 믿는 동정심 많은 교사는 아이들을 괴롭히고 방황하게 만드는 백가지의 공상을 허용하여 결국 교사와 학생은 노력으로 관심을 끌어 올려야 하고, 이것은 학생을 도우려는 교사의 선한 노력을 오히려 방해한다.

1단계 B반의 6세의 아이는 '영국 역사'의 이야기가 아닐지라도 많은 분량의 책, 즉 한 학기당 40페이지 정도의 절대적인 양의 연속 읽기를 한다. 이 책은 잘 쓰여지고 엄선되고 적절하게 설명되어진 책이어야 한다. 아이들은 물론 '어린이 수준'으로 낮춰서 쓰이지 않은 책을 스스로 읽을 수 없으므로 교사가 읽어 주고 아이들은 단락별로, 구절별로 다시 말하기를 하면 된다. 교사가 말을 많이 하지 않아야 하며 '말하기'가 요구된 아이를 방해하지 않도록 주의해야 한다. 처음의 수고로움이 걸림돌이 될 수 있다. 그러나 머지않아 아이들은 본격적인 궤도에 들어오며, 놀랍도록 유창하고 길게 단락을 말하게 된다. 아마도 교사는 말하기가 끝났을 때 다른 아이들로 하여금 실수를 바로 잡을 수 있도록 허용할 수 있을 것이다. 진실로 교사 자신의 어려운 역할은 표정이나 가끔 던지는 말, 다시 말하기한 단락에 대한 언급, 때때로 사진을 보여주면서 공감하는 관심을 유지하는 데 있다. 여섯 살의 아이도 교육의 진지한 직무를 시작한다. 아이가 이 단어를 이해하는지 아니면 저 단어를 이해하는지는 중요하지 않으며 아이가 책을 직접 다루는 법을 배워야 한다는 게 매우 중요하다. 아이이든 어른이든 무엇이나 말로 설명할 수 있다면 알고 있다는 것이고, 말로 설명할 수 없다면 모른다는 게 확실하다. 아마도 이 '말하기' 연습은 현 시대보다는 16세기와 17세기에 더 많이 사용되었을 것이다. 우리는 '헨리 8세(Henry VIII)' 책에서 어떻게 세 명의 신사가 만나 수도원에서 열린 앤 불린(Anne Boleyn)의 대관식을 목격하고 나온 한 사람에게 그가 목격한 장면을 이야기해 주기를 요청했는지를 기억한다. 그 사람은 아이들에게서 관찰할 수 있는 생생함과 정확성을 가지고 있었다. 이 경우에 '말하기'는 물론 무대 장치였지만 그러한 해설이 일반적으로 실행되지 않았다면 과연 채택이 되었겠는가? 우리 시대에도 훌륭한 재담가는 환영 받는 손님이다. 한 두 세대 전에만 해도 그 기술은 신사적인 능력의 일부로 연마되었다. 그러한 사교적인 기량이 아이에게는 필요하지 않으며 이것은 단순한 기억 운동에 지나지 않는다고 이의를 제기하는 사람도 있다. 자, 한 구절을 암기하는 데에는 수많은 감언이설과 많은 반복이 필요하며 암기하는 동안 학습자들은 다른 문제에 관해 '생각'하기도 한다. 즉 정신은 암기하는 행위에 작동하지 않는다는 뜻이다. 그러나 주의를 기울여 단락을 읽고 나중에 다시 이야기하는 행위는 흥미롭게도 다른 효과가 있다. 베르그송(M. Bergson, 역자 주-폴란

[드 작곡가이자 피아니스트)은 단어의 기억과 정신의 기억 사이에 만족스러운 구분을 짓는데, 일단 그 힘이 일깨워지면 전면적인 변화가 초래될 것이다.

정신의 기억을 의지하면서 우리는 장면을 시각화하고 논쟁에 확신을 가지며 문장의 전환에서 즐거움을 얻고 문장에 대해 우리 자신만의 뼈대를 만든다. 실제로 특정 구절이나 단원이 우리 안으로 들어 왔고 마치 어제의 저녁 식사처럼 문자 그대로 우리의 일부가 되었다. 아니, 그 이상이 되었다. 왜냐하면 어제의 저녁 식사는 내일은 별로 중요하지 않기 때문이다. 그러나 우리는 몇 달 후 그리고 아마 몇 년 후에도, 우리가 섭취했고 그것으로 성장했던 단락을 첫 번째 말했을 때처럼 생생하고 세부적으로 그리고 정확하게 다시 말할 수 있게 된다. 우리가 능력이라고 부르는 정신의 모든 힘은 이와 같이 주어진 지적인 문제들을 다루기 위해 발휘되었다. 따라서 아이가 추론하도록 도와 주기 위해 질문을 하거나 상상할 수 있도록 멋진 그림을 그리게 하거나 양심을 활발하게 하기 위해 도덕적인 교훈을 이끌어 내는 활동들은 굳이 하지 않아도 된다. 이러한 것들은 소화의 과정처럼 무의식적으로 일어난다.

7세의 아이들은 1단계 A반으로 올라간 후 거기서 2~3년 정도 머물게 된다. 아이들은 동일하게 훌륭한 책인 마샬(Marshall) 여사의 '우리의 섬 이야기'를 읽고 한 학기에 같은 분량의 페이지를 읽는다. 그러나 1단계 B반에서 독서는 더 간단하고 직접적인 역사를 담은 책의 첫 번째 삼분의 일에 국한되어 있는 반면, 1단계 A반에 있는 아이들은 책을 끝까지 배우므로, 나름대로 영국 역사를 사랑하는 법을 배우게 된다. 한번은 결코 저녁을 소홀히 하지 않을 것 같은 7세의 튼실한 소년이 "나는 저녁 식사보다 훨씬 빨리 역사를 배울 거예요."라고 말했다.

1단계 A학년에서 역사는 공부 시간에 맞춰 클리브(Clive) 경, 넬슨(Nelson) 같은 사람들의 짧은 전기로 확대되고 예증된다. 그리고 프레웬 로드(Frewen Lord) 부인의 유쾌한 '웨스트민스터 성당의 이야기'와 '성바울의 이야기'는 아이들이 영웅들을 상당히 개인화하도록 도와준다. 프랭클린(Franklin), 넬슨(Nelson), 하워드(Howard), 샤프츠베리(Shaftesbury)가 해주는 '말'을 직접 듣는 게 유익하며, 기념비 방문도 대단히 즐거운 활동이다. 보통 도네(Donne, 역자주: 성공회 신부이자 시인)는 아이들에게 큰 관심을 주지 않는다고 생각할 수 있지만, 그의 기념비에서 여전히 볼 수 있는 '런던대화재(Great Fire, 역자주: 1666년 9월 2일 런던을 휩쓴 화재)'의 흔적을 알아차리는 작은 즐거움은 구경꾼의 눈길을 사로잡는다.

인물들을 직접 만날 기회가 없을지라도, 아이들에게 온당하고 유용한 애국심을 키우는 데 기념물과 친숙하게 만드는 방법보다 더 타당한 방법은 아마도 없을 것이다. 2단계(9세~12세)는 좀 더 편안하고 즐거운 역사 프로그램을 많이 제공한다. 1단계 A학년의 학생들은 좀 더 어려운 책을 사용하며, 흥미롭고 잘 쓰여진 영국의 역사책의 경우 한 학기에 약 50페이지 정도를 읽는다. 2단계 A학년은 영국의 사회생활을 공부할 때, 해당 시대의 사회생활을 다루는 책을 실례로서 추가하여 읽는다. 영국 역사에 대한 공부만으로는 다소 배타적이고 오만한 마음의 습관을 갖도록 유도될 수 있기 때문에 우리는 다른 나라의 현대사도 가능한 한 빨리 아이에게 소개한다.

자연스럽게 우리는 프랑스 역사로 시작한다. 두 단계의 학생 모두 프랑스의 첫 번째 역사를 읽고, 아이들이 읽고 있는 영국 역사와 함께 잘 쓰여진 현대사 단원을 읽는다. 아이들이 바야르(Bayard), 콜베어(Colbert), 리슐리외(Richelieu)에 대해 글쓰기와 말하기가 준비되어 있다는 사실은 외국의 역사를 아이들에게 일찍 소개해야 한다는 우리의 정당성을 입증해 준다. 그리고 명료하고 선명하게 전달되는 책 속의 이야기는 아이들로 하여금 프랑스 역사에 대한 상당한 지식을 얻게 하며, 자국의 역사를 조명해 줌과 동시에 학생들 자신이 역사책을 읽고 있는 순간에도 역사는 자국뿐만 아니라, 분명히 다른 모든 곳에서도 진행되고 있다는 의식을 심어준다.

동시대와 함께 할 수 없는 고대 역사에 대한 연구는 대영 박물관을 연대기적으로 정리한 책(우리의 위대한 지식의 국립창고에서 보여주는 시대의 발달과정을 깨닫는 매혹적인 은사를 가진 엡스(W. Epps) 부인이 학부모연맹의 학생들을 위해 쓴)을 통해 접근한다. 나는 이미 한 아이가 파르테논 관을 방문했으며 소녀가 보았던 것들이 자신이 읽었던 내용이라는 사실을 열심히 확인하는 사례를 얘기했다. 그 사례는 이 귀중한 책이 제공하는 고대역사에 대해 일종의 실마리를 보여주는 역할을 할 것이다. 버나우(G. M. Bernau) 양은 아이들이 가정에서 사용하는 물건, 예술품 등을 우연히 마주칠 때 그것을 그려보는 게 자신들이 읽고 있는 세기와 연결이 된다는 '세기의 책(The Book of Centuries)'을 써서 이러한 공부에 가치를 더했다. 우리는 영국 박물관에 대한 이 작은 공부가 얼마나 소중한지 알게 되었다. 박물관 자체를 방문할 기회가 있는지 없는지에 관계없이 아이들은 그렇게 하고 싶은 소망을 가지게 되며, 더불어 지역 박물관의 보물들에 대해서도 아이들의 정신이 깨어나게 될 것이다.

3단계의 아이들은 2단계에서와 같이 동일한 영국 역사, 동일한 프랑스 역사, 동일한 대영 박물관 책을 계속 읽으며, '세기의 책(The Book of Centuries)'도 계속 읽는다. 여기에 더하여 한 학기에 인도 역사에 대한 쉬운 책으로부터 약 20~30페이지 정도를 추가하는데, 이는 아이들에게 큰 흥미를 주는 주제이다.

영연방의 다른 지역 역사에 대한 간단한 공부는 '지리학' 아래 범주로 포함된다.

4단계의 아이들은 가디너(Gardiner)의 '학생을 위한 영국의 역사(Student's History of England)'로 단계가 높아진다. 이 책은 명확하고 훌륭하지만, 퀜넬(Quennell) 부부의 '영국의 일상사(History of Everyday Things in England)'로 배웠던 것보다 다소 딱딱할 수는 있다. 4단계에서 유럽 역사의 개요를 소개하며, '어린이를 위한 대영 박물관' 및 '세기의 책(The Book of Centuries)'도 계속 지속한다.

교사가 각 과목에서 아이들이 읽을 수 있는 정확한 책을 찾는 게 얼마나 어려운지 알고 있기 때문에 한동안 로드(Lord)가 쓴 재미 있는 '근대 유럽(Lord's very delightful Modern Europe1)'이 절판되어 안타까웠다.

5단계와 6단계(15세~18세)의 역사 공부는 더 발전되고 더 풍부하며 학생들은 그 시대의 문헌에서 읽는 설명을 참조한다. 그린(Green)의 '영국 사람들의 짧은 역사(Shorter History of the English People)'는 영국 역사 교재이며, 예를 들어 '프레데릭(Frederic) 대왕'과 '피트(Pitt)와 클라이브(Clive)의 오스트리아의 계승 전쟁'에 대한 매컬레이(Macaulay)의 에세이에 의해서 더 확대된다. 같은 기간에 우리는 서유럽의 미국사와 앰 듀루이(M. Duruy)의 원서를 제대로 번역한 훌륭한 프랑스 역사책을 사용한다. 어쩌면 아이들의 프랑스어 독서에서 동일한 수준의 마담 드 스탈(Madame de Stael)이 쓴 '도이칠란트(L'Allemagneor)'나 다른 역사 작품들을 시도해 볼 수 있을 것이다. 그리스와 로마의 역사에 대한 세세한 공부를 지속하기는 불가능하지만, 디버(de Burgh) 교수가 열의를 가지고 연구하여 훌륭하게 기록한 '고대 세계의 유산(Legacy of the Ancient World)'을 제공해 줄 수 있다. 학생들은 작고하신 첼트넘(Cheltenham)여자대학교의 비일(Beale) 여사에 의해서 고안되고 도입된 도표에 따라 100년 마다 역사차트를 작성하는데, 각 방향으로 100칸으로 된 정사각형 10칸이며, 각 사각형마다 그 특별한 10년 동안에 사례가 되는 사건을 나타내는 기호를 가진다. 그에 따라 교차된 전투도끼 모양은 전쟁을 나타낸다.

    역사의 지리적 측면은 과목으로서는 '지리'에 속한다. 이 역사 독서 과정은 현재를 지탱하고 조명해 주는 과거의 지식을 제공하는 과정으로 젊은이들에게 대단히 중요하다. 나는 예리하고 흥미가 넘치지만 한탄스러울 정도로 역사에 무지했던 명석한 옥스포드 학부생 모임이 생각난다. 그들은 "역사에 대해 알고 싶습니다. 어떤 책을 추천해 주시겠습니까? 저희는 역사에 대해 아는 게 전혀 없습니다."라고 말했다. 어쩌면 모든 젊은이들은 영국, 유럽, 특히 프랑스 역사와 같은 기초 교육과정 없이 대학에 들어가면 안 될 것이다. 그와 같은 일반적인 점검은 어떤 특별 과정보다 선행되어야 하며, '연구 업무(research work)'에 학생들을 준비시키도록 고안된 좀 더 학문적인 공부를 하기 전에 요구되어야 한다.

    전체 단계는 항상 시간순으로 진행되어 진다. 어린 학생은 다뤘던 단원을 좀처럼 되풀이 할 일이 없지만 학교 전체가 1920년 말(역자

주-이 책은 1922년에 쓰여졌다)에 도달했다면 다시 시작하는 방법 외에는 도리가 없다. 공부했던 책은 새로운 빛을 줄 것이며 어린 학생으로 하여금 현대사 공부와 보조를 맞추게 해줄 것이다.

그러나 5단계와 6단계에서 주어진 기간 동안 역사 교육의 모든 밑그림은 '문학' 전집의 안내에 따른다. 왜냐하면 그 시대가 만들어낸 연극, 소설, 에세이, '생활', 시, 그리고 모든 게 동원되어 있으며 가능한 곳에서는 건축, 회화 등도 포함되어 있기 때문이다. 따라서 그 학기의 독서 시험과 독서 기록인 해당 학기의 작업에 관하여 다음과 같이 질문 할 수 있다. "(a) 성직자, (b) 군대, (c) 해군, (d) 1685년 경의 일반 대중의 상태를 설명하세요.", "프레더릭 대왕 이전에 프로이센의 출세 과정을 추적해 보세요.", "루이 14세는 어떤 통치 이론을 가지고 있었나요? 그의 위대한 사역들에 대해 설명하세요.", "18세기 초 무렵에 있었던 러시아의 발흥과 그 조건에 대해 설명하세요.", "에블린(6단계) 또는 새뮤엘 피프스(5단계)가 국제연맹의 협의 중에 있다고 가정해 보고 3일 동안의 그의 일기를 쓰세요.", "에디슨(Addison)이라는 인물의 성격과 행동 방식을 묘사해 보세요. '에스먼드(Esmond, 역자 주-Thackeray의 역사소설)'에서 그는 어떻게 그려지나요?"

한 사람의 사고의 배경에 역사의 가장 행렬을 가지는 것은 대단히 중요하다. 우리는 이런 저런 세부 상황을 기억하지 못할 수도 있지만 '상상력은 준비가 되어 있다'. 우리는 모든 사안마다 양쪽에 할 말이 많으리라 인식하기에 미숙한 의견과 경솔한 행동에서 안전할 수 있다. 과거의 온갖 부유함이 현재를 사는 우리를 풍요롭게 만든다.

아마도 학교 교과 과정의 가장 큰 결함은 역사를 포괄적이고 지적이며 흥미롭게 소개하지 못한다는 데 있을 것이다. 자신의 나라의 역사를 제외시키거나 혹은 자신의 나라의 역사만으로 시작하는 공부는 아주 치명적이다. 우리가 색다르듯이 다른 사람들도 그러하며 그들의 역사도 우리와 마찬가지로 시인들과 예술가들에 의해 색다르게 표현되었고 그들도 역시 그들의 문학과 민족적인 삶을 가지고 있다는 인식이 없다면 우리는 분별 있게 살 수 없을 것이다. 우리는 잠들어 있었고 우리의 각성은 상당히 끔찍할 것이다. 우리가 가르치지 않은 사람들은 무지와 '폭동'으로 우리에게 대항하여 일어난다.

"마치 세상이 지금 막 태어난 것처럼,
고대는 잊혀지고 관습은 알려지지 않았다.
그들은 울부짖는다. '우리를 선택하라!'"(햄릿)

하나님, 진실로 그들이 선택하는 데 함께 하소서. 그들은 현존하는 말과 행동의 초석인 고대와 관습의 두 비준자에 대해 아는 게 거의 없습니다! 결코 바로 잡기에 늦지는 않았다. 우리는 아이의 결정에 무게가 있게 하며 아이의 행동에 사려가 있게 하고 아이의 행동 방식에 안정감이 있게 만드는 온갖 자유롭고 풍성한 역사의 식단을 전 세계 아이들에게 제공하기를 지체해서는 안 된다. 그러한 안정감의 부족은 우리를 폭풍우 많은 불안한 바다로 몰아넣는다.

'안정감'은 교육받은 계층의 표시이다. 노동 불안으로 인한 국민 생활의 혼란을 고찰해 보고 정치적이고 사회적인 힘이 대다수의 손, 즉 노동자 계층으로 넘어가고 있다는 사실을 숙고해 볼 때, 지금은 감정적이고 무지한 노동자 계층이 특별히 위험한 시대이다. 이러한 때에 모든 계층의 사람들을 위한 무한한 교육의 가능성이 국가적으로 열리게 된 상황을 볼 때, 우리는 거룩한 타당성, 즉 섭리적인 변화를 느끼지 않을 수 없다. 나는 사다리라는 오래된 상징에 암시된 교육이 국가의 평온에 기여할지 확신할 수 없다. 동등한 기회가 모두에게 주어지는 게 최우선이어야 한다. 그러나 그것이 새로운 사실은 아니다. 역사는 흥했던 사람들에 의해 구두점이 찍혀 있으며 로마 교회는 이 동등한 기회의 교리를 기반으로 중국 제국과 같이 스스로를 크게 세웠다. 그러나 올라가는 사람들은 사회의 불안한 구성원이 되기 쉽다는 점을 기억하자. 반면에 지식 자체를 위한 지식을 향한 욕구는 지식 그 자체에서 만족을 찾는다.

청년들은 환상을 볼 것이다. 일상생활의 고충이 개선될 것이다. 그리고 조심성 있고 견문있는 정신은 품위 있고 예의 바른 삶으로 인도하며, 주어진 기회마다 격변으로 사회를 전복시키려는 불안한 욕망으로 인도하지 않는다. 워즈워스는 옳다.

"바르게 훈련되어 성장한 인류는 겸손합니다."

우리는 모두가 중요한 시기에 살고 있지만 특히 교사에게는 대단히 더 중요하다. 왜냐하면 교육의 목표가 개인적 또는 일반적인 이익인지 단순한 생계를 위한 수단인지 아니면 높은 사고를 향한 일반적인 진보 수단인지 소박한 생활, 그에 따른 국익의 가장 큰 수단인지에 대한 결정이 교사들에게 달려 있기 때문이다.

(2) 문학

1단계를 제외하고, 문학 공부는 역사 공부와 보조를 맞춘다. 동화(예를 들어, 안데르센(Andersen) 또는 그림(Grimm)의 동화)는 1단계 B학년에게 즐거움을 주며, 어린 학생들은 이러한 이야기를 풍성하고 생생하게 다시 말할 수 있다. 문구나 상황을 바꿔 이야기하는 사람에게 아이들이 얼마나 심각하게 화를 내는지 생각할 때 놀라운 정확성도 기대할 수 있다. 이솝우화 역시 매우 성공적으로 사용되고 있다. 아이들은 한 번 들은 후에도 간결함과 지적인 능력으로 표현할 수 있으며 선뜻 도덕률을 제 것으로 삼는다. 또한 게티(Gatty) 씨의 '자연에서 온 우화(Parables from Nature)'는 다른 목적에 이바지하고 있다. 그 책은 아이들에게 경이로움을 키워주고 이야기하기에도 안성맞춤이다. 이 단계나 다른 어떤 단계에서도 독서 작업을 이른바 '아동 수준'으로 축소하려는 시도는 없어야 한다. 1단계 A학년(7세~9세)은 '천로역정'을 단원별로 듣고 이야기한다. 그리고 아이들의 말하기는 역시나 즐겁다. 어떤 아름다운 생각이나 대담한 인물도 아이들을 피해 가지 못한다. 상당히 두꺼운 앤드류 랭의 '트로이와 그리스 이야기(Tales of Troy and Greece)'는 학기마다 계속해서 읽는 걸작이다.

영웅 시대의 위대한 이야기는 아이들의 마음을 사로잡는다. 아이들은 실감나게 상상하고 열심히 이야기하며 어려운 고전적인 이름은 걸림돌이 아니라 즐거움이다. 한 학교장은 다음과 같이 말했다.

"어린아이들은 전체 구절의 의미와 어려운 단어마저 감지할 수 있는 본능적인 힘을 가지고 있습니다."

듣기에 즐거운 고전적인 이름의 아름다움이 아이들에게 호소력이 있다는 사실은 위와 동일한 학교장의 추가 인용으로도 설명된다.

"어느 날 약 7세의 소년이 어머니에게 왜 자신의 이름을 학교 이야기에서 들었던 그 예쁜 이름 중 하나로 지어 주지 않았는지 물었습니다. 아이는 율리시스가 자신의 이름 케네스(Kenneth)보다 더 예쁘다고 생각했고 아이의 놀이 친구의 엄마도 앨런 대신 아킬레스라고 불렀을 수 있었을지도 모른다고 생각했습니다."

런던이 그 모든 거리와 골목을 돋보이게 하는 역사적인 사적의 풍부한 후광을 잃어버리고, 마치 지정되지 않은 작업장의 아이처럼 X500거리라고 이름을 붙인 뉴욕처럼 만들어질 수 있다는 두려움으로 위협을 받는 요즘 같은 시대에는 아름다운 이름을 통해 기쁨을 키우는 게 절실히 필요하다. 히말라야 다음으로 높은 산봉우리의 영광과 아름다움을 D2라고 이름 붙여 표현하는 시대! 이러한 시대에 아름다운 이름에 대한 아이들의 타고난 경향성은 아이들의 정신 안에 풍부한 가능성을 가진 광맥이다. 그의 이름이 '전화(Telephone)'라고 발표한 카피르(Kaffir)는 소리를 분별하는 귀가 있었다. 킹슬리의 '물의 아이들', '이상한 나라의 앨리스', 키플링의 '바로 그 이야기들(Just So Stories)' 등 어린이를 위해 쓰인 여러 편의 정교한 고전 작품들은 수준을 낮춰서 쓰지 않았기에 이 단계에 적합하다.

2단계 B학년은 상당한 양의 독서 프로그램을 가져야 하며, 단순하고 기계적인 읽기 연습이 아닌 특정한 책들을 직접 읽어야 한다. 따라서 1단계 A학년은 2년을 소요하며 책을 읽어야 하고, 2년째에는 아이들이 스스로 많은 양의 전집을 읽을 필요가 있다. 2단계 B학년에서 자신의 수준에 맞는 지리, 역사, 시도 읽지만, 아마도 셰익스피어의 '십이야(Twelfth Night)', '걸리버 여행기', 스캇(Scott)의 '롭 로이(Rob Roy)'는 10살이 될 때까지는 능숙해지도록 읽고 말하기를 해야 할 것이다. 9살 이상의 아이들부터 셰익스피어의 연극을 이해하고 시각화하고 '말하기'를 할 수 있는 아이들의 능력은 매우 놀랍다. 아이들은 없는 내용은 그 무엇도 추가하지 않을 뿐 아니라 일종의 신비스러운 안도감으로 무엇 하나 놓치지 않고 구절이나 장면을 보여준다. 해당 학기에 '아스가르드(Asgardare)의 영웅' 수준의 한 두 권의 책을 프로그램에 포함해도 좋을 것이다.

2단계 A학년으로의 변화는 더 많은 개인 독서와 몇 권의 추가적인 책들로 특징지을 수 있다. 아이들은 '셰익스피어 연극'을 인물별로 읽는다. 어떤 특정 시의회 학교 소년들은 독서를 하면서, 스캇(Scott)에 대해 각색하자고 요구한다는 얘기를 들었다. 불핀치(Bulfinch)의 '신화시대'는 아이들이 몰랐던 가상적인 사람들을 수용할 수 있도록 해 준다. 골드스미스(Goldsmith)의 시나 스티븐슨(Stevenson)의 '납치(Kidnapped)' 등이 한 학기 학업의 일부를 구성할 수 있으며, 모든 아이들은 한 번의 시험으로도 확실히 입증할 수 있는 놀라운 학습 능력을 보여준다. 아이들은 자신이 읽은 각각의 작품을 정확성뿐만 아니라 패기와 독창성을 가지고 '말하기'를 할 수 있다. 어떻게 '단순한 말하기'에서 독창성을 보여주는 게 가능할까? 스캇(Scott), 셰익스피어(Shakespeare), 호머(Homer)에게 물어보자. 그들은 알았던 이야기, 즉 이미 알려진 이야기를 썼지만, 그러나 자신의 천재성으로 기록된 단어를 연주하면서 지속적인 불꽃을 소유했다. 아이들은 자신의 수준에서 말할 뿐이지만 모든 것을 아주 생생하게 보기 때문에 당신이 아이들의 설명을 읽거나 들을 때, 화제가 당신을 위해 밝게 빛나게 된다.

아이들은 열두 살이 될 때까지 2단계를 유지한다. 그리고 여기서 나는 책을 다루는 아이들의 힘이 평등하게 발달했다는 사실을 언급하고 싶다. 우리는 프로그램에서 풍성하고 근사한 잔치를 베풀었으며 각각의 작은 손님은 자신에게 맞는 음식을 소화한다. 특별한 재능과 상상력이 있는 아이는 둔한 친구들보다 훨씬 더 많이 배울 수 있겠지만, 모두 같은 잔치에 앉아 각자의 필요와 능력에 따라 섭취하게 된다.

둔하고 심지어 '늦된' 아이들이 주는 놀라움은 고무적이며 계몽적이다. 사람은 교육이 가능한 존재라고 알고는 있었지만 우리가 아이들이 원하는 모든 것을 줄 때 우리는 우리의 견해가 얼마나 궁핍했는지 제공한 교육이 얼마나 가늘고 좁았는지를 발견한다. 소위 결핍된 아이들 안에서도 다음과 같은 사실을 인지할 수 있다.

"인간이란 참으로 하나의 작품이다... 이해력에 있어서, 얼마나 신을 닮았는지!"

3단계와 4단계에서 우리는 판에 박힌 의견과 진부한 정보를 피하는 동시에 공감을 자아내는 관심과 즐거움을 주기 위해 신중하게 선택된 '영문학의 역사(History of English Literature)'를 소개한다. 각각의 학기마다 읽은 부분(50 페이지 정도)은 역사 공부에서 다루는 시대와 일치하며 이 책은 아이들이 가장 좋아하는 책이다. 그 책 역시 셰익스피어의 리어왕, 십이야, 헨리5세 그리고 다른 극작품들과 같이 훌륭한 경향을 가지고 있으며 웨이벌리(Waverleys, 역자 주- Sir Walter Scott의 역사소설)는 일반적으로 당대의 이야기를 제공한다. 한 학기 동안에 소설 전집을 완수하기 위해서는 요약본이 더 나은 기회를 제공하지 않겠냐는 의견에 대해 여러 초등학교에서 토론이 있었다. 그러나 글로스터(Gloucester)에서 열린 교사 회의에서 완역본을 지지하는 강력한 주장들이 다시 제기되었다. 아이들은 '건조한' 부분과 상세한 묘사를 즐거워 하며, 이것을 다시 말하기 할 때 상당히 아름답게 표현한다. 4단계에서는 꽤 광범위한 읽기 과정을 가진다. 예를 들어, 한 한기의 역사 기간에 영연방이 포함되어 있는 경우, 그들은 좋은 문집으로 대표되는 존 밀턴(John Milton)의 '쾌활한 사람(L'Allegro)', '사색에 잠긴 사람(Il Penseroso)', '리시다스(Lycidas)' 및 현대 시를 읽을 수 있고, 나중에는 포프(Pope)의 '머리타래의 겁탈(Rape of the Lock)'을 읽거나 그레이(Gray)의 시를 읽을 수 있으며, 3단계는 골드스미스(Goldsmith)와 번스(Burns)의 시를 읽는다. 인문학 공부의 목적은 누가 통치 할 때 누가 무엇을 썼는지에 대한 정확한 정보를 제공하는 데 있지 않으며 위대한 엘리자베스 뿐만 아니라 모든 시대의 시인, 역사가 및 이야기꾼들이 남겼던 살아있는 그림에 대한 종합적인 안목을 키우는 데 있다. 이것은 문화적인 가치가 거의 없는 정보를 통해서는 불가능하다. 이 방식은 따분한 삶에서 해방되어 상상력이 근사한 소풍을 가질 수 있는 넓은 공간을 아이에게 보장해 준다. 판단력 또한 이러한 커다란 고서(古書)들의 정신을 파헤쳐 파업, 폴란드 문제, 인도 소요사태 등 주어진 사안에 대해서 공정한 결정에 도달하게 할 것이다. 모든 사람은 정치인이 되어야 하는 소명이 있으며 모든 남성은 물론 여성도 국가의 정부 내에서 분깃을 가지고 있다. 그러나 정치 능력은 상당히 광범위한 독서와 역사적 선례에 친숙하여 형성된 창의적인 이해를 필요로 한다.

5단계와 6단계(15~18세)의 독서는 더 포괄적이고 더 어렵다. 이전 단계의 문학 공부와 같이 아이들은 읽고 있는 역사의 연대를 따라 가면서, 현대서적을 때때로 읽으며 최신 문학을 접한다. 이러한 작업으로 성장한 젊은이들은 자신의 시대에 만들어지고 있는 최고의 문학에 정통하다는 자신감을 갖게 된다. 주어진 기간을 적절하게 고려했을 때, 5단계는 한 학기에 포프의 '인간론(Essay on Man)', 칼라일의 '번즈 에세이(Essay on Burns)', 프랭크포트 무어의 '제사미 신부(Jessamy Bride)', 골드스미스의 '세계의 시민의식(Citizen of the World(edited)', 새커리의 '버지니아인(The Virginians)' 등 동시대의 시인들을 포함할 수 있다. 6단계는 보스웰(Boswell) 작품인 '책들의 전쟁', 맥컬리의 '골드스미스'에 대한 에세이, 존슨(Johnson)과 핏(Pitt)의 작품과 '옥스퍼드 시서(The Oxford Book of Verse)'에서 현대 시인들의 작품을 읽으며 두 학년 모두 '지는 것이 이기는 것(She Stoops to Conquer)'을 읽는다. 알게 되겠지만 이런 독서 과정은 시사 하는 바가 크며 훗날에도 계속되는 다독으로 이어질 것이다. 각 단계에서 다루는 양은 아마도 우리들 대부분이 학기 중에 다루는 양이 될 것이다. 우리 어른들은 읽으면서 배우려고 애쓰지 않기 때문에 읽고 나서 잊어버리는 반면, 어린 학생들은 완벽한 기억력과 적용의 힘을 가지고 있다. 왜냐하면 아이들은 주의를 기울이고 집중해서 책을 읽었기 때문이며 모든 경우마다 다시 말하기를 통해 또는 일부분의 요점을 글로 작성하여 읽은 내용을 재생산했기 때문이다.

시험에 대한 아이들의 답안지는 문학이 젊은이들의 정신에 생명력 있는 힘이 되었다는 증거이다.

(3) 도덕과 경제: 시민권

문학과 마찬가지로 이 주제 역시 역사에 부수적인 부분이다. 1단계의 아이들은 동화, 우화 및 한 사람의 이야기나 또는 다른 위대한 시민의 이야기에서 지역 사회의 일반적인 삶에 관한 결론을 모으기 시작한다. 지식도 결코 소홀할 수 없기는 하지만, 2단계에서 시민권은 시민에 대한 고유한 지식을 통해서 보다는 오히려 시민권에 대해 감화를 주는 관점을 통해 주제가 오히려 명확해 진다. 플루타르코스의 '영웅전'은 매우 감동적이다. 이런 책들을 교사가 (적절하게 생략하며) 큰 소리로 읽어주고, 아이들은 의기양양하게 다시 이야기한다. 아이들은 "페리클은 어떤 방법으로 아테네를 아름답게 만들었습니까? 어떻게 그는 사람들이 협조하도록 설득했나요?"와 같은 질문에 답을 하면서 배운다. 그리고 우리는 많은 권면에서 비롯된 진부함 없이도 아이들이 이웃의 아름다움을 보존하고 증가시키기 위한 생각(idea)을 불러일으키기를 소망한다. 아이들은 다시 "페리클은 전쟁의 시기에 사람들이 자신의 판단에 반하여 행동하지 않도록 어떻게 관리하였나요?"라는 물음에 대답할 것이다. 그리고 이와 같은 지식을 통해 우리는 아이들이 정치력에 공감하는 견해를 갖기 시작하리라고 추측할 수 있다. 그런 다음, 우리 시대에 와서 그들은 다음과 같은 질문에 대답을 할 수 있을 것이다. "(a) 카운티 의회,

(b) 지방 의회, (c) 교구위원회에 대해 무엇을 알고 있나요?" 이런 지식은 아이들도 각자가 여러 가지 의무가 있는 합당한 시민이 될 준비가 되어 가고 있다고 인식하게 만든다. 맥컬리의 '고대 로마 서사시'에 의해 조명된 플루타르코스 대신에 우리의 오랜 친구 비슬리(Beesley) 부인의 로마의 역사 이야기는 2단계 B반에서 우리를 도와준다. '시민 의식' 아래에 우리가 분류한 사람들과 사안들에 대한 지식을 아이들에게 전해줄 때, 우리는 선과 악의 문제에 직면해야 한다. 진지한 생각을 가진 많은 교사들은 다음과 같은 말을 했던 사람에게 공감할 수 있을 것이다.

> "어린이들에게 그러한 탐욕의 공격적인 표현이 있는 서스(Circe)의 이야기를 하는 이유는 무엇입니까? 왜 아이들이 부응해서 살아야 하는 영웅적인 이야기로만 오로지 양육하지 않습니까? 인생은 짧습니다. 왜 좋은 생활과 좋은 예절의 가르침의 예를 제공하는데 그것을 전부 사용하지 않고 있나요?"

다시 말하기를,

> "아이들은 왜 차일드 해럴드(Childe Harold)의 몇몇 작품을 읽어야 합니까? 의식의 고양에 기여하지 않은 시인의 작품과 그토록 친숙하게 할 필요가 있습니까?"

'플루타르코스'는 이 부분에서 성경과 비슷하다. 그는 백성들의 행동을 좋거나 나쁘다고 표를 붙이지 않고 그러한 분류를 독자들의 양심과 판단에 맡긴다. 하나님의 도시든 바로 자신의 도시든, 무엇이 선하고 어떻게 그것을 수행하는지를 아는 것만큼 무엇을 피해야 하고 어떻게 그것을 피하는지에 대한 지식은 시민에게 중요하다. 아이들은 조작된 이야기를 듣자마자 처음부터 피로감을 느낀다. 그러나 선과 악을 다루는 인류의 이야기는 결코 관심을 약화시키지 않는다. 야곱은 하나님이 선택한 사람이었지만, 우리를 싫증나게 하지 않는다. 야곱의 자기 자신에 대한 평결이 "짧고 험악한 세월을 보내었나이다." 라는 사실을 우리는 안다. 신약에서 로마 백부장이 모든 면에서 종교적 유태인보다 훌륭한 사람이듯이, 아이가 마주치는 외국의 왕들과 통치자들이 더 뛰어나게 청렴한 경우를 우리는 알아본다. 아마도 우리는 영웅적인 모든 영웅들과 덕이 있는 모든 선한 사람들에 대해 싫증이 나도록 만들어졌는지 모른다. 반면에 우리는 독서에서 우리가 알게 된 위대한 사람들의 실패와 약점에 대해 스스로 작은 설교를 하게 된다. 아이들도 우리처럼 유익을 얻기 위해서는 어쩌면 인생 전체를 보아야 할 것이다. 동시에 아이들은 자신들이 배우는 문학이라는 매개체를 통해 조악함과 조잡함에서 보호되어야 한다. 일간신문에 '플르타르코스 영웅전'이나 앤드류 랭의 '그리스와 로마 이야기'와 같은 부류의 사건들이 등장할 수도 있겠지만, 같은 수준은 아니다. 10세에서 12세 사이의 아이들은 자신의 생각과 행동에 영향을 미칠 정도로 '플르타르코스 영웅전'의 십여 명의 영웅들과 아주 친밀하게 되어 국가를 최우선시하고 국가에 봉사하거나 해를 입히는 개개인들을 알아보도록 배웠다. 따라서 아이는 비례학(the science of proportion)에서 첫 번째 교훈을 얻는다. 정부가 아니라 국민이라는 의미에서 국가에 대한 위대한 생각(idea)에 익숙한 아이들은 자국의 법, 관습 및 정부에 대해 아주 쉽게 배운다. 또한 그들 자신에 대하여 그리고 정신과 몸, 마음과 영혼에 대해서도 큰 관심을 가지고 배운다. 왜냐하면 아이들은 자신 안에 있는 무엇을 국가에 줄 수 있는지를 아는 게 유익하다고 느끼기 때문이다.

플라톤에서 에라스무스에 이르기까지, 에라스무스에서 오늘날 열정 있는 학교 교장에 이르기까지 모든 위대한 사상가들을 훈련시켰던 책을 고르는 데 우리는 어려움을 겪고 있다. 나는 건전한 학습과 판단력을 가르치는 데 바람직한 다수의 책에서 나타나는 거칠고 외설적인 부분을 말하는 것이다. 밀턴은 순수한 사람에게는 모든 것이 순수하다는 강한 증언으로 우리를 안심시키려 하지만 그러나 우리는 불안하다. 높은 학년의 학생들이 아레오파지티카(Areopagitica)를 읽을 때, 불순함을 보기 때문에 불순하게 된다는 사실을 인식하고 있다면 어느 정도는 보호받을 수 있을 것이다. 그리고 더 어린아이들은 '우리 자신(역자 주-저자의 책 6권의 시리즈 중 제4권)' 안에서 제공하는 지식으로 도움을 받을 수 있다. 순수하게 가르친 아이들은 '천사들로 말미암아(고전11:10절 인용-역자 주)' 그들의 생각을 조심하는 법을 배운다. 그리고 구할 수 있는 한 삭제판을 사용하는 게 좋다. 그렇지 않은 경우에는 교사가 필요한 부분을 생략하면서 책을 소리 내어 읽어 줄 수 있다. 우리는 식물이나 동물의 세계 안에 있는 자연의 과정을 아이의 정신 안에 있는 불순한 사고와 연관시키지 않도록 주의해야 한다. 이것과 관련하여 나는 한 가지만 더 살펴보고자 한다. 때때로 학교장들이 운동 경기를 과도하게 장려하는 이유는 오로지 경기의 탁월함만을 위한 게 아니다. 사도 바울도 '내가 내 몸을 쳐서(역자 주-1 Corinthians 9:27)'라고 말했다. 신체적 힘을 소진하는 경기는 무언의 존재의 이유로서 남학생과 여학생을 품위 있게 지키고자 하는 바램이 담겨 있다. 심지어 최고의 학교에서도 고통스러운 사건이 드러나기는 하지만, 의심할 여지없이 아이들은 어느 정도는 자신을 지킨다. 그리고 일반적으로 인식되지 않고 있는 한 가지 사실은 부모들과 교사들을 가장 괴롭히는 종류의 범죄들은 정신 안에서 그리고 공허한 정신 안에서 배양이 된다는 사실이다. 이것이 바로 아들들을 집에서 공부하도록 하여 공립학교의 부패로부터 아들들을 구하기 위해 노력하는 부모들이 자신들의 표적을 놓치기 쉬운 이유이다. 가정교육이 제공하는 풍성한 여가시간은 청소되고 수리된(역자 주-마태복음12:44~45) 빈 방을 제공하여 생각과 고독 속에서 저지를 수 있는 죄를 초대하게 된다. 우리 학교들 또한 성찰을 자아낼 정도로 마음을 끌고, 지속적이며 건전하게 마음을 사로잡는 경향이 있는 일을 충분히 제공하지 않는 잘못을 범한다. 아이에게 산만한 독서의 방식(이것은 해로움을 유발하는 일종의 게으름이다)이 아닌 확실하게 실증된 내용의 방식으로 풍부한 정신의 양식을 공급하라. 아이의 상상력, 사색, 포부에 양분을 공급하는 풍성하고 충분한 음식을 제공하라. 그러면 당신은 배움이 수고나 짐이 아니라, 기쁨이고 건전한 휴식이며 즐거움인 건전한 정신을 가진 젊은 이들을 갖게 될 것이다. 이것이 시민권의 주제에서 벗어나 보인다고 사과할 마음은 없다. 왜냐하면 모든 아이들은 도시와 국가에서와 똑같이 개인적인 공헌에서도 건전한 정신과 건전한 신체를 빚지고 있기 때문이다.

'우리 자신(역자 주-저자의 책시리즈 제4권)'은 학부모연맹에서 많이 사용하는 책이다. 내가 아는 한 어린아이들이 말마따나 '바르게 되기 위해' 자신의 노력을 어디에 두어야 하는지 알도록 만드는 인간 본성의 기초계획을 제시하려는 시도는 아직 없었다. 그 책에서 말하는 관점은 온갖 아름답고 고귀한 가능성이 모든 사람에게 존재하지만, 각 사람은 조심하고 기도하기 위해 알아야 하는 다양한 공격과 방해의 대상도 된다는 점이다. 권고적인 가르침은 젊은이와 나이든 사람들 모두를 지루하게 하는 경향이 있다. 인간의 본성에 놓여 있는 가능성들과 능력들 그리고 수반되는 위험들에 대한 질서 있는 제시는 계몽적이고 고무적인 효과를 얻을 수밖에 없다.

그러나 '일상의 도덕'과 '시민권'을 가르칠 때 기대하는 목적에 대해 다양한 연령의 아이들이 작성한 과제물만큼 더 잘 설명해 주는 증거는 없다. 이는 자기 관리를 다루는 동시에 도시와 국가를 돕고 섬기는 미덕의 전형적인 예가 될 수 있다. 수영장에서 나온 한 작은 소녀가 말했다. "세상에, 저는 꼭 율리우스 카이사르 같아요, 제가 최고가 아니라면 아무것도 하고 싶지 않아요." 아이들은 예상 밖의 방법으로 그리고 예상 밖의 출처로부터 자신들의 삶을 인도할 작은 원칙들을 모은다.

(4) 작문

1단계(A와 B)의 작문은 주로 구두로 진행되며 성경의 역사, 영국의 역사, 지리, 자연사와 연결되어 있기 때문에 교육계획에서 특별한 자리를 요구하지는 않지만, '이야기'로 나타낸다. 어떤 교사들은 신중하고 체계적인 방법으로 어린아이들에게 작문을 가르치는 데 이보다 더 헛된 일은 없을 것이다. 문장을 만들기 위해서 치르는 훈련만큼 불필요하고 사람을 바보로 만드는 훈련은 없으며 이것은 아마도 씹고 삼키는 행동을 위한 훈련을 방불케 할 것이다. 교사들은 지나친 호의와 아낌없는 열심으로 실수를 범한다. 교사들은 아이들을 위해 무엇을 하든 결코 지나치지 않다고 느끼며, 스스로 할 수 있도록 아이들에게 풍성하게 기술이 부여되어 있는데도 자신들이 아이들을 대신해서 해주려고 시도한다. 이 부여된 기술들 중 하나인 작문의 기술, 즉 '말하기' 기술은 스캇(Scott)과, 호머(Homer)에서 절정을 이루며 걸음마를 하는 2세에서 3세의 유아들도 시작할 수 있다. 비록 어떤 어른도 심지어 엄마조차도 이해할 수는 없을지 몰라도 유아들은 서로 많은 양의 말을 할 수 있고 확실히 '말하기'에 몰두해 있다. 그리고 6살 아이들은 놀랍도록 적절하게 말할 수 있다. 아이들의 '말하기'를 받아 적으려고 시도하는 어른은 '헨젤과 그레텔'이나 '성냥팔이 소녀' 혹은 성경 이야기가 끝나기도 전에 이미 수많은 페이지를 채워야 할 것이다. 사실에 있어 정확하고 그 표현에 있어서 놀랍도록 활기차고 빼어나며 주저함이 없다. 아마 어른들 중 소수만이 아이들이 간결하고 명료하게 재현하는 이솝이야기 중 하나를 '말하기' 할 수 있을 것이다. 어떤 책이 주어지든 아이들은 매주 정해진 시간에 읽기를 계속한다. '개티(Gatty) 부인의 자연우화(Parables From Nature)', 안데르센, 그림(Grimm), 천로역정 등 중단했던 어느 곳에서든 읽기를 계속한다. 그리고 아이들의 지식은 결코 엉성할 틈이 없다. 아이들은 "율리시스와 텔레마코스의 만남에 관해 말하세요." 또는 "제이슨(Jason)과 헤라(Hera)에 대하여 이야기해 보세요.", "기독교인과 희망인이 어떻게 거대한 절망을 만났는지, 또는 빛나는 사람들에 대해 이야기해 보세요."와 같은 질문에 대답할 수 있다.

　7세에서 9세까지 아이는 1단계 A학년에 있으며 읽기는 더 넓고 작문은 더 풍부하다. 아이들은 '4천명을 먹이심에 관하여', '성막의 건축에 관하여', '의심의 성을 파괴하는 법', '성바울 성당의 화재에 관하여', 세상이 둥글다는 사실을 알 수 있는 방법' 등에 관한 시험에서 '말하기'를 할 뿐만 아니라 풍성한 양으로 말할 수 있다. 아이들의 모든 작업은 구술 작문에 의지한다. 그러한 작문의 힘은 아이에게 내재되어 있으며 교육의 결과물이 아니다. 몇 가지 중요한 점은, 1단계 B학년에 속하는 아이들은 그 아이들 안에 내재하는 능력에만 의지하지 않고, 단계에 맞게 많은 양의 내용을 읽어주는 게 필요하다는 점이다. 아이들이 고정된 주의력과 자신들이 소유하고 있는 유창한 서술 능력의 다른 힘을 사용하려면 어느 정도의 시간이 필요하다. 따라서 아마도 어린아이들은 단락별로 서술을 할 수 있도록 해주어야 하고 7세 또는 8세의 아이들은 단원 별로 '말하기'를 하면 된다.

아이들이 마침표 또는 대문자 사용에 대해 들볶이거나 지도를 받을 필요는 없다. 독서를 하는 아이들에게서 이런 것들은 자연적으로 생겨나며, 교사의 지도는 쉼표에 대한 과도한 사용의 결과를 초래하기 쉽다. 선의로 쓰여진 이류의 책을 절대로 읽어서는 안된다고 말하지는 않겠지만, 학교의 수업을 위해서는 확실히 이러한 책들을 읽지 않는 게 좋을 것이다. 일찍부터 아이들은 많든 적든 자신의 방식을 통해 그들 스스로를 위해 소장할 문학책 읽는 습관을 가져야 한다. 모든 작가의 목적은 자신의 책에서 자신이 스스로를 설명하는 것이므로, 중재자의 개입 없이 아이와 작가가 함께 신뢰를 받아야 한다. 작가가 아이에게 현재 말하지 않은 내용에 대해서 아이는 모른 채 지나가야 한다. 어떤 설명도 아이에게 실제로 도움이 되지 않으며, 단어와 어구에 대한 설명은 내용을 망칠 수 있으므로, 아이가 묻지 않는 한 설명을 시도해서는 안 된다. 아이들이 이런 저런 내용들이 무슨 의미인지를 물어볼 경우에는 수업의 다른 아이들이 아마 말해 줄 수도 있을 것이다.

9세에서 12세는 2단계(A와 B학년)유형에 속한다. 이 단계의 아이들은 더 넓은 범위의 독서, 더 비옥한 사고 분야, 그리고 작문을 위해 보다 즐거운 과목을 공부하게 된다. 아이들은 자신의 짧은 글을 스스로 작성한다. 그리고 아이들의 지식의 정확성과 조리 있는 표현에 대해 말하자면, '경이로움이 여전히 커진다'고 할 수 있다. 아이들은 템피스트(Tempest) 또는 우드스톡(Woodstock)에서 가장 좋아하는 장면을 묘사한다. 그리고 아이들은 플루타르코스 또는 셰익스피어 작품 중에서 쓰거나 '말하기'를 하거나 혹은 그날의 사건에 대해 이야기한다. 또한 아이들은 영국, 프랑스 및 일반 역사, 구약 및 신약 성경, 로마의 역사 이야기, 불핀치(Bulfinch)의 '신화시대(the Age of Fable)', 골드스미스(Goldsmith) 또는 워즈워스의 시, 아스가르드의 영웅에 대해 서술한다. 실제로 작문은 부수적인 과목이 아니라 모든 과목에서 아이들 교육의 필수적인 부분이다. 작문 연습은 아이들에게 큰 즐거움을 주며, 아마도 우리 모두는 알고 있는 것을 말하기를 좋아하는 듯 하다. 그들의 작문이 전적으로 꾸밈이 없는 것만큼 예술과도 같은 수준이라고도 할 수 있으며, 활력있고 우아한 작문을 통해 어떤 아이라도 부러울 만한 문체를 쉽게 만들어 낸다. 교사로서 우리의 실패는 학생들의 지적 능력에 지나치리만큼 의존하지 않는다는 데 있다. 따라서 교사들은 자신들이 친절하게 자원해서 대신 해줘야 할 정도로 아이들은 부족한 작은 영혼들이므로, 아이들이 스스로 할 수 없다고 여긴다. 그러나 아이들에게 편견 없이 책을 제공하라, 그러면 아이들이 읽은 극작품이나 그 외에 읽은 많은 이야기들 중에서 자신들이 좋아하는 장면을 상세하게 묘사할 것이다.

3단계와 4단계에서도 1단계와 2단계에서와 마찬가지로 우리가 칭하는 '작문'은 자유로우면서도 정확하게 책을 사용한 필연적인 결과이다. 그리고 학생이 스스로 자진해서 단어 사용에 대해 식별하는 흥미를 둘 정도로 충분히 나이를 먹을 때까지는 특별한 주의를 필요로 하지 않는다. 음보가 잘 맞는 시의 운율은 어른들만큼 아이들에게도 즐거움을 준다. 많은 아이들이 산문처럼 쉽게 시를 쓸 수 있다. 이러한 형태의 작문이 요구하는 수준까지 주제를 전달하는 간결성과 힘은 가치 있는 정신 훈련을 제공한다. 한 가지 명심해야 할 점은 라틴어 시처럼 영어(국어)에서도 운율에 대한 연습이 필요하다는 사실이다. 반면에 율동성과 강세는 아이들이 시를 읽는 양에 비례해서 저절로 연습이 된다. 오늘의 주제 및 계절의 경과에 대한 작문은 이전 단계와 마찬가지로 3단계 및 4단계에서도 학기 중 독서 시간에 다룬다. 그리고 짧은 에세이나 짧은 시에 대해서는 2단계에서보다 4단계에서 좀 더 추상적인 성격의 무수한 주제를 제공할 수 있다. 한 가지 더 고려해야 할 점에 대해 제인 오스틴의 표현을 다시 인용하자면 주제는 아이들의 상상력이 '데워진(warmed)'진 것이어야 한다. 즉 아이들의 관심을 열정적으로 불러일으켰던 주제에 대해 글을 쓰도록 요구해야 한다는 의미이다. 그런 다음 학기말 시험 때가 되면 아이들은 "헨리 리(Henry Lee), 코델리아(Cordelia), 페리클레스(Pericles), 리빙스톤(Livingstone)에 대해서 12줄로 쓰시오."와 같은 질문에 대답을 하게 된다. 또는 전쟁 초반부에 대해 "더비(Derby)경의 전략에 대해 논하세요. 그것의 결과는 어떠했나요?"와 같은 질문을 할 수 있다. 그리고 4단계 학생들은 "새로운 군대를 만드는 데 어떤 어려움이 있었는지 그리고 무엇을 성취했는지를 제시하세요."와 같은 질문에 에세이를 쓸 수 있다.

   5단계와 6단계에서는 작문의 기술에 있어서 명확한 가르침이 권장된다. 그러나 지나치게 형식적인 문체에 길들여 지지 않도록 너무 많은 교정은 피하는 게 좋으며 이것은 평생 동안 어린 학생들에게 방해가 될 수 있다. 도입할 수 있는 가장 좋은 방법은 대학의 지도교수의 방법일 수 있다. 다시 말해 주어진 작문에서 한 개 또는 두 개만을 지적할 뿐 웬만해선 제안이나 수정은 하지 않는다. 지금까지 훌륭한 문장가들을 통해 성장해 왔으므로, 학생들은 자신들도 훌륭한 문체를 형성했다고 크게 확신할 수 있다. 왜냐하면 아이들은 수많은 위대한 정신의 사람들과 교제에 빠져 있었기 때문에, 졸렬한 모방이 아니라 위대한 정신이 소유한 풍부한 재료를 가지고 개별적인 문체를 형성했기 때문이다. 그리고 아이들은 최상의 재료를 가지고 있기 때문에 단지 장황하게 글을 쓰지 않을 것이다. 이 두 단계에서 학기 중의 작문 작업을 위한 학과과정 사례는 다음과 같다. '책 요약하기, 그날의 화제에 대해 타임스 지(The Times)에 편지 쓰기, 역사와 문학에서 그 학기의 작업에서 가져온 주제 혹은 그림 공부에 대한 메모, 문학과 역사 공부에서 등장했던 인물 간의 대화, 시사 문제에 대한 비판, (4단계) 그날의 사건들과 질문들에 대한 수필, 애국적인 연극에 대한 시 혹은 산문' 등 이다. 다음은 또 다른 학기를 위한 질문들이다. "웨일즈 왕자의 도미니언 여행에 관해 운율을 맞춰서 혹은 백절(역자 주-5개로 묶인 약강격의 구절로 시와 산문에서 각 줄

마다 10음절을 가진다.)로 찬가를 쓰시오.", "상상해 볼 수 있는 1930년(역자 주-이 책은 1922년에 씀)의 국제연맹의 업적에 관하여 에세이를 쓰시오." 5단계에서는 "가슴을 울리는 아일랜드의 상황에 대해 서정시를 쓰시오." 혹은 "빅토리아 훈장을 위한 왕의 가든 파티에 대해 시로 쓰시오.", "영국의 현재 상황에 대한 에세이나 윌슨 대통령에 관해 에세이를 쓰시오."를 시도해 볼 수 있다.

이러한 공부 계획에 대한 어린 학생들의 반응은 아주 유쾌하다. 아이들이 쓴 작문은 문학적이고 때로는 시적인 가치가 있다. 실제로 아이들이 잘 쓸 수 있다는 사실은 아이들이 취할 수 있는 이득 중 가장 적은 이득이다. 아이들은 사상의 모든 전환점을 읽고 감상할 수 있으며, 잘 가꿔진 정신으로 시대의 문제와 국가를 인도하는 일에 영향력을 행사 할 수 있다. 다시 말해 아이들의 교육은 일상생활의 문제와 관심사에 대한 모든 부분에 관련되어 있다. 그리고 그런 아이들은 장래에 위대한 시민이 되는 기술에서 훌륭한 진전을 보인다.

(F.B. 2단계 A반 공립학교)
정전 기념일

죽어가는 병사들, 죽은 병사들,
총알이 머리 위에서 쌩하고 날아간다.
영국 병사들이 기운차게 기다리고 있다.
그들이 죽을 때를 기다리며
곧 사격의 소강 상태가 찾아온다.

그리고 드럼 소리 외에는 아무 소리도 들리지 않는다.
그리고 이제 마지막 포탄이 추락하고
병사는 고통에 몸을 움츠린다.
너무 늦게 기쁜 소식이 그에게 전해진다.
그는 다시는 움직이지 않는다.
그는 무명의 전사,
이름 없는 남자이다.
2년이란 세월이 흘러 그가 집으로 돌아온다,
그를 깊이 사랑했던 사람들에게
그 무명의 전사는 누구인가?
어떤 입술도 말할 수 없으리라.
그의 무덤은 수도원에,
영웅들의 영혼들이 사는 곳에 있다.
민족의 슬픔과 민족의 눈물,
이름 없는 남자와 함께 사라졌다.
그 전사의 이름을 누가 알겠는가?
그 누구도 알 수 없으리라.
그러니 우리의 슬픔이 기쁨으로 바뀌게 하자.
무명의 남자의 무덤 위에.

이 답지들은 교정되지 않았으며 반송되지 않은 시험지에서 가져온 것이다. 대부분의 학부모들과 교사들은 아이들의 답지를 돌려받는다.

(A. B. 13살 3단계) 다음 중 하나를 무운시로 쓰세요: (a) 스킬라와 카리브디스(Scylla and Charybdis, 역자 주-고대 그리스 신화), (b) 애비넬 가문의 화이트 여사(The White Lady of Avenel), (c) 웨일스 왕자의 인도 여행.

해가 지고 밤이 깊어 가고 있었다.
황혼의 하늘을 배경으로 언덕이 검게 서 있었다.
희미한 젊은 초승달이 희미하게 빛났다.
창백하고 유령 같은 광채를 내뿜는다.
언덕 위의 소나무 무리 위에
그리고 소용돌이치는 강물에 은빛을 입히고 있다.
이제 모든 것이 침묵했고, 방해되는 소리는 없었다.
여름 밤, 바람 한 점도
소나무에 휘몰아치지 않았다. 모든 자연은 평화롭게 잠을 잤다.
그런데 그늘에 서 있는 저것은 무엇일까?
곧고 여리한 여자가 온통 흰 옷을 입고
길고 부드러운 머리 위에 안개 같은 왕관을 쓰고
그녀는 계속해서 깊은 한숨을 내쉬었다.
험준한 산바위에 기대어,
달빛 혹은 한 줄기 연기처럼.
그리고 그녀가 입었던 가운 위에 출렁이는 달빛
고리로 엮은 황금 띠
애비넬 가문의 재산.
구름은 달을 지나가고, 가녀린 유령은
빛 바랜 채 공중으로 모습을 드러내지 않았다.
소나무 사이로 산들바람이 불어왔다.
그리고 강물이 도중에 중얼거린다.
슬픈 탄식이 그날 밤까지 속삭였다.

(K.L. 13살 3단계) "정전의 날(Armistice, Day)" 혹은 "에코(Echo)"에 대해 4행 서정시로 쓰시오.

ARMISTICE DAY, or THE UNKNOWN WARRIOR

Within the ancient Abbey's sacred pyle,
Which proudly guards the noblest of our dead.
Where kings and statesmen lie in every aisle,
And honoured poets, soldiers, priests are laid;
Behold a stranger comes. From whence is he?
Is he of noble birth; of rank or fame?
Was he as great as any whom we see
Around, who worked to make themselves a name?
Surely he is a prince, nay, e'en a king?
For see the waiting thousands gathered here;
And hear the streets of ancient London ring
To the slow tramp of men who guard his bier!
And, surely, 'tis the King himself who comes
As chiefest mourner on this solemn day,
And these who walk behind him are his sons–
All here to mourn this man. Who is he? Say!
How long the ranks of men who follow him
To his last resting-place–the House of God.
Our bishops, soldiers, statemen all are here,
Gathered to lay him in his native sod.
You ask "Is he a prince?" I answer "No!"
Though none could be interred with greater state!
This man went forth to guard us from a foe,
Which threatened this our land–He did his work!

He raised the flag of Liberty on high
And challenging the powers of Wrong and Might
He gave up all he had without a sigh
And died for the good cause of God and Right.

유머 감각이 부족하지도 않다.

(역자 - 이후에 실었던 9개의 시는 생략하였음)

(M.H. 17세 6단계) 현대의 주제에 대해서 그레이(Gray)방식으로 편지를 쓰세요.

Mr. Gray로부터 Mr. ＿＿＿에게 톨키(Torquay)에서

친애하는 ＿＿＿

"제가 당신을 미워하고 미워한다는 사실을 알고 있나요? 여기에 강렬한 표현이 있습니다(Savez vous que je vous hais, que je vous deteste—voici des termes un peu forts)." 그래도 저는 그 표현이 정당하다고 생각해요. 한 번도 펜을 들지 않고 두 달 동안 친구를 이곳에 남겨두었다는 것을 생각해 보세요. 만일 이 방치가 오직 당신의 무기력 때문이라면 저는 한 번은 용서해 주겠으나, 당신이 이곳에 내려와 저를 방문한다는 조건과 동시에 당신의 체질을 튼튼히 해야 한다는 조건을 달겠어요. 저는 당신에게 얼마간의 기분 전환만을 약속할 뿐 아니라 저 자신에 대해서는 말할 것도 없고, 여기 경치가 여정에 보답해 주리라고 생각해요. 당신은 또한 영국에서 흔히 볼 수 없는 많은 "감탄할 만한 채소"를 공부할 수 있을 거예요. 그러나 저는 이러한 '어리석음(betiese)'으로 당신의 시간과 저의 종이를 낭비하고 있고 현재 당신의 정신이 어떤 주제에 머물러 있

는지 잘 알고 있어요. 우리 중 누구라도 진실로 아일랜드에 대해 생각하지 않을 수 없지요. 그 주제에 대해 당신의 의견을 듣기를 원해요. 제 입장에서는 참된 견해가 하나뿐인 듯한데, 그 주제에 대해 수많은 토론을 들을 때 놀라지 않을 수 없어요. 두 당사자 모두 우리가 제공하는 조건을 받아들이지 않을 때, 토론에 토론을 거듭해서 가정 규칙 법안 등을 통과시키는 우리는 진정으로 특별한 국가가 아닐까요? 하나는 자유를 너무 적게 주고 다른 하나는 너무 많이 준다고 생각해요. '영원토록' 많은 문제의 원인이 될 법안을 발명한 사람은 저주를 받을 거예요. 확실히 우리는 어떤 행동을 취해야 하는지에 대해 어떠한 의심도 가질 필요가 없어요. 확실히 영국의 기질은 나라의 백성을 진압하기 위한 시도 없이 반란을 일으키게 하지 않아요. 틀림없이 정부는 종들이 살해되고 충직한 성읍이 억압당하는 상황을 가만히 보고만 있지는 않을 거예요. 그러나 아, 그러한 정부라면 많은 일이 가능해요. 여기 선동가들에 의해 그 나라에서 쫓겨난 사람들에 의하면, 수상이 하원에서 일어나 "당신은 상황이 어떻게 돌아가는지 볼 수 없다-아일랜드를 지배하려 해도 소용없다. 우리는 그것을 세인 파이너스(Seinn Feiners)에 맡기고, 행복하게 살자. 그런 수익이 없는 걱정에서 벗어나서 말이야."하고 말할 때까지 정부는 일이 되어 가는 대로 내버려 둘 거에요.

그런 얘기가 있지만, 저는 그렇지 않다고 믿어요. 우리는 한 국가로서 항상 모든 것을 뒤죽박죽으로 만들어 왔지만 결국 승리를 통해 뒤죽박죽이 되었어요. 우리의 이해와 아일랜드의 이해 관계가 일치한다는 게 너무나 명백해서, 분리를 고려하는 것조차 제게는 놀라운 일이에요. 따라서 저는 당신의 고달픈 친구로 남아 있어요.

(역자-이후에 실린 3개의 시는 생략하였다)

(A.P.V.) 오늘날의 "우드하우스(Mr. Woodhouse) 씨"와 그의 이웃 사

이의 장면을 스케치해 보세요.

장면: 우드하우스씨의 개인 연구실
등장인물: 연구실의 주인과 매우 현대적이고 젊은 심쓰(Syms) 아가씨

우드하우스씨: "아, 안녕 심쓰양, 너를 이렇게 보게 되니 정말 기쁘구나. 얘야, 얘야, 얼마나 어두운지. 맞은편 시계가 그 사실을 정면으로 반대하지 않았다면 저녁이라고 생각했을지도 모르겠다."
심쓰양: "아, 저도 잘 모르겠어요. 밖은 그렇게 나쁘지 않아요. 이렇게 불쑥 와서 죄송한데, 우드하우스 양의 감기 때문에 문안하러 왔어요. 따님이 좀 나아졌나요?"
우드하우스씨: "너는 정말 사려가 깊구나! 그런데 차도가 없어. 사랑스러운 엠마가 몸이 매우 안 좋은 게 걱정이야. 아픈 애를 집에 데리고 있어 보려고 하지만, 불쌍한 딸이 혼자 침대에 누워 있는 것을 생각할 때마다 나는 굉장히 비참하게 느껴지는구나. 그러나 이렇게 끔찍한 날씨라면 그곳은 거의 최고의 장소야. 네가 산책을 하고 있었다고 말한 게 정말이니?"
심쓰양: "네 맞아요. 세상에 왜 아니겠어요? 산책은 정말로 몸이 따뜻해질 수 있는 유일한 방법이에요."
우드하우스씨: "만약 솔직하게 말해도 된다면, (건조하게) 나는 산책이 자신을 완전히 비참하게 만들거나, 열감기에 걸리는 유일한 방법이었다고 말해야 할 것 같다. 그리고 발 밑에 땅은 너무 축축해!"
심쓰양: "아, 요즘엔 비가 별로 안 왔어요. 오는 길에 잠시 비를 만났을 뿐이에요, (부끄러운 듯이) 실례지만, 저기 벽난로 위에 있는 게 담배상자인가요?"
우드하우스씨: "담배? 오, 안 돼! 집 근처에 담배가 있다는 것을 생각할

수도 없어. 나는 담배를 피우지 않아. 그것은 선천적으로 약한 목구멍을 자극하거든."

심쓰양: "하지만 아저씨의 방문자들은 담배를 즐기는 게 항상 자유롭지 않을까요? 그렇지 않다면 우드하우스 양은 어때요?"

우드하우스씨: (끔찍한 듯이) "사랑스러운 엠마가 담배를 한 대 피운다!! 아이, 그런 말은 처음 들어 봐. 내가 그 아이에게 그런 말을 말한다면 그녀는 뭐라고 말할까? 사랑하는 엠마가 담배를 피운다, 아니, 아니, 아니, 확실히 아니야."

심쓰양: (웃으면서) "아유, 정말 죄송해요. 기분 상하게 할 생각은 없었어요. 아일랜드에 있는 나이든 남자들이 어떻게 행동한다고 생각하세요?"

우드하우스씨: (차갑게) "뭐라고 했지?"

심쓰양: (다정하게) "저는 아일랜드의 문제들을 어떻게 보시느냐고 물었어요."

우드하우스씨: "미안하다. 내가 잘 못 알아들었던 것 같구나. 아일랜드의 문제들, 아, 그래, 나는 아일랜드 반군이 확실히 끔찍하다고 생각한다. 집에 침입해서 가난한 주민들을 차가운 거리로 내몰아 버리는 사실을 생각하면, (아마 추위로 죽을 뻔했던 곳에서) 너무 끔찍해!"

심쓰양: "오, 저도 그들이 때로는 짐승 같다고 여겨져요. 그러나 한편으로 그들에게 동감이 느껴져요. 꼭 영국에 굴복할 필요는 없을 것 같아요. (W선생의 공포와 고통스러운 놀라움의 표정을 알아차리면서) 저는 정말로 앞으로 나아가는 게 좋을 것 같다는 생각도 들어요 제발 저를 그렇게 보지 마세요! 제 말의 절반은 진심이 아니에요. 안녕히 계세요!"

우드하우스씨: "조심히 가, 심쓰양, 이렇게 와줘서 정말 고마웠다. (한 쪽으로 비켜주며) 아, 사랑스러운 엠마가 감기에 걸렸다는 게 매시간마다 이렇게 방문객이 있다는 것을 의미한다면 얼마나 무정한 것이냐? (큰 소리로) 좋은 오후 보내라. 나가는 길은 찾을 수 있겠지? 나는 이 방에서 나가

면 정말 감기에 걸릴 거야!"

(5) 언어

영어는 단어 자체를 다루기 보다는 문장들과 그 문장들 안에서 단어가 차지하는 위치 그리고 그것의 위치에서 그 단어가 무엇인지를 다루는 논리적인 학문이다. 그러므로 아이는 품사로 시작하기 보다는 문장으로 시작하는 게 더 나으며 아이가 문법적인 분석을 배우기 전에 논리를 조금 더 배우는 게 낫다. 우리가 말할 때, 즉 우리가 무언가를 말하고, 그것(무언가)에 대해 말하는 경우를 아이가 인식하기 위해서는 어느 정도의 추상화의 노력이 요구된다. 아이가 우리가 말할 때 문장을 사용하고 그 문장이 말이 된다는 것을 알면, 필요한 모든 문법을 배울 수 있다. "톰 즉시 촛대 시끌벅적한 그럼에도 불구하고."(Tom immediately candlestick uproarious nevertheless) 와 같이 우리가 단어를 함께 구성해도 아무런 의미가 없는 문장이 될 수도 있다. 이것은 완전히 아무런 의미가 없는 일련의 단어들일 뿐이므로 문장이 아니다. 만약 우리가 의미가 있는 방식으로 단어들을 사용하려면, 다음과 같은 문장을 만들어야 한다. "존은 학교에 간다(John goes to school.)."가 문장이다. 그리고 모든 문장은 두 부분으로 이루어진다. (1) 말하는 주체, 그리고 (2) 그 주체가 하는 행동에 대해 말하는 부분이다. 우리는 존을 말하고 그가 학교에 간 행동에 대해서 말한다. 이 단계에 있는 아이들은 단문 안에서 첫 번째와 두 번째 부분을 구별하기 위해 많은 연습이 필요하다. 아이들은 문장의 첫 부분이 말하는 주체가 된다는 사실에 익숙해지면 그것에 대한 이름, 즉 주어를 사용하게 될 것이다. 주어의 뜻이 말하는 주체라는 사실을 아이들이 안다면 좀더 쉬워질 수 있을 것이다. 예를 들어, 대화의 주어가 파슬리라고 말할 수 있는데, 이것은 말하는 주체가 파슬리라고 말하는 또 다른 방법이다. 간단히 말해서, 학생들은 의미가 통하도록 하는 단어의 조합을 배워야 한다. 문장은 두 부분, 즉 말하는 주체와 그 주체가 하는 행동에 대한 부분이다. 그리고 말하는 주체가 바로 주어이다.

아이들은 추상적인 지식인 이 첫 수업을 이해하는 데 다소 느릴 수 있다. 이런 종류의 지식은 어렵고 호락호락하지 않은데, 아이들의 정신은 구체적인 지식을 다루기 때문이다. 그들은 동화 속의 가장 가녀린 거미줄을 가지고서도 구체적인 이미지를 만들 수 있는 뛰어난 능력을 가지고 있다. 7살의 아이는 다음과 같이 노래한다.

"나는 요정을 볼 수 없지만, 나는 그들을 꿈 꿀 수 있어.
나에게서 숨을 수 있는 요정은 없지.
요정을 찾을 때까지 나는 계속 꿈을 꿔.
여기 있네. 프림로즈, 네 모습이 보여. 블랙윙!"

그러나 아이가 품사에 대하여 꿈을 꿀 수는 없다. 어떤 어른일지라도 이러한 추상적인 생각을 구체화하려는 부질없는 시도는 넌센스 게임(play and nonsense)에 대한 엄청난 사랑으로 진지한 마음을 가진 어린아이들을 불쾌하게 할 수 있다. 단어들이 의미가 통할 때 대부분의 아이들은 그 문장의 개념을 받아들일 수 있게 된다. 특별히 여러 번 아이들에게 말이 안 되는 횡설수설한 일련의 단어들과 넌센스 속으로의 여행을 허락해 줄 때 더욱 그럴 것이다. 다시 말해,

주어에 눈을 떼지 않는 연습을 통해 아이들은 개념을 잘 포착할 수 있다.

문법은 말이 아니라 문자이기 때문에 아이들이 문법의 미로를 통과하는 데 눈을 가린 채 방황하지 않으려면 기초의 개념이 하나 더 필요하다. 아이들은 동사에 익숙해야 하며 아마도 이 개념에 접근하는 가장 간단한 방법은 두 단어로 문장을 만들어 보는 방법이다. 그것은 말하는 주체가 되는 부분과 그 주체가 하는 행동에 관한 두 부분을 말한다. 아이는 '메리는 노래한다', '이모는 뜨개질한다' '헨리는 뛴다' 등 각각의 예문에서 말하는 주체가 되는 부분과 주체가 하는 행동에 대한 부분을 알게 된다.

그러나 이러한 내용은 모든 교사들에게 익숙한 사항들이라 문법교육에 대해 새롭게 제안할 내용은 없다. 그러나 학생들은 다른 모든 수업과 마찬가지로 문법에 전적으로 주의를 기울이고 있다. 따라서 영어, 라틴어, 프랑스어 문법의 개별적인 명칭으로 인해 아이들을 더 이상 혼란스럽게 만들지 않도록 문법을 통일하기 위한 노력이 있기를 희망한다.

2단계 B단계의 학생들은 묘사할 수 있는 그림을 가지고 기초적인 프랑스어 수업을 한다. 그러나 2단계 A반이 아직 '제1차 프랑스어 과정'으로 공부하는 동안에, 영어로 언어를 가르치는 방법과 같이 효과적인 방법, 즉 읽어준 단락이나 문장을 다시 말하는 것을 사용하기 시작한다. 아이들은 프랑스어 단어를 사용하는 데 그다지 어렵지 않다. 그러나 이 단계에서 교사는 학생들의 도움을 빌려서 다시 말하기를 할 만한 작은 구절을 번역한 다음 프랑스어로 다시 읽은 후에, 아이에게 그것을 다시 말해 볼 것을 요구할 수 있다. 아이들은 일정 시간이 지나면 놀라우리만큼 잘 해낸다. 그리고 다시 말하기 활동은 아이들에게 프랑스어의 구절을 어느 정도 구사할 수 있게 해주는데, 이는 작은 구절이라도 단순히 외웠을 때보다 훨씬 더 많은 유익을 제공한다. 2단계 A반 B반 모두 프랑스 노래들을 배우며, 2단계 B반에서는 '프랑스 우화(by Violet Partington)'를 연극으로 만들어 본다. 글자를 세심하게 읽고 다시 말하기를 하는 이 방법은 각 단계에서 계속된다. 이에 따라 아이들은 '그림 20개를 프랑스어로 묘사하기'나 '이솝과 여행자'에 대해 말하기를 시도한다. 3단계에서 그 학기의 작업으로 메르체 세피가 쓴 '프랑스의 새로운 이야기'를 읽고 말하기를 하며, 4단계에서는 몰리에르가 쓴 '학식을 뽐내는 여인들'을 읽고 말하기를 해야 한다. 5단계 그리고 6단계 아이들은 'Le Misanthrope or L'Avare' 요약하기와 '휴가' 50페이지에 있는 근대 시를 프랑스어로 번역하도록 한다.

프랑스 문법에 대한 일반적인 주의사항을 포함해서 프랑스어에 대해 학부모연맹에서 했던 작업들의 세부사항을 다 담기에는 지면이 부족하다. 하지만 교육원(House of Education)의 아이들이 다시 말하기 방식을 통해서 성취할 수 있는 작업을 살펴보는 게 독자에게 흥미를 줄지도 모르겠다. 프랑스 여교사가 30분 동안 역사나 문학에 대한 강의를 한다고 가정해 보자. 강의 끝에 학생들은 누락과 오류가 거의 없이 강의 내용에 대해 다시 말하기를 할 것이다. 다음은 앰블사이드의 교육원을 잠시 방문했을 때 하우스홀드(Household) 씨가 들었던 종류의 예이다.

"1915년에 앰블사이드에 온 투르네 출신 프랑스 여교사가 2학년 학생들에게 프랑스어 수업을 하였다. 그녀는 영국에서 몇 년 동안 가르쳐 왔지만 그 이전에는 샬롯 메이슨의 방법과 접촉한 적이 없었다. 샬롯 메이슨의 방식이 그녀의 수업 중에 정확히 지켜졌다. 문학적으로 가치가 인정된 책이 있었고, 한 번 읽기 그리고 즉시 다시 말하기가 있었다. 물론 프랑스어로 말이다. 책은 알퐁스 도데의 '풍차 방앗간의 편지'였고, 그 가운데 읽어 준 이야기는 '스겡씨의 염소'였다. 읽기를 시작하기 전에, 주어진 부분에서 단지 최소한의 단어 설명이 있었다. 물론 역시 프랑스어로 설명되었다. 그런 다음 여교사는 그 이야기의 9페이지를 어떠한 종류의 중단이나 간섭없이 바로 읽어주었다. 그리고 같은 속도로 그 이야기를 영어로 읽어주었다. 학생들은 책이 없기 때문에 오로지 귀로만 따라갔다. 읽기가 끝나자마자 아무런 망설임도 없이 곧바로 아이들은 프랑스어로 다시 말하기를 시작하였다. 이야기가 끝날 때까지 각각 다른 아이들이 돌아가면서 이야기를 이어받았다. 모두들 훌륭했고 몇 몇의 학생은 정말 뛰어났다. 모든 학생에게 프랑스어는 상당히 능숙하게 생각하고 말할 수 있는 언어였다. 그러나 주어진 프랑스어 수업 시간은 일주일에 단지 2시간 45분이었다. 이러한 결과는 주목을 받을 수밖에 없다. 작년에 나는 같은 여교사가 프랑스어로 루이 11세의 통치에 대해 당시 3학년 학생들을 대상으로 한 강의를 들은 적이 있다고 덧붙이고 싶다. 그리고 강의 내용에 대해 비슷한 방식으로 다시 말하기를 하였으며 동일하게 놀랍도록 성공적이었다."

고대이든 근대이든 지금까지는 상용되지 않았던 이 농축된 주의력을 상용하는 힘은 마침내 우리를 언어학자의 나라가 되도록해 줄 것이다. 교육원과 소속된 실무학교에서 우리는 동일한 방법으로 이탈리아어와 독일어에서도 매우 훌륭한 결과를 얻어왔다. 우리는 라틴어에서도 괄목할 만한 결과를 산출하는 타당한 방법을 알고 있다. 고전어 여교사는 이렇게 말한다.

"교육원에서 라틴어는 각 부분에서 문법, 구문 및 문체 등에 대해 철저히 공부한 후에 다시 말하기라는 방식을 통해서 배운다. 공부하고 있는 문학은 학생들의 문법 등이 발전하면서 난이도가 증가한다. 훌륭한 라틴어 문장만을 다시 말하기 때문에 학생들은 구조와 마찬가지로 문체를 습득한다. 구절의 내용은 일반적으로 원본의 어법과 문체로 재현된다. 따라서 학생과 아이들 모두 진짜 라틴어를 배우고 단순한 문법이 아닌 언어에 대해 인식하게 된다."

언어의 구조인 문법을 배우는 방법은 모국어를 아는 사람들의 입술에서 모국어를 배웠던 방식으로 외국어를 배우는 것이다. 새로운 단어를 습득할 때 학생들이 보여준 비상한 기민성은 영국 국민들이 한두 개 정도의 풍부한 외국어 어휘력을 갖출 수 있다는 희망을 준다. 어휘의 부족은 국가적인 고통이 될 수 있다.

(6) 예술

'예술'만큼 학교에서 더 존경받으면서도 덜 신뢰받는 과목은 없을 것이다. 물론 우리는 아이들이 예술적 힘을 길러야 한다고 말한다. 그런 재능을 가진 아이들은 특별히 더 그렇다. 그러나 문제는 방법에 있다. 1860년대 남부 켄싱톤에서 제안된 간단한 해결책은 자유 화법, 원근법, 입체 모형, 사생 화법 등인데, 이것은 오랫동안 외면당해 왔다. 그러나 어떤 확실한 방법도 그것을 대체하지 못했다. 여전히 눈이 자유롭게 받아들이고, 손이 눈이 본 것을 만들어 낼 수 있도록 원뿔, 입방체 등의 모델을 배치하는 것을 볼 수 있다. 그러나 이제 그런 쇄석을 깐 길을 통해 예술에 접근해서는 안 된다는 사실을 이해하기 시작했다. 예술은 영의 것이므로 영의 방식으로 접근해야 한다. 예술을 감상하고 해석하고 그것을 구현하는 힘은 지능이나 상상력, 아니 말이나 단어를 생성하는 힘만큼 보편적이다. 그러나 어느 정도 지식은 있어야 하는데, 구현 방법에 대한 기술적인 지식이 아니라, 이미 구현된 작품에 대한 경건한 지식을 말한다. 즉 아이들은 유형별로 화법에 따라 그림을 배워야 하는데 독서를 통해서가 아니라 그림 그 자체를 읽어서 배워야 한다. 학기마다 친근한 한 그림 상인은 우리 학교에 특정 미술가의 아름다운 작은 복제품 6점을 제공해 주고 있다. 작가의 삶에 대한 짧은 이야기 그리고 작가가 그린 나무 또는 하늘, 강변 길이나 형상들에 대해 몇 가지 공감하는 말을 한 후에, 작은 그림들을 한 번에 하나씩 공부한다. 즉 아이들은 그림을 볼 뿐만 아니라 모든 세부 사항을 살펴보고 배운다. 그런 다음 그림을 뒤집고 본 것을 말한다. "길을 따라 양 떼를 몰고 있는 개가 있어요, 아, 개울가에 누워 물을 마시는 소년도 있어요, 빛이 말해주듯 시간은 아침이고 그래서 양들은 초원으로 몰려 가고 있어요." 등등이다. 버려진 쟁기, 구부러진 자작나무, 아름다운 구름의 형태 그리고 위협적인 비 등, 아이들은 하나도 빠트리는 법이 없다. 이 위대한 그림의 재현을 위한 말하기와 기억하기는 30분이면 충분하다. 그리고 아이들은 어디서든 그림을 볼 때마다 그것이 판화가의 서명을 넣은 시험쇄인지 유화 복제품인지 우리 미술관들 중 하나에 있는 진품인지를 알아 보게 될 것이다. 한번은 국립 미술관에 부모와 함께 온 소년에 대해 들은 적이 있다. 독립적으로 박물관을 돌아 다녔던 그 소년은 이런 소식을 가지고 돌아 왔다. "세상에, 엄마, 저 벽에 우리의 경관들 중 하나가 있어요." 이런 방식으로 아이들은 학교생활 동안에 백 명 혹은 수백 명의 위대한 예술작품에 정통해지며 이는 절대로 아이들을 저버리지 않는 종류의 친밀함이다. 한 무리의 아이들이 특별한 경험을 위해 런던에 가려고 한다. "어디를 가보기를 원하니?"라는 질문에 아이들은 "엄마, 렘브란트를 보러 국립 미술관에 가요."라고 대답한다. 어린 친구들은 낯선 방에 차를 마시러 들어가서 피터르 더 호흐(Pieter de Hooch)의 두세 가지 복제품을 알아보며 즐거워한다. 학창시절에 아이들은 수많은 미술관과 교양 있는 가정의 문을 여는 마법의 주문(Open Sesame)을 가지게 된다. 여러 지점에서 인생 자체가 아이들을 위해 묘사되어 있으며, 브라우닝의 말은 진실하다.

"마음에 새기세요. 우리는 사물이 그려진 것을 볼 때, 먼저 사랑하도록 만들어졌습니다. 아마도 그것들은 우리가 수백 번 지나쳤을 수도 있고, 보고 싶어하지도 않았던 사물들입니다."

다음은 아름답고 친숙한 장면이 그림으로 그려질 때, 어떻게 새로운 즐거움을 주는지에 대한 한 가지 예이다. 한 숙녀는 증언한다.

"저는 학부모연맹 학교에 대해 이야기하러 한 작은 마을에 초대를 받았습니다. 진실로 관심 있어 하는 12명의 여교사들이 폭우에도 불구하고 참석했습니다……. 저는 그들에게 그들의 아이들이 친밀해진 몇 작품을 소개해 달라고 제안했습니다. 우리는 장바티스트 카미유 코로(Jean B.

Corot, 역자 주-프랑스 사실주의, 바르비종파, 낭만주의, 신고전주의 화가)에 대해 즐거운 대화를 가졌고, 아주 즐거웠습니다. 특별히 그녀의 말하는 방식 때문에 더 그러했는데, 그녀는 마치 몇 달 만에 처음으로 자유롭게 풀려난 듯이 이야기를 했습니다. 오른쪽에 운하가 있고 중앙에 일단의 웅장한 고요한 나무들이 그려진 '저녁'이라는 그림이었습니다. 다른 사람들은 그림의 일부분을 설명했지만 그녀는 전체를 설명했습니다. 그 그림은 그녀에게 푸른 초장이었던 것입니다."

주목할 만한 점은 마치 코로(Corot)가 자신의 아름다운 동네를 구현하여 제공하듯이 이 여성들이 모든 세부 사항에 익숙하다는 사실이다. 브라우닝의 적절한 표현처럼, 우리는 사물이 그려졌을 때 보는 법을 배우기 시작한다.

이 그림들에 대한 작업은 아이들 스스로 수행한 일이다. 회화 학교나 미술 사조에 대한 이야기는 없는데, 이러한 문제의 고찰은 나중에 자연스럽게 따라온다. 우선적으로 가장 중요한 것은 그림 자체를 아는 데 있다. 훌륭한 책 안에서 작가가 직접 자신의 이야기를 하도록 두는 것처럼, 우리는 미술가가 제공한 매개체를 통하여 그림이 직접 이야기를 하도록 그림을 신뢰해야 한다. 다른 분야와 마찬가지로 예술에서도 우리는 중개자를 차단한다.

5단계와 6단계에 있는 학생들은 "적갈색을 공부하고 코로(Corot)의 '저녁'을 묘사 하세요."와 같은 요구를 받는다. 주어진 그림이나 그림의 어떤 부분에 대한 기억을 통해서 얻은 대략적인 공부 이외에, 이런 그림 공부는 사실 많은 자료를 제공하지는 않는다. 보고 따라 그리는 시도가 위대한 작품에 대한 아이들의 존경심을 감소시키지 않도록 작품들을 따라 그리도록 하지 않는다. 그러나 시제크(Herr Cizek, 역자 주-독일의 초상화가) 씨가 왔을 때, 뚜렷한 가르침이 없이 작은 제안만으로도 아이들이 할 수 있는 위대한 작업들을 보여 주었기 때문에, 우리가 실제로 그리기에서 하고 있는 일을 말하는 데 다소 주저가 된다. 하지만 아마 그런 작업은 특별한 능력을 가진 예술가의 영감으로 되어진 일이고, 나는 자기 자신보다는 아이들을 신뢰하는 교사를 위해 글을 쓰고 있다. 아이들은 학기 중에 읽었던 책들에서 가장 좋아하는 장면이나 단락에 대해 삽화를 그려 볼 수 있다. 삽화가 그려진 기풍이나 적절한 세부 사항들은 교사보다 아이들이 얼마나 더 많이 볼 수 있는지 인식하게 해준다. 기교적인 부분과 씨름하는 아이들의 용기는 매우 계몽적이다. 아이들은 훌륭한 기교를 가지고 마크 안토니의 연설을 듣거나 인도에 있는 웨일즈 왕자를 응원하는 군중을 그리려고 분투한다. 사실 군중이 작품에 필요할 때 미술가들은 머리만을 표시하는 묘사를 제안한다. 그러나 마치 비엔나 아이들처럼 아이들은 풍경이나 방의 세부 사항들을 그리는 데 모든 종이를 사용한다. 아이들은 말들이 시냇물을 뛰게 하며, 개들이 고양이를 쫓도록 하고 길가에 있는 양을 그리는 데 항상 역동적인 감각을 가지고 그린다. 아이들은 자기들이 본 형상을 주의 깊게 연구하는 게 분명하다. 아이들은 낫을 갈고 있는 정원사, 바느질을 하는 어머니, 노를 젓거나 운전하는 남자 혹은 잔디를 깎는 사람을 당신에게 그려줄 것이다. 아이들이 그린 의자는 네 개의 다리로 서 있으며 놀라운 방식으로 그들의 형상은 두 다리로도 서 있다. 아이들은 자신들의 눈으로 오류를 바로잡기 위해 항상 경계한다. 아이들은 즐겁고 대담한 색감을 가지고 있으며 어떤 아이라도 예술가로서의 자질을 내부에 가지고 있다는 확신을 줄 수 있다. 또한 현장 학습 공부는 광범위한 지경을 제공해 준다. 아이의 자연 공책의 첫 번째 미나리아재비는 충격적으로 조잡한데, 이는 미술 교사를 분개하게 만들 정도로 조잡하다. 그러나 점점 미나리아재비는 자라나는 꽃의 섬세한 균형, 행복감, 광채를 가지고 나타날 것이다.

그리기는 일반적으로 잘 가르쳐지고 있기 때문에, 그림에 대한 명확한 공부와 자연 관찰 노트의 삽화와 같은 작업에서 한두 가지 특별한 점 외에는 강조할 게 없다.

그러나 음악 감상은 경우가 다른데, 1922년 앰블사이드 학부모 연맹 컨퍼런스에서 하워드 글로버(Howard Glover) 여사가 했던 연설을 인용하는 게 좋을 것 같다.

"우리가 현재 보고 있는 음악 감상의 많은 부분은 약 25년 전에 학부모 연맹에서 유래된 것입니다. 그 당시 저는 제가 관심이 있었던 수많은 최고의 음악을 어린 아이에게 연주해 주었는데 샬롯 메이슨은 제가 하고 있는 작업에 대해서 우연히 듣게 되었습니다. 그녀는 모든 사람의 삶에 음악이 기쁨과 흥미를 줄 수 있다는 사실을 알고 있었습니다. 학부모연맹학교 아이들이 위대한 문학과 예술로 교육을 받듯이 음악에서도 가장 위대한 음악을 접해야 한다고 그녀는 느꼈습니다. 그녀는 제가 관찰한 결과에 대해서 학부모 논평에 기사를 하나 써 달라고 요청했습니다. 그리고 매 학기마다 아이들에게 연주해 줄 수 있는 음악 교육계획을 만들어 달라고 부탁을 하였습니다. 그때부터 지금까지 매년 학기 초에 그 교육 계획이 등장하게 되었고, 이렇게 하여 이 운동이 멀리 퍼져 나가기 시작했습니다."

"물론 음악 감상은 피아노 연주와는 아무런 관련이 없습니다. 음악은 연주와 관련이 있다고 생각하던 때가 있었습니다. 그래서 우리는 피아노 연주에 재능이 없는 아이는 음악적 소양이 없거나 음악회에는 관심이 없다고 가정해 왔습니다. 음악감상이 악기 연주와 아무런 관련이 없다는 사실은 마치 연극을 하는 것과 셰익스피어 작품을 감상하는 것, 그림 그리기와 그림 감상은 연관이 없는 것과 같습니다. 음악적 소양이 있는 아이들만이 아니라 모든 아이들은 음악 감상을 배워야 합니다. 오로지 3%의 아이들만이 음치라고 판명되었기 때문입니다. 아이들이 일찍부터 음악 감상을 배웠을 때, 듣는 귀가 없는 것처럼 보이는 아이들이 어떻게 발전하는지 그리고 어떻게 이해력을 가지고 음악을 즐길 수 있게 되는 지를 볼 때 놀라지 않을 수 없습니다."

제3부 우주에 대한 지식

(1) 과학

학교에서의 과학 교육은 '공통 정보'의 속성을 가져야 한다는 헉슬리(Huxley)의 격언은 과학 교육에 대한 우리의 한계를 규정하는 데 유용하다. 그리고 우리는 아이들의 정신은 그러한 가르침이 제공 한다는 정신 훈련을 따로 필요로 하지 않는다는 사실에서 다른 종류의 한계를 발견한다. 아이들은 전적으로 기민하며 간절히 알고 싶어 한다. 따라서 역사와 마찬가지로 과학을 다루는 책은 문학적인 성격이어야 한다. 우리가 만약 출판사의 목록을 버리고 대량의 분필을 칠판에 사용하기를 그만 둔다면 우리는 아마도 더 과학적이 될 것이다. 프랑스인들의 정신은 과학에 대한 접근이 다른 과목들처럼 다소 문학적이어야 한다는 사실을 이미 인식했다. 과학의 기초가 되는 원리는 매우 단순하고 동시에 매우 심오하며 이것들 중 적당한 진술은 감정적인 반응을 불러일으킬 정도로 지대한 영향력이 있다. 이러한 원리들은 문학적인 취급이 필요한 과목과 일치한다. 반면에 적용에 대한 세부 사항은 실례(實例)가 아니면 학업에서나 일반지식에서 필요하지 않을 만큼 너무 기술적이고 미세하다. 우리는 과학적인 문학책을 그렇게 많이 가지고 있지는 않지만 학교에서 계속해서 이용할 수 있을 만큼은 충분하다. 결코 흥미를 사장시키지 않는 방식을 통해 보편적인 원칙을 일상생활에서 흔히 있는 일들과 연결하는 데 매우 가치가 있는 '사이언스(제작자가 문학적 힘을 가진 사람처럼 보이는)'라는 미국 출판물에 대해서 우리는 알고 있다. 어떤 아이라도 여기에 설명된 전기(電氣) 벨의 작동 원리, 소리의 의미, 증기 기관의 작동 방식 및 기타 많은 문제들을 명료하게 배울 수 있다. 뛰어난 도표와 설명을 통해 실험들을 용이하게 함으로 혼란 없이 아이들은 과학의 첫 개념을 가질 수 있다. 2단계 A반은 아라벨라 버클리의 '생명과 그것의 자손들(Life and Her children)'을 읽으며 생명의 초기 단계 그리고 하등 생물에 대해서 놀라운 지식을 얻을 수 있다. 2단계 B반 아이들은 킹슬리의 '어떻게 여사와 그리고 왜 숙녀(Madam How & Lady How)'를 공부하며 큰 즐거움을 만끽한다. '변화하는 해(The Changing year)'의 도움으로 많은 야외 활동을 기대할 수 있으며, 이것은 다달이 야외에서 시도해 볼 수 있는 훌륭한 공부가 될 것이다. 아이들은 자연 관찰 노트에 지속적으로 기록하고 그림을 그리면서 삽화와 노트를 통해 특정 계절에 대한 자신들만의 특별한 공부를 하게 된다.

3단계에서 한 학기 공부는 아이들에게 다음과 같은 일을 가능하게 한다. "도랑의 한 부분이나 산울타리 혹은 해안가를 대략적으로 스케치한 후 찾을 수 있다고 예상되는 식물의 이름을 쓰세요.", "이번 학기에 실행한 특별한 연구에 대해 그림과 함께 노트를 작성하세요.", "꽃받침, 화관, 수술, 암술을 무엇이라 이해하나요? 꽃은 어떤 방식으로 수정되나요?", "북극성을 어떻게 찾을 수 있습니까? 여섯 개의 다른 별의 이름을 말하고 어떤 별자리에서 그들이 나타나는지 말해 보세요.", "초기 고딕, 장식 고딕, 수직 고딕은 어떻게 구별하나요? 그림을 사용해서 설명해 보세요." 이러한 질문들은 현장 학습을 상당히 보조해 줄 수 있다. 자연사, 식물학, 건축 및 천문학에 관해 약 6권의 엄선된 책을 공부할 때 기본 원칙은 아이가 스스로 관찰하고 기록하는 데 있다. 그러나 어떤 지침도 없이 아이들이 자신만의 관찰에만 의존해서는 안 될 것이다.

다른 과학 분야는 학기별로 따로 공부하는 반면 새들의 목록과 식물들의 목록을 사용한 자연사 및 식물학 연구는 학교생활 내내 계속된다.

4단계의 한 학기 동안의 질문들은 자연사, 일반 과학, 위생 및 생리학에 있어서 학생들의 다양한 공부를 보여주는 예이다. 사실 아이들의 연구는 너무나 다양해서 교육 계획에 각각 별도의 제목을 부여하기 어려울 정도이다.

지리
1. 지도를 사용하여 중앙아시아에 대해 짧게 요약하세요.
2. 팔레스타인과 요크셔 무어를 비교하세요.

요르단 계곡을 자세하게 설명해 보세요.
3. "넬슨(Nelson)은 하나뿐입니다." 6개의 사례로 설명하세요.
4. 에돈(Eothen)의 거룩한 무덤 성당(Church of the Holy Sepulchre)에서 언급한 내용은 무엇인가요?

자연사
1. (a) 해우, (b) 고래 뼈(골격 스케치), (c) 돌고래와 알락 돌고래에 대해서 아는 대로 쓰세요.
2. (a) 수정, (b) 장석, (c) 운모, (d)가섬석을 설명하세요. 이것들은 어떤 바위에서 만들어 지나요?
3. 식충 식물에 대해 무엇을 알고 있나요? 아는 대로 쓰세요.
4. 여름에 산책할 때 어떤 상황이 발생하나요?

일반과학
1. (a) 전기적 인력, (b) 반발력, (c) 도체, (d) 절연체, (e) 전기를 얻는 방법을 어떻게 이해하고 있나요?
2. "물질 자체를 결코 볼 수 없다."는 것을 증명하고 시력이 우리에게 어떻게 지식을 주는지 증명하세요.

생리학
1. 인간의 귀의 구조를 설명하세요.

머서(Mercer) 주교가 쓴 '물질의 경이(Some Wonders of Matter)'은 4단계 학생들의 작업에서 현재 사용 중인 6권의 책 중에 가장 영감을 주는 책이다. 질문은 작업의 다양한 특성을 나타내며 아이들의 대답은 각각의 경우에 지식이 매우 광범위하고 철저하다는 사실을 보여준다. 이런 학교의 모든 아이들은 일반적으로 학기의 과제에 대한 각 질문에 대답할 준비가 잘 되어 있다.

5단계와 6단계 또한 한 학기 작업에 대한 다음 질문들이 충분히 보여주듯이 광범위한 분야를 다룬다.

지리학

(6단계)

1. 신대륙 발견이 상업과 전쟁에서 영국에 어떤 영향을 미쳤는지 설명하세요.
2. 지구상의 생명은 어떤 일반적인 법칙에 따라 분포 되어 있나요?
3. 코르테스의 멕시코 포위 공격과 항복을 설명하세요.

(5단계와 6단계)

4. 1차 세계대전은 (a) 룩셈부르크, (b) 벨기에의 동부 국경 (c) 앤트워프 및 셸트에 어떤 영향을 미쳤나요?

(5단계)

1. 영국의 왕정복고가 미국 식민지에 어떤 영향을 주었는지 설명하세요.
2. 경도가 어떻게 결정되는지 설명하세요.
3. 몬테주마의 역사와 특징을 간략하게 설명하세요.

지리와 일반과학

(6단계)

1. (a) 방사능의 원인, (b) 중력에 대해 충분히 서술하세요.
2. 영국 트라이아스의 경치에 대해 뭐라고 말할 수 있나요?

화석 이름을 12가지 적고, 6개에 대해 간략하게 설명하세요.

(5단계)

1. 색상에 대해 할 수 있는 만큼 충분히 설명하세요.
2. 화성암의 구성을 설명하세요. 그것들은 어디에서 볼 수 있나요?

생물학, 식물학 등

(6단계)

1. 등뼈가 없는 동물의 특징은 무엇입니까? 여섯 가지 예를 들어 설명하세요.
2. (a) 삼림지대, (b) 황야, (c) 황무지, (d) 초원의 초목에 대해 서술하고 묘사하세요.

(5단계)

1. 동물 산업을 어떻게 분류할까요? 예를 들어 보세요.
2. 해변의 식물군을 묘사하세요.

(6단계와 5단계)

3. 이번 학기의 특별한 연구를 그림과 함께 설명하십시오.

천문학

(6단계와 5단계)

1. 세차 운동으로 무엇으로 이해할 수 있을까요?
   지구 축의 세차 운동과 변이를 묘사해 보세요.
2. 수성에 대해서 에세이를 쓰세요.

만약 우리가 모든 일반인이 소유하고 있어야 할 일정한 지식을 포함하는 과학 분야를 소개하는 광범위한 교육과정을 제공해야 하는 이유를 설명을 해야 한다면, 우리는 영국학회 교육과학부에서 있었던 회장단 연설에서 리처드 그레고리(Richard Gregory) 경이 했던 탄원에서 이유를 찾을 수 있을 것이다. 그는 말하기를,

"교육은 성장하는 인간의 환경에 대한 고의적인 조정으로 정의될 수 있습니다. 그리고 교육 과목의 범위와 특성은 이 생물학적 원리에 의해 결정되어야 합니다. 한 종족이나 시대에 가장 좋았던 게 다른 종족에게도 최고일 필요는 없습니다. 학교 과학의 본질적인 사명은 학생들에게 그들이 살고 있는 세상의 아름다움과 힘을 드러내고 자연 지식의 경계를 확장하는 방법을 소개하여 문명화된 시민의식을 갖도록 학생들을 준비시키는 데 있었습니다. 그러므로 과학 교육은 직업 준비를 위해서가 아니라 학생들에게 삶을 준비시키기 위해서입니다. 그것은 전문적이지 않은 일반 교육의 일부여야 하고 가능한 대학입학과정과 직접 연결되지 않아야 합니다. 국가지원 중등학교의 학생 중 3% 미만이 대학에 진학했습니다. 그럼에도 이 학교들의 대부분의 과학 과정은 대학입학 시험 유형에 대한 교과 과정에 기반을 두고 있습니다. 많은 사람들의 필요가 소수에 의해 희생되었습니다."

"개인적인 실험과 관찰로 다루어야 하는 데 너무 많은 중요성이 부여되었습니다. 보통 약 16세까지 공부한 과목들에 대한 성취도 평가인 첫 번째 학교 수료증을 받을 수 있는 모든 과학 시험은 특정하게 제한된 분야에서 마주치는 사실이며 원칙에 대한 실질적인 지식이 거의 없었습니다. 그러나 단 한 사람도 실험실 작업에 필요한 보완물과 같은 광범위하고 풍부한 과학 교육 과정에 대한 인식을 제공하지 못했습니다."

"시험 응시자 수는 일반과학 교육이 거의 없다는 증거였습니다. 게다가 수강한 과목의 수업 범위는 실험실에서 가르치는 것에 국한되었습니다.

흥미를 위한 독서나 가르침 또는 물리과학이 어떠했는지에 대한 배움은 인간의 능력을 매일 확장하지만 이 부분은 거의 관심을 받지 못했습니다. 왜냐하면 시험에서는 그렇게 얻은 지식은 인정을 받지 못하기 때문입니다. 과학은 측정이 전부가 아니고 측정하는 과학만이 과학이 아님을 상기할 필요가 있습니다."

우리가 30년 넘게 추구해 온 방법이 이렇게 권위 있게 권고되고 훌륭한 결과를 수반할 때 우리는 안심이 된다. 과학을 가르치는 유일하고 건전한 방법은 주제와 맞는 문학적인 설명 및 확장과 함께 현장 학습 또는 실험실 작업의 적절한 조합이다. 예를 들어 '먼지의 윤리학(Ethics of the Dust)'을 통해 아이들은 크리스탈에 대해 특정한 열정을 가질 수 있다. 그러나 아무런 도움이 없는 자기 자신만의 관찰은 이런 열정을 제공하기에는 역부족이다. 사실 학교의 과학 교육은 과학과 '인문학' 사이의 치명적이고 불필요한 이혼을 통해 교육적 가치를 상당 부분 잃었다고 할 수 있다.

학부모연맹에서 유래한 자연 관찰 노트에는 새와 꽃 혹은 곰팡이와 이끼 등 계절에 따른 '발견물'이 길버트 화이트(Gilbert White)의 방식으로 스케치되고 묘사되는데 이것은 여행의 동반자이자 인생의 기록으로서 널리 추천되었다. 자연 관찰 노트는 상당히 폭이 넓어서, 경로 중에 있는 별들, 그리고 휘트비 해변에서 발견된 아네모네 화석을 위한 공간을 필요로 하기도 한다. 확실히 자연 관찰 노트는 일반적인 사고와 경험의 범주 안으로 과학을 끌어오는 데 훨씬 도움이 된다. 그리고 우리는 과학이 실용주의적인 과목이 되지 않기를 간절히 바란다.

지리학

지리 교육은 특히 실용주의로 고통을 받고 있다. 오늘날 학교에서 가르치는 현대 지리학의 전체적인 경향은 온갖 신비롭고 아름다운 흔적들이 가득한 환경과 거주지로 할당된 행성을 비참하게 발가벗기는 데 있다. 이 달콤한 세상에서 우리는 더 이상 감탄하거나 궁금해 할 것이 없게 되었다. 우리는 더 이상 재스퍼 페툴렝그로(Jasper Petulengro)와 함께 "형제여, 태양, 달, 별들은 너무나 사랑스러운 존재들이다. 황야에 부는 바람도 마찬가지다."라고 말하지 않는다. 이후부터 지리학이 해결해야 하는 문제는 지구 표면이 어떻게 그리고 어떤 조건에서 인간에게 유익하고 인간이 거주하는 데 바람직한지에 국한되어 있다. 더 이상 아이들은 몽블랑이나 에베레스트 산에 오르고 노르웨이의 피오르드에서 스케이트를 타거나 베니스의 곤돌라에서 수영하는 장면을 상상할 수 없다. 이러한 것들은 더 이상 중요하지 않으며, 단지 지구 표면의 지역 조건에서 어떻게, 어디서, 왜 돈을 벌 수 있는지가 중요하게 되었다. 그러나 이러한 종류의 교육이 수익성이 있는지의 여부에 대해 의심스럽다. 왜냐하면 정신은 위대한 생각에 작용하고 위대한 생각들은 위대한 목적에 작용하기 때문이다. 과학이 아이가 세상에 대해 궁금해 하고 존경하도록 가르치지 않는다면 교육적인 가치를 상실하게 된다.

지구 표면과 각 지역과의 친밀함보다 더 즐거운 지식은 아마 없을 것이다. 어느 지역의 지도이든지 기쁨의 파노라마를 펼쳐줘야 한다. 이것은 산, 강, 개척지들 그리고 우리가 '지리학'이라고 알고 있는 커다란 특징만이 아니라 이 아름다운 지구의 모든 부분에 대한 연관성, 직업, 과거의 일부 그리고 현재의 많은 부분들을 드러내는 공부이다. 따라서 지도 작업에 큰 관심을 기울여야 한다. 즉 해당 단원을 읽기 전에 아이들은 그 단원에서 언급된 장소들을 지도에서 찾고 주어진 위도와 경도에 따른 상대적인 위치가 어디인지를 배운다. 그런 다음 아이들은 일반화보다는 특별함을 배워야 한다는 점에 유념하면서 요크셔 데일즈, 석세스 다운, 석탄 광산의 신비스러움을 읽고 아이들 스스로 마음에 그려보게 한다. 아이들은 용광로 속에서 흘러나오는 철에서 돼지를 볼 수 있으며, 석회암을 만드는 느린 퇴적, 위대한 도시의 활기찬 생활, 마을의 직업들도 그려볼 수 있다. 2단계(A와 B단계)에서 지리 공부는 영국의 주(county)에 대해 공부하느라 바쁘다. 각각의 주(county)는 역사 및 직업의 측면에서 들여다보면 너무나 다양하기 때문에 이 단계의 아이들은 오로지 영국에 관한 지리만을 공부한다. 이것은 비교 방식이든 대조 방식이든 전 세계 모든 지역의 지리학 공부에 대한 열쇠로 증명될 것이다. 예를 들어, 내가 글을 쓰는 동안, 2단계 A반의 아이들은 템즈 분지가 있는 주를 공부하고 있으며 '템즈(The Thames)에 대한 시를 쓰기'는 한 학기 작업의 일부이다. 하우스홀드씨가 쓴 '우리의 해군력(Our Sea Power)'은 영국 해군의 영광스러운 역사에 대한 생생한 설명을 통해 영국과 세계를 연결하는 특별한 가치가 있다. 또한 아이들을 세계 곳곳으로 데리고 가려 할 때, 작고하신 조지 파킨(George Parkin) 경보다 더 나은 자격을 갖춘 권위자는 없을 것이다. 학생들은 현재의 지리학이라고 간주되는 공부를 위해 자신의 자료나 교사들의 자료에 몰입되어야 한다. 예를 들어 학생들에게 "'제1차 세계대전 이후 유럽의 정치적인 지도'(Evans, 4d.)에 무엇을 배울 수 있는지 알아보세요."라고 요구할 수 있다.

3단계에서 지리학은 여전히 지역적이다. 그러나 아이들로 하여금 유럽 국가들과 친숙해지도록 인도할 수 있다. 그렇게 하여 어떤 나라의 지도(地圖)이든지 아이들의 상상력 안에 각 나라들의 다양성, 사람들, 역사 및 직업에 대한 멋진 파노라마를 불러일으킬 수 있다. 이러한 지리학적인 인상은 유럽을 국가별로 고려하는 방식 외에 다른 방법으로는 확보할 수 없다. 아이들은 바다와 국가들 및 대륙의 해안들, 사람들과 그들의 다양한 언어, 역사의 기원 그리고 평지와 산, 강과 분지의 일반적인 조사와 함께 시작한다. 조사 후에는 "발트해로 흘러 들어가는 세 개의 강을 말해 보세요.", "지중해의 남쪽과 동쪽 해안을 이루는 땅은 무엇인가요?", "발트해에 의해 침식된 나라는 어떤 나라들인가요?"와 같은 질문에 답을 할 수 있어야 한다. "유럽 국가들은 어떤 위도 사이에 펼쳐져 있나요? 어떤 나라들이 동일한 위도 내에 일부분 걸쳐져 있나요?" 어린 학생들은 각 나라들을 개별적으로 고려하기 전에 유럽의 지도에 대해 정통하게 된다.

　우리가 보여주는 여러 국가에 대한 그림은 다른 온갖 흥미로운 것보다 우선되어야 하며 동시에 주어진 국가에 대해 지적이면서도 상당히 철저한 설명을 제공해야 한다. 나중에 아이가 습득하게 될 어떤 추가적인 지식이든 이 최초의 도표에 들어맞게 될 것이다. '론 계곡과 국경지대(The Rhone Valley and the Border lands)'를 예로 들어 보겠다.

　"따뜻하고 비옥한 론(Rhone) 계곡은 남부 지역의 기후에 속합니다. 포도나무도 자라지만 올리브와 뽕나무의 큰 과수원이 땅의 대부분을 차지합니다. 우리는 프랑스 남부를 햇볕이 잘 드는 남부 혹은 부드러운 남부로 생각하기 쉽습니다. 하지만 우리가 이미 인용했던 한 작가는 "거칠고 암울하며 침울하다"고 말합니다……. 그러나 뽕나무는 누에에게 먹이를 공급하기 때문에 프랑스의 위대한 제조에 필요한 자원을 공급합니다. 프랑스의 두 번째 도시인 리옹은 벨벳과 새틴(satin)을 포함한 실크 제조의 중심지입니다. 리옹은 급격한 론(Rhone)과 완만한 손(Saone)의 합류지점에 있는 땅의 후미에 자리 잡고 있으며, 두 강의 둑을 따라 아름다운 부두가 자리 잡고 있습니다."

이 발췌문은 마치 여행자가 지리적 사실을 우연히 발견하는 듯이 그것들을 소개하고 있다. 한 학기에 대한 작업에는 벨기에, 네덜란드, 스페인 및 포르투갈이 포함되며 각 국가와 관련된 이해관계는 다양하다. 예를 들어 보겠다.

"라이든(Leyden) 가까이 있는 해변에는 라인(Rhine)강이 끝나는 캣위크(Katwyck)가 있습니다. 이곳은 13쌍이나 되는 거대한 수문들이 설치되어 있는 넓은 인공 수로들을 통해 바다로 방류되도록 도움을 받습니다. 밀물이 들어올 때는 바다를 막기 위해 닫히고 썰물 때 강물이 빠져 나가도록 개방합니다. 한 때 찬란한 라인강이 만들어낸 이러한 위대한 업적은 이제는 단지 볼품없는 출구일 뿐입니다. 이 강의 삼각주는 네덜란드 전역을 포함한다고 말할 수 있습니다."

자연적인 특징의 낭만, 역사, 산업을 보여주려는 시도를 알아차릴 수 있을 것이다. 따라서 국가는 더 이상 지도상의 이름이나 등고선으로 표시된 부분의 문제가 아니다. 이러한 일반화는 지리학이 아니라 정신이 지역과 친밀하게 되었을 때, 스스로 도달하게 되는 시간이 걸리는 결론이다. 지리 수업에는 무언가 문학적 특징이 포함되어 있어야 한다. 이러한 수업의 새로운 특징은 매우 철저한 지도 공부이다. 나머지 부분은 다른 학습과 관련하여 설명했듯이 이 주제에서도 한 번 읽기와 다시 말하기로 충분하다. 우리가 상상력으로 알고 있다는 의미는 정신의 눈을 뜻하며, 아이들이 상상력을 통해 알지 못한다면 배울 수 없다는 의미이다. 그리고 아이들은 책에서 말하지 않은 내용은 그 어떤 생생함을 가지고도 혹은 주제를 파악할 수 있는 어떤 이해력을 가지고 알 수도 없다. 철두철미한 지도 공부는 암기를 통해서 대답해야 하는 다음과 같은 질문들, "벨기에의 어느 지역에서 셸트(Scheldt)가 배수되는가? 그 지류들의 이름을 쓰세요. 그 유역의 유명한 장소 열 곳을 말하세요. 어떤 항구가 하구의 맨 앞에 위치하나요?"에서 나타난다. 문학적 요소가 풍부한 '항해 시대의 해상권을 위한 싸움(Fighting for Sea Power in the Days of Sail)'이라는 이 작은 책은 영국의 지리학을 크게 조명해 준다.

지리를 가르치는 데에는 두 가지 합리적인 방법이 있다. 첫 번째는 추론적인 방법으로 오늘날에 상당히 유행하는 방법이다. 이를 통해 학생은 보편적으로 적용이 가능하다고 예상되는 특정한 지리적 원리를 배운다. 그런데 나에게 이 방법은 두 가지 이유로 결함이 있는 듯 보인다. 모든 특정한 경우마다 일반 원칙이 수정 가능하기 때문에 오해의 소지가 있다. 또한 지역색과 개인적이고 역사적인 이해 관계가 부족하여 학생은 자신이 배우고 있는 지역에 대한 지적이고 창의적인 개념을 형성하지 못한다. 파노라마 방식이라고 부를 수 있는 두 번째 방식은 지역별로 세계의 형세를 펼친다. 모든 지역이 기후 조건, 생산량, 사람들, 산업 그리고 역사와 함께 학생들의 눈앞에 펼쳐져야 한다. 모든 과목 중에서 가장 즐거운 수업인 이 방법은 비례 감각과 일반 원칙에 대한 지식과 함께 파노라마 방식이 제공할 수 있는 뛰어난 특색과 풍부한 세부 사항을 국가의 지도 혹은 지역의 지도에 제공하는 효과가 있다. 나는 이 공부에서 그림들이 그다지 유용하다고 생각하지 않는다. 글로 쓰여진 묘사를 통해 상상력이 만드는 그림들이 결국 우리 안에 머물기 때문이다.

4단계 학생들을 위한 지리학은 아시아, 아프리카, 아메리카 그리고 오스트레일리아를 포함한다. 그러나 똑 같은 원칙을 따르는데, 생생한 묘사, 지리적인 원칙, 역사적인 연관성 및 산업적인 세부 사항이 제공되어야 한다. 우리가 이미 말했듯이, 지리 수업은 어떤 인상을 심어줘야 하는데, 이는 합리적인 판단을 위한 자료를 제공해 줄 뿐만 아니라, 공부하는 지역이 상상력이 만들어낸 소유지가 되도록 보장해 주어야 한다. 학생들은 아시아에 대한 조사를 시작하고 큰 국가들과 결정들 그리고 커다란 물리적 특징들에 대해서 별도의 공부가 뒤따른다. 그렇게 하여 우리가 읽은 시베리아에 대해서,

"모든 여행자들이 자유로운 시베리아 농민을 극찬하는데 한마음입니다. 우랄을 건너자마자 잘 경작된 들판의 풍부한 초목과 토볼스크(Tobolsk) 정부 남부의 도로 상태의 탁월함 때문에도 놀라는 만큼 주민들의 친근하고 선한 성격에도 역시 놀라게 됩니다."

또는

"광택 있는 칠흑색의 부드럽고 두꺼운 해달의 털은 모든 러시아 가죽 중에서 가장 가치가 있습니다. 다음 순위는 검은 여우의 가죽입니다. 그러나 수천 개의 여우 가죽은 해달의 가죽 한 개의 가치가 있음에도 불구하고, 수백만 명의 사람들이 수입하는 작은 회색 다람쥐의 가죽은 실제로 시베리아 모피 무역에서 가장 중요한 역할을 합니다."

더 나아가 인도에 대해서는

"중부 지역인 피구(Pigou)는 엄청난 양의 쌀을 생산하는 저지대 국가인, 이라와디(Irrawaddy)의 광대한 삼각주이며, 세계에서 가장 좋은 티크(teak) 숲이 큰 강의 벽을 이루는 고지대에 있습니다.

아시아에 뒤이어 리빙스톤(Livingstone)의 발견, 스페크(Speke), 버튼(Burton), 그랜트(Grant) 등과 더불어 아프리카를 공부한다. 우리는 아프리카 마을의 생활에 대한 설명을 듣는다. 그리고 각 장의 제목들은 아비시니아, 이집트, 나일강 상류, 수단, 사하라, 바르바리 제국, 남아프리카 공화국, 케이프 식민지, 섬들 등으로 이루어져 있다. 미국에 대한 공부가 이어지며 발견의 과정에 따라 남미, 안데스 산맥, 산지, 칠레, 페루, 볼리비아 등의 지리적인 윤곽과, 남미 대평원, 중미, 북미, 캐나다, 미국, 동부 주, 미시시피 계곡 주, 대초원, 서부 영토인 캘리포니아에 대한 역사적인 개요가 뒤따른다. 동부 주에 대한 부분에서 우리는 다음과 같은 내용을 읽게 된다.

"이 산맥(엘레게니 산맥)으로부터 펼쳐져 있는 지역은 펜실베니아, 버지니아 및 오하이오를 통해 확장되는 위대한 애팔래치아 탄전입니다. 길이가 720 마일에 달하는 탄전은 4천년 동안 전 세계에 공급할 수 있을 만큼 충분한 석탄이라고 합니다. 철광석도 석탄과 함께 매우 풍부하게 발견됩니다. 석탄의 대부분은 무연탄이라고 불리는 종류입니다. 타는 속도가 매우 느리고 연기가 나지 않지만 실내 공기에 고통스러운 건조 효과를 가져옵니다. 찰스 리올(Charles Lyall) 경은 이 석탄전에 있는 포츠빌(Pottsville)에 대해 '여기서 나는 백 개의 용광로의 높은 굴뚝이 밤낮으로 불타고 있으나 연기도 전혀 없이, 번성하고 있는 제조 도시를 보고 놀랐다. 이 산뜻한 분위기를 떠나 광산 중 하나로 내려가면서 손가락 하나도 더럽히지 않고서 석탄을 다룰 수 있다는 사실은 그것에 못지않게 즐겁고 진기한 발견이었다'라고 말했습니다."

그러나 4단계의 학생들은 기후와 산업에 영향을 미치는 원인에 대한 공부와 함께 세계 각지의 지리, 경관, 역사 및 산업에 대해 친밀감을 나타내기에 충분해야 한다. 지키(Geikie, 역자 주-스코틀랜드의 지질학자)가 쓴 '물리 지리학(Physical Geography)'은 물리적 지리의 원리에 대해 감탄할 만한 서론을 제공해 준다.

5단계와 6단계 학생들은 신문 기사에도 정통해서 해당 학기에 가장 주목받는 장소와 지역에 대해서 파악하도록 요구된다. 또한 공부하고 있는 역사와 관련하여 실리(Seeley)의 '영국의 확장', '인도의 국민과 문제', 지키(Geikie)의 '물리적 지리학 초등수업', 모트(Mort)의 '실용적인 지리학', 키플링(Kipling)의 '여행자의 편지'가 한 학기 읽기에 포함된다. 이 단계에서 어린 학생들은 실용적이고 이론적인 지식 두 가지 모두를 지리학에 적용해야 하며 좋은 지리부도를 많이 활용해야 한다. 낮은 단계의 지도 작업을 안내했던 질문들은 사용하지 않아도 된다.

(2) 수학

산술과 수학의 문제는 교육자인 우리에게 대체로 상당히 중요한 과목 중 하나이다. 의심의 여지없이 추론하는 능력은 획득된다는 개념을 가지는 한, '능력(faculty)'을 훈련하는 데 매우 적합해 보이는 과목에 가능한 모든 가중치를 두는 게 맞을 수 있다. 그러나 이제 우리는 이러한 능력이 우리의 훈련을 기다리지 않는다고 확신한다. 그 능력은 어떤 경우에도 이미 존재한다. 그리고 우리가 산술을 교과 과정에서 주요한 자리에 놓고자 한다면 다른 근거로 정당성을 입증해야 한다. 그리고 우리가 수학의 아름다움과 수학적 진리에 호소할 때 견고한 근거를 가질 수 있다. 러스킨이 지적했듯이, 2 더하기 2는 4이며 행여 5가 될 수 없다는 사실은 피할 수 없는 법칙이다. 우리의 동의 없이 존재하는 법칙의 존재, 즉 전체 법체계의 존재가 표면화되는 과정은 진실로 대단하다. 두 개의 직선이 공간을 둘러쌀 수 없다는 사실, 어떤 뛰어난 수정에 의해서도 불가능하다는 사실은 우리가 인지하고 진술하고 그것에 따라 행동할 수 있는 하나의 사실이다. 우리 모두에게 유익한 한계의식(the sense of limitation)을 아이들에게도 주어야 하며, 모든 자연 법칙에서 들을 수 있는 '경건한 존경심(sursum corda)'을 북돋아 주어야 한다.

다시 말해 거래에서 청렴함은 '미커버(Micawber)'의 황금률(역자주-소득보다 지출이 적어야 한다)에 크게 달려 있기에, 해럴드 스킴폴(Harold Skimpole, 역자주: 'Bleak House'의 등장인물)이 이것을 경시했을 때 이것은 사회에 대한 도덕적 위반이었다. 우리는 지적 훈련으로 생명을 유지하지는 않지만, 육체와 같이 정신도 규칙적이고 격렬한 운동으로 활력을 얻을 수 있다.

그러나 교육은 비례의 학문이어야 하는데도 불구하고 지나치게 중요하다고 가정하는 어떤 과목이 아이의 정신이 다루어야 하는 과목을 희생시킨다. 산술, 즉 수학은 시험을 치르기에 상당히 편리하다. 그리고 교육이 시험에 의해 규정되는 한, 이미 존재해 왔던 과학을 고찰하여 경외심을 일깨우는 교육이 아니라, 시험 문제를 다룰 때 정확성과 문제를 푸는 재주를 획득하게 만드는 출제자에게 규제받는 교육을 하게 된다.

정확성과 독창성에 있어서 훈련보다 더 나은 게 무엇이겠는가 하고 혹자는 말할 수 있다. 그러나 그렇게 말하면 우리는 산술에서 나온 이러한 정확성과 독창성이 모든 삶의 부분에서 도움이 된다고 가정하는 셈이 된다. 그것이 맞다면 우리는 정말로 학문의 왕도를 가지게 될 지도 모른다. 하지만 그런 길은 열려 있지 않은 듯하다. 어떤 한 교육 과목에 부여된 습관과 힘은 그 과목에 대해서만 행사된다. 아이작 뉴턴 경이 안으로 들여보내 달라는 고양이의 울음소리에 시달리다 어떻게 고양이를 위해 문에 큰 구멍을 만들고 새끼 고양이를 위해 작은 구멍을 뚫었는지에 대한 친숙한 이야기(역자주-새끼 고양이는 엄마 고양이를 따라서 큰 구멍을 사용하므로 작은 구멍은 사용되지 않음)는 위대한 정신의 단순하고 우스운 실수만은 아니다. 이것은 특수한 분야의 작업은 그 분야의 작업에만 적합하다는 사실을 나타낸다. 그래서 우리는 브래드쇼에 대한 공부는 즐겁지만 수학에 다소 부족한 아이들 그리고 다른 분야에는 조금 부족하지만 존경할 만한 회계사에 대해 듣는다.

산술에서 '만점'을 받은 아이는 자신의 계산 능력이 가져오는 정확성과 독창성이 계산에만 적용되기 때문에 역사 과목에서는 열악한 모습을 보여준다. 그리고 우리 대부분은 실생활에서 산술의 가치에 대해 다음과 같이 말한 한 저명한 장교에게 동의하는 이유가 있다.

"저는 참모대학(Staff College) 시험을 제외하고는 일상생활에서 약간의 도움이 되는 단순한 덧셈외에 수학적인 것을 발견한 적이 없습니다. 그리고 정확하게 진술하기 위해 다른 어떤 공부보다 수학이 더 나은 무언가를 제공한다는 주장에 나는 이의를 제기합니다."

우리 대부분은 전쟁의 이론과 실천에 대한 지식이 수학에 크게 의존한다고 믿어왔다. 그래서 이 저명한 군인의 진술은 고려할 가치가 있다. 한마디로 우리의 요점은 수학은 자기 자신의 이익을 위한 공부이며 일반적인 지능과 정신의 이해력을 만들기 위한 공부가 아니라는 점이다. 그렇다면 이러한 수학 과목의 공부가 그 자체로 얼마나 가치가 있겠으며 수학 과목들이 보조하는 다른 더 큰 지식 분야에 대해서는 말할 것도 없다! 자신의 나라나 다른 나라의 역사에 대해 거의 아는 게 없는 수학자는 최상의 교육을 받은 게 아님을 상기할 때, 교과 과정의 편성에서 비율의 불균형은 골치거리(bete noire)가 될 수 있다.

동시에 천재는 자신의 권리가 있다. 타고난 수학자에게는 그들이 알아야 할 다른 많은 과목을 생략하더라도, 충분한 범위를 허용해 주어야 한다. 그런 아이는 곧 능력을 발휘하며 얼핏 보고도 문제의 복잡성을 파악한다. 그런 아이는 충분한 기회를 가져야 한다. 그런 아이는 많은 가르침을 선호하지 않을 것이다. 그러나 거북이가 토끼와 보조를 맞춰야 하는 이유는 무엇이며 한 아이의 삶의 성공 여부가 수학의 고된 노력에 달려 있어야 하는 이유는 무엇인가? 그것이 현 시점의 경향이다. 수학에 천부적인 소질이 없기 때문에 엄청난 중노동을 통해 기계적인 지식을 습득해야 하는 아이들에게 대학은 문을 닫고 있고, 결과적으로 전문직의 문도 닫힌 셈이다. 그리하여 '일반 교양교육'이라는 문구에 내포되어 있는 '인문학(humanities)'의 지식을 차단해야만 하게 되었다.

예를 들어, 런던 대학입학시험(London Matriculation)이 요구하는 지식은 교육받은 사람에게 적합한 광범위한 지식과는 양립할 수 없다고 많은 교사들이 인정하고 있다.

수학은 교과서보다는 교사에 의존하기에 수학만큼 가르치기 힘든 과목은 거의 없다. 왜냐하면 대개 수학교사들은 학생들에게 영감을 주는 생각(idea), 즉 콜리지(Coleridge)가 칭한, 상상력을 촉진하는 '우두머리(Captain)' 생각(idea)을 위한 시간을 줄 수 없기 때문이다.

유클리드가 발견했던 동일한 빛으로 비추어 본다면 기하학은 얼마나 생기가 있게 될 것인가!

요약하자면 수학은 모든 사람의 교육에 필요한 부분이다. 아이들은 그것을 아는 사람을 통해 배워야 한다. 그러나 교사들은 학생의 본성적 권리인 지식이 되는 '과목들'의 비율을 차단할 정도로 시간과 관심을 쏟지 않게 해야 할 것이다.

학부모연맹(P.U.S.)에서 수행한 수학 작업을 보여줄 필요는 없을 것이다. 우리도 같은 방침 아래 있고 다른 학교들처럼 같은 표준에 도달하기 때문이다. 그리고 학부모연맹 학생들이 가진 온전히 집중하는 습관이 도움이 된다는 사실은 의심할 여지가 없다.

(3) 신체 발달, 수공예

우리가 사용한 방법들이 예외적이지 않기 때문에 게임, 춤, 신체 운동, 바느질 및 기타 수공예품에 관해 따로 언급할 필요는 없을 것이다.

제2권

적용된 이론

1장
초등학교의 교양 교육

독자들에게 우리 모두가 알고 있는 사실, 즉 일반 교양교육은 정의, 신앙, 자유, 신선한 공기와도 같고, 모든 아이의 타고난 권리라는 확신을 주느라 시간을 낭비할 필요는 없을 것이다. 그리고 그러한 교육의 범위를 논의할 필요도 없을 것이다. 플라톤의 격언에 따르면 '지식은 미덕이다'. 이 규칙에는 예외가 많지만, 우리는 좋은 삶은 교양 있는 지성을 암시한다는 사실을 인식하고 있다. 학식 있는 교사는 가치 있는 교육계획에서 인문학이 하는 역할을 빠르게 인식한다. 그러나 교사들은 엄청난 어려움에 직면해 있으며 이는 최근 한 책에서 감탄할 만하게 요약되었다.

> "현대 교육의 비극은 인문학 교육의 목적을 다수의 국민들에게 실현할 수 있는 조건을 확보하지 못한 장기간의 실패에 있다."
> - 'Citizen to be' by Miss M.L.V. Hughes.

우리(학부모연맹)는 이런 상황에서 인문학 교육을 제공하는데 성공했기 때문에 교육의 큰 문제가 마침내 해결되었다고 믿는다. 우리는 글을 읽지 못하는 문맹의 가정에서 자란 큰 규모 학급의 아이들에게도 배움을 기쁘게 받아들이고 자유롭게 소화하는 방식인 인문학(모국어로 된) 교육을 제공할 수 있게 되었다. 한 마리 제비가 여름을 만들지 않는다는 사실을 우리도 알고 있지만, 한 학교의 경험은 상당히 온전한 문학 교육계획이 즐겁게 큰 수고 없이 수행될 수 있다는 가능성을 보여준다. 동시에 이것은 모든 일상적인 학교활동을 포함한다. 마르코니(Marconi)의 첫 번째 메세지가 전송되기 전에도 무선 전신이 공기 중에 존재하고 있었다. 그러나 그 첫 번째 무선 메시지가 해협 연락선에 탑승한 모든 승객들로 하여금 메시지 전송을 가능하게 했다. 이와 마찬가지로 요크셔에 있는 드리글링턴(Drighlington) 학교의 실험은 어떤 교사도 원하는 대로 이용할 수 있는 인문학 교육을 위한 조건을 제시했다. 나는 이러한 작업의 결과물의 양에도 깊은 감동을 받는다. 그리고 우리 학교에서는 이미 이런 일들이 진행되고 있다. 일전에 나는 학창시절에 들었던 영감을 주는 시적인 문장 하나가 삶 전체를 고양시켰던 한 남자에 대해서 들은 적이 있다. 우리는 '문외한'도 한 줄로 늘어선 책에는 저항할 수 없다고 들었다. 또한 전쟁이 집과 참호 양쪽에서 우리를 독서가의 나라로 만들었고, 무엇보다 시와 역사에서 최고의 책을 읽는 사람들로 만들었다고 듣기도 한다. 이러한 성취에 기여한 학교의 공은 없는 것일까? 그러나 교사들은 만족하지 않는다. 교사들이 도달할 수 있는 범위는 자신들의 이해 범위보다 더 크다. 그리고 교사들이 성취한 어떤 성공보다 자신들의 주변에 둔감하고 무감각하고 메마른 무지의 더러운 삶이 만연해 있다는 사실을 교사들은 더 잘 인식하고 있다. 따라서 교사들은 역사와 문학과 같은 방대한 주제를 다루는 가치 있는 교육을 불가능하게 만드는 듯 보이는 시간적 제한 때문에 초조하다.

 나는 궁금하다. 이 불안감은 정신의 요구사항이 육체의 요구사항과 매우 흡사함을 깨닫는 데 더디다는 사실을 드러내는 게 아닐까? 두 가지 다 건강의 조건으로 활동, 다양성, 휴식 그리고 무엇보다 음식이 필요하다. 우리 중에는 지적이든 신체적이든 제대로 된 지식의 식사를 제공하기 위해 지적 훈련을 제안하는 경향이 얼마간 있어왔다. 이는 마치 저녁 식사로 스웨덴 훈련(Swedish Drill, 역자 주-치료를 위한 근육운동)에 아이를 초대하는 것과 같다. 그리고 이 형편없이 부적절한 명칭에 대해 '교육'은 부분적으로 책임이 있다. 자, 소유가 아니라 잠재력이 정신의 특징이다. 아이는 많은 지식을 다룰 능력이 있으나 아직 표현할 만한 가치가 있는 지식을 소유하고 있지는 않다. 그럼에도 불구하고 우리는 아이에게 부족한 지식보다는 아이가 이미 소유하고 있는 능력을 주기 위한 일을 착수했다. 아이의 생각하는 능력을 훈련하고 판단력을 기르고 이런저런 다른 재능들을 훈련하는 데 우리가 관여할 수 있는 일은 없다. 이것은 건강한 아이의 소화 과정에 우리가 관여할 일이 없는 것과 같다. 우리는 이러한 과정에 더 많이 개입할수록 아이에게 더 해롭다는 사실을 안다. 스포츠 경기에는 열광하면서도 정신적인 것에는 죽어 있는 젊은이들에게서 주목할 만한 활력이 없다는 사실이 학교에서 진행되어 온 과정들 때문이라면 어찌할 것인가? 그럴듯하고 즐거운 화면, 증명, 예시, 요약 등 자기 자신을 위해 해낼 수 있는 잠재력을 가지고 태어난 아이들을 위해 모든 일을 대신해 주었기 때문이라면 어찌 하겠는가? 물론 우리는 지적인 음식을 공급하고 있다. 그러나 너무 적은 양을 공급한다. 용기를 가지자. 그러면 우리는 때때로 거의 모든 아이가 식사로 섭취한 지적으로 단단한 고기를 한가한 시간에 소화하는 양에 놀라게 될 것이다.

아마도 우리가 해야 할 첫 번째 일은 내가 지식과 정신의 상대성이라고 부르는 것에 대한 올바른 자각이다. 정신은 단지 알기 위해서가 아니라 건전한 판단과 큰 아량으로 깊고 넓게 성장하기 위해 지식을 얻는다. 하지만 정신이 자라기 위해서는 반드시 알아야 한다.

사실은 내가 이미 언급했던 서너 가지의 어려움이 아니라, 가치 하락을 형성하는 특정한 판단의 착오가 우리에게 장애이다. 그것이 보편적이기 때문에 우리 중 누구도 이것에 자유롭지 못하다. 우리는 교사로서 우리 자신과 직무에 대한 가치를 절하한다. 세상 일이 돌아가는 게 보통 그렇듯, 우리는 교사가 호소와 영감의 예언적 힘을 가지고 있다고 깨닫지 못한다. 교사의 역할은 잘게 간 고기를 숟가락으로 먹이는 피곤한 일이 아니라 평등한 정신의 즐거운 교환이며 여기서 교사의 역할은 인도자, 철학자 그리고 친구이다. 우리가 지식의 매체를 통해 정신 대 정신으로 아이들을 다룰 때 학업을 괴롭히는 의지의 마찰은 놀라울 정도로 중단된다.

그 다음에 우리는 놀라운 헌신으로 우리 자신의 삶을 희생하면서도, 여전히 아이들을 평가절하한다. 우리는 오랫동안 아이들을 교육과 환경의 산물로 여기도록 배웠다. 우리는 처음부터 아이들이 온전한 사람이라는 사실을 깨닫는 데 실패한다. 칼라일(Carlye)은 다음과 같이 잘 말하였다.

"신과 같은 감각을 가진 사람의 신비로움은 참으로 신성합니다."

우리는 아이들을 존경하든지 경멸하든지 둘 중에 하나를 할 수밖에 없다. 우리는 아이들을 약하고 아직 교육되지 않은 온전한 사람으로 여기는 대신, 미래에 온전한 사람이 될 불완전하고 미발달된 존재로 여기고, 아이들의 잠재력이 우리 자신만큼이나 큼에도 아이들의 무지를 우리가 채워야 하고 아이들의 약점을 보완해야만 한다고 여긴다면 우리가 아무리 친절하고 상냥하게 행할지라도 아이들을 경멸하는 것에 불과하다.

아이는 의사소통을 통해 단어를 듣자마자 놀랍도록 명확하고 직접적으로 생각한다는 사실을 알 수 있다. 아이는 우리가 오래전에 잃어버린 면밀한 관찰력으로 보고, 이미 경험하기를 멈춘 강렬함으로 즐거워하고 슬퍼하며, 우리로서는 공유할 수 없는 자신감으로 애지중지하는 물건을 버릴 수 있고, 풍부한 창의력으로 상상한다. 우리 중 어떤 예술가도 지적인 지식과 도구를 다루는 기술을 습득하는 아이의 놀라운 속도를 따라갈 수 없다. 영아의 발달 속도가 성년기까지 유지될 수 있다면 그 사람은 분명히 한 생애에 모든 지식 분야를 십분 활용하게 될 것이다! (이와 관련하여 데이비드 코퍼필드의 앞부분의 장을 다시 읽는 게 가치가 있을 것이다.)

나는 아이를 있는 그대로 고려하고 있을 뿐, 워즈워스와 함께 더 높은 곳으로 또는 진화론자들과 함께 아래 깊은 곳까지 아이를 추적하려는 게 아니다. 사람은 불가사의하다. 다시말해 우리는 사람을 해명하거나 설명할 수 없고 사람을 있는 그대로 받아 들여야 한다. 이러한 놀라운 개성은 아이가 학교에 간다고 멈추지 않으며 저

속한 표어와는 완전히 다른 의미에서 아이는 여전히 '정신이 온전'하다. 그러나 우리는 아이가 교실에 들어오는 날부터 아이의 정신으로 가는 길을 잃기 시작한다. 그 이유는 우리가 '지식은 감각이다'라는 신념을 받아들였기 때문이다. 이는 아이가 정신으로 착상하고 사고로 이해한다기보다는 아이는 보고 만져야 안다는 신념이다. 아이의 영적인 능력, 다시 말해, 지적인 학습 능력이 우리의 주요한 자산 중 하나이기 때문에 나는 힘주어 이 점을 강조한다. 우리 자신으로 아이들 안에 있는 위대한 정신을 대면하도록 할 때, 음식이 몸의 자양분이듯이 지식이 마음의 자양분이라는 사실이 보이기 시작한다. 아주 오래전, 1차 세계대전 이전에 지식에 대한 편협한 경멸은 아주 흔했다. 학교장이나 다른 사상가를 제외하고는 아무도 지식을 진지하게 받아들이지 않았다. 아이가 무엇을 배웠는지가 아니라 어떻게 배웠는지가 오로지 중요하다고 과감하게 선언했다. 단지 '책으로 배운 지식'이라는 이유로 우리는 보기 좋게 경멸을 받았다! 그러나 우리는 모든 것을 바꾸었다. 무지가 국가적 걸림돌이며 자국 내 어려움의 원인이 되는 그 무지가 해외에서도 우리의 노력을 방해한다는 사실을 의심하기 시작했다. 무지에는 지식이라는 단 하나의 치료법이 있으며 학교는 아이를 위한 지식의 자리이다. 교사가 아이를 위해 그 밖의 무엇을 하든 동종 요법(homeopathic, 同種療法)에 의한 복용이 아니라 무엇보다 지식으로 아이를 존속시켜야 하며 이는 규칙적이고 푸짐하게 제공되어야 한다. 지식이란 무엇인가? 묻는다면 당장에 정돈되고 준비된 대답은 없다. 알다시피 매튜 아놀드(Matthew Arnold)는 지식을 세 가지 항목 아래 분류하는데 신에 대한 지식인 신학, '인문학'이라고 알려진 인간에 대한 지식, 그리고 물리적인 세계에 대한 지식인 과학이 그것이다. 함께 논의를 계속 진행하는 데에는 그것으로 충분할 것이다. 하지만 나는 이 구분에 의문을 제기하고 인문주의 항목 아래로 세 가지 지식을 분류하기 원한다. 즉 인문학은 문학의 형식을 통해 마음에 직접 호소하는 모든 지식을 포함할 수 있다. 보라, 신학의 핵심은 세계 3대 문학 중 하나에 포함되어 있으며 일반적으로 영국에서는 아니지만, 프랑스의 과학은 매우 명확하고 정확하며 우아하게 표현된 시적인 문학으로 구현되어 있다. 그렇다면 '인문주의'라는 항목 아래 문학을 매개체로 하는 모든 지식을 포함시켜도 무방하지 않을까? 어쨌든 한 가지 확실한 것은, 어떤 가르침과 정보도 개인이 그 정보에 정신을 작동시키고 번역하고 변형시키고 흡수하여 마치 육체의 음식처럼 생명력 있는 형태로 다시 표현하기까지는 지식이 될 수 없다는 사실이다. 따라서 교육과 강의와 동화 이야기가 얼마나 명쾌하든 혹은 매혹적이든 자기 활동이 시작되기 전에는 아무런 영향을 미치지 않는다. 즉 자기 스스로 한 공부만이 오로지 가능한 교육이며 나머지는 아이의 본성의 표면만을 덮는 단순한 겉치레에 불과하다.

나는 지금까지 20세기 교육의 이상(理想)을 훼손하는 것으로 보이는 아이들에 대한 과소평가와 지식에 대한 과소평가에 주의를 환기시키기 위해 노력해왔다. 정신과 지식은 마치 절구공이 관절(a ball and socket joint)과 가위의 두 날처럼, 두 가지 요소가 서로 들어맞고 서로에게 필요하며 오직 함께 행동한다는 원리를 깨닫는다면, 교사로서 우리의 직무는 아이들에게 필요한 일정한 양의 지식을 공급하는 데 있다는 사실을 이해하게 될 것이다. "그러나 어떻게 할 것인가?" 시지프스(역자 주-고대 그리스 신화의 인물)의 노동에 자신들의 일생을 소모했던 교사들은 부르짖는다. 우리는 그 방법을 우연히 발견하였고 적어도 그것은 감탄할 만하다. 나는 독자들 앞에 그 원칙과 실천을 제시하기를 간절히 염원한다.

먼저 수천 명의 아이들을 통해서 그리고 지난 몇 년 동안 전국의 많은 의회학교를 통해서 만들어진 몇 가지 결과를 나는 다시 반복하겠다.

교사가 아니라 아이들이 배움에 책임이 있는 사람이며 아이들은 자신의 노력으로 그 일을 한다.

교사는 배우는 일에 있어서 아이들의 공감을 북돋아 준다. 필요한 경우 설명해주고 요약해주고 또는 확장하지만 실제 배움은 학생들에 의해 수행되어야 한다.

연령과 수준에 따라 아이들은 한 한기에 1,000페이지에서 2,000페이지 또는 3,000페이지 정도를 읽는다. 각 수업에 설정된 페이지 양은 한 번만 읽을 수 있다.

독서는 다시 말하기와 시험 범위의 단락에 대한 작문으로 시험이 치러진다.

기말시험이 임박했을 때도 시험 공부를 위한 복습은 하지 않는데, 다시 들춰 보기를 허용하기에 너무 많은 범위를 포함하기 때문이다.

아이들은 읽은 내용을 알고 있으며 읽은 내용의 어떤 부분이든지 쉽고 유창하게 쓸 수 있다. 아이들은 보통 철자도 잘 맞춰 쓴다.

일주일의 시험 기간 동안, 아이들은 연령과 수준에 따라 20장에서 60장의 페이지 캠브리지 종이를 덮는 양에 해당하는 내용에 대해 시험을 치른다. 만약 공부한 내용에 관해 10배나 되는 질문이 마련된다면 아마도 10배의 종이를 채우게 될 것이다.

한 학급의 모든 아이들이 역사, 문학, 시민권, 지리, 과학과 같은 주제에 설정된 모든 질문에 답할 수 없는 경우는 거의 없다. 그러나 차이점이 여기서 나타난다. 어떤 아이들은 역사에서, 어떤 아이들은 과학에서 어떤 아이들은 산술에서, 다른 아이들은 문학에서 더 잘한다. 어떤 아이들은 많은 답변을 작성하고 일부는 듬성듬성 쓴다. 그러나 실제적으로 거의 모든 아이들이 마련된 질문에 대한 답을 알고 있다.

시험 과정에서 학생들은 수많은 고유 명사를 포함하여 많은 실(명)사를 자유롭게 다룬다. 한번은 시험지에서 열 살 아이가 사용한 이름을 세어 본 적이 있는데, 그것들은 족히 100개가 넘었다. 이것들은 모두 'A'로 시작하는 단어들이다.

Africa, Alsace-Lorraine, Abdomen, Antigonons, Antennae, Aphis, Antwerp, Alder, America, Amsterdam, Austria-Hungary, Ann Boleyn, Antarctic, Atlantic;

그리고 이들은 M으로 시작하는 단어들이다

Megalopolis, Maximilian, Milan, Martin Luther, Mary of the Netherlands, Messina, Macedonia, Magna Charta, Magnet, Malta, Metz, Mediterranean, Mary Queen of Scots, Treaty of Madrid;

그리고 이 모든 주제에서 아이들은 마치 그들이 부재한 언니에게 새 가족인 새끼 고양이 대해 글을 쓰듯이 자유롭고 완전하게 썼다!

아이들은 자신이 할 수 있는 만큼 완벽하게 이해하고 글을 쓰며 수백 장의 시험지에서 '실수'는 거의 찾아볼 수 없다. 아이들은 책이나 주제의 요지를 잡는 부러울 만한 힘을 가지고 있다. 때때로 아이들은 인물이나 사건에 대한 시를 쓰도록 요구되는데 시의 관점으로 볼 때 그 결과가 주목할 만하지 못할지라도 사려 깊게 읽은 내용을 유쾌한 방식으로 요약했다고 볼 수 있다. 예를 들어 한 아이는 '리어 왕'을 읽고 '코델리아'에 대해 열 두 행으로 요약했다.

코델리아
도살당할 운명에 처한 고귀한 아가씨,
사랑받지 못하고 동정 받지 못한 딸,
코델리아는 아닐지 몰라도
"사랑"은 그대에게 가장 적합한 이름.
아가씨, 사랑이 허락하지 않는다면,
경멸은 경멸을 위한 것이고, "아니요"는 "아니요"를 위한 것,
사랑이 경멸과 원한을 통해 사랑한다면,
사랑이 진실과 옳음에 매달린다면,
아가씨, 당신이 예술처럼 순수함을 사랑한다면,
사랑이 충실한 마음을 가지고 있다면,
당신은 사랑과 똑같은 작품,
저 위에 하나님의 나라에서 온!
M. K.V. 10 10/12 Form II

리빙스턴(Livingstone)의 삶(아프리카의 지리와 연결하여 읽기)은 이렇게 요약했다.

리빙스턴

"아프리카 전체가 메마른 사막이다,
해안 근처만 빼고." 사람들은 이렇게 말했다.
그리고 그 위대한 대륙을 더 이상 생각하지 않았다.
"내가 본 수천 개 마을의 연기!"
한 남자가 소리쳤다. 그는 더 이상 알지 못했다.
그곳에 남도록 말씀이 한 사람의 마음 속에 새겨졌다.
들었던 그 사람은 일어서서 모든 것을 바쳤다.
어두운 미지의 세계로 그는 혼자 갔다.
그는 어떤 공포에 직면했는가? 원주민의 증오심,
발열, 체체파리, 외로움.
그러나 그곳 사람들에게 그는 위대한 빛을 가져다 주었다.
이 사람은 누구였는가, 어떤 위대한 영주의 아들이었나?
그렇지 않다. 그는 평범한 스코틀랜드 청년이었다.
의무의 길을 따르는 법을 배운 사람,
그의 이름은 리빙스턴, 그는 잊혀지지 않을 것이다.

그리고 다음은 4단계의 14세 소녀가 플루타르코스의 '페리클레스의 삶(Life of Pericles)'을 표현한 것이다.

오! 그 아름다움과 명성이 타의 추종을 불허하는 땅,
시대의 거대한 먼지투성이인 금고 안에 알려지지 않은 채 죽어 있다.
그러나 진실로 여기 기억 안에서는 그렇지 않다.
서로 똑같이 우러러 보고 경외한다.
숨겨진 과거의 영웅들, 플라톤,
그의 지각은 넓은 세계의 끝에 이르렀다.
아리스티드, 정의롭고 고귀한 사람.

그리고 마지막으로 가장 중요한 사람은 위대하고 지혜로운 페리클레스,
그의 사회주의적 견해와 영리한 방법은
부자와 가난한 자를 똑같이 다스리기 위한 것,
그것은 부러움을 샀고 그의 눈에 그리스는
영원한 미의 고향으로 남아 있다.
그가 만든 거대한 대리석 사당에서
그가 세운 사원과 극장에서
그가 사랑하는 그리스의 아름다움이
영원할지도 모른다. 그리고 이제 본다.
남아 있는 그것들의 모든 놀라운 광경을
우리는 작품 자체를 생각하지 않는다.
그보다는 그것들을 지었던 사람을 생각한다.

혹자는 민주주의 대신 사용한 '사회주의적'라는 단어에 의문을 가질 것이다. 어쨌든 그 개념이 독창적이다. 시의 기법에 대해서는 할 말이 거의 없지만 각각의 작문이 해당 학기의 독서에 대한 사려 깊은 감상을 일부분 보여준다는 데 독자는 동의할 것이다. 시구들은 교정되지 않았다.

이 방법은 아이들이 읽고 쓰는 법을 배워야 하는 기간인 6세에서 8세 사이에서 많이 사용된다. 아이들은 역사와 지리, 이야기와 우화에 대한 많은 양의 연속적인 지식을 동시에 얻는다. 그 중 일부는 학기말 시험에 대한 아이들의 답변을 받아 쓴 것이다. 아이들의 답변은 다루는 주제에 대해 잘 표현된 짧은 작문을 구성하게 된다.

이 단계에서는 성경과 같이 다소간 문학적인 6개의 과목과 앞서 언급했던 과목을 가르치기 위해 시간표에 할당된 시간에 교사들은

전집 중 한 권에서 한 번에 두세 문단을 주로 읽어준다. 그리고 아이들은 교실 이곳저곳에서 읽어 준 부분에 대해 다시 말하기를 한다. 교사는 아이들이 잘 이해할 수 있도록 뚜렷하게 힘을 실어 신중한 발음으로 책을 읽어준다. 이것은 단지 공감에 관한 문제이다. 그러나 물론 교사가 신중하게 드러내려는 것은 자기 자신이 아니고 저자이다. 교사가 소리 내어 읽어 주고 아이들이 다시 말하는 연습은 반드시 초등학교의 모든 수업을 통해 계속되어야 한다. 왜냐하면 사용하는 책 중에 일부는 다소 비싸서 학교에 한 부씩만 구비되어 있기 때문이다. 나는 소리 내어 읽기에 세심한 주의를 기울여 듣는 이 습관이 '교육받지 못한' 아이들과 교육받은 아이들을 평등하게 만드는 경향이 있을지 궁금했다. 그리고 확실히 두 부류 학생의 성과는 놀라울 정도로 똑같았다. 그나저나 단지 흥미가 있다는 이유로 과목이나 문단 또는 이야기를 선택하는 일은 없어야 한다. 가장 최고의 책을 선택해야 하며, 2년 내지 3년 정도의 과정을 통해서 읽히면 된다.

 이 원칙과 이 방법의 매력은 영리한 아이뿐만 아니라 평균의 아이, 심지어는 '늦된' 아이에게도 적용된다는 데 있다. 실제로 우리는 늦된 아이들에게서 몇 가지 뚜렷한 성공을 거두었다. 우리 모두가 필요와 욕구에 따라 '셰익스피어'라는 연회에 참석하듯이 아이들도 그들 앞에 놓인 풍성한 식탁에서 동일하게 행동한다. 그러한 식탁은 상당히 예리한 지능의 아이를 만족시킬 만한 수준이지만 의지적인 노력만 있다면 가장 둔한 아이의 지적 생명도 존속시킬 수 있다. 상당히 광범위하고 성공적인 지적 작업의 이 계획안을 수행할 때 걸리는 시간은 같은 종류의 공부를 통상적인 노력으로 수행할 때 걸리는 시간과 같거나 혹은 적다. 그리고 시험 준비나 방과 후 과제도 없다(왜냐하면 일반적인 학교의 방식아래서 너무 자주 듣기만 할 때보다 아이들은 훨씬 더 많은 일을 평범한 수업 시간에 마치기 때문이다). 굳이 필기를 할 일도 없는데, 책에 있는 내용들을 간직하고 있는 아이들은 그것을 어디서 찾아야 하는지 알기 때문이다. 벼락치기 공부나 과목들에 대한 추가 공부가 필요 없기 때문에 오히려 직업이나 다른 종류의 배움을 위한 여유 시간도 많다.

내가 지금 강권하고 있는 이런 종류의 교육은 또한 사회적 지렛대 역할도 할 수 있다. 모든 사람이 '빈민층'을 위한 삶의 개선과 관련된 문제에 몰두하고 있으나, 더 나은 교육이 주어지면 풍족한 삶에 대한 문제는 상당 부분 사람들이 스스로 해결한다는 사실을 충분히 고찰하고 있을까?

인생의 모든 위대한 모험과 마찬가지로 내가 제안하는 이것은 믿음의 모험이다. 이는 아이들이 지식의 보유 능력과 소화 능력을 가지고 있다는 믿음이다. 그 효능은 그러한 능력이 사물의 본성, 즉 지식의 본성과 아이들의 본성에 안에 있다는 사실에 달려있다. 정신의 법칙이 승인한 방식으로 이 두 가지를 하나로 합쳐보자. 한 인물을 사용하기 위해서 화학적 결합이 일어나야 한다. 그래야 새로운 생산품이 등장한다. 이는 인격과 지성을 갖춘 존경할 만한 시민의 등장을 의미한다. 그러한 사람은 삶이 너무 충만하고 풍요로워서 사회의 불안한 구성원이 되는 게 오히려 어렵다.

교육은 신앙에서 핵심적인 부분이다. 그리고 모든 열정적인 교사는 자신이 다음의 율법에 순종하고 있다는 사실을 알고 있다. '내 양을 먹이라', 즉 사람의 정신을 위한 건강하고 충실한 지식으로 먹이라. 그리고 무엇보다도 먼저 하나님에 대한 지식으로 먹이라.

　나는 정신 또는 정신의 법칙에 대해 말하는 모험을 감행했다. 그러나 실은 우리는 여기저기에서 어림짐작해보고 현명한 사람들과 일반적인 경험에서 조심스럽게 얻은 그러한 빛을 오로지 따라갈 수 있을 뿐이다. 특이한 경험은 오해의 소지가 있기 때문에 일반적인 경험이라 하였다. 따라서 오랫동안 시도했던 원리와 방법이 광산촌 학교에 있는 40명의 아이들 학급 전체에도 적용 가능하다는 사실을 알게 되었을 때, 나는 우리가 따르고 있는 그 법칙의 준수가 만족스러운 종류의 교육의 결과를 낳는다고 확신하였다.

　정신은 육체와 마찬가지로 크고 강해지기 위해서 자양분을 필요로 한다. 이는 너무나 많은 사람들이 알고 있는 사실이다. 그리고 이미 오래 전에 학교는 잘못된 종류의 정신의 양식을 공급하고 있다고 인식했다. 예전 학교장들의 상투적인 수단들이었던 문법 규칙, 이름, 날짜, 장소의 목록들에 대해 아이들의 정신이 거부하다는 사실도 밝혀졌다. 우리는 정신이 거절하든 취하든 스스로의 영양분을 위해 기능함을 알 수 있을 만큼 현명했기 때문에 전술을 바꾸었고 아이들을 선봉에 세우기로 결심했다. 우리는 잘 해냈고 그에 맞춰 준비가 되어 있다. 필요하다면 더 잘할 수도 있다. 그런데 만약 전체의 교육 장치, 삽화, 설명, 질문 등 아이들에게 논지를 입증하기 위한 우리의 불굴의 인내가 아이들 정신이 미발달 했다는 잘못된 추측에 기반을 두었다면, 즉 이것이 아이들의 정신이 불완전하고 미완성되었다는 의미를 내포하고 있다면 어찌 하겠는가? "엄마, 그렇게 많이 설명하지 않으면 이해가 더 쉬울 것 같아요." 이것이 오늘날 말로 표현하지 못한 학생들의 외침이 아닐까? 아이는 실제로 우리가 인정하는 것보다 훨씬 더 많은 것을 할 수 있다. 그러나 우리는 아이의 유능한 정신을 작동시키는 데 있어 잘못된 길에 들어섰다.

우리의 감탄할 만한 가르침이 아이들과 아이들의 정신이 요구하는 지식 사이에 개입되도록 허용할 때 실수를 범하게 된다. 지식에 대한 욕구(호기심)가 교육의 주된 동인이다. 이 욕구는 등수(경쟁), 상급(탐욕), 권력(야망), 칭찬(허영심)에 대한 욕구와 같이 방해가 되는 다른 욕구들을 장려하여 사용하지 않는 팔다리처럼 무력하게 될 수 있다. 그러나 초등학교에서는 점수, 등수 및 상급(출석은 예외)이 그다지 크게 중요하지 않다고 들었다. 따라서 지식 그 자체에 대한 사랑은 다른 학교보다 초등학교에서 더 자유로운 추이를 가질 가능성이 높다.

'아이들은 온전한 사람으로 태어난다'는 교육 신조의 첫 번째 조항이다. 그리고 나는 이것에 대해 논의를 좀 더 진전시키고 싶다. 이 신조는 아이들이 주의력, 지식에 대한 열정, 생각의 명확성, 책을 읽기 전에 가지는 훌륭한 분별력, 그리고 많은 주제를 다룰 수 있는 능력을 가지고 우리에게 온다는 의미를 함축하고 있다.

실리적인 교사들은 콜렛(Colet, 역자 주-영국의 교육가, 성직자)이 칭한 '훌륭한 문학'이 학생들의 집중력을 보장해 주고 아이들의 성장을 보장한다고 말할 것이다. 나는 이미 이 수수께끼 같은 문제를 어떻게 해결했는지, 즉 어떻게 주의력을 확보할 수 있는지에 대해 설명했다.

내가 제안했던 원칙과 방법은 특별히 큰 규모의 학급에도 적합하다. 이른바 '다수의 공감대'는 수업을 자극하고, 부가된 추진력과 함께 배움은 순조롭게 진행된다. 각각의 아이는 말하기에 참여하거나 글쓰기를 잘 하기를 열망한다. 그렇지만, 짧은 답안만 작성하기를 요구하기 때문에 교정하는 수고도 최소화할 수 있다.

책의 선택과 기말 시험 성격, 이 두 가지를 더 짚고 넘어 가고자 한다. 아이들의 정신이 다루기를 동의하는 책의 종류가 문학적이어야 한다고 말하는 것보다 내가 더 잘 설명할 수 있는 방법은 없을 것이다. 7~8세 된 아이는 '천로역정'의 어려운 단락을 놀라운 열정과 통찰력으로 말할 수 있다. 그러나 나는 어떤 아이나 어른이라도 스마일(Samuel Smiles) 박사의 '자조(Self-Help)'와 같은 걸출한 작품에서 무언가를 기억할 수 있을지는 의심스럽다. 수백 명의 아이들이 완벽하게 잘못된 책을 거부하는 일은 흥미롭고 유익한 경험이며 아이들이 올바른 책을 한 장도 남기지 않고 다 읽으려는 열의와 기쁨만큼이나 중요하다. 그 문제에 있어 아이들의 요구는 양과 질 그리고 다양성인 듯하다. 그러나 책 선정에 관한 문제는 매우 민감하고 어려운 문제이다. 모든 연령대의 어린이에게 적합한 교재를 선택하는데 25년 이상의 경험을 쌓은 후에도 우리는 여전히 실수를 하고 있으며 그런 경우 아이들의 답안이 오류를 발견한다! 아이들은 잘못 선정된 책의 질문에는 답을 할 수가 없기 때문이다. 그렇지만 아이들이 단지 좋아한다는 이유가 식단의 지침이 될 수 없듯이 아이들이 좋아한다는 이유가 책을 선택하는 지침이 될 수 없기 때문에 책 선정의 어려움은 증가한다.

교육 대 문명(Education v. Civilization)의 위대한 대의를 시험할 순간이 다가왔다. 그에 따른 결과로 후자가 삶의 개선이라는 적절한 직무 영역으로 물러나와 영감을 주고 방향을 제시하는 교육의 고상한 기능을 침해하지 않기를 소망하자. 교육과 문명은 둘 다 종교의 시종이다. 그러나 각각은 고유한 자리가 있으며 하나가 다른 직무에 끼어들지 않도록 해야 한다. 기회가 제한적이기는 하지만, 안정된 정신과 관대한 성품은 교양 교육의 합당한 열매이며 변함없는 시금석이다. 이러한 열매를 노동자 계층의 모든 구성원들에게 부여해줄 수 있는 기회가 우리 눈 앞에 있다는 것, 그리고 '즐거움이라는 원대한 기본 원리'를 예기치 못한 장소, 즉 너무나 자주 힘들고 단조로운 교실에서 발견할 수 있다는 게 큰 이득이다.

'완전하고 풍성한 교육'이라는 밀턴의 이상(理想)이 우리의 경우에는 충족된다. 즉 이것은 전쟁 중이든 평화 시든 사적이고 공적인 모든 직무를 공정하고 능숙하게 그리고 아량 있게 수행하는 사람에게 꼭 맞는다. 이러한 이상(理想)이 각계각층의 사람들에게 열려 있는지 혹은 모든 사람에게 필수적인지는 아마도 우리 세대가 증명해야 할 과제가 될 것이다.

"우리 모두에게 공통된 진리는 하나일 뿐이므로 우리 모두에게 공통된 교육은 단 하나뿐입니다. 사람들에 대한 교육의 경우에 유일하게 던질 수 있는 질문은 '단순한 삶의 조건과 많은 무리의 사람들이라는 상황 아래서 이 공통의 교육이 어떻게 개발될 것인가?'입니다. 이것의 성취가 모든 진정한 교육의 중대한 표적(mark)입니다."

이 글의 저자 오이켄(Eucken, 역자 주-독일의 철학자, 노벨 문학상 수상자)은 이 문제에 대한 해결책을 제공하지는 않았다. 그리고 내가 여기서 제안한 해결책이 시도해 볼 가치가 있는지 아닌지를 결정하는 일은 독자의 몫이다.

2장
중학교의 교양 교육

지속적인 메세지의 힘은 매우 강력하다. '이교도(The Pagan)'의 저자는 펠매니즘(Pelmanism, 역자 주-카드를 뒤집어 그림을 맞추는 기억력 게임)에 대해 비평하는 게 아닐 수 있으나, 틀림없이 펠매니즘은 중학교 교육을 비평하고 있다. 50만 명이나 되는 사람들, 즉 판사, 장군, 제독 및 변호사들이 교육을 제대로 받지 못했다고 항의하고 있다. 의심의 여지 없이 비평가들에게 속삭이는 영은 종종 거짓말하는 영이다. 그러나 이 주장들이 그 안에 무언가 있을 수 있을 정도로 잘 증명되었기 때문에, 중등 교육에 종사하는 우리는 불안하다. 다시 말해, 우리는 국가와 연결되어 있지 않는 모든 학교들의 귀환이 신속하게 이루어지기를 원하는 교육위원회가 있으며, 이들은 왕의 모든 신하들을 위한 교양 교육을 보장하기 위해 여러 방면으로 아버지다운 행동을 취하고 있다. "학교장에게 돈을 잘 지불하면 당신은 교육을 받을 수 있습니다."는 당장의 만병통치약이다. 그래서 우리는 한 동네에서 £350의 급여를 받는 집을 가진 마을학교 교사, 그리고 아내와 가족과 함께 집도 없이 일 년에 £150로 일하는 옥스포드 출신의 몹시 재능 있는 교구 목사를 가지게 된다. 그러나 교사의 노동은 임금 그 이상이며 높은 급여에 대한 이러한 모순되는 강조는 교사에 대한 암묵적인 저평가이다. 우리 대부분은 훌륭한 교육 활동이 보수나 칭찬의 방식으로 유발되지 않는다는 사실을 알고 있다. 교사의 일에 있어 실제적인 문제점과 교양 교육의 걸림돌은 아무도 배우고 싶지 않은 내용을 지속적으로 가르치는 단조롭고 고된 배움에 있다. 1차 세계대전 이전에 영국 교육협회 회장은 교육이 학생과 교사 및 학부모 모두에게 흥미롭지 않다고 불평했다. 그것이 우리가 항상 배우는데 결코 알지 못하는 이유이다. 그리고 그것이 교사들이 '놀이 방법(Play Way)'을 발명하기 위해 노력하는 이유이며, 수공예와 '유리드믹스(Eurhythmics, 역자 주-리듬 교육이나 치료 목적으로 음악에 맞춰 움직이는 운동)' 등이 부속물이 아니라 교육의 대체물이 되었는지에 대한 이유이다. 그리고 왜 이토록 공립학교가 그들의 방식을 바꾸기를 권고 받으며, 작은 사립학교가 멸종 위기에 처해 있는 지에 대한 이유가 된다.

그리고 이 모든 지적 능력과 헌신을 가진 교사들의 열정과 자기희생적 열성은 실로 놀랍다. 교사들에게 교육은 단순한 관심이 아니라 열정이다. 그리고 이것은 훌륭한 학교의 교장들과 직원들뿐만 아니라 전국에 흩어져 있는 수백 개의 작은 사립학교 교사들에게도 마찬가지다.

우리 모두는 실버브리지(Silverbridge)에 여학교를 운영했던 두 명의 프리티먼(Prettyman) 양에 대해 알고 있다. 두 프리티먼 양보다 더 자애롭다는 수많은 여성들 중에 어떤 여성들도 그런 설립을 주관한 적이 없었다. "그녀는 바셋셔(Barsetshire)에 있는 다른 어떤 여성보다 더 많이 알고 있고 모든 생각을 실행했다고 알려졌다. 그리고 모든 프리티먼 교육 계획은 그녀의 정신에서 나왔다. 또한 그녀들을 가장 잘 아는 사람들은 여동생의 착한 성품은 언니에 비하면 아무것도 아닐 정도이며, 그녀는 가장 자애롭고 사랑스럽고 가장 성실한 여교사라고 말했다."는 언니였던 애너벨(Annabella) 프리티먼에 관한 내용이다. 마찬가지로 여동생 앤(Ann)이 현재의 역사와 영국법보다도 로마역사와 로마법에 대해 더 많이 알고 있었는지 확인하기 위해 당신이 할 수 있는 게 과연 있겠는가?

    이것은 몇 세대 전에 트롤로프(Trollope, 역자 주-영국의 소설가)에게 친숙한 학교의 형태였고, 아마 오늘날에는 '실버브리지' 전역에서 그런 형태의 학교를 찾기는 어렵지 않을 것이다. 그러나 오늘날 우리는 불안하고, 그 불안함 가운데서 우리는 '조안과 피터(Joan and Peter, 역자 주-H.G. 웰스의 소설)'방식의 교육을 생산한다. 즉 소규모 학교들은 일시적인 변칙에 몰두해 있고, 자기 자신을 믿을 만한 이유가 많은 큰 규모의 학교들 또한 어딘가 문제가 있다고 인식하고 있다. 왜냐하면 대규모 학교들은 지적 관심사나 정신의 유연성을 가진 많은 아이들을 길러내는 데 실패했기 때문이다. 그런 지적 관심과 정신의 유연성은 매튜 아놀드(Matthew Arnold)가 자신들의 아카데미가 해협을 가로질러 이웃나라들에 제공한다고 말한 것이다. 그리고 지금의 교육 방법이 부적절하다는 비난을 독촉하는 '펠매니즘'이라는 골칫거리도 있다. 특정 학교에 대해 비난을 초래하는 사람이 쓴 새로운 책은 항상 있기 마련이다. 레핑턴(Repington) 대령의 완화된 항변을 들어보자.

"이튼(Eton)학교를 돌아보면, 저는 복잡한 감정을 가지게 됩니다. 저는 이튼에서 보낸 5년을 사랑했고 학교의 아름다움과 전통에 찬사를 보냈으며, 학교를 떠날 때 상위권에 있었습니다. 하지만 그럼에도 이튼에서는 제가 알고 싶어 하는 것을 가르쳐주지 않았고 저에게 혐오감을 주는 것들, 특히 수학과 고전(역자주: 라틴어와 그리스어로 된 문학)을 가르치려고 애를 썼습니다. 저는 역사, 지리, 현대 언어, 문학, 과학, 정치경제학을 배우고 싶었으나, 이튼에서는 겉핥기식 외에는 그들 중 어느 것 하나도 배울 기회가 거의 없었습니다. 저는 우리가 아무것도 배우지 않았다거나 게을렀다는 것에 동의하지는 않습니다. 우리는 매우 열심히 배웠지만 제 생각에는 쓸모없는 일이었고, 저는 발을 땅에 단단히 꽂고 죽은 언어와 고등수학을 가르치려는 모든 시도를 진지하게 저항했습니다. 저는 제가 옳았다고 믿습니다. 고전 언어는 저에게 아무런 영향을 주지 않았고, 제가 요람에서 더 잘 배울 수 있었던 몇 가지 개념만 남겼을 뿐입니다."

아마도 글쓴이는 그가 이튼(Eton)에 빚진 것에 대해 잘못 알고 있는 듯 하다. 이튼에서의 5년이 없었다면 그는 자신이 인정받게 된 전쟁의 이론과 실천에 대한 권위자가 되지 못했을 것이다. 어렸을 때 '카이사르'가 그에게 얼마나 영향을 미쳤는지 누가 알겠는가! 의심할 여지없이 공립학교는 많은 결함을 가지고 있지만 세계적인 일을 하는 사람을 만드는 요령도 가지고 있다. 우리는 '학교 운동장'이라고 생각하지만, 뭐니 뭐니 해도 모든 공립 남학생이 배우는 고전 교육이 아이를 '다르게' 만드는 교육이다. 그럼에도 불구하고 "이튼 학교는 내가 알고 싶은 것을 가르쳐주지 않았다."와 같은 항변은 고찰되어야 마땅할 것이다.

학교를 비난하기는 쉽다. 그러나 실상은 인간이 엄청난 양의 주제에 대해 많이 알고 싶어 하는 욕망을 가지고 태어난다는 데 있다. 그렇다면 학교 시간표는 어떻게 모든 주제를 다 포함시키거나 혹은 그들 중 하나라도 적절하게 취급할 수 있을까? 그리고 남학생들(그리고 여학생들도)은 엄청난 밀도의 저항 매체(resisting medium)를 제공하고 있다. 모든 남자 아이들은 죽은 언어와 고등 수학 뿐만 아니라 문학과 과학 그리고 사실상 교사가 애써 가르치려고 시도하는 모든 과목을 고집스럽게 저항하고 있다. 평균의 아이의 경우, 1갤런(gallon)의 가르침은 1질(역자 주-1파인트(pint)의 1/4)의 배움만을 생산한다. 그렇다면 교사는 무엇을 해야만 할까? 이 모든 '고집' 뒤에 있는 지식에 대한 열망을 알아차려야 한다. 이 열망은 올바른 종류의 지식(모든 지식이 올바른 종류의 지식이다)이라기보다 올바른 방식으로 표현된 지식이어야 한다. 그리고 모든 표현 방식이 옳은 방법이라고 할 수는 없다.

 나는 이 교육 문제의 해결을 위해 우리(학부모연맹)가 진지한 겸손 뿐만 아니라 용기를 가지고 실행했던 원리를 독자 앞에 제시했다. 왜냐하면 합리적 근거가 있는 신념에 대해 수많은 뛰어난 교장 선생님들과 교사들보다 더 열린 사람은 없기 때문이다. 그들이 확신했다면 당신도 그러한 확신을 단행할 용기를 가질 수 있기를!

 정신의 행동에 대해 알려진 게 거의 없기 때문에 이 미개척 영역에 대한 발견은 누구에게나 열려 있다. 나는 심리학에 대해 말하는 게 아니다. 우리는 심리학에 대해 많이 듣지만, 아는 게 별로 없다. 그러나 나는 정신 그 자체를 말하고 있으며 정신의 길들은 미묘하고 모호하다. 그럼에도 불구하고 교육은 그 목적을 위해 오직 정신을 가질 때 효력이 있다. 가장 큰 과제는 아이의 본성과 '첫 친밀감(first born affinities)'의 권리에 따라 마땅히 소개 되어야 하는 방대한 양의 지식이며 이것으로 아이는 풍요로운 삶을 살 수 있다. 하나님에 관한 지식은 가장 우선하고 가장 중요하며 이것은 성경을 통해 직접 얻을 수 있다. 그 다음이 사람에 관한 지식이며 역사, 문학, 예술, 윤리, 도덕, 전기, 극작품 및 언어를 통해 얻을 수 있다. 그리고 마지막은 익숙한 현상을 일정 수준으로 설명할 수 있고 새와 꽃, 별과 암석을 어느정도 규명할 수 있는 우주에 관한 다양한 지식이다. 또한 우주에 관한 이 지식은 수학적인 질서가 없이는 어떤 방향으로도 멀리 전달될 수 없다. 프로그램은 방대하나 학교 생활은 제한적이다. 그런데 이 문제에 대해 소위 말하는 '학술적' 해결책은 학생에게 한 과목, 예를 들어 그리스어, 화학 또는 수학을 철저히 알도록 가르치면 아이에게 모든 지식의 열쇠를 주게 된다는 식이다. 그러므로 중요한 것은 무엇을 아느냐가 아니라 어떻게 배우느냐에 달려 있다는 주장이다. 그리고 문법의 고된 일과 수학의 고된 일 혹은 서너 가지 특이한 물질을 첨가해 보는 실험실 '곡예(stunt)'가 교육의 모든 목적에 답을 준다고 가정한다. 이 계획은 어느 학교에서나 최상위 12명의 소년 소녀들과는 잘 실행된다. 왜냐하면 이러한 최고의 아이들은 여러 방면에서 스스로 탐구할 만큼 아주 예리하고 지적이기 때문이다. 그러나 그것은 평범한 학생들에게는 해답이 되지 않는다. 그리고 이런 평균의 아이가 대중의 관심 안에 들어있는 아이이다. 간단히 말해 우리는 모든 학교가 온전한 사람인 아이에게 고유한 세 가지 종류의 지식으로 교육해야 한다는 새로운 규칙을 가져야 한다. 그렇다면 지식이란 무엇일까? 어떤 사람은 꼭 맞는 정돈된 대답이 주어질 수 없다고 말할 것이다. 단언할 수 있는 것은 우리가 알고 있는 게 지식이라는 사실이다. 그리고 학습자는 자신이 무엇을 수행하는지 확실히 아는 행위에 의해서만 알 수 있다. 그러나 끔찍한 태만은 큰 장애물이다. 아이들은 알고 싶어하지 않으며, 따라서 배우지 못한다. 그리고 미래에 그들의 지적인 필요는 밤에는 카드놀이로 낮에는 골프로 충족된다.

우리 학부모연맹 학교는 섭취된 정신의 양식에 대해 주의를 집중하고, 기억하고, 지적으로 반응하는 모든 연령과 계층의 아이들에게서 지식을 향한 뜨거운 열정을 발견하였다. 당연히 주의력은 가장 큰 힘을 발휘한다. 그리고 모든 연령대의 모든 아이들, 심지어 '늦된' 아이조차도 점수, 상, 등수, 칭찬 또는 비난 없이 작동하는 무한한 주의력을 가지고 있는 듯이 보인다. 비록 교사의 첫 번째 충동은 완전히 터무니없게 들리는 이 진술을 부정하려는 것이겠지만, 일단 이 사실을 분명하게 인식하고 나면 교사에게 큰 가능성이 열리게 된다. 그리고 미래의 교육은 전쟁이 보여준 윤리적 가치만큼 놀라운 인간 본성 안의 지적인 자산을 우리에게 제공해 줄 것이다.

우리는 아직 성취에 이르지 못했지만 성취를 향해서 가고 있다. 25년이 넘도록 광범위한 실험과 연구 끝에, 우리는 아이들이 무엇을 배울 수 있고 무엇을 알고 싶어 하는지를 발견했다. 또한 아이들의 정신이 판단하고 상상하는 방식으로 무엇에 작용하는지, 아이들이 무엇을 배우는 데 무능한지 그리고 어떤 조건 아래서 아이들에게 지식을 제공해야 하는지를 발견하였다. 우리는 '놀이 방식'을 원하지 않으며 예술, 공예, 유리드믹스(eurhythmics)나 '럭비'와 수영도 필요하지 않다. 남자 아이들은 그런 교육을 잘 받겠지만, 배움은 순리를 거스르게 된다. 신체적, 물리적인 훈련은 젊은이들의 양육을 위해 필요하지만, 그것을 교육으로 여기는 대신 잠깐의 훈련으로 간주하자. 교육은 정신의 것들과 관련이 있어야 한다. 알다시피, 지금의 교육은 '능력 개발'을 위해 감탄할 만하게 설계되었다. 그런데 만약 '이 모든 게 타파되어야 할 관념이라면', 만약 개발시켜야 할 능력은 없고 오로지 기민하고 능동적이고 식별력 있고 논리적이고 위대한 비행이나 미세한 공정 과정에 필적하는 정신만이 있다면, 우리는 반드시 교육 전술을 바꾸어야 한다. 정신은 '그의 형제인 몸'과 같이 가끔씩 체조를 통해서 유익을 얻지만 '몸'이 스웨덴 훈련(Swedish drill, 역자 주-치료를 위한 근육 운동)으로 존속할 수 없듯이 정신은 이런 훈련을 통해 존속하지 않는다.

줄곧 주장해 왔듯이, 주로 사건들로 옷 입혀진 생각(ideas)이 정신을 위한 적절한 양식이 된다. 아이에게 필수적인 이 양식은 양적으로 풍부해야 하고 매우 다양해야 한다. 내가 기대하는 폭넓은 수업 계획서는 모든 면에서 정신의 특정한 요구를 충족시킬 수 있다. 흥미로운 점은 여러 과목을 포괄하는 이 교육 과정에서 어린 학습자는 전혀 혼란스러워하지 않고, 괴로워하는 소리를 내는 법이 없으며, 영국과 프랑스 역사를 절대로 혼동하지 않는다는 데 있다.

정신은 다소간 문학적인 형태로 정신에 도달하는 지식 외에는 어떤 지식도 알기를 거부한다는 사실은 매우 독특한 발견이었다. 일반 아이들 그리고 문학적인 분위기에 익숙한 사람들 뿐만 아니라 빈민가의 무지한 아이들에게도 해당되는 이 사실은 그렇게 놀라운 게 아니다. 이것은 정신의 행동 양식에 관한 흥미로운 사실을 나타낸다. 사람은 극도로 건조하게 분쇄된 교과서나 공공시험을 위한 수학 공부를 위해 그런대로 '벼락치기'를 할 수도 있다. 그러나 이러한 성취는 정신의 영역을 감동시키지는 않는 듯 하다. 수학 공부에 자발적이고 열정적으로 임했던 어린 파스칼을 살펴보면, 그는 고상한 사상과 시의 본질인 자존하는 법칙의 영역을 발견했다. 정신의 이러한 본성은 스스로를 주장한다. 이것은 선물이며 고행을 통해 오지 않는다. 보통의 학생에 관해서는 아마도 '여교사 대표 모임'에서 제시한 의견이 옳으며 따라서 공공시험에 대해 덜 까다로운 기준이 세워져야 한다.

자연과학에서도 역시 우리는 과학의 얽힌 가시 철조망을 통해서가 아니라 현장학습이나 문학적 가치가 있는 책에 의해 예시되고 조명된 직접적인 방식을 통해 자연의 신비를 알도록 해야 한다.

프랑스 아카데미는 과학과 예술을 발전시키기 위해 설립되었으며, 이는 과학적인 주제를 다루는 수많은 프랑스 서적이 매력적이고 명료하고 우아한 산문체로 쓰인 이유가 된다. 정신은 주어진 지식에 작용하는 거대한 힘을 불러 일으키는 도가니이지만, 모래와 톱밥으로부터 생각(idea)의 순수한 정수를 추출할 수 있는 힘은 가지고 있지 않다. 정신이라고 부르는 그 유기체(만약 이 비유가 허락된다면)가 매일의 생존을 위해 요구하는 음식의 종류는 너무나도 많다. 이 자양분이 얼마나 다양해야 하는지 나는 이미 지적했고, 우리는 아놀드 박사가 세 가지 분야의 지식, 즉 신에 대한 지식, 인간에 대한 지식, 우주에 대한 지식에 있어 '매우 다양한 독서'를 해야 한다고 얼마나 강권했는지도 기억한다.

그러나 정신은 항상 우리를 속인다. 학생들은 자신들이 책을 읽었다고 생각하지만, 매시간 부지런히 수업에 참여하면서 아무런 성과도 내지 못한다. 그리고 우리 모두는 훑어보는 일간 신문에 대한 시험을 치르는 데 우리도 얼마나 형편없는지 알고 있다. 자세한 내용을 기억하지 못하기 때문에, "이러 저런 기사를 보셨습니까?"라고 질문은 하지만 개요를 설명하지 못한다. 그래서 우리는 이런 산만한 아이들을 구제하기 위해 수업 내용을 메모하게 하지만, 효과는 거의 없다. 정신에는 인격이 거하는 내부에 들어가지 않고도 문제들이 취해졌다가 다시 버려지는 바깥 마당이 있는 듯 하다. 암기를 통한 학습의 실체가 바로 이것이다. 만족스러운 설명도 주어지지 않고 순전히 기계적인 연습에 불과한 암기는 당사자나 학생에게 아무런 영향을 주지 못한다. 대부분의 교사들은 인격의 흔적이 전혀 없는 연습문제 무더기들이 얼마나 따분한지 알고 있다. 여기 교육용 쟁기에 의해 단순히 땅을 훑어보는 것에 저항하는 자연스러운 공급이 있다. 아이들에게 체화하기 적합한 지식을 주라. 그것을 문학적인 매개체로 제공하라. 그러면 아이들은 지대한 관심을 기울일 것이다. 그다음엔 무엇이 좋을까? 기발한 연습문제들일까? 존슨(Johnson) 박사가 말했듯이 연습문제들은 방해가 되고 지루할 뿐이다. "정신은 스스로 던진 질문에 대답한 형태로 표현하지 않으면 아무것도 배울 수 없다."는 지침이 될 만한 고대의 지혜로운 말이다. 외부인이 던지는 질문이 아니라 정신이 스스로에게 던지는 질문이라는 것에 주목하라. 우리 모두는 그 요령을 알고 있다. 우리가 대화, 설교, 강연의 내용을 다시 말하기 원할 때, 우리는 먼저 '마음속에서 그것을 상세히 설명한다'. 그리고 정신은 스스로에게 계속해서 같은 질문을 던진다. "그 다음은?" 이외의 질문은 없다. 그러다가 앗! 우리는 목적지에 도달한다. 전체가 완성되는 것이다! 우리는 대학 만찬에서 결코 가벼운 주제가 아닌 버크(Burke)의 소논문 중 하나를 거의 그대로 들었던 때를 기억한다. 우리는 그러한 재주에 감탄하면서 그러한 재주는 우리의 능력 밖이라고 생각한다. 그러나 그것은 어떤 열다섯 살 아이라도 그 소논문을 한 번만 읽는 다면 할 수 있는 일이다. 누구라도 자신이 듣고 있는 내용을 다시 들을 것이라 기대할 때 온전한 주의를 기울일 수 없기 때문에 두 번 책을 읽는 것은 치명적일 수 있다. 우리가 목발에 익숙해지게 되면, 주의력은 그 이후로 멈추게 될 것이다. 우리는 교사로서 이 문제에 대해 깊은 불쾌감을 느낀다. 우리는 우리의 수많은 말을 아이들이 들을 것이라고 생각하여 전적으로는 아닐지라도 반복하고 강화하고 설명하고 예시한다. 이것은 우리가 우리 자신의 목소리를 사랑하기 때문이며, 지식을 평가절하하기 때문이 아니라 아이들을 평가절하하기 때문이다. 동시에 우리는 정신과 지식은 절구공이 관절(a ball and socket joint)의 두 구성 요소와 같아서 각각이 다른 하나 없이는 무의미하다는 사실을 이해하지 못한다. 음식이 몸에 작용하듯이 지식이 정신에 작용한다는 사실을 한번 깨닫고 나면 '교육'은 새롭게 거듭나게 될 것이며, 구성 요소 하나가 약해지고 쇠퇴해지는 만큼 다른 하나도 그렇게 되어 결국 소멸되는 일은 없을 것이다.

이 만병통치약을 사용하는 방법은 너무나 간단하다. 아이에게 (어느 연령까지 아이가 법적으로는 유아일지라도) 자신이 읽은 내용 전체 또는 일부를 즉시 말하게 하고, 다시 몇 달 후에 다시 말하도록 시험해 보라. 어떤 독자는 '단순한 언어적 기억'이라고 말할지도 모르겠다. 그러나 스스로에게 주어야 하는 답이 아닌 다른 특정한 답은 없다. 그 항변자에게 램(Lamb) 또는 매튜 아놀드의 수필을 읽어 보게 하고, 리시다스(Lycidas, 역자 주-존 밀턴의 시)나 혹은 바너비 루지(Barnaby

Rudge)에서 '까마귀' 장면에 대한 짧은 글을 읽도록 해 보라. 그런 다음 잠을 자게 하거나 읽은 내용을 자신에게 말하면서 불안하고 지루한 시간을 한가로이 보내게 해보라. 그 사람은 일련의 논쟁과 연결 지어, 이런 저런 생각의 전환점을 잊어버린 결과가 실망스러울 수도 있을 것이다. 그러나 그 사람은 놀라운 방법으로 모든 것을 알게 될 것이다. 사건, 인물, 저자의 섬세한 사상극(思想劇)이 마치 조각가가 양각으로 조각하여 사각형 덩어리에서 나타나는 조상(彫像)처럼 마음속에 떠오를 것이다. 그 사람은 살아있는 한 수천 가지 방식으로 사용될 '정신적인 양식'을 섭취한 것이다.

여기서 주의력, 내면화, 말하기, 기억, 재생산 등 교육에서 지속적으로 작용해야 하는 정신의 힘을 이해하게 된다. 그러나 이성, 판단력, 상상력, 분별력 등 교사가 지금까지 수고해 온 '능력들'의 모든 군단은 무엇인가? 신체를 위해 적절하게 씹혀진 음식에 대한 소화기관처럼 이 능력들은 스스로 돌보고 받아들인 지식에 따라 자연스럽게 그리고 무의식적으로 작용하며 다시 말하기를 통해 고착된다. 육체와 같이 정신도 적당하고 자유롭게 먹여야 하며, 우리가 소화 과정에 덜 개입할수록 더 건강한 삶을 유지할 수 있다. 인간의 정신은 가장 둔한 학생 안에도 완전하고 강력하게 존재한다는 게 얼마나 위대한 일인가. 가장 둔한 사람도 다음의 내용이 가능하다고 말할 수 있다.

"어둠이 그의 눈을 가리울지 몰라도 그의 상상력은 가릴 수 없다. 침대에서도 그는 폼페이와 그의 아들들처럼 지구 곳곳에 누워 우주를 헤아려 볼 수 있고, 자신의 은둔처 안에서도 온 세상을 누릴 수 있다."

100년 전 도처에 퍼진 물질주의의 물결에 대한 대가를 오늘날 우리는 교육에서 지불하고 있다. 물론 이제는 사람들이 애써 물질주의적이 되려고 하지는 않지만, 우리의 교육 사상은 우리를 원하지 않는 곳으로 데려가는 추세에 있다. 우리는 새로운 방법을 제시하는 어떤 주창자든 환영한다. 비록 간이 담즙을 분비하듯이 뇌가 사고를 분비한다고 말하지는 않을지라도 영적인 정신보다는 육체적인 뇌가 교육의 목표가 되었다. 따라서 "물건이 안장에서 사람을 부린다."(역자 주-"things are in the saddle and ride mankind", Ralph Waldo Emerson의 시 인용) 그리고 우리는 아이들이 생각(ideas)과 지식에 접근할 수 없다고 믿게 되었다.

우리 시대를 위한 메시지는 "정신을 믿으십시오. 그리하여 교육이 벼락처럼 학생의 정신에 곧바로 이르도록 하십시오."이다. 따라서 책의 사용은 필수적이고 자연스러운 결론이다. 왜냐하면 평생을 연구해서 책을 쓴 사람이 보여준 독창적인 생각과 정확한 지식을 교과 과정의 다양한 과목을 통해 가르칠 수 있다고 믿을 만큼 오만한 사람은 아무도 없기 때문이다. 그러나 교사는 오만해서가 아니라 봉사하고자 하는 욕망에 의해 행동한다. 교사는 아이들이 훌륭하게 쓰인 책을 이해할 수 없기 때문에 책의 저자인 실제적 교사와 학생 사이에 교사 자신이 다리가 되어야 한다고 믿는다.

이제 빈민가의 아이들조차도 자신의 나이에 적합한 책을 이해할 수 있다는 게 증명 되었다. 즉 8~9세의 아이들은 한 번의 독서로 '천로역정'의 한 단원을 파악한다. 14세의 아이들은 램(Lamb)의 수필 중 하나를, 또는 어텐(Eothen, 역자 주-Alexander William Kinglake의 기행문)의 한 장을, 17세의 소년 소녀들은 리시다스(Lycidas)에 대해 '말하기'를 할 수 있다. 연령에 맞는 문학적인 책을 주라. 그러면 아이들은 자세한 설명 없이도 그 책을 다루는 방법을 알게 될 것이다. 당연히 아이들은 연습문제에 답을 못할 수 있다. 왜냐하면 연습문제들은 화가날 정도로 사소한 내용을 묻기 때문이다. 그러나 아이들은 독특한 개성을 가미해서 전체를 다시 말할 수 있다. 아마도 이것은 자국어 인문 교육이 가지고 있는 큰 어려움의 열쇠가 될 것이다. 작가의 모든 것을 받아들이는 느린 과정을 직면하게 하는 다수의 '인문학'은 우리를 더 이상 압도당하지 않는다. 느린 과정은 우리의 발명품이다. 아이가 직접 읽게 하고, 읽었던 내용을 다시 말하게 할 때 아이는 배우게 된다.

이것은 매우 간단하게 들리지만 화자가 자신이 마음에 품은 생각을 자신이 보는 방식으로 말하는 실로 마법같은 창작 과정이며, 단 한 번 읽었던 내용을 다시 말하는 행위는 매우 명확하고 인상적이다. 반복해서 말하지만 우리는 듣기 전에 또다시 들을 기회가 있는 내용에 주의를 집중하기가 불가능하기 때문에 나는 한번 읽어주기를 계속 강조한다.

아이들을 정신 대 정신이라는 합리적인 방법으로 다루라. 그러나 아이들의 정신 대 교사의 정신이 아니어야 한다. 그것은 부당한 영향력의 행사이다. 아이가 읽고 있는 책속에서 많은 사상가들의 정신이 아이들의 정신을 만나야 한다. 교사들은 하나의 열정적인 정신을 다른 사람에게 제시하는 은혜로운 직무를 수행하는 사람이다. 이런 식으로 아이들은 마음껏 놀라운 양의 범위를 다룰 수 있다.

한 사람이 친근하고 분별력 있게 사용할 수 있는 고유명사의 수만큼 교양 교육을 받은 사람을 평가하는 가장 좋은 방법은 없을 것이다. 우리는 스캇(Sir Walter Scott)이 마차에서 낯선 남자에게 대화를 여러 번 시도했으나 그가 '유연한 가죽'을 떠올릴 때까지 대화가 더 전진하지 못했던 이야기를 기억한다. 그 남자는 안장 제조자였기 때문에 그 다음 대화는 즐겁게 이어졌다. 우리 모두는 비슷한 경험을 가지고 있다. 그리고 각자의 '유연한 가죽'을 찾지 못한 대화자들이 바로 우리가 희생시킨 사람들이라는 사실은 부끄러운 일이다. 자, 이것이 교사들이 수고해야 할 사안이다. 우리가 명확한 지식을 가지고 지적 능력으로 말할 수 있어야 하는 주제는 천 가지나 된다. 그러나 사실 우리는 학생들이 파편적인 정보를 얻으려고 애쓴 결과를 가지고 '일반 지식'의 시험 문제를 내거나 논술을 위한 자료를 제공하고 있지 않은가? 다양한 문학 서적을 연달아 많이 읽는 방법 외에 이 상황에 대한 치료법은 없다. 이 방식은 한 번의 독서로 충분하기 때문에 수업 시간 내에 쉽게 성취할 수 있다. 한참 후에 다가올 시험을 위한 복습도 필요 없다. 다음은 2단계의 11세 아이가 한 학기 과제에 대한 시험에서 쉽고 적절하게 사용했던 200개의 수정되지 않은 고유명사 목록이다.

Abinadab, Athenian, Anne Boleyn, Act of Uniformity, Act of Supremacy, America, Austria, Alcibiades, Athens, Auckland, Australia, Alexandria, Alhambra.
Bible, Bishop of Rochester, Baron, Bean-shoots, Bluff, Bowen Falls, Bishoprics, Blind Bay, Burano.
Currants, Cupid, Catholic, Court of High Commission, Cranmer, Charles V, Colonies, Convent, Claude, Calais, Cook

Strait, Canterbury Plain, Christchurch, Cathedral, Canals, Caliph of Egypt, Court of the Myrtles, Columbus, Cordova.

David, Defender of the Faith, Duke of Guise, Dunedin, Doge's Palace.

England, Emperor, Empire, Egmont (Count), English Settlement.

Flour, Fruits, French, Francis I, Francis of Guise, Ferdinand, Foveau Strait, Fuchsias, Fiords, Ferns.

Greek, Germany, Gondolas, "Gates of the Damsels," Gondoliers, Granada, Gate of Justice, Gypsies.

Henry VIII, History, Hooper, Henry II, Hungary, Haeckel.

Israel, Italian (language), Italy, Infusoria.

Jesse, Jonathan, Joseph, John, Jerusalem, James, Jane Seymour.

King Denmark, King of Scotland, Kiwi.

"Love-in-Idleness," Lord Chancellor, Lord Burleigh, Lord Robert Dudley, Lime, Lyttleton, N.Z., Lake Tango.

Mary (The Virgin), More (Sir Thomas), Music, Martyr's Memorial, Milan, Metz, Monastery, Mary, Queen of Scots, Mediterranean, Microscope, Messina, Middle Island, Mount Egmont, Mount Cook, Milford Sound, Museum, Moa, Maoris, Mussulman, Moorish King.

Naomi, Netherlands, Nice, New Zealand, North Island, Napier, Nelson.

Oberon, Oxford, Orion.

Pharisees, Plants, Parliament, Puck, Pope, Protestant, Poetry,

Philosophy, "Paix des Dames," Philip II, Paris, Planets, "Pink Terraces," Piazetta, Philip of Burgundy.

Queen Catherine, Queen Elizabeth, Queen Mary, Queen Isabella, Queen Juana.

Ruth, Robin Goodfellow, Ridley, Reformation, Radiolaria, Rotomaliana (Lake), Rea.

Saul, Samuel, Simeon, Simon Peter, Sunshine, Sugar-cane, Spices, Sultan, Spain, St. Quentin, Socrates, Stars, Sycamore, Seed-ball, Stewart Island, Seaports, Southern Alps, Scotch Settlement, St. Mark, St. Theodore, St. Maria Formosa (Church), Sierra Navada.

Temple, Titania, Testament, Treaty, Turks, Toul, Thread Slime, Tree Ferns, Timber Trees, Trieste, Toledo.

Verdure, Venus (Planet), Volcano, Volcanic Action, Venice.

Wheat, Wiltshire, William Cecil, Walsingham, Winged Seed, Wellington, Waikato.

Zaccharias, Zebedee.

이러한 고유명사들이 적절하고 쉽게 사용된 사실은 다음에 이어지는 전체 과제물 리포트에서 입증된다.(이것들은 지면의 부족으로 생략되었다.)

양심적이고 지적인 교사가 입장을 전환하는 데 성공했다고 가정하고, 정신은 완전하고 충분하며 적절한 양식을 원한다는 사실을 인식하기에, 교사가 '능력'개발이라는 개념을 포기한다고 가정해 보라. 학생들이 올바른 책을 통해 직접 지식을 다룰 자질이 있다고 인식하기에, 교사가 지식의 중개자가 되려고 하는 역할을 양보한다고 가정해 보라. 정신이 아니라 단지 호기심 많은 외부인인 단기 기억만이 이러한 무미건조한 모음집을 처리하는 데 반응한다는 사실을 인식하기에 교사가 사용하고 있는 모든 교과서와 개요서를 없앤다고 가정해 보라. 교사가 그런 다양한 종류의 많은 지식의 필요성을 수긍하고 따라서 지적이고 관대한 시민의 양산을 위해 광범위한 교과 과정이 필수적이라는 사실을 인정한다고 가정해 보라. 모든 학생이 엄청난 주의력을 가지고 있으며 한 번 읽은 후에도 작품들을 이해할 수 있기 때문에 모든 아이들이 광범위한 교과 과정을 마주할 수 있다는 것을 확신한다고 가정해 보라. 분명히 그 교사는 난공불락의 요새를 서너 개 소유하고 있는 것이다! 교사의 목표는 지적인 시민이 알아야 할 주제에 접근하는 방식을 선보이는 데 있지않고 두 가지 혹은 세 가지 방향에서 상당히 정통한 지식을 제공하여 정직한 영국인을 길러내는 데 있다. 즉 그런 교사는 학교를 지식의 습득을 위한 곳이 아닌 품성의 형성을 위한 보육원으로 볼 것이다. 다른 과목들, 구체적으로 고전(역자 주-그리스어 라틴어 문학)과 수학에 관해서는 이야기할 게 별로 없다. 이러한 과목은 실용적인 가치를 위한 과목이며 현행 규정 하에서는 전문적인 발전을 위한 예비 단계에 진입하기 위해 상당히 높은 기준을 달성해야 하는 게 필수적이다. 학생이 많은 양의 지식을 빠르게 다루는 습관이 생기면, 주어진 '기간' 안에 더 잘 몰입하게 되고 교양 교육에 맞는 광범위한 과목을 위한 여유 시간이 가능해진다. 이 방향에 대한 실험은 큰 규모의 문법학교(Grammar School, 역자주: 상위권 학생들이 다니던 영국 중학교) 중 하나에서 시도되고 있으며, 그러한 실험이 평등한 사회를 실현하기 위해 얼마나 중요한지 보여주기 위해 애쓸 필요는 없을 것이다. 일반 '대중들'도 학교에서 읽기를 배우고 기말 시험에서 앞 페이지에 있는 목록과 같은 상당한 양의 고유명사 목록을 만들 수 있다. 일반 대중이 '산초판자', '엘시노어', '엑스칼리버', '로시난테', '젤라비 부인', '딱새', '베비스', '수채엽(bogbean, 水菜葉)' 등을 안다면, 학생들도 편안하고 친밀하게 이러한 단어들을 알아야 한다. 한 학급이 '코머스', '두에사', '브래드워딘 남작'을 통해 반 아이크스(Van Eycks)의 그림을 잘 알고 있다면, 다른 학급도 그 그림을 알아야 한다. 호라티우스(Horace)의 시에서 친숙한 후렴구를 인용할 때, '존경하는 의원님'이라는 말이 주는 효과로 지식을 사용할 수 있을 것이다. 아이는 모든 사람의 마음을 고조시키는 샘에 접근하고 있다. 왜냐하면 우리가 안다는 것은 '오래되고 익숙한 얼굴의 빛'을 암시하기 때문이다. 우리가 원하는 것은 같은 그림, 같은 음악, 같은 관심사로 친숙해지도록 해주는 동일한 책을 통해 습득하는 사고의 공통 토대이며 이것이 기초 작업이다. 우리가 그러한 핵심적인 기초를 가지고 있을 때, 대중 연설에서나 공적 연설에서 서로 간에 의사소통이 원활할 수 있다. 우리 "모두가 들을 것이다 … 우리 자신의 언어로 하나님의 놀라운 일을."(역자 주-행2:11) 왜냐하면 인류를 교육하기 위해 살았던 사람들의 책을 통해서 공통적인 말을 배웠기 때문이다. 그러므로 우리는 공통의 말을 아는 사람들에게 얼마나 설득력 있게 말할 수 있을 것인가. 따라서 반대측을 향해 무지의 천연 자원인 강경 노선을 제시하지 않게 될 것이다.

민주주의 교육은 새로운 특징을 가져야 한다. 우리 모두는 사람들이 배웠고 느꼈고 이미 발견했던 기쁨에 대해 말함으로써 '선두에 나서는 것'이 가능해야 한다. 우리는 시와 영웅주의의 샘에 접근할 것이며 그것의 본성은 계속해서 떠오르는 습관을 가졌다. 그러므로 우리는 '영국의 푸르고 상쾌한 땅에 예루살렘'을 건설할 것이다. 이를 위해 우리는 라틴어나 그리스어가 아닌 영어(자국어)로 쓰여진 같은 책을 읽어야 한다. 대중은 아마 이러한 라틴어나 그리스어로 된 책에 능숙해질 시간이 없을 것이며, 실제로 큰 규모 학교의 일반 아이들도 충분한 시간을 가질 수 없기 때문이다. 만약 학교에서 단지 최상위의 소수만이 받을 수 있는 특권적인 교육을 여전히 가지려 한다면, 정말로 이 소유를 계속 간직하려면, 우리는 그 기반을 넓게 하고 동시에 그 경계는 좁혀야 한다. 그리고 내가 보기에 이 특권적인 교육이 우리가 성취한 단 한 가지, 즉 인성과 품행 면에서 큰 성과를 거둔 교육이다, 우리는 낮은 단계(역자 주-저학년)에는 모든 사람들이 읽어왔던 폭넓은 책을 공급해 주어야 한다. 그리고 많은 양의 역사와 '영어(국어)'가 포함될 수 있도록 높은 단계(역자 주-고학년)에는 고전수업(역자 주-라틴어, 그리스어)과 수학적인 공부를 상당히 축소해야 한다. 나의 주장에 권위가 없어 보일지 모르겠으나, 공립학교 예비반에서 배운 단락이 1단계에서 더 높은 단계 그리고 6단계에서 대학까지 중복된다는 게 사실이지 않은가? 아마도 굉장히 주목할 만한 결과를 가져왔던 예전의 훈련을 제공하는 게 가능할 것이다. 그러나 그것을 특권적인 교육이 아닌 포괄적 교육으로 만들기 위해서는 모든 사람이 배워야하는 하는 책과 친숙해 져야하는 그림과 정통해져야 하는 역사와 기행 및 앞으로 우리 모두에게 닥칠 사건들에 대한 이해를 일정 수준 포괄할 수 있어야 한다. 교육이 '능력'의 개발이라는 개념을 포기하고, 반대로 학생이 스스로 얻어야 하는 광범위한 지식의 전용임을 일단 한번 깨닫고 나면, 이전의 특권적 교육이 더 이상 쓸모 없어질 수밖에 없지 않겠느냐는 일종의 두려움이 생긴다. 그러나 이것은 국가적인 재난이 될 것이다. 우리는 우리의 성취를 지켜야 하고 교양 교육을 위해서 폭넓은 독서를 추가해야 한다. 웰스(Wells) 씨가 그의 작품에서 묘사한 '조안'과 '피터'의 경력에 대한 이야기가 교훈이 될 수 있다. 피터는 인정 받는 공립학교에 입학하지 않았는데 그의 후견인이 그러한 학교에 대해 많은 반감을 가지고 있었기 때문이었다. 그리고 스포츠 경기가 피터의 주된 관심사였다. 나중에 우리는 대학에서 두 사람을 발견한다. 조안에 대해서 "어떤 신앙심도 그녀에게 인생의 목적을 확신하도록 하지 못했습니다. 하이모튼(Highmorton)이나 케임브리지 대학 조차도 그녀에게 그 어떤 평범한 헌신도 제안하지 않았으며, 그녀의 야망을 직업으로 인도해주지도 않았습니다. 이런 여학교들과 대학에서 인정받는 유일한 경력은 학업적 성공과 가르치는 경력이었습니다."라고 언급한다. 학교에 대한 이런 암묵적인 비난은 지식이라는 은총의 대안을 찾기 위해 각자가 알아서 노력해야 한다는 데 있다. 학업적인 성취와 지식은 동일하지 않으며 많은 우수한 학교들은 학생에게 후자에 대한 즐거움을 제공하지 못하거나 인격과 행동에 영향을 미치는 종류의 지식을 전달하지 못하고 있다. 감지되지 않으면서도 천천히 스며드는 높은 이상은 좋은 학교가 학생들 안에 생산해야 하는 열매이다.

우리는 비록 더 높은 수준은 아니어도 고려해볼 만한 흥미가 있는 다른 표준을 가지고 있다. 우리는 아이들에게 지식 그 자체를 위해 지식을 제공하고 있으며 학생들은 '공부가 즐거움을 제공한다'

는 사실을 발견하고 있다. 우리는 뛰어난 아이들에게 최상의 관심을 기울이지 않는데, 굳이 그렇게 할 필요가 없기 때문이다. 이러한 종류의 배움은 스스로 잘 작용하며 평균의 학생들은 물론 심지어 둔한 학생들에게도 마찬가지로 잘 작용한다. 역사적 인물은 아이들에게 실제가 되고 상당히 광범위한 분야의 역사가 아이들의 이해 범위 아래 포함된다. 그리고 그들은 다른 나라의 역사에 문외한으로 성장하지 않는다. 예를 들어, 아이들은 엘리자베스와 동시대 사람으로서 악바르(Akbar)와 어느정도 친밀하기 때문에 오늘날의 인도를 더 잘 이해할 수 있다. 아이들은 '파에톤(Pha thon)'이 가진 팔팔한 청년의 건방짐에서 스스로 교훈을 얻으며, '마이다스(Midas)'와 '키르케(Circe)', 크세르크세스(Xerxes)와 페리클레스(Pericles)는 사고의 배경을 풍부하게 한다. 올바른 책이 주어지면 한 번의 읽기만으로도 주제에 대한 명확한 지식을 확보하는 데 충분하다. 그렇기 때문에 다양한 단계의 아이들은 방대한 양의 독서를 완독할 수 있다. 따라서 많은 양의 책은 필수적이며 습득한 지식이 파편적이거나 불안정하지 않도록 각각의 책을 연속해서 읽어야 한다. 교사들 또한 학기별로 정해 놓은 독서 작업을 아이들만큼 충분히 즐긴다. 단조로움, 지루함, 나태함, 부주의함 등이 없는 학교생활은 놀이를 학교의 가장 중요한 관심사로 만들 필요성을 없애 주며, 놀이가 즐거운 휴식이 아니라 불가피한 필요가 되지 않도록 해 준다.

내가 주장하는 이 방법의 도입은 가족에게도 흥미로운 영향을 가져다 줄 수 있다. 늙은 유모와 정원사는 '웨이벌리(Waverley, 역자 주- 월터 스콧에 의해 쓰여진 역사 소설)'의 모험담을 듣게 될 것이다. "A.B.는 자신의 아빠가 벤로어스의 산 꼭대기에서 채취한 이끼에게 이름을 지어 주었어요. 그것은 매우 드물어서 벤로어스 산과 다른 산에서만 자라거든요. A.B.는 정말 좋아했어요." 그리고 의심할 여지없이 아이의 아빠도 흐뭇했을 것이다! 온 집안이 위대한 것들을 생각하고 그것을 마음속에 그리게 된다. 왜냐하면 지식과 지식이 일으킨 훌륭한 정신의 성향은 전염성 매우 높기 때문이다. 그렇게 배운 아이들은 커다란 흥미와 가치 있는 생각을 가지고 있기 때문에 인생의 즐거운 동반자가 된다. 아이들은 이야기할 거리가 많으며, 그러한 격의 없는 대화는 사회에도 유익하다. 알아야 할 가치가 있고 도달할 가치가 있는 지식에 대한 훌륭한 감각은 마치 대기(大氣)와 같아서 관대한 시민들을 양산한다. 관대함이 교육의 합당한 결과여야 한다는 밀턴의 주장은 옳다.

 이러한 방식으로 자란 아이들이 다루었던 수많은 책, 역사적이고 문학적인 인물들, 자연 현상의 범위를 다른 일반학생들이 배우는 평균의 양, 즉 좀처럼 습득되지 않는 살균된 수업 요강과 비교할 때, 우리는 성찰해 볼 만한 사안을 발견하게 된다. 나는 몇 가지 점에서 중등학교 교사들 사이에서 흔히 볼 수 있는 문화보다 도덕적, 지적인 진보가 더 입증되었다고 본다. 모든 지도자들은 가능한 한 최고의 수업계획서를 작성하고, 좁은 범위에서라면 좋은 성적을 확보하는 방법도 알고 있다. 그러나 내가 계속 말해 왔듯이, 우리 학부모연맹은 한두 가지의 자연 법칙을 인식하기에 유리한 입장에서 일한다.

 나의 독자 중 일부는 우리가 초등학교에서 하고 있는 일에 당연히 관심이 많을 것이다. 이 일은 놀랍다고 할 수 있는데, 왜냐하면 어휘도 부족하고 문학적 배경의 내력이 없던 아이들이 문학적 가치가 있는 작품을 듣거나 읽을 수 있고 한 번 읽은 후에는 가장 긴 이름도 얼버무리는 법이 없으며 해당 페이지의 복잡한 사실을 헷갈리지 않으면서 힘차고 정확하게 다시 말할 수 있기 때문이다. 이것은 우리에게 하나의 계시였다. 이는 곧바로 문학교육이 모든 사람에게 열려 있다는 의미였으며 지루하고 힘든 준비과정이 필요하지도 않았다. 사람들은 단지 올바른 책이 손에 쥐어지고 올바른 방법이 채택되기를 기다리고 있다.

우리 모두는 중요한 시대에 살고 있다고 반복해서 말하고자 한다. 특히 교사들에게는 훨씬 더 중요한 시대이다. 교육의 목표를 개인의 이익에 둘지 공공의 이익에 둘지가 교사들에게 달려 있다. 다시 말해 교육이 단순히 사회적으로 격상하는 수단이 될 것인지, 아니면 높은 사고와 평범한 삶을 향한 일반적인 진보의 수단이 될 것인지, 그에 따라 위대한 국가적 이익의 도구가 될 것인지는 교사들에게 달려있다.

우리는 현재 갈림길에 있으며 나와 함께 공감하는 학교장들에게 확실한 약속을 가져다 줄 이 방법을 고찰해 보기를 나는 간청한다.

우리는 예를 들어, 영어(국어) 과목에 관해 교육 위원회에서 고려하고 있는 질문에 대답을 할 수 있는 조건을 가진다.

"역사와 문학이 현재의 상황보다 학교 교과 과정과 더 밀접한 관계를 맺을 수 있습니까? 얼마나 많은 문법이 필요합니까? 구술 작문과 연극과 토론이 국가의 실어증을 치료할 수 없다면 다른 무슨 조치를 취해야 합니까? 예비 학교는 어떻게 영어(국어) 교육을 향상시킬 수 있습니까? 현재의 불모지에서 학교 작문을 어떻게 건질 수 있을까요? 문학에 대한 사랑을 무너트리지 않고 어떻게 영어(국어) 시험을 만들 수 있을까요?"

이러한 질문은 학부모연맹 학교의 성취를 눈에 띄게 할 위한 목적으로 만들어졌을지도 모르겠다. 영국뿐만 아니라 유럽 국가의 역사도 문학을 동력으로 공부할 수 있다. 어느 정도의 구문론은 필수적이고 소위 역사 문법의 상당한 부분이 필요하지만 올바른 작문과 말하기 기술을 가르치기 위해서가 아니다. 이것은 타고난 기술이며 읽은 내용을 이야기할 때 어린 학생들의 아름답고 연속적이고 웅변적인 말은 부러움 없이는 들을 수 없다. 실어증에 관한 주제에 관해 교육 책임자는 "대화 준비가 특징이 될 것입니다. 영국의 다양한 계층의 아이들이 25년 동안 이 방식으로 교육된다면 과묵한 영국인은 드물게 될 것입니다!"라고 말했다. 한 학교장은 자신의 학교의 고학년 남학생들이 일정 수준 길게 말할 수 있기를 열망한다고 말했다. 그 학교장의 경험에는 이러한 성취가 없기 때문이다. 이러한 성취가 명료하고 단호한 연설이 필수적인 중산층의 힘에 점점 더 의존하게 될 국가의 안정성에 어떤 자산이 될 수 있는지 생각해 보라. 따라서 구술 작문은 6세에서 18세까지는 학교의 관습이 되어야 한다. '셰익스피어를 읽는 10세 아이'는 한 지역신문의 기사 제목이다. '19세기와 그 후기'라는 제목으로 학교장이 쓴 글을 보고 그 지역 신문사에서 기자를 보내어 학교에서 실행하고 있는 학부모연맹의 방식에 대한 취재를 하게 했던 내용이다. 예비 학교에 대해 말하자면, 우리는 단지 영어(국어)를 가르치는 데 상당히 놀라운 결과를 초래하는 방법을 아이들에게 제공한 게 전부이다. 시험이 어떻게 지적 이익의 원천이 될 수 있는지에 대한 마지막 질문은 학부모연맹 학교 아이들의 답안지가 충분히 답을 주었다고 생각한다.

우리는 이 작업을 가볍게 시작해 보라고 학교장들을 초대하는 게 아니다. 이 작업은 특정 원칙에 대한 합당한 지식과 충실한 실천을 함의하고 있다. 미소를 머금고 무엇이든 다른 것만큼 좋으며 어떤 교육 이론이든 다른 이론만큼 훌륭하고, 그러한 이론을 모두 혼합하면 매우 안전한 결과를 얻을 수 있다며 미소를 머금은 태평한 포용력, 즉 이런 자기 만족적인 태도는 미지근한 노력과 실망스러운 진전을 가져올 뿐이다. 몇 가지 정해진 원칙들을 확고하게 고수하지 않은 채 이 방법을 시도하는 게 무익할 뿐만 아니라 비참하게 될 것이라고 나는 강하게 확신한다. "에이, 우리도 그렇게 책으로 무엇이든 할 수 있어요."라고 어떤 교사는 말하기도 했다. 그 사람은 책을 가지고 학습하기를 시도했지만 원칙을 무시했기 때문에 눈에 띄게 실패하고 말았다. 우리 학부모연맹 교사들은 진실로 겸손하고 조심스럽다. 따라서 특별한 주제에 대해 글을 쓴 신중하게 선택된 저자보다 우리가 그 주제를 더 잘 다룰 수 있다고 말하지 않는다. 한 유능한 교사는 "네 알겠어요, 하지만 우리는 책의 지루한 페이지를 통해 말하는 어떤 유창한 작가보다 아이들의 정신에 도달하는 방법을 더 잘 알고 있어요."라고 말한다. 이것이 우리가 마침내 다루고자 하는 주장이다. 우리는 생생한 상상력을 불러일으키는 많은 양의 지식을 보여 주었다. 그리고 한 학기동안 적절한 책들을 통해서 습득한 건전한 판단력은 학생들이 가장 유능하고 효과적인 교사의 말을 기다렸을 때보다 몇 배나 더 훌륭하고 철저하게 시각화 되었다. 이것이 우리가 책 사용을 주장하는 이유이다. 교사가 특출한 능력이 없다는 뜻이 아니다. 다만 정보는 다른 인격의 개입이 없이, 아이가 '배우는 행위'를 실행하지 않으면 지식이 되지 않기 때문이다.

학교 책임자들은 관대한 사람들이고 아마도 그들이 학부모들이 인색하다고 생각하는 데 몇 가지 이유가 있기는 하겠지만, 부모는 필요한 책을 반드시 제공해 주어야 한다. 책이 우리 학생들의 가정에 뿌리를 내리고 있는지 살펴보는 게 우리의 몫이며, 아이들에게 매우 다양한 책을 적절하게 제공하지 않는다면, 교양 교육이 불가능하다는 사실을 부모가 이해하도록 해야 한다. 게다가 아이들이 스스로 읽지 않을 때 철자를 배우기도 불가능하다. 우리는 맞춤법의 어려움에 대한 불평과 '맞춤법을 쉽게' 만든다는 이유로 우리 모두가 사랑하는 언어에 폭력을 가해야 하는 필요성에 대한 불평을 듣는다. 그러나 우리 앞에 놓인 수천 가지 경우에서 자신의 책을 스스로 사용하는 아이들은 철자를 제대로 쓴다는 사실을 발견하게 된다. 왜냐하면 아이들은 자신들이 읽는 단어를 시각화하기 때문이다. 단순히 선생님의 말을 듣기만 하는 아이들은 자신들이 듣는 단어의 철자에 대한 지침(어쨌든 영어에 있어서)이 없는 셈이다. 우리는 가끔 복습이나 첫 도입을 위한 게 아니면 구두 수업이나 강의는 반대한다. 실제 교육은 지적인 교사의 공감과 지지 속에서 아이들이 자신의 책으로 스스로 배울 때 일어난다. 부모가 얼마나 많은 양의 책이 필요한지 일단 한번 인식하면, 독서 교육계획을 위한 책 선정의 어려움은 사라진다. 피셔(Fisher) 씨는 "책 그리고 교과서가 있다."고 말했다. 그리고 후자가 교육적 가치가 없음을 우리 모두가 알게 될 날이 바로 눈앞에 다가 왔다. 학부모연맹 학교에서는 교과서를 거의 사용하지 않는다. 책과 교과서의 차이는 상상력의 자극과 독창성에 있으며, 우리는 이런 책으로 가르치는 일에 우리 자신을 제한한다. 아마도 우리는 정확하게 책의 조달자가 아니라 책 목록의 조달자라는 사실에 사과를 해야 할 것 같다. 모든 학교장이나 여교사들도 그러한 목록을 작성할 수 있겠지만 매 학기마다 수많은 변수와 함께 약 170권의 책을 순환시키는 수고를 생각해보라! 많은 일을 하는 교사들에게 우리의 체계를 제공하고자 하는 이유가 바로 여기에 있다. 자신의 책을 고르는 교사의 자유를 간섭하는 일에 대해 때때로 논의가 있어왔다. 그러나 어쩌면 자신의 부츠를 만들기 위해 모든 사람의 자유를 위해 싸우는 편이 더 나을 것이다! 그것은 우리의 문명에 속하는 노동 분업에 대한 질문들 중 하나이다. 그리고 이왕에 자유에 대한 문제를 제기한다면, 왜 우리는 더 멀리 나아가서 아이들이 아이들 자신의 책을 선택하게 해서는 안 되겠는가? 하지만 우리가 숭배하는 자유는 파악하기 어려운 여신이며, 자유롭게 모든 일을 한다는 게 편리하지만은 않다.

학기말 시험은 매우 중요하다. 그것들은 단순하게 그리고 대체적으로 지식에 대한 시험이 아니라 영구적일 가능성이 있는 기록물이다. '신사에게 걸맞는 교육'이 우리의 목표였던 시절이 지나갔으며, 모든 아이들은 반드시 알아야 할 지식이 있다.

하나님에 대한 지식이 주된 지식이며 지식이 종교적 가치가 있다고 생각하지 않는 성경의 가르침은 없다. 그러므로 아이들이 책을 읽기에 너무 어려서 스스로 성경을 읽을 수 없는 경우 교사는 사건이나 명확한 가르침을 다루는 다양한 길이의 성경 구절을 읽어준다. 지역적인 지리나 관습에 대해 언급할 내용이 있다면 교사는 그 성경 구절을 읽어 주기 전에 짧지만 경건하게 영적인 혹은 도덕적인 진리를 강조하면서 언급할 수 있다. 성경을 읽은 후에 아이들은 교사가 읽어준 내용을 다시 설명한다. 아이들은 놀랍도록 정확하게 동시에 상당히 독창적으로 교사가 언급했던 영적 가르침을 전달한다. 이것은 앵무새와 같은 연습이 아니며, 어린 학생의 일부분이 된 단락은 내면화의 결과이다. 예를 들어 니고데모의 방문이나 사마리아 여인과의 대화와 같은 사건을 가지고 이 방식을 시도해 볼 수 있다. 그리하여 우리는 각 사건이 놀랍도록 선명하게 전개되고, 모든 구절마다 개인적인 노력이 상당히 부여되어 의미가 충만하게 된 것을 깨닫게 된다. 이 교수법은 특별히 복음서의 역사를 다룰 때 유용하다. 그러나 1차 세계대전 중에 교회가 정한 매일의 가르침을 읽었던 우리 중 누구도 율법서와 선지서들이 여전히 하나님의 길을 해석한다는 사실에 감동이 되지 않는 사람은 없을 것이다. 그리고 우리가 암묵적으로 구약성경을 인생의 지침으로 삼기에 시대에 뒤떨어진 가르침으로 취급한다면 이는 중대한 잘못이 될 것이다.

성경적 지식 다음으로 역사는 우리의 교과과정이 돌아가는 중심축이다. 인물과 사건에 대한 지식이 증가함에 따라 역사는 정신의 풍요로운 목초지가 된다. 무엇보다도 이것은 현대 교육의 참을 수 없는 개인주의를 국민의식으로 적절하게 교정할 수도 있을 것이다. 아미엇(Amyot, 역자 주-프랑스 르네상스 작가이자 번역가)의 말을 들어 보자,

"역사 읽기는 얼마나 높이 평가되어야 할까요? 역사 읽기는 어떤 사람의 긴 생애의 전체 과정에서 그 사람이 할 수 있는 것보다 하루 만에 더 많은 실례를 제공할 수 있습니다. 매일 해야 하는 일처럼 독서에 스스로를 훈

련하는 사람들은 비록 젊을지라도 이 세상의 일을 이해하는 면에서 마치 나이 들고 백발이 성성한 오랜 경험이 있는 사람과 같습니다. 그렇습니다. 그들은 자신들의 나라에서 떠나본 적은 없습니다. 그러나 세상의 모든 일에 대해 알게 되고 정보에 정통하여 만족합니다."

아마도 괴테만큼 역사서와 시가서, 율법서와 선지서들과 같은 구약성경에 대한 교육적 가치에 대해 더 잘 알고 있는 사람은 없었을 것이다. 그러나 그는 구약 성경들의 영적인 가치에 대해서는 거의 인식하지 못했다. 우리는 대영 박물관의 특정한 방들의 내용을 기초로 하여 아이들 앞에 성경과 동시대의 기록물을 제시하기 위해 노력하고 있다. 고대 그리스와 로마 역사의 일화들은 부분적으로 역사적인 가치에 기여하며 윤리적인 가치에도 분명하게 기여한다. 당연히 플루타르코스(Plutarch)는 우리의 위대한 권위자이다.

"(플루타코스)는 모든 저자들에 대한 유익한 이야기를 썼습니다. 다른 모든 사람들은 그들이 썼던 나라들의 운이 다하자, 그들의 문제를 어쩔 수 없이 받아들였습니다. 그러나 재치와 배움과 경험이 뛰어난 이 사람은 세계에서 가장 유명한 나라의 최고의 인물들의 특별한 행동들을 선택했습니다."(토마스 노스 Thomas North, 역자 주-군장교, Plutarch의 Parallel Lives 영어로 번역 함)

영국의 역사는 항상 우리와 함께 하지만 오직 역사 초창기 부분은 단독으로 공부한다. 잘 알다시피 항상 이상적인 책을 얻을 수 있지는 않기 때문에 우리는 문학적 가치를 가진 역사적 에세이를 찾아 보완할 수 있도록 최선을 다하고 있다. 문학은 별개의 과목이라 할 수 없고 일반 과목이든 영어(국어)이든 그리고 그것이 당대의 문학이든 단지 설명하는 내용이든 역사와 매우 밀접하게 연관되어 있다. 그리고 한 시대의 사고가 정치적, 사회적 발전과 일치하도록 만들어졌을 때 아이들이 얼마나 많은 양을 온전하게 배우는지 놀라울 따름이다. 내가 독자 앞에 제시하고 싶은 요점은 우리 자신의 시대를 포함해 각 시대들의 사고를 의식하게 하는 시의 독특한 역할이다. 모든 시대는 시적인 측면, 즉 그 시대 그대로의 정수를 가지고 있었다. 그리고 셰익스피어, 단테, 밀턴, 번스를 가진 사람들은 세계적인 자산으로서 시의 의미를 모으고 보존하는 일에 행복해 했다.

우리가 '작문'이라 칭하는 이것은 자유로우면서도 정확한 책 사용의 필연적인 결과물이어야 한다. 학생이 자연스럽게 단어 사용에 비판적인 관심을 가질 수 있을 만큼 나이가 들 때까지는 특별한 관심이 필요하지 않다고 다시한번 강조하겠다. 윤리학은 별개의 과목으로 자리를 잡고 있지만 한편으로는 문학과 역사, 혹은 일상적으로 도덕이라고 부르는 과목과 매우 밀접하게 결부되어 있어서 과목의 분리는 명목상일 뿐이다.

우리는 이전의 1장에서 자연 법칙에 의해 질서가 이루어지는 이 세상의 거주인으로서 우리가 아이들을 위해 무엇을 가르쳐야 하는지를 고려하였다. 여기서 우리는 처음부터 아이들이 직접 발견한 사실만 배울 수 있다고 주장하는 몇몇 과학 교사들과 논쟁을 벌이고 있다. 이론은 그럴듯하지만 그 실천은 실망스러울 정도로 좁고 편협하다. 모든 교사들은 책을 통해서 지식을 얻는다. 그런데, 왜 아이들에게는 그것이 금기시되어야 하는가? 아마도 그 이유는 과학

교과서가 극도로 건조되어 생기가 없기 때문일 것이다. 그리하여 교사는 친밀한 우정을 나눌 수 있는 생물인 히드라와 엄청나게 장수하는 '할머니'인 말미잘과 같은 친숙한 이야기를 통해 건조함을 벌충하기를 희망한다. 프랑스 과학자들은 이보다는 더 잘 알고 있다. 그들은 역사의 진수인 시가 존재한다면 정교한 산문으로 표현될 수 있는 과학의 진수도 존재한다고 인식하고 있다. 이런 특징을 가진 과학책이 우리도 서너 권 있다. 학부모연맹 학교에서는 자연에 대한 열정을 크게 촉진하는 현장 학습과 관찰 그림과 함께 그러한 책들을 사용하고 있다.

나는 아이들로 하여금 훌륭한 음악과 그림을 친숙하게 접하도록 하기 위해 우리가 하는 일을 이미 보여주었다. 런던의 한 저명한 미술품 매매업자는 "주님, 이 아이들을 도우소서!" 라고 말하며 우리에게 찬사를 아끼지 않았다. 그리고 그 매매업자는 수천 장의 작고 정교한 벨라스쿠즈(Velasqeuz, 역자 주-스페인 화가)의 특정 복제 그림들을 학부모연맹 학교 아이들에게 바로 판매할 수 있었다. 바로 그 그림이 그 학기의 공부 과제였던 것이다. 예술을 사랑하고 예술을 믿는 사람이 무언가 가치 있는 일이 이루어지고 있다고 느끼는 게 당연하다. 미술 수업에서 학생들은 자연적인 형상이나 사물에서 매우 자유롭게 색채 작업을 하고 그 학기의 독서에서 시각화한 장면을 그린다. 우리는 그림을 자기 표현의 수단으로 가르치지 않는다. 학생들은 자기자신을 표현하는 게 아니라 그림을 감상한 후에 착상한 것을 표현한다.

나는 외국어 교수법에 대해서도 이미 검토하였다. 학부모연맹 학교 학생들이 습득한 고정된 주의력과 준비된 말하기의 습관은 이 분야에서도 가치가 있을 것이다. 나는 새로운 시대가 열리고 있고 마침내 우리가 언어학자의 나라가 되리라고 확신한다. 우리 교육원(House of Education)의 학생들은 프랑스어로도 말하기를 한다. 영어로 말하기보다 더 순조롭고 풍부하게 프랑스 역사와 문학에 관한 강의를 프랑스어로 다시 말하는 것이 학생들 공부의 일부를 이루고 있다. 아이들은 독일어와 이탈리아어로 연극의 한 장면을 읽고 그 장면을 역할에 딱 들어 맞게 '말하기'를 하거나 서사문의 짧은 구절을 말하기도 한다. 우리는 오히려 이탈리아어를 강조한다. 이탈리아어는 매우 아름답고 그들의 문학은 매우 풍부하기 때문이다. 그리고 나는 다른 학교도 그와 똑같이 해야 한다고 제안하고 싶다. 라틴어와 그리스어는 일반적인 방법으로 배우지만 전자의 언어에 있어 우리는 다시 말하기의 방법을 적용한다.

나는 우리 수업 요강의 이론적 근거에 대한 추가 연구를 독자의 친절한 배려에 맡겨야만 할 것 같다. 우리는 본질적인 것과 연관된 원리를 가지고 있지만, 심신을 지치게 하는 상세한 실천은 설명하지 않기 때문이다. 그러나 한 가지 더 아주 대담한 진술에 대해 호의적인 관심을 간청하고 싶다. 교육의 공통 이론과 실천이 시험 중에 있다. 만약 개발할 능력이 존재하지 않는다면 '능력을 개발하는 것'은 쓸모없는 일이다. 워즈워스의 구름처럼 단지 정신이 움직일 때, 모든 능력이 함께 움직일 뿐이다. 따라서 이런 능력과 다른 능력의 개발이 목적인 과목들은 실질적으로 소용이 없으며 우리는 교육을 위해 다른 종류의 기반을 찾아야 한다. 만약 이성, 판단력, 상상력이 '개발'되어야 하는 능력이라면, 가치가 있다는 교육 과목들은 우리가 웃음거리로 삼는 초기 빅토리아 시대의 업적만큼이나 겉만 번지

르르하게 될 것이다. 교육은 생명과 접촉되어야 한다. 우리는 알기를 욕망하는 법을 배워야 한다. 아무도 친구에게 그리스 억양의 미세한 점들에 대해 이야기하지 않는다. 또한, 두 사람이 수학자가 아니라면 무리수에 대한 이야기도 하지 않을 것이다. 주피터가 유행하던 때가 말하고 배우기에 얼마나 좋은 시절이었는지! 새들의 저녁 기도에서 서로 다른 노래를 구별할 수 있는 사람은 얼마나 환영받는 동반자인가! 위대한 전쟁의 일화들과 상응하게 제시되는 역사를 읽는 독자는 얼마나 고마운 동반자인가! 우리는 어떤 한 가지와 그것과는 매우 다른 것을 얻을 수 있다는 희망으로 어떤 한 가지를 위해 일하는 경향이 있다. 그런 일은 불가능하다. 만약 우리가 공적인 시험을 위해 가르친다면, 즉 시험 문제들이 좁은 학문적 주형이 될 수밖에 없는 시험을 위해서 가르친다면, 좁고 정확하며 다소 몰개성적인 형태의 정신을 양산하게 된다. 뿌린 대로 거두는 법이다.

영국의 미래는 대체로 중학교에 달려있다. 이러한 중학교 지도자들이 교양 교육의 분야를 설계하도록 두자. 그러면 놀랍도록 훌륭한 열매가 정신의 정원에서 자라게 될 것이며, 그곳은 우리가 모든 지식의 씨앗을 뿌리도록 초대받은 곳이다. 가장 작은 규모의 중학교에서부터 가장 큰 규모의 중학교까지 내가 언급해 왔던 교육방침, 즉 부득이 언급했던 학부모연맹 학교들의 방침을 따르는 교육계획을 채택해야 한다고 나는 담대히 제안한다. 그리고 그들은 국가를 위해 이 일을 해야 한다. 메이즈필드(Masefield) 씨는 다음과 같이 말했다.

"훌륭한 이야기가 없으면 위대한 예술도 없다. 모든 사람들이 대수롭게 여기지 않는 곳에서 위대한 사람들이 열정적으로 무언가를 품을 때 위대한 예술은 존재하게 된다. 이야기의 대중적인 활기 없이는 어느 나라에서도 이기적이지 않은 예술은 있을 수 없다. 셰익스피어의 예술은 그의 당대 가장 인기 있는 네 권의 책인 홀린시드(Holinshed), 북방의 플루타르코스(North's Plutarch), 신시오(Cinthio), 그리고 드 벨레숲(De Belleforest)의 위대한 이야기에 눈을 돌리기 전까지는 이기적이었다. 신문이 강력해진 이후 화제가 이야기를 대신하게 되었다. 그러나 수많은 정신의 생명력에 의해서 다듬어지지 않고 조명되지 않는 화가에게는 주제가 찾아온다."

수많은 정신의 생명력이 우리가 원하는 목표이다. 그리하여 우리는 교육 종사자들과 사상가들이 영국을 예술에서 그리고 마땅히 삶에서도 위대하게 만들어 줄 공통의 사고 공동체 형성에 동참하기를 간청한다.

이것은 위대한 사람들을 만드는 길이며, 이렇게 저렇게 인격을 형성해 보려고 시도하는 저급한 노력이 아니다. 위대한 인격은 위대한 생각에서 나온다는 사실을, 즉 위대한 사상가들에 의해 시작되어야 한다는 사실을 받아들이자. 그러면 우리는 교육에 있어서 확실한 목표를 가지게 될 것이다. 활동이 아닌 사고가 인격의 원천이다.

3장
실업학교의 범위

100년 전 나폴레옹 전쟁이 거의 끝나갈 무렵에 오늘날 우리가 인식하고 있는 마른 뼈들 사이에 또 다른 동요가 있었다. 지금과 마찬가지로 전쟁은 무지에 대한 잘못된 생각의 결과라는 것, 즉 교육은 병든 정신을 위한 엉터리 약이었음을 전 세계가 알게 된 것이다.

프로이센이 그 길을 선도했다. 아이들이 아닌 젊은이들이 정치가들의 즉각적인 관심사가 되었고, 피히테(Fichte, 역자 주-독일 관념론을 대표하는 철학자)의 철학에 이끌려 스타인(Stein)의 정치력 아래 조직된 고귀한 청년동맹인 투겐분드(Tugendbund)가 생겨났다. 프로이센은 비참하게 가난했지만, 국가의 관심은 국가를 부자로 만들어 줄 예술이 아니었다. 국가의 젊은이들은 계율을 위해 철학적인 원리에 주목하고 사례들을 얻기 위해 역사에 주목했다. 그리고 그것은 그 땅과 잘 어울렸다.

프로이센뿐만 아니라 서유럽 전역에서 다소 활발한 지적인 르네상스가 있었다. 그러나 시대가 무르익지 않았거나 국민이 합당하지 않기 때문이었는지 세기 초기의 높은 이상은 공리주의적 동기로 대체되었다.

'실업학교' 운동이 부활하자, 영국의 상업과 제조업의 성공에 대한 부러움이 새로운 노력을 가동시켰다. 그리고 1829년에 이미 파바리안(Pavarian) 정치가는 만약 당신이 열매를 맺으려면 씨앗을 뿌려야 한다고, 즉 제조업의 성공은 오직 기술 교육이라는 대가로만 이루어진다고 발표했다.

뮌헨 학교들의 우수한 조직과 감탄할 만한 교육은 독일 산업에 상당한 영향을 끼치는 결과를 낳았다. 그러나 독일 최고의 정신은 오래 전부터 의식하고 있었다. "배후에 강력한 경제적 이해 관계가 있는 교육은 동기에 있어서 매우 편협하고 실용적이 되기 쉬우며, 인격에 주된 힘을 부여하는 교육의 이상적인 요소를 제공할 수 없게 된다." 렉키(Lecky)는 도덕에 관해 "공리주의 이론은 완전히 부도덕하다."라고 말했다.

어떤 기회가 한 남자를 양산했다. 1900년에 케르셴슈타이너(Kerschensteiner) 박사는 젊은이를 훈련시키는 가장 좋은 방법에 관한 논문에 상을 수여하겠다는 기사를 우연히 보게 되었다. 그는 논문을 썼고 국립 아카데미에서 왕관을 받았으며 팜플렛 형식의 논문은 서부 전역의 여론에 영향을 끼치고 행동 지침을 지시했다. 미국의 듀이와 스탠리 홀 교수, 자국(영국)의 암스트롱 박사와 필립 매그너스 경 등이 대표적인 옹호자로 꼽힌다.

그렇다면 이 새로운 교육 복음의 내용은 무엇이었을까? 사실 이것은 영국, 프랑스, 스위스에서 진행되었던 내용과 유사하다. 한 세기 앞서 공리주의적 교육은 보편적이고 의무적이었다. 아동과 청소년은 '봉사 정신으로 흠뻑 젖어야 했으며 효율적인 자기주도(self-direction)의 도구를 공급' 받아야 했다. 보라, 눈앞의 유토피아를! 신체와 영혼을 가진 모든 젊은이들이 사회의 유용성에 들어맞았다. 그러나 그 자신을 위한 유용성, 즉 학생이 자신의 이익을 위해 공부하는 것, 이것이 왜 어째서 문제가 되는가?

내가 앞서 언급한 저명한 교육학자들이었다면 젊은이 개개인을 흔쾌히 사회에 희생시키려 하지는 않았을 것이다. 오히려 그들은 젊은이들을 양육하고 젊은이들에게 공간과 힘을 부여해 주고 기회를 주곤 했으며 우리가 들었던 사다리의 가로대에 젊은이들의 발을 얹어 주었다. 그러나 우리 모두는 교육 기능에 대한 잘못된 견해에 현혹되어 왔다. 우리는 지식이 감각에서 비롯될 수 있다고 믿었고 우리의 눈으로 본 것과 손으로 다룬 것이 영혼이 요구하는 영양분을 제공해 준다고 믿었다. 물론 아이는 예를 들어 기발한 모델을 만들 때, 즉 어떤 목적을 위해 자신의 정신을 사용한다. 그리고 정신의 작용을 보고 우리는 음식과 일이 동의어라는 개념을 지레짐작한다. 육체에 관한한 어떤 의미에서 음식과 일이 동의어가 될 수 있다. 일을 하면 급여가 생기고 급여로 음식을 사지만 그러한 간접적인 거래는 정신에 있어서는 불가능하다. 끊임없이 과중한 일에 종사하는 정신은 일종의 지적 항해사이며 정신의 양식은 정신의 노동에 비례해야 한다. 위대한 정치가인 글래드스톤(Gladstone)과 샐리스베리(Salisbury) 경 및 다른 사람들은 이 점을 잘 알고 있었다. 당연히 그들은 정치 이외의 다른 문제를 위해 광범위하고 깊이 있는 독서를 했다.

1차 세계대전은 우리에게 새로운 생각을 불어 넣었다. 예를 들어, 우리는 교육에 대한 성인의 열정을 깨닫기 시작했다. 특정 학급의 20개 공석에 1,500명의 군인 후보자가 지원했다는 사실은 깜짝 놀랄 일이었다. 각양각색의 사람의 정신은 건강하고 정기적으로 공급되는 배급이 필요하다. 사정이 이러하다면 우리는 반드시 모든 사람을 먹여야 한다. 우리의 희망은 이제부터 교육과정의 마땅한 질서에 따라 자급자족하는 정신과 자급자족하는 신체를 가진 젊은 이들을 양육하는 데 달려 있다. 그렇게 해서 우리는 굶주림을 일깨우고 인도하여 모든 사람의 정신이 스스로를 돌볼 수 있기를 희망한다.

무엇이 올바른 마음의 양식인가는 이미 논의된 바 있다. 그러나 우리는 교육이 우리 아이들을 하나님께 대해 부유하게 하고(우리는 "하나님께 대해 부유한 자"가 아니었기 때문에 실패한 어리석은 사람에 대한 비유를 기억한다) 사회에 대해 그리고 그들 자신에 대해서도 부유한 자가 될 수 있다고 가정할 수 있다. 나는 공리주의 교육에 의해 야기된 게 아닐지라도 최근 몇 년간 우리에게 드러난 도덕적 파산을 공존하는 것으로서 권고하며 나의 요점을 강조할 마음은 없다. 우리 역시 과거에 일종의 도덕적 광기에 의해 재앙이 가속화되었던 시절이 있었다. 바너비 루지(Barnaby Rudge, 역자 주-찰스 디킨스의 역사소설)와 페베릴 봉우리(Peveril of the Peak, 역자 주-월터 스콧의 역사소설) 일화들을 우리는 목격했다. 우리는 진실로 몇 번이나 잘못된 생각에 사로잡혀 왔지만 국가적 광기는 매번 단명했다. 왜냐하면 지금까지 우리의 교육은 거짓말을 믿도록 가르치지 않았기 때문이다.

우리가 다른 나라보다 더 심각한 상황은 아니다. 그리고 만약 국민으로서 우리 자신을 긍정적으로 생각한다면, 국가적인 자긍심과 개인적인 겸손이 같이 어울리지 못할 게 없다. 평화 시에 우리는 영국 노동자에 대해 모진 소리를 하기도 하지만 그래도 그들은 냉소적인 라틴계 사람, 즉 우리 모두가 알고 있는 뚱한 독일 사람(Teuton)에 비하면 그래도 낫다. 그리고 더 나은 사람이 더 나은 일을 한다. 우리는 독일의 효율성에 관해 수없이 들었다. 아마도 독일은 우리보다 더 극단적인 기후를 가진 국가에서 중요한 닫히는 문, 내리는 블라인드, 작동하는 스프링, 가정의 생활용품과 같은 작은 문제에 탁월한 듯하다. 그러나 이것들은 작은 문제들이며, 아마도 우리(영국)의 실패는 큰 일이 아니면 최선을 다하지 않는 데 있을 것이다. 큰 사건이나 큰 전쟁이 주어지면 우리는 기개를 드러낸다.

그리고 아마도 우리는 중요한 산업분야에서 탁월한 것 같다. 독일 여성들은 "아, 영국제 원단!"하며 드레스의 소재에 대해 만족스럽게 말한다. 잘 차려 입은 남자들은 영국제 천으로 맞춘 옷을 입은 영국인이다. 우리는 '독일에서 만든' 물건들이 싸기 때문에 구매하지만 독일 상점에서 가장 비싸고 가장 선호되는 물건에는 '영국제'라고 붙여서 광고한다.

이는 청소년 교육을 고려할 때 염두에 두어야 할 사항이다. 우리는 곧잘 우리 자신과 서로를 평가 절하하는 버릇이 있어서 그렇지 사실 만회해야 할 손실이 많지는 않다. 제조업과 상업국가로서 우리는 선두에 서 있으며 국민의 장자권을 팥죽 한 그릇에 팔도록 하는 유인책도 없다.

내가 말하고 싶은 요점에 이르기 전에, 실업학교의 문제가 유럽 중앙에 있는 국가들보다 더 성공적으로 공격을 받았던 나라가 어디인지 생각해 보자. 그들 중 일부, 특히 독일에서는 큰 수익률과 높은 임금을 가져다 주는 효율성을 요구하는 외침에 대응하는 모든 방법을 수행했다. 그러나 1806년 실업학교 운동이 시작된 이래 북서부 4개국은 다른 목적을 위해 노력해 왔다. 덴마크에는 '실업학교'가 아니라 '국민의 고등학교(People's High Schools)'가 존재하며 이것은 아마도 더 즐거운 일에 대한 더 즐거운 이름일 것이다.

덴마크도 독일과 마찬가지로 나폴레옹 전쟁으로 황폐했었다. 그러나 1788년 농노가 해방되면서 활기를 띠게 되었고 이는 시인이자 역사학자이며 열심가였던 그룬트비(Grundtvig)에게 '국민의 고등학교의 아버지'가 될 수 있었던 토대를 마련해 주었다.

"가장 생명력 있는 곳에 승리가 있다."고 그는 말했다. 그리고 그는 '전국의 젊은이들이 접근 가능한 덴마크 고등학교'에서 생명에 접근하는 즉각적인 방법을 발견했다. 이런 학교는 '훌륭한 것에 대한 존경, 아름다운 것, 충성과 애정, 평화와 단결, 순진한 쾌활함, 즐거움과 환희에 대한 사랑'을 고취할 것이다. 보라, 이 시인의 꿈에는 '효율'이라는 말이 없다. 그러나 그는 이와 같은 학교와 함께 하는 교육이 '이 땅의 치유하는 우물'이라고 찰스 8세(Charles VIII, 역자주: 덴마크 왕)를 확신시켰다. 그는 신문들이 칭찬하기를 선택했든 비난하기를 선택했든 웃어넘길 여유가 있었다. 덴마크 왕은 관심을 기울였고 원래의 소논문에서 제공한 계획보다 더 발전된 계획을 그에게 간청했다. 그리고 1845년에 그가 꿈꾸던 학교들이 생기기 시작했다.

우리는 이러한 덴마크 국민의 학교들의 발전을 따라가지 못한다. 그러나 1903년에서 4년 사이에 학생은 3천 명이 넘었으며 여성들이 오히려 더 많았고 현명한 남자들은 '새로운 덴마크 청소년학교는 모든 계층을 하나로 통합할 수 있는 행운을 얻을 것'이라는 희망을 소중히 여겼다.

이 모든 고등학교들은 천재적인 그들의 '아버지'의 표적을 지니고 있다. 그 학교의 학생들은 "영혼은 힘이다. 영혼은 영혼 안에서 자신을 드러낸다. 영혼은 오직 자유로울 때 활동한다."는 그의 가르침을 세 가지 말로 요약해서 알고 있다. 우리는 이러한 말의 근원을 추적할 수 있으며 실제로 이 운동은 애초에 심오한 기독교인으로부터 온 것 같다. 좁은 의미로는 기독교인이 아니지만, '천사 의 사(Angelic Doctor, 역자 주-토마스 아퀴나스를 부르던 별칭)'가 고안하고 '시모네 메미'가 산타마리아 노벨라(플로렌체)의 스페인 성당벽에 그린 '범기독교의 철학적 우화(Allegoria filosofica della Religione Cattolica)'의 광대한 대범함을 공유하고 있다. 기념할 만한 여러 스승들은 저명한 이교도였지만 신성한 가르침 아래서 그렇지 않았다. 내가 보기에 이 공리주의 시대에 부활할 가치가 있는 교육적 신조가 여기 있으며, 아마도 독자적으로 구상되었겠지만 그것이 바로 그룬트비(Grundtvig)의 신조였었던 것 같다. 그의 위대한 희망은 '무엇보다 대중문학, 특히 자기 나라의 시와 역사에 정통한 사람들이 이 땅에 완전히 새로운 독서가들의 세계를 창조하는 것'이었다.

"덴마크 민속고등학교의 산물인 덴마크 농업학교는 이와 같이 기독교 신앙과 국민의 생활을 근간으로 삼아야 한다."는 농업학교의 문제를 내가 검토해 볼 수는 없을 것이다. 전쟁 전, 부주의했던 시절에 우리는 모두 덴마크 버터의 우수성을 증언할 수 있었다. 그러나 덴마크 농부들이 다양한 소량의 소유물에서 형편없는 버터를 만드는 단계에서 '균일한 분말도를 가진 버터의 낙농협동조합 제조'로 넘어가게 한 '결단력과 역량'에 관해 우리는 생각해 봤을까? 스웨덴의 한 저명한 교수는 이것 역시 그들의 고등학교들 때문이라고 말하는데, "토양의 비옥함이 그 속에 뿌려진 씨앗에 최상의 조건을 제공하는 것처럼, 기초가 튼튼한 인문학적 훈련은 사업 능력의 가장 확실한 기초를 제공하며 그 다음 농부의 경우에는 조금도 그렇지 않다."고 말했다. 이러한 말들은 새로운 출발 전야의 순간에 있는 우리가 고려해야 할 만한 무게 있는 말들이다.

이웃나라 3개국은 뜨거운 관심을 가지고 덴마크의 이 실험을 지켜봤고, 거의 동시에 네 곳 모두에서 국민의 고등학교(People's High Schools)가 생겨났다.

필연적으로 겨울 학교인 이 북부 고등학교들을 내가 방문했을 당시에는 문을 열지 않았지만 무심코 관찰한 서너 가지가 그 영향력을 추적해 줄 수 있다고 생각한다. 예를 들어 뮌헨과 비교했을 때 코펜하겐은 영혼이 있는 도시라는 인상을 받았다. 헤이그에서 다시 나는 미술관 중 한 곳에서 작업복을 입은 한 장인이 진지한 눈으로 열심히 귀를 기울이는 일곱 살 아들에게 그림들을 보여주는 모습을 보았다. 위대한 델프트(Delft) 도자기 작업을 하고 있었던 젊은이들은 표정과 태도에서 문화적이고 온유한 흔적을 보여 주었다. 그러나 무엇보다 스웨덴의 어느 외딴 마을에 있었던 평범한 상점이 가장 인상적이었다. 마을 사람들은 대부분 농부였고, 그 상점은 양배추와 청어, 치즈, 칼리코를 팔았다. 그리고 작은 판 유리로 된 창문 건너편에는 먼지가 앉을 겨를이 없었던 종이 표지의 책들이 빽빽이 들어찬 선반이 있었다. 물론 나는 모든 제목을 읽을 수는 없었지만 그 중에는 프랑스어, 독일어 및 영어 번역서들이 있었다. 스콧(Scott), 디킨스(Dickens), 태커레이(Thackeray), 러스킨(Ruskin), 칼라일(Carlyle)등이 있었고, 마지막 책은 빠져 있었다. 누구든 그 마을이 '천국'에 있다는 사실과, 긴 겨울 저녁 어느 집에서나 다른 식구들이 일하는 동안 큰 소리로 책을 읽어주며, 친구들과 연인들이 함께 걸어갈 때 이야기할 거리가 많다고 확신할 수 있었다. (그런데, 우리 모두가 사랑하고 존경하는 '토미'는 친구 관계는 빨리 맺지만 독서에 진보가 없으므로 친구들을 위해 이야기할 게 없다는 게 얼마나 안타까운지.) 마을 사람들이 무대에 올렸던 작은 연극과 공적인 낭독을 생각해 보라. 그러한 문화가 마을에 존재한다면, 마을은 많은 젊은 남녀를 끌어 들이기 위한 유인책을 쓰지 않아도 될 것이다. 왜냐하면 그런 마을은 행복한 공동체 생활을 제공할 수 있으며 사람들 자체로 지탱되는 마을은 사람들을 머물게 할 수 있기 때문이다.

상류층과 중류층, 전문직 및 기타 계층은 남다르게 안정된 사람들이며 이것은 물질적인 안녕 때문이 아니라 지적인 안녕 때문에 그렇다. 이런 의미에서 '가지지 못한 자'에 비교했을 때 그들은 '가진 자'가 대부분이라 할 수 있다. 그 이유는 멀리 있지 않다. 다수의 사람들의 정신의 틈새에 불만의 씨앗을 뿌리는 게 임무인 선동자들은 여기저기에 있지 않은가? 충만한 정신은 그냥 무시해 버리지만 공허한 정신은 탐욕으로 어떤 새로운 개념에도 쉽게 사로잡히며 그렇게 한다고 해서 거의 비난을 받을 일도 없다. 굶주린 정신은 얻을 수 있는 개념을 다 받아 들이지만, 빵 굽는 사람은 빵 한 덩이를 훔치는 굶주린 사람을 고소하는 일에 관대해질 수 있다. 우리 시대에 끊임없이 되풀이되는 고통인 '노동 불안'은 노동자들의 탓이 아니라 정신의 자연스러운 굶주림과 그러한 배고픔이 요구하는 고기를 제공하는 방식에 대해 고민하지 않은 국가의 탓이라고 나는 주저하지 않고 말할 것이다.

나는 뮌헨 형태의 실업학교가 제공하는 독일 문화(Kultur)가 도덕이나 품행에 좋은 영향을 끼치지 않았고 제조업에도 눈에 띌 만한 영향을 주지 않았다는 사실을 입증하려고 노력해 왔다.

이 문제에 있어서 영국이 독일의 선례를 따를 필요가 없는 이유는 독일이 우리의 상품에 대해 높은 가격을 지불함으로써 우리의 우월성을 인정했기 때문이다.

덴마크와 이웃 국가들은 반대로 우리가 미흡했던 인문학 교육에 탁월했다. 덴마크의 국민의 고등학교가 독일의 실업학교보다 모방할 가치가 더 크다. 인격과 행동, 지성과 진취성은 하나님을 아는 지식을 우선시하는 인문학적 교육의 결과물이기 때문이다.

하지만 다른 환자를 위해 고안된 교육적 처방을 우리가 그대로 사용할 수는 없다. 그룬트비(Grundtvig) 학교는 18세에서 25세 사이의 학생들을 위한 처방이지, 14세에서 18세 사이의 더 어려운 나이의 학생들을 위한 처방이 아니다. 이 국민의 고등학교는 학교에 상주하는 게 필수적이다. 농업이 주된 나라에서는 많은 젊은이들이 매년 5개월 간의 겨울을 이들 국민의 고등학교 중 한 곳에서 보내는 게 가능하다. 그들과 우리가 똑같은 상황에 있지는 않다. 우리의 문제는 주로 제조업에 종사하는 젊은 청소년이다.

자, 우리는 원단을 받았지만, 양이 넉넉하지는 않다. 그렇다면 코트를 어떻게 재단하는 게 좋을까, 즉 '교육'이 어린 시민을 위해 역할을 다해야 하는 7, 8시간을 어떻게 보내면 좋을까? 만약 우리가 가장 쉬운 방법을 택한다면, 우리는 아이가 그 주의 나머지 시간 동안 자신이 하고 있는 일을 하도록 내버려 두면 된다. 아이의 고용주를 위해 직접적으로 생산량을 늘리게 하거나, 간접적으로 기술을 증가시켜서 일하게 하면 되는 일이다. 그러나 이것은 배신에 가까운 일이 될 것이다. 어떤 고용주도 결국 아이에게 방해되는 방식을 원하지 않을 것이다. 게다가 어떤 고용주가 자신의 직원이 젊은 직원들을 훈련시킬 수 없다고 생각하겠는가? 다시 말하지만 기술의 사용을 이해하는 데는 많은 시간이 걸리지 않는다. 정말 가치 있는 일은 연습이 필요하고 그러한 연습이 바로 배움이다. 따라서 기술 교육을 위해 실업학교가 존재해서는 안 된다. 그 학교들은 자신들의 기술 교육이 현장에서 어떤 역할도 하지 못하는 교육을 위해 설립된 셈이다. 그리고 실업학교 젊은이들은 기술 수업, 체조 동아리 그리고 다양한 형태의 기분전환 활동에 참석하기 때문에 저녁 시간마저 자유롭지 않다.

만약 우리가 정신도 역시 배급을 필요로 하고 정신을 사용하는 게 결코 정신을 먹이는 게 아니라고 믿는다면 이 특별한 시간의 선물은 정신의 것들을 위해 바쳐져야 한다.

아이들에게 무언가 씹을 수 있는 것, 소화와 내면화를 위한 진정한 정신의 재료를 제공하겠다는 불굴의 의지가 있을 때 가능성은 훨씬 증가한다. 배워야 할 내용들은 넘쳐나 우리를 압도하는데, 우리에게는 일주일에 8시간 밖에 주어지지 않았다! 우리는 타협이라는 축복 된 단어를 붙잡고 두 가지 가능성을 바라본다. 첫 번째로 서둘러 좋은 시민을 만드는 가능성이다. 당장에 법, 의무, 일, 임금, 기타 등등에 대해 건전한 의견을 가져야 하기에 우리는 젊은이들에게 강사나 교사의 입에서 나온 의견들, 즉 교사 자신의 것으로 의도된 의견들을 쏟아붓는다. 두 번째로, 배울 게 너무 많아서 선택을 해야만 한다는 가능성이다. 교사가 선택을 하고 젊은이들에게 "양동이 가득 들이붓는다."고 칼라일(Carlyle, 역자 주-영국의 평론가, 사상가, 역사가)은 지적했으며, 이것은 "어떤 영혼에게도 신나는 일이 아니다."라고 덧붙였다. 일정 분야가 다뤄지기 때문에 교사들과 교육당국은 만족한다. 그런데 만약 졸업할 때가 되었을 때 젊은이들이 불만족스럽고 불안한 상태로 학교를 떠난다면, 일이 그들을 지루하게 하고 여가가 그들을 지루하게 한다면, 그들의 기쁨이 비열하고 변변치 않다면, 그리고 그들이 파업의 흥분만을 위해서 열심인 성인이 되었다면, 그것은 실업학교가 본연의 기본적인 학교로서 실패했기 때문일 것이다.

모든 계층과 모든 연령의 학생들이 지적 능력과 도덕적인 통찰력을 가지고 살아가기 위해 다루어야 하는 방대한 지식의 범위는 학교 교육의 실질적인 어려움이다. 당신이 한 가지를 잘 알고 있으면 많은 것을 이해할 수 있는 힘을 가지게 된다는 게 바로 학문적 해결책인데, 그것이 전혀 나쁘게 작용하지는 않을지라도, 우리의 현재 상황 즉 '대중의 계몽'에 맞게 잡아 늘일 수는 없다. 소위 '학술적' 이론이라고 부르는 이것은 정신도 육체와 같이 적절한 운동이라는 수단을 통해 여러 방향으로 발전할 수 있다고 가정한다. 그러나 더 심오한 교육적 사상은 정신은 엄청난 역량을 가지며 자기 활동적이고 누구에게나 존재하며 오직 한 가지만 요구한다는 데 있다. 그리고 정신의 요구는 충실한 양식이다. 정신을 때에 맞춰 먹이라 그러면 정신의 활동이 스스로를 돌볼 것이다. 잘 먹인 일꾼이 다양한 노동에 적합하듯이 정당하게 영양이 공급된 정신은 일반적인 공의를 가지고 생각하고 느끼고 판단할 수 있다. 선량한 사람과 관대한 시민은 자신에게 안성맞춤인 양식으로 공급받은 사람이다.

그러한 교육관은 "이는 그의 하나님이 그에게 적당한 방법을 보이사 가르치셨음이며."(역자 주-이사야28:26)라는 신앙을 자연스럽게 포함할 뿐 아니라, 우리가 대략적으로 나눈 세 가지 종류의 지식을 제공하기 때문이다. 첫 번째는 신성한 글을 통해 직접 얻은 하나님에 대한 지식이다. 두 번째는 인간에 대한 지식으로 역사, 시, 이야기를 통해 얻으며 나라와 도시의 관습을 통해 윤리를, 그리고 자치정부의 법칙을 통해 도덕에 관한 지식을 얻는다. 또 다른 위대한 지식의 한 분야가 남아 있다. 모든 젊은이들은 들판의 꽃, 공중의 새, 경로 안에 있는 별들, 일반적으로 관찰되는 무수한 현상들을 어느 정도 알아야 한다. 화학은 아마도 어떤 특정 직업을 가진 사람들을 위해 남겨져야 하겠지만 물리학에 대한 지식은 어느 정도 가지고 있어야 한다.

우리는 모두가 목표로 하는 나라를 위한 새로운 삶의 문턱에 서 있다. 그리고 양쪽에 광대한 지식의 범위와 정신에 대한 광대한 교육이라는 무한한 가능성을 마주하고 있다. 또 다른 확실성은 우리에게 지름 길이 없다는 사실을 나타낸다. 근육과 감각의 훈련이 아무리 필요할지라도 정신에 영양을 공급하지는 않으며 다른 한편으로 강연자의 장황한 설명은 내면화되지 않는다. 자기주도 학습 이외에 교육이란 존재하지 않는다. 오로지 어린 학생이 자신의 정신을 사용하여 공부할 때 정신이 영향을 받을 수 있다.

그러나 우리는 희망이 있다. 우리에게 놀라운 지경이 펼쳐졌으며 의회 학교의 수천 명의 아이들이 자유와 기쁨으로 놀랍게 배우고 있다. 아이들은 자기 자신의 교육을 관장했고, 지식 그 자체를 위해서 내가 언급했던 위대한 세 가지 분야의 지식을 탐내고 있다.

사실은 한 가지 위대한 발견이 우리에게 보증이 되었다. 알파벳이 발명된 이래 교육적인 발견으로 그 무엇보다 위대한 발견이라고 나는 생각한다. 위대한 발견의 기원에 관해 다시 한번 콜리지를 인용해 보자. 콜리지는 이러한 위대한 생각(ideas)을 공급받을 사람들에게 어떠한 자격증을 수여하지 않는다. 사실 그는 그들을 위대한 정신을 가졌다고 묘사하지도 않으며, 그들은 단지 위대한 생각(ideas)을 "사전에 받을 준비가 되어 있다."고 말한다. 만약 독자가 양해해 준다면, 나의 정신은 한 편으로, 즉 대략 학업 성취의 방향에서 비상한 무능력으로, 그리고 다른 한편으로는 일정 수준의 능력으로 단단히 준비가 되어 있다고 말하겠다. 그리고 이 무능력과 능력은 상당히 일반적이며, 아마도 이것이 교육 문제의 열쇠를 제공할 수 있다는 확신이 점차적으로 내게 분명해졌다. 아이들과 청소년의 정신을 시험하고 이해할 수 있는 특별한 기회를 위한 추가적인 준비가 마련되었다. 사람들은 우리의 방법이 너무 단순하고 명백해서 무작위로 도입하는 경향이 있으며 광범위한 독서는 '우리 모두가 얼마간 노력해 왔었던 좋은 생각'이며 자유로운 말하기는 '새로울 게 없는 좋은 계획'이라고들 한다. 그렇기 때문에 나는 이 발견에 대한 개념을 독자들 앞에 내놓기를 더 간절히 바란다. 우리 모두 읽고 그것을 다시 말하는 것은 호흡처럼 자연스러우며, 그 가치는 무엇을 다시 말하느냐에 따라 결정될 것이다. 지금까지 발견하지 못한 사실은 모든 사람 안에는 지식에 대한 엄청난 갈망이 존재하며 모든 사람에게는 측량할 수 없는 집중력이 부여되었으며 모든 사람은 지식이 문학적인 형태일 때 가장 좋아한다는 사실이다. 그리고 인간의 정신이 숙고해야 할 수많은 지식은 매우 다양해야 한다. 그러나 그 지식은 우리가 소위 부르는 '배우는 행위'에 의해서만 습득이 되고, 다시 말하기에 의해 장려되고 인정되며 더 나아가 시험을 통한 작문을 요구한다. 이것은 전혀 새로운 방법 아니라고 당신은 말할지도 모르겠다. 아마 작용하는 어떤 자연 법칙도 특별히 새로운 법칙으로 보이지 않을 것이다. 우리는 이미 비행을 당연한 일로 받아들인다. 그러나 비록 자연법칙의 작용 안에서 놀라운 게 없는 듯하지만 결과는 매우 놀라우며 그 시험대에 우리는 기꺼이 이러한 방법들을 제출하는 바이다.

"모든 것이 모두를 위한 것은 아니다."는 게 그 덴마크 애국자와 예언자의 슬픈 결론이었다. 의심할 여지없이 그룬트비는 형편없고 빈약한 어휘와 문학적 배경이 없는 사고의 영역에서 보이는 넘을 수 없는 장벽을 생각했다. 따라서 그는 우리나라의 예언자가 가치 있는 교육은 오직 엘리트만을 위한 교육이라고 선언했듯이 "모든 것이 모두를 위한 것은 아니다."고 말했다. 책은 보통의 사람들을 위한 게 아니라고 그룬트비는 결론을 내렸다. 그런 까닭에 젊은 덴마크인들은 그들의 나라의 문학과 역사에 정통하고 그들 자신의 정신의 기질을 전달할 수 있는 열성적인 사람들로부터 강연을 받았다. 얼마나 많은 영향을 받았는지 모르겠지만 교사의 입술을 통해 영양이 공급된 정신은 자신의 고기를 스스로 추구하는 사람들이 소유한 안정성을 가질 수는 없다.

하지만 만약 모든 것이 모두를 위한 것이라면, 만약 코메니우스의 위대한 희망이었던 '모든 사람을 위한 모든 지식'이 형태를 갖추는 과정에 있다면 어떨까? 우리는 수천 가지 사례를 통해 심지어 둔하고 뒤쳐진 아이들의 경우라도, 올바른 수준(주로 어린 독서가의 나이에 의해 결정되는 질문)의 책을 이해할 수 있다는 사실을 밝혀냈다. 책은 문학적 형태이어야 하며 아이들과 젊은이들은 읽은 내용에 대해 따로 설명을 필요로 하지 않는다. 독서에 몰두하는 동안 학생들의 주의력은 시들지 않으며 아이들은 한 번에 몇 페이지를 완전히 숙달한다. 그것이 천로역정이든 베이컨의 수필 중 하나이든 셰익스피어의 작품 중 하나이든 그 당시 혹은 몇 달 후에도 '그것을 다시 말하기' 할 수 있다. 두 사람이 같은 이야기를 하지 않다고 느낄 정도로 아이들은 다시 말하기에 개성을 나타낸다. 아이들은 생기와 문체를 가지고 쓰고, 말하는 방법을 부수적으로 배우며, 대개 철자도 잘 쓴다. 이렇게 다시 말할 수 있는 기술이 교육이며 강화하는 방법이다. 사실 우리 모두는 정신 안에서 대화, 강의, 설교, 기사의 요점을 검토하면서 그 방법을 실천하고 있다. 그리고 우리는 스스로 검토한 생각과 주장만을 보유할 수 있도록 지어졌다. 산만한 독서나 듣기는 재미있고 즐거울 수 있지만, 오직 이곳저곳에서 우리의 관심이 강하게 사로잡혀 있는 만큼만 교육적인 유익이 있다. 더 나아가 우리는 그렇게 검토한 내용을 보유할 뿐만 아니라 깨닫고 이해한다. 사실 우리는 '배움의 행위'를 수행했고 읽거나 들은 내용은 우리 자신의 일부가 되며 적절한 폐기물의 배설 후에 내면화 된다. 옛날의 그 유명한 사람들처럼 우리는 '사람들에게 적합한 지식'을 발견했다. 그리고 놀라운 사실은 최고의 형태로 전달된 지식이 최고의 지식이라는 사실이다. 그들 자신도 들어가지 않으며 들어가려고 하는 사람들도 방해하여 지식의 열쇠를 빼앗았기 때문에, 지금까지 우리 모두가 과거의 다른 교사들처럼 되었을 가능성이 있지 않을까?

오늘날 우리는 이러한 입장에 있다. 우리는 수행되어야 하는 배움의 행위가 존재한다는 사실을 깨닫는다. 이 행위가 없이는 아무도 배울 수 없으며 따라서 그 행위가 잘 수행되어야 한다. 이것은 마치 노래 부르기가 개똥지빠귀에게 알맞고 자연스러운 것만큼 평균의 아이들과 성인에게 알맞고 자연스럽다. 즉 '배우는 행위'는 진실로 자연스러운 기능이다. 우리는 대부분의 학교에 만연해 있는 태만에 대해 듣고 있지만 우리 앞에 알고자 하는 욕구에 사로잡혀 있는 젊은이들이 있는 한, 그들이 무엇을 알고 싶어 하는지 그리고 그들을 어떻게 가르쳐야 하는지 알아내지 않을 수 없다.

영어로 된 것이든 라틴어로 된 것이든 인문학적 교육은 행동에 강력한 영향을 미친다. 이런 종류의 지식은 어린이와 젊은이들에게 매우 환영을 받는다. 한 번만 읽어도 충분하기 때문에 많은 양의 범위를 다룰 수 있다. 이런 종류의 인문학적인 공부는 좋은 결과와 함께 시도되어 왔으며 만약 우리의 실업학교가 가치가 있으려면 그들도 이러한 방식으로 교육을 받아야 한다.

애초에 가정에서 교육받는 아이들의 유익을 위해 조직되었던 학부모연맹학교는 매 학기별로 발송된 시험지를 첨부하는 교육계획의 방식을 통해 운영된다. 전체는 아니더라도 동일한 작업이 의회 학교에 도입되었을 때, 특히 모든 계층의 아이들에게 공통 교과 과정을 제공했다는 게 이 방식의 분명한 장점이다. 이 교과 과정을 사용함으로써 우리는 가난한 학교의 빈민가의 아이를 자녀 교육에 주의를 기울였던 똑똑하고 부유한 부모의 아이와 비교해도 손색이 없다는 사실을 알 수 있었다.

현재 국가적인 어려움 중 하나는 공통된 사고의 근거나 성찰의 근거가 없다는 사실이다. 의심의 여지없이 많은 독서를 통해 공통

관심사의 연결 고리가 형성될 수 있을 것이며 학교 교실은 적어도 크리켓 구장(cricket pitch)이 하는 것만큼은 일상생활에 도움이 될 수 있을 것이다. 그 교육계획은 의회 학교에서 실제로 순탄하게 진행되었으며 이러한 학교들의 가장 높은 학년의 아이들은(표준 7단계) 대단한 성취와 커다란 기쁨을 가지고 배우고 있다. 학생들은 영어, 프랑스어, 일반역사(3권 또는 4권)를 읽고 다양한 관점에서 시민권과 도덕을 다루는 두세 권의 책을 읽는다. 당대의 역사 읽기와 함께하는 문학(여러 권)을 읽으며 자연사, 물리적 지리 및 과학(3~4권의 책)을 읽고 말씀(주로 성경)을 읽는다. 매 학기마다 새로운 읽기 교육계획을 제공하지만, 대부분은 이미 읽은 책들의 지속이다. 중등학교와 가정학교의 아이들은 4단계에서 1년 동안 시간을 보내지만, 실업학교의 상황에서는 1~2년 동안이 적당한 듯 보인다. 그 후에 더 발전된 교육계획(5단계와 6단계에서)이 동일한 방법으로 사용될 수 있다. 일반 학교의 따분한 배움과는 다르게 이 작업은 연속적으로 말하기와 논술의 기회를 젊은이들에게 제공해 주기 때문에 호소력이 있다.

상황의 요구에 따라 한 사람이 정확하고 친숙하게 사용할 수 있는 고유명사의 숫자만큼 교양교육에 대한 시금석으로 더 나은 시금석은 아마도 없을 것이다. 우리는 모두 '미스 오스틴(Miss Austen)'의 등장인물을 기억하는데, 버뮤다를 서인도 제도(West Indies)로 묘사해도 되는지 어떤지에 관해 그녀는 제시할 수 있는 어떤 의견도 없었다. 왜냐하면 그녀는 평생 그것들을 어떤 이름으로도 부른 적이 없기 때문이다!

자, 여기 13세 소녀의 시험 답안지에서 가져온 알파벳(수정되지 않은) 목록이 있다. 모두 213개의 적절한 이름이 포함되어 있고 정확하며 쉽고 흥미롭게 사용되었다.

Amaziah, Ariel, Ayrshire, Arcot, America, Austrian Army,Artemidorus, Antium, Aufidius, Auditors, Apotheosis, Altai Mts., Assouan, Africa, Atbara, Annulosa, Arachnoida, Armadillo, Albumen, Abdomen, Auricles, Angle, Arc.

Burns (Robert), Bastille, Bombay, Bengal, Burke, Black Hole of Calcutta, British Museum, Benevolence, Basalt, Butterfly Beetles, Blood-vessels, Berber, Blue Nile, Baghdad, Burne Jones.

Cowper, Calcutta, Clive, Canada, Colonel Luttrel, Cleopatra, Candace, Coriolanus, Cassowary, Cormorants, Curlews, Cranes, Calyptra, Cotton grass, Chalk, Conglomerate, Crustacea, Cheiroptera, Carnivora, Chyle, Centre of Circle, China Proper, Canton, Cairo, Cheops, Circe.

'Dick Primrose,' "Deserted Village," Dupleix, Demotic characters, Ducks, Despotic Government, Doctor Livingstone, Deposits, Delta, Diaphragm, Duodenum.

England, East India Company, Economical Reform, Europe, Emperor of Austria, Empress of Russia, Emu, Eastern Turkestan, Egypt.

France, Frederick the Great, Frederick William of Prussia, Flightless birds, First Cataract, Foraminifera.

Gadarenes, Gizeh, Great Commoner, George III, General Warrants, Governor General, Grace and Free-will, Greek language, Generosity, Gulls, Granite, Grubs, Gastric juice,

Globules.

Huldah, Highlands of Scotland, Herodotus, Hieroglyphics, Herons, Hoang-ho, Hedgehog, Hydrochloric Acid, Hydrocarbons, Heart.

Isaiah, India, Influence of light.

Josiah, Judah, Jehosaphat, Jerusalem, Jonas, Jonah, Jesuits, Jansenists, Japan.

Kunersdorf, Kuen Lun Mts., Kioto, Karnac, Khartum, Kolcheng,Kalabari.

Lord North, "Lords in Waiting" of Love, Land birds, Lamellre, Luxor, Lake Ngami, Loanda, Lake Nyassa.

Manasseh, Mongolia, Manchuria, Madras, Mahrattas, Member of Parliament, Middlesex, Methodists, Mississippi Company, Maria Theresa, Mummies, Microscopic Shells, Membrane.

Nagasaki, Nile, Nitrogenous food.

'Olivia Primrose,' Ostriches.

Pharisees, 'Primrose (Mrs.),' Philosophers Plassey, Pitt, Prime Minister, Pragmatic Sanction, Prague, Peace of Hubertusburg, Pity, Puffins, Penguins, Plovers, Pelicans, Plants, Polytrichum formosum, Peristom, Porphyric, Puddingstone, Pepsin, Peptone, Pancreas, Pulmonary artery, Pamir Plateau, Prairies, Pyramid, Portuguese West Africa.

Quilemane.

Rome, Rossbach, Rosetta Stone, Rhea, Rodentia.

Sea of Galilee, 'Sophia Primrose,' Surajah Dowlah, Seven Years' War, Silesia, Saxony, Secretary, Storks, Sandpipers,

Seedlings.
"The Task," Treaty of Dresden, Tullus, Trade Unions, Trustees, Treasurer, Tropical countries.
Ulysses, Ungulata.
Volcanic eruptions, Vermes, Vertebrate, Villi, Ventricles, Vernae Cavae, Vicar of Wakefield, Volscians, Vice President.
Wallace, Walpole, War of Independence, Wilkes, Whitfield, Wesley, War of the Austrian Succession, Water birds, Wady Halfa.
Yang-tse-kiang.
Zonga, Zambesi, Zorndorff.

이것은 '중등학교' 작업이지만, 독서 교육계획 안에 있는 모든 책을 읽을 수 없었던 실업학교의 젊은이들이 한 학기에 100개의 고유명사들과 일정 수준의 친밀감과 연관성을 얻을 수 있다고 가정한다면, 우리는 그들이 교양교육을 받고 있다고 믿을 수 있을 것이다. 이것은 우리가 14세에서 16세 사이의 학생들이 실업학교에서 실행하기를 바라는 종류의 작업이다. 16세에서 18세 사이의 미래의 젊은이들은 5단계와 6단계에서 하는 작업을 위해 준비가 되어야 한다.

시험 문제에 답을 잘하는 아이들이 최고의 아이들은 아니다. 일반적인 규칙은 모든 사람이 모든 질문을 다루어야 한다는 데 있다. 나는 단지 좀 더 인문학적인 과목들만 다루었다. 왜냐하면 예를 들어 수학에서 해야 할 일이 무엇이든 간에 실업학교 교장 선생님이 분명히 마련해 줄 것이기 때문이고, 실제로 초등학교에서는 이미 너무 많은 일들이 실행되었기 때문이다. 아마도 가상의 회계 장부를 작성해 보는 시도는 수학적인 재능을 보이는 젊은이들에게 충분한 연습이 될 것이다.

이 교육 방식의 도입과 계속적인 작업에는 책값 외에 어떤 비용도 들지 않으며 이들 중 젊은 임금 근로자들은 틀림없이 그들 자신의 책을 직접 구매할 것이다. 그래서 각 단계별로 각자가 자신이 읽고 이해하고 그 자신의 방식을 통해 알고 있는 작은 도서관을 형성할 것이다. 나는 일반사람들의 교육에 관해 어켄(Eucken) 교수의 말을 인용하기를 원하다.

"잠시라도 사람들을 교육한다는 것이 어떤 특별한 종류의 교육을 의미한다고 생각해서는 안 된다. 많은 대중의 필요와 이익에 적합하도록 영적이고 지적인 소유물에 대해 요약한 개요서를 준비해야 한다는 의미도 아니다. 대다수에게 나눠 줄 만큼 친절하다는 듯 거들먹 거리지만 실제로는 교육의 물약인 희석된 혼합물을 의미하는게 아니다. 아니다! …… 우리 모두에게 공통적인 교육은 단 한 가지 뿐이다." "우리 모두는 사소한 인간의 일상에 대항하여 영적인 세계를 건설하는데 단결할 수 있다. 따라서 진실로 인간교육의 가능성이 있고 따라서 일반 사람들에 대한 참교육의 가능성이 있다."

그 독일 교수는 우리 모두의 앞에 놓인 과제를 충분히 분명하게 알고 있었다. 그러나 그는 그것을 성취할 수 있는 가능한 방법을 알거나 제시하지는 못한다. 그리고 우리가 제시해 온 이런 종류의 교양교육을 제공하는 교육 이외에 다른 방법은 없다. 전신(電信)은 두 번 이상 발견될 수 없다.

우리가 항의를 했음에도 불구하고, 사실은 우리가 바로 실용주의 방향으로 가고 있는 셈이다. 왜냐하면 어떤 다른 공부도 '인문학' 만큼 보상이 되지 않기 때문이다. 이 점을 고려해 보자. 임금 노동자들 사이의 불안정과 불안함은 우리의 사회생활을 위협하는 심각한 위험이다. 영국의 어떤 변경 식민지에서 영국내 영토에서든 의회에서든 꾸준하게 활동하는 계층은 공립학교에서 교육받은 계층, 즉 '인문학'을 통해 길러진 계층이다. 이제는 그러한 계층이 있는 곳 이외에는 아무것도 이루어지는 게 없다고들 한다. 그러나 비록 그들이 국가적인 일을 많이 하기는 하지만 이들의 무감각과 부패에 대해서는 강력한 용어를 사용해야 할 것 같다. 그들의 결점은 명백하고 다양한데 내가 말했듯이, 대부분 공공의 일은 누구도 진보적이라고 칭할 수 없는 사람들에 의해 행해진다. 그러나 진보의 집착에 대한 개념을 혼동하는 게 아닐까? 우리는 움직임과 행동이 있는 곳에 반드시 진보가 있다고 가정하여 행동과 진보를 혼동하고 있지는 않은가? 우리의 많은 활동들은 바다의 파도와 같아서 항상 움직이지만 그 이상으로 전진하지는 않는다. 우리가 바라는 것은 뿌리가 아래쪽으로 깊게 내리고 열매는 위로 뻗어 나가는 성장의 고요한 진보이다. 그리고 인격과 행동의 이러한 진보는 환경이나 영향력의 조건을 통해서가 아니라 의식적이고 지적 노력으로 습득한 생각의 성장을 통해서만 얻어진다.

실업학교에서 이런 단단한 고기를 단지 조금 밖에 먹지 못할 가능성이 있다. 그러나 조금 먹은 양으로 얼마나 멀리 갈 수 있는지는 공립학교 남자들이 분명히 보여주고 있다. 신중하게 분석해 본다면 라틴어, 그리스어, 게임, 육상경기, 혹은 환경이 아니라 단지 영어(자국어)로 된 '인문학'만으로도 사회의 모든 계층에서 우리가 보고 싶어하는 안정성과 효율성을 가져다 준다는 결론에 이를 것이다.

우리가 옷을 만드는 데 주어진 원단의 크기는, 일주일에 7, 8시간이다. 기능공들이 14세에서 18세 사이에 학교에서 기능을 습득했던 동일한 시간에 시, 역사, 수필, 비극, 희극, 철학 등 '인문학'의 완전한 보충물을 페이지마다 책마다 습득하도록 할 수 있을 것이다. 인문학 교육이 고전적인 언어로 시행되어 왔지만, 일반 사람들은 단지 쉬운 영어만이 가능하다. 게다가 아무리 그리스 문학을 칭찬하는 게 온당할지라도, 엄밀히 말해 영국의 문학이 이제껏 보아온 세계 어느 나라 문학보다 뒤진다고 말할 수 없다. 우리는 사람들에게 최고의 정신의 사고를 공급할 수 있다. 그리고 배우는 사람들의 역할이어야 하는 의식적인 지적 노력, 즉 배움의 행위를 보장해 줄 수 있으며 바로 그것이 능력, 인격, 행동 안에서 열매를 맺게 된다. 주어진 시간 안에 사람들에게 장학금 혜택을 제공할 수 없을지라도, 틀림없이 성실한 영혼들은 이것을 능가하는 우수성을 얻을 수 있는 방법을 찾을 것이다. '문법(역자 주-그리스어, 라틴어 문법)을 갈고 닦는 것'을 포기하여 얻는 이익은 연관성으로 가득한 지적인 세계로 들어가는 감화와 기쁨이며 이것이 사람들이 가져야 하는 치유의 우물이고 기쁨의 샘이다.

소위 응집력이 강한 가치관이라고 부르는 사고의 공통 토대는 그 무엇보다 소중하다. 모든 사람들이 학창 시절에 읽었던 책에 나오는 공립학교 인물이 가진 사고의 배경이 바로 우리가 국가에 제공하기를 원하는 주된 내용이다. 이것은 피트(Pitt)와 폭스(Fox)와 친밀하게 해준 책들, '딕 스위블러(Dick Swiveller)' '빨리빨리 부인(Mrs. Quickly)', 수선화와 구름 그리고 마치 시인들이 보았듯이 나이팅게 일과 친밀하게 해준 책들을 통해서 가능하다. 또한 수천 가지 잡다하고 특별한 목적이 없어 보이는 장면들 그리고 오늘날의 사고와 사건을 올바르게 보도록 하는 사고의 배경을 형성하는 데 기여하도록 결합된 말들과 친밀하게 만들어 주는 책들을 통해서 가능하다. 이러한 이유로 우리는 공립학교와 마찬가지로 모두 같은 책을 읽는다. 이렇게 한 번 읽는 집중적인 독서로 인해 나머지 일생 동안 이 젊은이들은 그들이 마주쳤던 문구나 암시가 그들의 눈에서 빛나게 될 것이다. 그것은 '바다 혹은 육지에는 결코 없었던 빛'이다. 우리는 공립학교들이 조만간 고전교육에 일정 부분 영국의 문학을 추가하기를 희망한다. 그렇게 되면 정치 후보자들은 출세하고 싶은 욕구, 즉 모든 사람을 지배하려는 욕구 이외에 다른 호소력 있는 무언가를 가지게 될 것이다. 지금은 라틴어가 아닌 문학이나 역사적인 언급에 관한 결핍을 하원에서도 들을 수 있다. 이는 널리 알려진 교과서에 포함되지 않은 참고문헌은 일반 청중이 이해할 수 없다고 추측하는 사실에 기인한 게 아닐까? 만약 그렇다면 우리는 모든 것을 바꾸어야 한다. 일단 대중이 읽는다면 모든 계층이 읽게 된다는 의미이며, 공통의 새로운 지적 유대감에 의한 평화가 뚜렷이 나타나게 된다는 의미이다.

괴테는 "행동하는 무지보다 더 무서운 광경은 없다."고 말했다. 그리고 바로 이것이 오늘날 우리 모두를 경악하게 하는 광경이 아니겠는가? 대중이 오늘날의 왕인데 누가 그들의 권리에 이의를 제기할 수 있겠는가? 하지만 대중에게 철인왕(philosopher-king)이 될 수 있는 기회를 주자. 고대의 꿈에 의하면 철학자가 적합한 통치자 혹은 국민의 통치자이다. 희망적인 징조는 대중들 스스로가 부족함을 인지하고 그들을 구제할 수 있는 인문주의적 교육을 요구하고 있다는 데 있다.

4장
국력의 기초

국가적인 관점에서 본 교양교육

1. 지식

우리는 이따금 '평균의 아이'를 교육하려는 시도가 실패하는 데 주의를 기울였다. 따라서 이 문제와 다른 문제들을 좌우하는 한두 가지 기본적인 원리를 들여다보는 게 유용할 듯하다. 우리의 교육 개념이 이질적이고 일관성이 없다면, 자연스럽게 우리는 처음부터 잘못 고안된 작업을 시험하기 위해 개발된 뒤엉킨 평가계획을 가지고 있는 셈이 된다.

교육적으로 우리는 어려운 고비 가운데 있다. 우리는 얼마 전에 '다리를 건너서(Across the Bridge)'에서 6학년과 7학년의 기준을 통과한 총명하고 지적이며 이해가 빠른 남학생의 급속한 퇴보에 대해 들었다. 왜 그럴까? 우리는 묻는다. 산업 불안은 종종 노동자들 안에서 미덕, 즉 일종의 영웅주의마저 드러내기도 하지만, 한탄스러운 지식의 결핍, 즉 교육의 부족도 드러낸다. 노동자는 통찰력, 상상력, 성찰하는 힘이 거의 없어 보인다. 몇 년 전 번즈(Burns)가 공개

회의에서 지적한 '우리 모두가 최선을 다해서 저항해야 하는 위험한 경향'이 노동자 계층에서 나타나는 경향이다. 그는 "군중심리가 성장하는 중에 있으며 전시, 스포츠, 입법 등 어느 분야에서나 개인의 중요성은 점점 줄어들고 군중이 점점 더 중요해 지고 있다."고 말했다. 그리고 그는 다시, "오늘날 모든 현대 스포츠는 많은 군중들이 모여 다른 사람들이 경기하는 장면을 관람하는 경향이 특징이다. 그리고 그것은 단지 경기하는 장면 뿐만 아니라 삶의 다른 분야까지 확장되고 있다."고 말했다. 오늘날의 산업운동을 이보다 더 잘 진단할 수 있을까? 우리는 다시 묻는다, 그 이유는 무엇일까? 영연방 자치령에서 실패하는 공립학교 출신의 젊은이들에 대해서는 충분히 논의 했다. 그러나 종종 영연방 변경에서도 일정수준 성공한 공립학교 출신의 젊은이들이 지식에서 오는 통찰력, 상상력, 지성의 부족이라는 동일한 실패를 보이고 있지 않은가? 국내에 머물고 있는 사람들에 대해 말하자면, 1860년대와 1870년대에는 교육받는 남녀들의 '안색'에 대해 얼마나 많이 거론이 되곤 했는지를 기억할 정도로 나는 나이가 들어 이 글을 쓰고 있다. '지적인 안색', '세련된 안색', '고귀한 안색'은 매일 언급되는 사안들이었다. 이제 그 단어는 더 이상 쓰이지 않게 되었다. 아마도 그 단어가 의미하는 존재가 사라졌기 때문이 아니겠는가? 안색은 사고, 느낌, 지성의 발현이다. 그리고 오늘날 수많은 얼굴에서 우리는 이것들 중 어느 것도 읽을 수 없으며 육체적 안녕과 결합된 지루한 무관심만 읽을 수 있을 뿐이다.

만약 우리가 이런 불만에 근거를 가지고 있다면, 비록 내가 추측하기에 교육 현장에서 더 영웅적이고 헌신적인 다수의 교사들이 없었다 가정하더라도, 의심 없이 교육이 법정의 피고인이 된다. 교사들은 자기 자신을 위해 주는 자의 큰 축복을 소유한 사람들이다. 그러나 아이들, 즉 작고 가련한 영혼은 고통을 받고 있다. 양동이 가득 쏟아 부어지는 내용을 아이들은 아낌없이 받아들이지만 습득하는 게 별로 없다. 가르치는 일에 대한 열심이 부족하기 때문이 결코 아니다. 그러나 우리 안에는 지식을 평가절하하고 학생들을 평가절하하는 경향이 있다. 밀가루가 빵의 재료이듯이 지식이 교육의 재료가 된다. 물론 밀가루의 대용품이 있듯이 지식의 대용품도 있을 것이다. 무상급식의 시대 이전에, 나는 이트스 런던(East London, 역자 주-남아프리카 공화국 남부에 있는 항구 도시)의 한 여자아이에 대해 들은 적이 있다. 그 여자아이의 어머니는 두 자매가 등교할 때 저녁을 사 먹으라고 1페니를 주었다. 학교에서 여자아이는 선생님에게 반 페니의 아니시드 드롭(aniseed drops, 역자 주-초콜릿류 과자)이 반 페니의 빵보다 더 "뱃속에 더 남아 있어요."라고 털어 놓았다. 지금 우리 학교들은 필요한 지식을 얻지 못하는 아이의 '뱃속에 더 남게 하기'를 위해서 이런 초콜릿 과자인 점수, 상, 장학금, 파란 리본 등에 의지해서 가르치고 있는 셈이다. 그것이 요점이다. 아이는 빵과 우유가 필요한 만큼 지식이 필요하다. 아이의 지식에 대한 욕구는 아이의 저녁 식사에 대한 욕구 만큼이나 건강한 욕구이다. 그리고 다양하고 풍부한 지식의 정기적이고 빈번한 공급은 호기심 많은 아이 뿐만 아니라 자라나는 젊은이들에게 체질상 필수적이다. 하지만 우리는 아이의 배고픔을 '아니시드 드롭(aniseed drops)'으로 견디게 하고 있다.

우리는 이보다 더 심각한 잘못도 행한다. 우리는 "지식이 무슨 유익이 있는가? 아이에게 법정 변호사가 되게 하거나 벽돌공이 되게 하는 직업 교육을 제공하라. 그리고 아이의 교육과정에서 그리스어나 지리학 등 실용적인 가치가 없는것은 무엇이든 제외시켜라. 스포츠를 가르치고 직업을 위해 밧줄을 다루는 법을 가르쳐라. 그러면 당신은 아이를 위해 최선을 다한 것이다."라고 말한다. 자, 여기에 가장 해로운 오류는 아이들은 자기 자신의 유용함을 위해서가 아니라 오직 사회의 유용함을 위해서만 양육되어야 한다는 주장이다. 이제 교육적인 조건에 대한 조사에서 제기되고 반복되었던 질문들에 대답을 해줘야 한다. 우리는 너무 건조하고 제한된 삶으로 아이들을 내보낸다. 개인의 즐거움, 즉 삶의 즐거움은 교육의 주요한 목적이다. 소크라테스는 지식이 단지 하나의 자원이 아니라 즐거움의 자원이라는 의미에서 지식은 즐거움을 위한 것이라고 생각했다.

아이들이 지식을 얻는 목적은 자기 자신을 위해서이다. 사람들과 그들의 동기를 관대히 보는 힘, 성품의 위대함이 어디에 있는지 볼 수 있는 힘, 현재의 사건에 대해 유사한 역사와 문학으로 판단하여 예시하고 수정하는 힘, 진실로 종합적인 판단력을 가질 수 있는 힘, 이러한 것들은 정신의 분량에 따라 모든 사람의 능력 안에 있는 감탄할 만한 자산이다. 그리고 이러한 이득만이 지식이 제공할 수 있는 유일한 이득은 아니다. 자신만의 지적 자원으로 살아갈 수 있고, 지루한 시간(불안하고 슬픈 시간이 닥칠지라도)을 모르는 사람은 시간을 보내기 위해 화려한 오락에 의존하는 오늘날의 지적인 영양실조 시대에 부러워할 만한 사람일 것이다.

지식이 그렇게 우리에게 의미가 많은 것이라면, "지식이란 무엇인가?"는 독자가 제기할 수 있는 질문이 될 것이다. 우리는 오로지 부정적인 형식으로 대답을 줄 수 있을 뿐이다. 지식은 설명, 정보, 학식, 혹은 잘 저장된 기억을 의미하는 게 아니다. 지식은 마치 햇불처럼 정신에서 정신으로 전달되며 그 불꽃은 정신 안에서만 점화 될 수 있다. 잘 알다시피 생각이 생각을 낳는다. 생각(ideas)이 활성화되고 생각(ideas)에서 삶의 행동이 나온다는 말은 중요한 사상이 정신을 건드린다는 의미이다. 개혁의 필요성을 납득 시킬 필요는 없지만, 이제 우리는 개혁의 길이 보이기 시작했다. 아이의 정신에 대한 직접적이고 즉각적인 위대한 정신의 영향력은 아이의 교육에 필수적이다. 우리 대부분은 책을 통해서 원저작자의 정신과 접촉할 수 있다. 그리고 학교가 학생들에게 얼마나 지적인 자양물을 제공하는지 알고 싶다면 우리는 해당 학기 동안의 도서 목록을 요구하면 될 것이다. 만약 목록이 짧다면 학생이 충분한 정신의 양식을 얻지 못하고 있다는 뜻이며, 만약 목록이 다양하지 않다면 아이가 포괄적인 교육을 받지 못하고 있다는 뜻이다. 그리고 책이 원본이 아니라 간접적으로 편집된 책이라면, 아이는 자신의 지적인 성장을 위한 재료를 찾지 못하고 있다는 의미이다. 만약 책들이 너무 쉽거나 너무 직접적이면, 그래서 책들이 학생에게 스스로 생각해야 하는 내용을 노골적으로 알려준다면 아이는 읽기는 하겠으나 감상하지는 않을 것이다. 사람이 신체 에너지를 자극하는 데 필수적인 작은 분량을 흡수하기 위해 충실한 저녁을 먹어야만 하듯이 개인이 필요한 양분을 추출하여 지적 에너지를 활성화하기 위해서 풍부한 공급과 노골적이지 않은 표현 방식이 필요하다. 우리는 문학, 특히 시가 가지고 있는 독특하고 간접적인 교수법에 대한 최고의 권위자를 가지고 있다. 여전히 그리스도의 비유는 비밀스러운 말로 남아 있다. 세계의 지식 저장고에서 이보다 더 소중한 비유가 무엇이 있겠는가?

　우리가 아이들을 평가절하하는 습관은 얼마나 해로운지. 우리는 모든 책들을 희석시키고 문학적인 풍미를 제거한다. 왜냐하면 우리는 우리가 스스로 이해할 수 있는 내용을 아이들은 이해하지 못한다고 가정하기 때문이다. 더 심각한 잘못은 설명하고 확인 질문을 하는 데 있다. 다음과 같은 몇 가지 교육적 격언은 우리의 이해를 도와줄 수 있다. "설명하지 마라.", "질문하지 마라.", "학생들에게 자신들이 읽은 단락을 연결하도록 요구하라." 아이는 배우기 위해서 읽어야 한다. 교사의 역할은 아이가 배웠는지를 알아보는 데 있다. 일반화, 분석, 비교, 판단 등의 모든 활동은 정신이 스스로를 위해서 배우는 행위를 통해 수행하는 일들이다. 만약 이것이 의심된다면 잠자기 전에 한 번 읽은 제인 오스틴의 한 장이나 성경 한 장을 조용하고 조심스럽게 연관시키면서 우리 자신을 잠들게 하는 효과를 시도해 보기만 하면 된다. 이런 종류의 정신운동과 함께 오는 통찰력과 심상(心象)은 놀라운 것이다.

　내가 말했듯이 7살이 된 아이는 비록 읽을 수는 없을지라도 천로역정과 우리가 찾을 수 있는 최고의 책 6권을 단락별로 이해할 수 있다. 8살 또는 9살 때 아이는 한 번에 12권의 책, 즉 역사, 모험, 여행, 시에 관한 책으로 행복하게 배울 수 있다. 10살부터 12살까지의 아이는 깊이 있게 쓰여진 상당한 양의 영국과 프랑스 역사에 관한 책, 셰익스피어의 역사 희곡, 북방의 플루타르코스의 삶(North's Plutarch's Lives) 및 기타 가치 있는 십여 권의 책을 읽을 수 있다. 학년이 올라갈수록 아이의 독서는 좀더 방대해지고 어려워지지만, 누구나 15살,

17살, 18살 아이들에게 적절한 책이 무엇인지 알고 있다. 올바른 책들이 공급되지만 문제는 양에 있다. 독서 목록이 너무 빈약하면 전인적인 성장이 어렵다. 학기별로 많은 양의 최고 수준의 책들이 학교의 교과 과정에 제시되어야 한다. 아이가 6세부터는 나이에 비해 '교육받은 아이'가 되어야 하고, 아이는 자신이 공부하는 책을 사랑해야 하며 자신이 읽은 책에 대한 기말 시험을 즐겨야 한다는 게 내가 주장하는 요점이다. 주로 책을 통해서 길러진 아이는 적은 양의 책과 많은 강의로 교육받은 아이들과 비교해 유리하다. 그런 아이들은 관대한 열정과 열렬한 동정심, 넓은 시야, 건전한 판단력을 가지고 있는데, 왜냐하면 처음부터 그 아이들은 '전후를 생각할 수 있는 커다란 담화'의 존재로서 대접을 받았기 때문이다. 또한 아이들은 오전 시간에 공부를 쉽게 마치기 때문에 취미를 위한 시간도 많아진다.

현대 언어와 수학, 자연사 박물학에 대한 현장 학습, 수공예 등은 말할 필요도 없다. 학교들은 이러한 과목들을 다루는 데에는 상당히 의견이 일치한다. 라틴어와 그리스어와 같은 고전문학을 가르치고도 이외의 다른 작품도 다룰 수 있는 가능성에 대한 질문은 중요하다. 하지만 나는 독서를 해오고 사고를 해왔던 학생들은 어린 아이 때부터 시작된 거의 완벽한 주의력의 습관을 유지하기 때문에 고전문학에서 필요한 양의 공부를 훨씬 더 짧은 시간에 마칠 수 있다는 사실을 공립학교 교장들이 발견하는 길이 열렸다고 생각한다. 게다가 여러 과목을 다루며 배우고 있기 때문에 학생의 정신이 더 기민하다는 사실도 발견할 수 있을 것이다.

아마도 이를 깨달은 일부 교장들은 학과 성적과 지식의 차이를 구별하기 시작할 수 있을 것이다. 예를 들어 이것은 나폴레옹과 같은 실용주의적인 남자가 그림 그리는 방법도 알고 있었다는 사실에서 오는 차이이다. 아마도 '인문학'만큼 삶에 더 강력한 영향력을 행사할 수 있는 학문은 없을 것이다. 그리고 나폴레옹만큼이나 지식의 힘으로 세상을 정복한 예는 몹시 드물다. 책에 대한 지식이 실용적 가치가 없다는 주장에 대해서 나폴레옹은 최종적인 답변이 될 수 있다. 그의 경력 가운데서 어떠한 사건도 역사적인 전례와 문학적인 격언에 의해 권고를 받지 않았거나 영감을 받지 않았거나 설명되지 않았던 사건은 없었기 때문이다. 우리가 잘 알고 있는 바와 같이 나폴레옹은 학생이 아니었지만 정사에 몰두하는 가운데서도 호머, 성경, 코란, 시, 역사, 플루타르코스를 부지런히 읽었다.

국가들도 개인들처럼 진실로 책을 통해서 크게 성장할 수 있다. 젊은 여왕 프로이센의 루이제(Louisa)는 국가의 몰락이 나폴레옹 전쟁으로 인해서가 아니라 국가적인 무지 때문이라 인지했고 프로이센이 다시 일어서려면 그것은 역사 공부로 가능하다는 사실을 인지했다. 그에 따라 그녀는 메멜(Memel)에 체류하는 동안 스스로 근대 유럽의 역사를 공부하기 시작했다. 그녀는 마치 소작농 여인이 이해하듯이 빈곤을 이해했다. 그리고 칸트의 제자들은 프로이센 학생들에게 애국심의 의무를 불러일으키기 위해 도덕 연맹을 설립하기에 이르렀다. 피히테(Fichte, 역자주: 관념론을 대표하는 독일 철학자)는 긴급 소환장을 발부할 줄 알았다. 국가는 학생의 국가가 되었고 루이제(Louisa) 여왕의 아들이 독일 제국을 건설했다! 아, 그러나 애석하게도 '인문학'이 독일 땅에 금지 된 시대가 올 줄이야. 그리고 인류는 인문학을 추방했다! 한때는 고결한 교육관이 나라를 드높이는 공의였다. 하지만 우리는 뮌헨에서 발표한 타락하고 유물론적인 교육 이론으로부터 어떻게 전 세계적인 혼란과 재앙이 진행되었는지 발견하게 되었다.

우리 모두가 알다시피 덴마크인들이 문맹에서 벗어나게 된 이유는 나폴레옹의 충동에 빚을 졌기 때문이다. 우리 영국이 나폴레옹 보나파르트의 발톱을 깎으려는 수단으로 그들의 전함을 탈취한 후에 덴마크인들은 유럽의 첫 번째 수확자가 되기 위해 일을 착수했다. 이것은 그들이 학교와 실업학교에서 기술을 가르치는 대신 역사와 문학의 폭넓은 과정을 가르쳐 이루어 낸 것이다. 약 50년 전에 일어난 일본 혁명에 대해서도 역사가 보여줄 수 있는 더 나은 자질은 별로 없다. 이것은 문인들의 작품이었다.

우리가 다른 여러 동서양국가들에 뒤처지지 않으려면 다른 나라들이 그랬던 것처럼 우리도 덕에 지식을 더했어야(역자 주-베드로후 1:5) 했다. 그리고 이들 중 어떤 나라는 그렇지 않지만 우리는 여전히 사도적 교육 사다리의 밑바닥에서부터 올라갈 수 있는 능력이 있다. 우리의 믿음에 덕을 그리고 덕에 지식을 더하는 일은 우리에게 달려 있다. 위대한 나라의 젊은이들이 그러한 이상이 없이 자라난 전례는 없었다. 그러한 이상은 성숙하는 데 매우 느리며 주로 광범위하고 지혜롭게 지도된 독서를 통해서 이룰 수 있다.

2. 학문, 지식과 미덕

다음의 귀중한 편지의 일부분은 앞 장의 논쟁을 설명해 준다.

"그러나 한 가지 유감스러운 것은 고전문학의 교육에 있어서 한 단락 이상도 확장되지 않았다는 사실입니다. 저는 당신의 주된 관점이 모든 진실을 다루고 있음에 만족합니다. 그리고 저는 이 사실을 보여주는 작은 개인적인 경험 하나를 나누려고 합니다. 즉 그것은 우리 고유의 언어로 된 위대한 책을 아이들이 즐겁게 읽는 것 그리고 그들에게 매년 적절하게 주어지는 조기 독서교육이 훗날의 확장에 진정한 토대가 되었다는 사실입니다. 다음은 그것에 대한 예입니다. 저의 세 딸은 월터 스콧과 셰익스피어에 푹 빠졌었습니다. 후에 10살에서 12살 정도 되는 나이까지는 그녀들 스스로 플루타르코스의 생애(Plutarch's Lives), 번연(Bunyan), 디포(Defoe) 등을 섭렵했습니다. 같은 시기에 산술과 지리를 배우기를 거부했는데 전자는 단조롭다는 게 이유였고, 후자는 비록 아이들이 지리를 좋아하기는 했지만 아이들은 지리를 가르치는 기존의 시스템은 '지리학'이며 지리는 그 장소에 가서 배워야 한다고 주장했기 때문입니다. 저는 아이들에게 항변하는 것보다 더 나은 방법을 알고 있었습니다. 저는 아이들에게 자신들의 교과 과정에서 다른 과목을 대체해 보기를 온유하게 제안했고 그들은 당연히 준비된 문장으로 "바로 그거예요. 우리는 라틴어와 화성법을 배우고 싶어요."하고 말했습니다. 여기에 당신의 요점이 있습니다(애석하게도 그 줄인 단락에서).

'독서와 사고를 했던 학생들이 어린아이 때부터 시작된 거의 완벽한 주의력의 습관을 유지함을 고려해 볼 때, 고전문학에서 필요한 양의 공부를 훨씬 더 짧은 시간에 마칠 수 있다. 그리고 여러 과목을 다루며 배우고 있기 때문에 학생의 정신은 더 기민하다.'

6개월 후, 이 아이들은 내가 6년 동안 배운 것보다 더 많은 양의 라틴어를 매우 뛰어난 명성을 가진 저명한 학자들 밑에서 배웠습니다. 이들은 호레이스(Horace) 중 어떤 구절도 투척할 수 있었습니다. 이들은 처음 두 개의 에클로게(Eclogues, 역자 주-10편으로 된 Vergil의 목가)와 아이네이드(Aeneid, 역자 주-유랑을 읊은 서사시) 절반을 외우고 있었습니다. 그들은 키케로(Cicero)가 애티커스(Atticus)에 보낸 편지들을 '1페니 우편제'(penny post)로 여겼고, 세네카(Seneca)의 사생활에 대해서도 과도할 정도로 친숙했습니다. 하지만 이 모든 것이 그림이나 승마술, 저는 잘 알지 못하는 크리켓과 경마에 대한 아이들의 더 나은 권위를 방해하지 않았습니다. 이것이 예가 되는 일화입니다. 제 생각에 요점은 큰 사상과 큰 덕목을 가진 위대한 책들을 통해서 조기 교육을 받는 게 지식의 유일하고 진정한 토대, 즉 가치 있는 지식이라는 점입니다."

이 흥미로운 편지는 완전히 철저하게 논의되었다고 생각했던 질문으로 곧장 우리를 데리고 간다. 그리고 전문가들에 의해서 간과된 측면을 외부인이 볼 수도 있기 때문에 나는 조심스럽게 씨름해 보고자 한다. 공립학교를 향해 제기된 비난의 요지는 고전(역자 주-그리스어, 라틴어) 수업에 너무 많은 시간을 소모하기 때문에 다른 어떤 형태의 인문학 수업을 위한 기회가 없다는 데 있다. 그리스어를 포기함으로써 시간을 벌 수는 있다고 말하기는 쉽다. 그러나 애초에 유서 깊은 대학들로 이어지는 공립학교는 우리의 교육적인 성취이다. 다른 노력들은 실험적이지만 그러나 여기에서 분명한 사실은 자격, 문화, 그리고 능력 면에서 사실상 타의 추종을 불허하는 남성들이 이 교육과정을 통해 배출된다는 사실이다. 평균 문학학사 학위자들도 그의 동료들보다 더 나은 능력을 보이며 예술 학위에서도 다양한 방면에 한 개 이상의 능력을 나타낸다. 따라서 우리는 학문이 주로 지식을 내용으로 가져야 한다는 나의 본래의 주장으로 돌아가게 된다. 만약 웰링턴(Wellington)이 워털루에서 어떻게 이겼는지 말했다면 그 방법은 단지 전장뿐만이 아니라 이튼(Eton)의 교실에도 있었다고 말했을 것이다. 그리고 카이사르, 투키디데스, 프로메테우스 바운드는 민간 및 군사 분야에서 우리가 알고 있는 것보다 더 많이 승리했다. 조금은 단단한 고기가 유용하며 공립학교 평균의 아이도 유능한 사람이 될 수 있다. 그러나 능력은 있으나 무지하다면 그 사람은 자신의 나라나 다른 나라의 역사와 문학을 모르기 때문일 것이다. 그 사람은 지식은 저장고가 아니라 오히려 사람이 지식 안에 머물러 있든지 아니면 그 밖으로 벗어난 상태라는 사실을 깨닫지 못한다. 그런 사람은 학위를 따고 나면 책을 덮어 버린다. 아마도 신문을 조금 읽거나 한두 개의 잡지는 읽을 것이다. 그 외에 스포츠, 게임, 공연, 취업에 대한 관심으로 자신을 바쁘게 할 뿐이다. 이 평범한 아이에게 지식에 대한 맛과 향취를 보장해 주려면 무엇을 해야 할지 우리는 막연히 궁금하다. 우리는 그리스어를 빼고 다른 공부를 위한 여지를 주는 대안에 대해 곰곰이 생각해 본 후 "아니요." 라고 말한다. 2천년 전 그리고 그보다 훨씬 전에 이미 모든 것이 알려지고 완벽하게 말해졌다는 지식으로부터 문화는 시작되기 때문이다. 이러한 지식이 서서히 젊은이들에게 스며들어 그들이 지나치게 자만해지지 않아야 하고, "우리가 국민이다." 라는 노골적인 애국자의 외침에 합류하지 않아야 한다. 그리고 사람들을 아는 가장 좋은 방법은 그들의 말을 통해 무언가를 아는 것이다.

    유용성 때문에 국가적으로 엄청난 손실을 입었다는 사실을 기억해야 한다. 부자와 가난한 사람들이 위대한 3대 고전 문학 작품들 중 하나와 친밀해지고 익숙해진 시기는 그리 오래되지 않았다. 사람들의 생각은 색이 입혀졌고, 그들의 연설은 틀이 잡혔고, 그들의 행동은 '창세기'로 불리는 목가적인 짧은 서사시, 이사야의 열정적인 시, 요한의 신성한 철학, 바울의 수사학에 의해 어느 정도 다스려졌다. 또한 바울서신서는 다른 모든 성경들처럼 매튜 아놀드(Matthew Arnold)가 칭한 '장엄한 방식'에 해당된다. 여기 우리 문학이 소유한 최고의 것을 길어낸 순수한 영어의 수원이 있다. 여기 삶의 철학과 역사의 철학이 있으며 그리고 기초적인 지식 없이도 실천하고 있는 하나님에 대한 지식이 있다. 그리고 우리는 지배 계급이 섬기는 자로서 통치하는 법을 잊은 것에 놀라며, 위대한 문학 대신에 단지 글자를 읽는 사람들로 자란 노동자들이 무지에 어울리는 완악하고 무모한 행동에 놀란다.

그렇다면 다시 본론으로 돌아가자. 어떻게 하면 보통 공립학교 평균 아이의 무지를 지도하면서 고상한 문화도 유지할 수 있을까? 나는 다시한번 조심스럽게 강조해야 할 것 같다. 뛰어난 학생은 자신의 경쟁자들처럼 성적이라는 결과물을 내는 방앗간을 통과한 사람이다. 이제 장학금은 국가적으로 놓칠 수 없는 정교한 차별이 되었다. 그러나 만약 어떤 단체에서 모든 사람이 훈장을 받는다면, 누가 훈장을 다는 일에 신경을 쓰겠는가? 어떤 것들은 그것의 희귀성만으로 특별하게 된다. 그리고 학교가 장학금을 목표로 해서 달려가도록 하는 것은 이 다음에 어른이 되어서 가터(Garter)의 기사가 되려고 했던 어린 소년의 야망만큼 터무니없는 일이다. 그런 일이 있어서는 안 된다. 어떤 사람은 그들의 머리 모양이 증명하듯이 학자로 태어나기도 한다. 우리 중 일부는 그들이 받은 훈장을 흐뭇하게 여기지만 부러워하지는 않는다. 왜냐하면 학업 성적이 가장 좋은 것은 아니며, 그것이 반드시 지식을 얻는 정신의 중요한 시금석을 의미하는 게 아니기 때문이다. 박식함에 관해서라면 학업 성적은 제외시킬 수 있을 것이다. 우리의 현재 목표는 성적이 아니다. 수천 명 중에 하나인 우등생들, 영재들은 우리가 제공하는 식이요법, 즉 고전이나 현대 언어, 그 무엇이든 간에 어려워하지 않는다. 한가한 이야기, 인형극, 바람에 날리는 가장 미천한 꽃도 영재들에게는 충분하다. 어쨌든 그런 아이들은 스스로 잘 돌볼 수 있으니 우리는 평균의 아이들로 돌아가자.

아이는 그리스어와 라틴어를 배워야 하는 데 쉬운 방법은 있다. 내가 인용한 편지에 언급된 소녀들은 그것을 발견했다. 비토리노(Vittorino)가 가장 총애했던 그 여학생은 12살에 놀랍고 순전하게 그리스어를 말하고 쓸 수 있었고 더불어 어린 시절에 라틴어도 끝냈다. 그리고 그 소녀는 문법학교(grammar school) 과정을 거치지 않았다. 이탈리아와 프랑스 르네상스 시대의 학식 있는 여성들 중에는 누구라도 기막힌 업적의 목록을 가지지 않은 사람이 없었다. 우리는 그들이 아직 어렸지만 얼마나 일찍 결혼했는지를 알고 있고, 고전에 대한 지식이 풍부했다(너무 건전하지 않으면서)는 사실도 알고 있다. 그들은 2, 3개의 현대 언어를 할 줄 알았고 부상자들을 치료하고 아픈 사람들을 간호하고 약초를 준비하고 대가족을 건사하고 말을 타고 추격하며 도살도 했다! 그리고 정교하게 자수도 놓을 줄 알았다. 튜더 시대의 영국의 여성들도 마찬가지로 '제한 없는 교육을' 받았으며 배움을 유쾌하게 수행한 듯하다. 결코 학식이 높지 않았던 마리아 테레사는 라틴어로 연설을 했으며 마자르(Magyar) 귀족들과 라틴어로 대화가 가능했다. 그리하여 그들은 상대방의 언어를 알지 못했지만 응대를 할 수 있었다. 만약 이런 일들이 소녀와 여자들에게 가능하다면 소년과 남자들에게 얼마나 더 많은 일을 기대할 수 있겠는가!

우리가 지적으로 그들보다 더 낮은 것일까? 그들은 어떻게 그 모든 것을 이루었을까? 모든 사립 초등학교들은 방법을 알고 있다. 아마도 공립학교의 남학생들 중 '문학학사 학위 제1차 시험(Responsions)'을 통과하지 못할 사람은 거의 없다. 그 학생들은 그리스어에 한해서만 옥스포드 대학에 입학할 조건이 되어 있지 못한 것이다. 한번은 한 학교장에게서 다음과 같은 말을 들었다.

> "학생들은 이제 12살까지 시험을 목적으로 필요한 만큼의 라틴어를 합니다. 그리고 그는 그 다음 8년을 같은 일을 반복하면서 보냅니다. 영리한 12살의 아이라도 '문학학사 학위 제1차 시험(Responsions)'을 통과할 수 있습니다!"

뉴펀들랜드의 그 교장은 1905년 학교 보고서에서 '10월에 그리스어를 시작해서 1월에 옥스포드 문학학사 제1차 시험(Responsions)을 통과 한' 소년을 언급하고 있다.

어딘가에 누수가 있고 중복되는 부분이 있는데, 두 가지 다 성적으로 보상되는 시험으로 인한 것이다. 무언가 조치가 취해져야 한다. 왜냐하면 모든 화려한 기록을 가진 공립학교들은 평균의 아이들을 훌륭한 만능인으로 만드는 데 효과적이지 않기 때문이다. 더 좋을지 더 나쁠지 누가 알겠는가? 민주주의는 홍수처럼 밀려오고 있고 약한 곳을 강화하기 위해 서두르지 않으면 우리의 오랜 토대는 위기에 처할 것이다. 교육위원회는 아니더라도 서너 명의 학교장들이나 많은 사립 초등학교장들, 대학의 '교수'들과 공무원들(한때는 공립학교 남학생들이었고 지금은 그런 아이들의 아버지)은 이 문제를 자세히 검토하고 학과 성적에 대해 너무 높은 장려를 하지 않으면서도 고대와 현대의 학문을 보호할 수 있는 시험을 고안하고 있는 것일까?

    일단 교장들의 손이 연합되기만 하면 그들은 틀림없이 우리의 친구인 평균의 아이에게 평생의 자원을 열어줄 고전에 대한 지식을 얻을 수 있는 방법을 고안해 낼 것이다. 그리고 학생들은 '브래드워딘 남작'처럼 한 번에 서너 줄을 어려움 없이 읽을 수 있는 주머니용 책인 리비(Titus Livius)를 가지고 다닐 것이다. '테바이를 공격한 일곱 장수(The Seven against Tebes)', 아울리스(Aulis)의 '이피게네이아(Iphigenia)' 등 위대한 극작가들에 의해 남겨진 몇 개의 비극들은 학생들의 사고에 친숙한 배경의 일부를 형성하게 될 것이다. 학생들은 그리스어와 라틴어로 쓰여진 가장 좋은 작품들 중 일부를 인쇄된 번역본을 통해서나 혹은 일부 고수들이 알고 있는 방식인, 동시 번역의 형태로 구현한 문자 자체를 통해서 배우게 될 것이다. 그것에 보조를 맞추어 학생들은 현학적인 라틴어 문법에 대한 자신들의 몫을 할 것이며, 현재의 제한된 지식 안에서 두 세 권의 책을 해석할 것이다. 그러나 학생들의 한계는 인식해야 하며, 아이들에게 그리스어나 라틴어로 된 시를 짓도록 요구하지는 말아야 한다.

    한편 교사들은 학생이 수업시간, 방학, 그리고 여가시간에 읽어야 할 위대한 소설들 외에도 수백 권의 가치가 있는 책들을 친밀하게 배우도록 요구해야 한다. 각각의 책에 대한 학생의 지식은 구술이나 시 또는 산문으로 쓴 작문으로 평가할 수 있다. 죽은 '문법학자'의 업적처럼 '문법을 갈고 닦았다'는 것으로 성공적인 모든 학생들의 성취를 집계하고 있지만, 10년 내지 12년의 학교 생활은 이보다 더 많은 성취를 만들어 내야 한다.

나는 지금 대부분의 학교에서 제공하는 과학교육에 대해 함구하고 있다. 우리 세대는 아니었지만 지금은 과학이 지적 진보의 길처럼 보여지고 있다. 그러나 여전히 지금 우리는 인문학 지식을 주입할 필요가 있다. 사람들과 그들의 동기, 사건의 역사적 순서, 삶의 행동의 원리 등 시대의 위급 상황이 우리에게 소유하고 소통하기를 요구하는 게 사실 실용 철학이다. 이러한 것들은 경제, 우생학 혹은 그와 비슷한 종류의 지름길을 통해 도달할 수 없다. 이러한 철학은 여러 시절을 거친 시, 문학, 역사라는 파종을 통해 거둘 수 있는 수확이다. 국가는 현자가 절실히 필요하며 이 현자들은 교육을 받은 아이들로 만들어져야 한다.

3. 지식, 이성 그리고 반란

우리는 60년의 세월 동안 교육으로 매우 바빴다. 열심히 땅을 파고 가지를 치고 물을 뿌리지만 우리의 지식의 나무에는 무언가 잘못된 열매가 있다. 선하고 악한 교육의 열매는 모두 빈약하고 뒤죽박죽이어서 그것들 사이에서 선택할 수 있는 게 너무 적기 때문에 뛰어난 사람들이 그 열매를 가지고 무언가를 결정하기에는 어려움이 많다. 각각의 열매를 검토하는 과정은 시간이 걸리는 일이지만, 모험적으로 한 개만 검토해 보자. 그리고 무엇보다 무책임이 지금의 세대를 특징짓는다는 게 정당한 판정이 아닐까?

만약 이것이 사실이라면, 우리가 생각하도록 양육되었다고 모두가 생각하는 것을 볼 때, 우리의 교육은 잘못되었다. 사유 재산이 백주에 무모하게 손상된다면, 노동자들이 자신들의 사회 계층에 도움이 된다고 생각하고 조국에 중대한 부상을 입히게 된다면, 그리고 자신의 이익이 영향을 받지 않는 한 그렇게 되기를 좋아하는 사람들이 있다면 잘못된 교육이 비난을 받아야 한다. 슬프게도 사유 재산, 공익, 그리고 나라의 더 민감한 자산인 여론에 피해를 입히는 사람들은 모두 어느 정도로 교육을 받은 사람들이다. 그들 모두는 글을 쓰고 말을 명료하게 할 수 있으며 성실하지 않더라도 논리적으로 생각할 수 있고 특정한 능력을 발휘할 수도 있다. 전쟁이 많은 변화를 가져오고 우리에게 일시적 구원을 가져다 준 게 사실이지만, 전쟁보다는 교육이 우리의 유익을 보장해 주어야 한다. 그렇지 않으면 국가의 나중의 상태가 처음보다 더 나쁠 수도 있다.

당연히 우리는 조상들보다 낫지도 않고 못하지도 않다. 우리는 무지를 통해서 실수를 저지른다. "너희가 알지 못하여서 그리하였으며."는 사람들이 저지른 최악의 범죄에 대한 말씀이었다. 그리고 그 끔찍한 범죄는 논리적 결론에 대한 허울좋은 주장을 따르는 학문적인 무지의 습관 못지않은 이유로 저질러졌다. 현명한 동방 사람은 그것에 대해 확실히 알고 있었다. 루가드(Lugard) 여사는 "콥트(Copts, 역자 주-이집트 기독교 신자)에는 '태초에 하나님이 창조하셨을 때 모든 것에 짝을 더했다'는 속담을 소개하며 '나는 시리아로 가' 하고 이성이 말할 때 '나도 너와 함께 가' 하고 반란군이 말했다." 라고 말했다. 어떻게 다른 것들이 짝을 지었는지 더 추적할 필요는 없을 것이다. 그러나 여전히 이성이 논리적인 쟁점을 찾기 시작할 때, 반란을 동반하기 쉽다.

이성이 지식의 자리를 대신할 수 있고, 이성이 오류가 없으며, 합리적인 결론이 필연적으로 올바른 결론이라는 생각은 치명적인 오류이다. 이성은 주인이 아니라 종이기 때문에 충실한 하인으로서 행동한다. 일종의 '갈렙 볼더스톤(Caleb Balderstone)'처럼 주인에게 굽실거릴 준비가 되어 있고, 의지가 즐기기로 선택한 어떤 전제이든 논리적으로 증명해 보일 준비가 되어 있다. 그러나 의지가 바로 사람이고 의지가 선택을 하는 주체이다. 그리고 사람은 의지가 공정하고 분별력 있는 결정을 내리는지를 알아야 한다. 이것이 시인이며 위대한 철학자인 셰익스피어가 가르치기 위해 스스로 세운 원칙이다. 그의 '레온테스', '오델로', '리어', '프로페스토', '브루투스'는 한 가지 주제를 설교하고 있다. 즉 사람의 이성은 그 사람이 의도적으로 받아들이기로 선택한 어떤 관념을 확실하게 하기위해 증거들을 가져온다는 것이다. 우리에게는 탈출구가 없고 지름길도 없다. 어떤 요령은 배우는 데 시간이 걸리며 특히 삶의 요령은 더 그렇다.

노동자가 가족 단위만을 대표하던 시절, 그들은 이웃의 행동, 마을 의회, 법원, '선술집', 주간신문을 자세히 관찰하여 예배당에서 계속 지켜야 할 충분한 지식을 얻었다. 그러나 상황이 완전히 바뀌었다. 노동자 단체는 '사람의 지식 유무에 따라' 마비시키거나 몰아댈 수 있는 기세를 가지고 행동하는 노동조합이라는 수단으로 교육을 받았다. 지식이 없으면 이성은 사람을 광야로 데려가고 반란이 동무가 될 것이다. 사람이 비난 받을 일은 아니다. 당신의 정신과 당신의 추론하는 능력, 즉 자발적인 듯이 구는 이성의 작용 그리고 어떤 초기 관념을 옹호하여 논쟁을 거듭하는 이성을 보면 놀라울 뿐이다. 그러나 이 엄청난 무의식적 추론 능력에서 깨어났을 때, 그 사람의 결론은 반드시 옳다고 할 수 없으며, 오히려 지식이 없이 추론하는 사람은 날이 선 도구를 가지고 노는 아이와 같다고 어떻게 설득할 수 있을까? 그 사람은 자신의 이성에 따라 이런저런 종류의 자유를 획득한다. 그러나 다음과 같이 기록되지 않았는가? (역자 주-워즈워스의 시 'Obligations of Civil to Religious Liberty')

"아직은 아니야.
(이것을 가슴에 새겨라!) 영적인 것들이
무관심, 경멸, 두려움으로 길을 잃는다면,
너는 더 미천한 특권을 지지할 것이다,
가까스로 혹은 값비싸게 얻을지라도"

만약 그렇게 사람의 태도와 운명이 지식에 의해 형성된다면, 파악하기 어려운 그 실체의 본질을 더 깊이 탐구하는 게 좋을 것이다. 매튜 아놀드는 상식에 호소하는 세 가지 분류, 즉 하나님에 대한 지식, 인간에 대한 지식, 자연계에 대한 지식, 또는 우리가 말했듯이, 신학, 인문, 과학을 제공함으로써 우리에게 도움을 준다. 그러나 더 나아가 학문이 (앞에서 말했듯이) 지식을 주요 내용으로 하지 않는다면, 마치 학문을 어떤 그릇들, 즉 두들겨 만든 쟁반, 정교한 꽃병, 심지어 연고를 담는 하얀 석고 상자라고 말할 수도 있다고 나는 생각한다.

사람이 말이 없이는 생각할 수 없다면, 즉 말을 통해 생각하는 사람만이 확실히 자신의 생각을 표현할 수 있다면, 모든 계층의 남성들이 경험하고 있는 단음절 습관은 어떻게 설명하면 좋을까? 수

많은 여자들과 몇몇 남자들의 수다를 의미하는 게 아니다. 그것은 사고의 표현이 전혀 아니기 때문이다. 그리스인들은 사고가 말을 창시하고 말이 또한 사고를 창시한다는 사실을 인식하면서, 말의 사용과 힘에 대한 훈련이 교육의 주요 부분이라고 믿었다. 그들은 고대나 현대 어떤 언어에도 관심을 갖지 않았지만 그들 자신의 언어를 지켰을 뿐 아니라 그로 인해 완벽한 명철을 가졌다. 그들의 언어와 함께 국가의 위급 상황이 요구했던 지혜로운 율법, 승리하는 전투, 영광스러운 사원, 조각, 연극 등 다양하게 표현된 위대한 사고들이 나타났다. 위대한 사고들은 위대한 작품들을 예견하기에, 위대한 업적들은 이전에 글로 쓰여지고 언급되어 온 위대한 사고에 정통한 사람들에게서 나온다. 우리 수상들 중 가장 젊고 위대한 수상은 어떤 힘으로 '영국의 부흥'을 가져왔을까? 그는 성취된 수많은 불가능한 일에 대한 현재적 감각 그리고 현명한 행동을 필수적인 결과로 수반하는 지혜로운 수많은 말에 대한 현재적 감각으로, 즉 제한 없는 독서로 힘을 얻었다. 지식에 대해 모욕적인 평가절하로 인해 국가적으로 고통 받고 있다는 말의 의미는 모든 지식의 적절한 수단인 학문을 멸시한다는 말과 같다.

    우리가 가장 잘못 알고 있는 지식의 세 가지 부분을 살펴보자. 우리 중 일부는 매주 교회에서 듣는 설교에서 배우는 하나님에 대한 지식에 만족한다. 그러나 우리의 성직자들이 심지어 예술 학위를 소유한 능력을 가졌을지라도, 우리를 평화와 거룩한 목적에 대한 생각을 낳는 단어가 있는 더 고요한 지역으로 얼마나 높이 끌어올릴 수 있을까? 경배를 주일 예배의 주된 목적으로 삼는 것은 고귀한 이상이다. 그러나 '가야할 곳이 많은 길, 알아야 할 것이 많은 진리, 살아야 할 것이 많은 삶은 '불타오르는 언어'로 우리 앞에 제시되어야 한다. 그러나 우리는 "천둥소리와 같은 설교 강단이 나라의 영혼을 흔들었던" 지난 날의 설교자들을 기다린다.

교회가 삶이라는 지식을 충분히 섭취하지 못하게 하는 잘못을 범할 가능성은 있지만, 그러나 교회가 우리를 빈손으로 내보내지는 않는다. 우리는 어느 정도의 문학, 시, 역사의 양식을 얻는다. 그리고 한 구절, 한 문장이 우리를 위하여 하루를 밝힌다. 수단(Soudan)의 흑인 정복자는 "배우지 않으면 인생은 즐거움도 맛도 없을 것이다."라고 말했으며, 찰스 폭스(Charles Fox)는 "시는 모든 것이다."라고 말했다. 비록 이유는 정확히 알지 못하지만, 이러한 지식이 우리에게 유익하다.

그러나 우리의 지적인 삶에 있어 명백한 불모의 지역이 있다. 과학은 문학에 대해 "나는 아무것도 하지 않을 것이다."라고 말하고 있지만 과학은 우리 시대의 집착이 되었다. 무엇을 공부하든 뼛속까지 분해되어야 하며 생명의 원리는 벗어버릴 육체와 함께 간다. 그 과정에서 역사는 유통기한이 지나고 시는 탄생하지 못하며 종교는 희미해진다. 우리는 과학의 마른 뼈 위에 앉아서 이렇게 말한다. 여기에 지식이 있다. 알아야 할 모든 지식은 여기에 있다. 한 소녀가 왜 나뭇잎이 초록색인지를 설명하려고 애를 쓴 후에 "나는 그것이 매우 경이롭다고 생각한다."라고 시험지에 썼다. 그 어린 소녀는 과학을 중요하게 만드는 원리인 존경과 경이로움을 발견했고, 경이로움이 없다면 소녀가 가장 높게 여겼던 가치는 영적이지 않고 실용적이 된다. 세상의 경이로움이 눈앞에 생생하지 않다면, 아나톨 프랑스(Anatole France)의 소설에 나오는 매력적인 사람들처럼 돌말(diatoma)을 수집하는 편이 나을지도 모른다. 18세기에 과학은 살아 있었고 감정에도 민감했기 때문에 자연스럽게 문학에서 그 표현을 찾았다. 여전히 리스터(Lister), 파스퇴르(Pasteur)같은 사람들이 우리에게 감동을 주고 있다. 그리고 어떠하든지 우리는 한 과학 분야에서 인간애(원천에 있는 학문?)의 열정에 자극된 사람들이 기념비적인 일을 하고 있다고 느낄 수 있다.

그러나 대부분의 과학은 그 소녀가 배우듯이 감명을 주지 못한다. 과학적 발견의 효용성은 비록 우리의 저급한 탐욕에 매우 신속하고 통상적인 매력을 줄 수 있을지 몰라도 우리 안에 있는 최고의 것에는 호소하지 못한다. 사실과 수치와 증명이라는 수단을 통한 과학적 발견의 제시는 일반 청중들에게 증명된 요점 이상의 의미가 없으며 펼쳐질 법칙의 경이로움과 장엄한 영역을 보여주지 못한다. 우리를 가르쳤던 히브리 시인은 "곡식은 부수는가… 이는 하나님이 그에게 적당한 방법을 보이사 가르치셨음이며."(역자 주 이사야 28:26~28)하고 노래하며 삶을 영화롭게 했다. 콜리지(Coleridge)는 과학이나 문학에서 가장 깊은 내면의 비밀을 드러냈다. 즉 어떤 생각(idea)의 기원에 대해 그는 "자연의 개념은 자연보다 더 높은 힘에 의해 선택된 정신에 제시된다."라고 말했다. 무선전신 기술의 진정한 고유성에 관해, 그리고 그것이 얼마나 진정한 발견이었는지에 관해, 이미 거기에 있었고 내내 존재했던 발견에 관해 우리를 대신해 글을 쓸 수 있는 그는 우리 마음속을 불타오르게 할 수도 있을 것이다. 물론 문학적이기도 한 과학자도 많고 위대한 시만큼 영감을 주는 과학서적도 있다. 하지만 과학은 그 자체의 문학을 기다리고 있다. 우리는 부끄러운 무지 가운데 살 수 없고 우리에게 열려 있는 원천으로부터 얻을 수 있는 것을 얻어야 하겠지만, 현재 너무나 흔하게 가르쳐지고 있는 방식으로서 과학은 우리를 조악하게 사고하도록 만들고 좁게 판단하게 만드는 경향이 있다.

우리는 큰 격변의 시기에는 공동체의 이런저런 부분에 대해 비난하지 않는 게 유익하다고 들었으며 개인의 범죄에도 우리 모두가 책임이 있다고 들었다. 그리고 우리는 부분적으로 그것을 믿는다. 왜냐하면 우리의 조상들이 우리에게 그렇게 말했기 때문이다. 이처럼 선지자들은 하나님 앞에서 스스로를 겸손하게 하였고, 백성의 죄로 말미암아 자신의 지극히 큰 죄를 한탄하였다. 우리 역시 징계 아래 있을 때 유순하지만, 그러나 우리는 모호하고 진실 되지 못하기도 하다. 아마도 우리의 의무는 국민 생활에 대한 진지한 사고일 것이다. 우리는 사람이 떡으로만 사는게 아님을 깨달을 수 있다. 그리고 모든 계층의 사람들에게 '떡'^(또는 케이크!)은 단지 마지막 제안이라는 사실을 깨달을 것이다. 그러나 우리는 금전적 가치를 제외한 다른 가치에 대해 감각을 잃어가고 있다. 젊은이들은 더 이상 비전을 보지 못하고, "그것은 돈벌이가 된다."와 비례해서 직업의 매력을 느낀다. 아니 땐 굴뚝에서 연기가 나지 않는 법이다. 만일 우리가 더러운 소원과 낮은 야망을 가지고 나라의 아이들을 키워냈다면 모든 사람이 자신의 이익을 위해서 행동하는 현상에 놀랄 필요가 있겠는가?

우리는 신발이 죄일 때, 혁명의 고통 속에 있는 국가를 때때로 인식할 수 있다. 그러나 우리는 "산업 불안"의 원인과 그 불안정에 대한 대중의 올바른 태도를 알아내기 위해 애쓰고 있을까? 내가 보기에 진행 중인 혁명은 두 개의 갈퀴발 중 한 개에서 전개될 수 있다. 우리가 영국 사람의 특징으로 생각하기에 좋아했던 공정한 경기, 공정한 거래, 계약에 대한 성실함 따위와 같은 "영적인 것"의 손실로 사람들은 그들이 탐하는 '더 초라한 시민권'을 얻을 수 있었다. 그러나 이런 '더 초라한 시민권'도 마찬가지로 잃어버릴 지 모른다는 경고는 어떨까? 노동조합주의는 새로운 게 아니다. 수 세기 전 그리고 수 세기 동안 우리가 알고 있듯이, 영국과 유럽은 국가 안의 국가인 길드(guild, 역자 주-중세 시대 기능인들의 조합) 무역의 지배하에 있었다. 시일이 지난 지금에 와서도 우리는 그들이 굳게 잡았던 영적인 것들을 감탄할 여유는 있다. 그들의 종교 조직, 그들이 견습생들에게 제공한 철저한 훈련, 길드의 모든 구성원들은 공평한 무게와 측정 수단을 사용해야 하고 무엇이든 일류의 작품을 만들어내야 하는 의무 등이 그것이었다. 그러나 이러한 도덕적 안전 조치에도 불구하고 길드의 횡포는 참을 수 없게 되었고, 길드는 더 이상 쓸모가 없게 되어 망각의 심연으로 사라졌다. 사회주의에 대한 어떤 꿈도 러시아 마을보다 더 완벽한 조건을 제공할 수 있었을까? 그러나 이들도 역시 농노보다 더 억압적인 폭정을 확립했다. 그리고 미르(Mir, 역자주: 제정 러시아의 촌락 공동체)는 길드를 집어삼켰던 힌놈(Gehenna)의 골짜기에서 길을 잃고 사라졌다.

워즈워스(Wordsworth)의 예언적 시구는 우리에게 교훈을 준다. 이성이 정당화한 대의에 대한 만장일치, 용기, 헌신으로 수만명의 사람들 가운데 두드러진 몇 사람들을 위한 미천한 특권을 '가까스로 혹은 값비싸게 얻을지라도' 영적인 것, 즉 인생의 진면목들이 없어진다면 그들은 그와 같은 특권을 지지할 수 없을 것이다. 그러므로 우리는 현재 일어나는 운동이 더 나쁜 일에서는 쟁점이 될 수 있지만, 노동조합주의(unionism)나 신디칼리즘(syndicalism)에서 승리하지 못하리라고 예상할 수 있다.

여기에 기회가 있다. 우리는 노동자들의 무책임한 행동을 비난한다. 왜냐하면 그것은 가장 가난한 사람들이 빈곤하게 되고 다수의 노동자들이 본의 아니게 게으름을 피우도록 강제하는 무모한 방법으로 보이기 때문이다. 그러나 광부도 소유주도 아닌 우리들은 무책임한 생각이나 말을 우리 자신에게 허용하지 않을 수 있으며 우리에게 할당된 몫을 유화 정책에 공헌할 수 있을 것이다. 만약 여론에 영향을 주는 게 두세 사람의 의견일 뿐이라면 누구나 할 수 있는 일인 것이다. 우리는 그 모든 문제를 더 높은 차원으로, 즉 의무, 책임감, 형제애(모든 사람을 향한)와 같은 영적인 것들의 차원으로 끌어올릴 수 있다. 우리는 막연히 의식하고 있는 혁명을 방해할 수도 없고, 또 방해하려고 시도할 필요도 없다. 그러나 심플론 터널(Simplon Tunnel)의 어둠에서 롬바드(Lombard) 평야의 빛과 영광으로 우리를 이끌어 줄 바퀴의 회전을 도울 수 있을 것이다. 우리는 노동자들의 주장을 존중하면서도 그들의 요구가 너무 사소하고 그들의 요구가 중요하지 않다는 사실을 인식할 수 있다. 한 나라의 힘의 근간이 지식이라는 사실을 납득시킬 수 있는 경험에 대한 대가로 혁명의 충격조차도 과히 비싼 대가는 아니다.

4. 지식에 대한 새롭고 오래된 개념들

지금까지 내가 진전시킨 내용은 다음과 같다. '지식'은 확실하지 않고 아마도 정의를 내리기도 어려울 것이다. 그러나 지식은 사람들이 그냥 지나치든지 아니면 그들이 다시 돌아갈 수 있는 어떤 상태이다. 지식은 사람들이 끌어 모은 정보를 저장해 두는 창고가 아니다. 그리고 지식에 대한 배고픔은 빵에 대한 배고픔과 같이 보편적이다. 지식의 전달을 위해 최고의 사람들을 공급할 때는 경탄할 만하게 성공적이지만, 그러나 차선의 사람들일 때는 상당히 헛될 수 있다. 그리고 그들의 교육이 지식으로 풍요롭게 되지 못한 사람들은 정보(수치 및 기타 사실)를 저장하여 추론하는 능력을 사용하려고 시도한다. 그러나 지식이 없이 이성을 사용하려는 시도의 결과는 그야말로 참담하다. 현재의 곤경을 겪으면서 영국은 여러 가지 경제적인 이유로 양식 공급의 실패, 이 경우에는 정신에 적합한 양식 공급의 실패가 초래한 지적인 영양실조의 상태에 있다. 나는 권위 있게 제안된 세 가지 항목으로 지식을 훑어보았으며 나도 같은 내용을 주장하였다. 비록 지식을 구분한다 할지라도 그것을 운반하는 수단은 나누어질 수 없으며, 지식이 문학이라는 통로를 거치지 않으면 정신이 지식을 받아들이기 어렵다는 게 일반적인 사실이다.

그러나 우리가 알고 있는 바와 같이 지식에 대해 중세의 정신은 우리가 도달한 것보다 더 만족스러운 개념을 가지고 있었다. 현재 우리를 위한 지식은 이것과 저것의 지식을 갈기갈기 찢고 조각 낸 지식이며, 그 사이에는 지루해 지는 틈이 생긴다.

아마도 성경이 제공하는 흩어져 있는 단서를 연구한 학자적인 중세 정신은 예를 들어, 러스킨이 우리를 위해 가르쳤던 시모네 마르티니와 타데오 가디가 그린 위대한 프레스코화에 묘사된 숭고한 '범기독교의 철학(Filosofica della Religione Cattolica)'을 만들었으며, 이는 두 명의 반 에이크(Van Eycks)가 그린 '어린 양의 숭배(The Adoration of the Lamb)'에도 암시되어 있다. 첫 번째 그림에서 우선 기본적인 덕목과 기독교의 은혜를 통해, 그 다음 선지자와 사도들을 통해 오순절 강림을 배울 수 있다. 그리고 이것들 아래에는 일곱 개의 교양 과목을 대표하는 각각의 주요 인물들, 키케로, 아리스토텔레스, 조로아스터 등을 볼 수 있는데, 그들 중 누구도 기독교인이나 히브리인은 아니다. 여기서 우리는 (기초적이지 않은) 모든 지식은 위에서부터 온 것이며, 콜리지가 말한 것처럼 이미 그 지식을 받을 준비가 되어 있는 정신에 전달된다는 훌륭한 생각을 갖게 된다. 더 나아가 지식은 이교도의 정신인지 기독교인의 정신인지에 대해서는 질문하지 않고 준비된 정신에 이른다. 진실로 자유롭고 보편적인 생각(idea)은 인생의 진실들과 훌륭하게 조화되는 듯 보인다. 그리스인의 정신에 영향을 미쳤던 프로메테우스(Promethean) 우화가 숭고하고 더 명확하기까지 하다. 곤두박질하는 느낌으로 우리는 우리 자신의 임의적이고 무익한 관념으로 내려와 워즈워스와 함께 울고 싶은 유혹에 빠진다.

"전능한 하나님! 저는 차라리
낡은 신조에 빠진 이교도가 되는 게 낫겠습니다."

그리고 우리는 어떻게, 언제 도착할지 아무도 모르는 지식이 일관성 없는 입자로 도착한다는 막연한 믿음 속에서 고요히 앉아 있기 보다는, 하나님께서 인간에게 엄청난 대가를 치르고 지식의 선물을 가져다 주셨다는 사실을 안다. 지식은 정신과 마음의 움직임에 대한 새로운 통찰력, 삶의 법칙에 대한 새로운 인식, 인간의 조건에 대한 새로운 개선의 단서를 이곳 저곳에서 스스로 알아내는 사람 안에 저절로 생성된다.

우리가 지식을 잡동사니로 여기는 개념은 잡다한 교육 이론에 근거하기 때문에 앞서 언급했던 산타 마리아 노벨라(Santa Maria Novella) 교회 예배당의 그림에 대해 러스킨이 묘사한 구절을 인용하는 게 좋을 것 같다.

"……이쪽과 반대쪽 예배당에는 시몬 메미(Simon Memmi)의 손에 의해서 하나님의 영의 가르치는 능력 그리고 그리스도의 구원하시는 능력이 그의 시대의 피렌체(Florence)의 이해에 따라 표현되어 있다."

"먼저 지성의 쪽을 묘사하겠다. 아치 아래 성령이 쏟아져 나오는 밑에는 복음주의 세 가지 덕목이 있다. 피렌체인들은 이러한 것들 없이 우리는 과학을 소유할 수 없다고 말했다. 사랑과 믿음과 소망이 없이는 지성도 없다. 네 가지 기본적인 덕목 아래에는…… 절제, 신중, 공평, 용기가 있다. 이 위대한 선지자들과 사도들 아래에…… 줄 지은 선지자들 아래에 마치 그들의 목소리에 의해 소환된 힘들처럼 일곱 가지 신학적 또는 영적인 신화적 인물들과 지리학적 혹은 자연과학의 신화적 인물들이 있다. 그리고 그들 각자의 발 밑에는 세계 최고의 스승들이 있다."(피렌체의 아침)

즉 중세의 피렌체인들(Florentines)은 '성령님의 가르치시는 능력'을 믿었고, 일곱 개의 교양학과는 완전히 성령의 직접적인 부으심 아래 있다고 믿었을 뿐만 아니라 기하학이나 문법 또는 음악에서의 모든 생산적인 생각(idea), 모든 독창적인 개념은 신성한 원천으로부터 곧바로 파생되었다고 믿었다.

    우리가 그것을 받아들이든 그렇지 않든 상관없다. 그러한 지식의 발생에 관한 이론은 성경이 풍부하게 지지하며, 이렇듯 교육과 철학은 조화롭고 고상한 체계를 가지고 있다. 러스킨이 당면한 작업이 긴급하여 지식의 근원인 최종 출처를 더 깊이 탐구하지 못한 것은 유감스러운 일이다. 그러나 우리는 우리 스스로 탐구를 계속해 나갈 수 있을 것이다. 우리는 '성령의 가르치는 능력'이라는 설득력 있고 영감을 주는 관용구를 소유하게 된다. 우리가 현재의 안도감을 위해 이 중세의 철학을 잠정적으로 받아들인다면, 어떤 이득을 얻을 것인가?

    첫째로, 인류의 교육에서 목적의 일체감, 즉 진보적인 발전의 감각이 제공하는 엄청난 안도감이 유익이라 할 수 있다. 지식이 우리의 필요와 준비에 따라서 전달된다는 생각은 정신에 큰 안도감을 준다. 하나님께서는 준비된 사람의 귀에 속삭이시어 그 사람이 새로운 지식을 우리에게 전달하는 중개자가 될 수 있도록 하신다. "하나님은 우리 중 몇 사람의 귀에 속삭이십니다." 라고 '압트 보글러 (Abt Vogler)'는 말했으며 또 다른 시인은 '탐험가'(역자주- Rudyard Kipling 의 'The Explorer'시 중에서)를 울린다.

    "하나님은 그의 속삭임을 위해 나를 선택 하셨고 나는 그것을 찾았습니다.
    그리고 이제 그것은 당신의 것입니다!"

    그 다음으로 이런 견지에서 볼 때, 이 빛은 더 이상 신성하거나 세속적인, 위대하거나 사소한, 혹은 실용적이거나 이론적인 것으로 나누는 문제가 아니다. 준비된 만큼 우리에게 배당되는 모든 지식은 신성하다. 지식은 아마도 아름다운 전체일 수도 있고, 하나님과 인간 그리고 우주를 포용하는 위대한 연합일 수도 있다. 그러나 모든 것은 필수적인 각각의 기능이 있기 때문에 더 적거나 더 많은 면에서 단순히 비교가 되지 않는 많은 부분을 가지고 있다. 지식과 인간의 정신은 공기와 폐와 같이 서로를 위해 존재한다. 정신은 지식이라는 수단으로 생존하며 이러한 필수적인 공기를 빼앗기면 정신은 정체되고 약해지고 결국 소멸한다.

즉 이것은 "나는 이것이나 저것을 배우겠다, 나머지는 나의 관심사가 아니다."라는 선택이 아니다. 부모들이나 학교장은 여전히 아이가 지식 전체를 배우는 것을 제한하려는 시도를 더 많이 줄여야 한다. 정신의 영역에서 사람은 적어도 도덕이나 신앙만큼이나 신성한 주인 아래 있기 때문이다. 사람은 먹어야 하는 것처럼 알아야 한다.

다시말해 지적인 식단을 위해 규칙적으로 식탁 앞에 앉아 있는 일정한 기간인 학창시절은 따로 있지 않다. 따라서 매일의 생존을 위해서는 매일 먹어야 한다.

다음으로 지식이 소위 일컫는 '학습'과 혼동되어서는 안 된다. 학습은 지식이 없는 경우에도 여전히 사용 가능한 창고가 될 수 있다. 그러나 지식을 통해 사람은 성장하고 더 사람다워진다. 그것이 보여줄 수 있는 전부다. 우리는 때때로 지식으로 평판이 좋은 사람들의 단순함과 겸손함을 의아해 하지만, 그들은 그들의 빛을 숨기는게 아니다. 그들은 그 특별한 소유물에 대해 인식하지 않을 뿐이다. 그들은 자기 자신 외에는 보여줄 게 없다. 그러나 우리는 그런 사람들의 인격의 힘을 느낄 수 있다. 단호한 인격, 영향력 있는 청렴한 사람들, 결단력과 건전한 판단력을 가진 사람들은 나라 안에서 가장 필요한 사람들이다. 그리고 우리가 그러한 사람들을 공익을 위해 키우겠다고 제안하려면, 다른 무엇보다도 지식의 점진적인 습득이 중요한 조건이다.

인기가 있고 다양하고 유쾌한 '새로운' 교육 시스템이 선호되고 있으나, 이런 교육 시스템은 1갤런의 따뜻한 희석액에 한 알의 지식을 제공할 뿐이다. 아이가 무엇을 배우느냐가 문제가 아니라 어떻게 배우느냐가 중요하다는 이 이론은 마치 "아이가 무엇을 먹느냐가 중요한 게 아니라 어떻게 먹느냐가 중요하므로 톱밥으로 아이를 먹여라!" 라고 말하는 셈이다. 거기에 우리는 루소의 원시인 이론을 가지고 있는데, 그것은 마치 작은 횃불 전송자에게 전달되기를 기다리는 지식이란 없다는 듯 아이는 모든 지식을 자신의 감각과 재치를 통해 얻어야 한다는 이론이다. 영국 가톨릭에서 비롯된 이론도 있는데, 예를 들어 웨이벌리(Waverley) 소설 시리즈 중 하나에서 '마거릿 벨렌든'(Margaret Bellenden) 부인이 그녀의 소작농을 위해 제공한 스포츠가 전형적인 예이다. 이 젊은 남녀들은 어렸을 때부터 '유연하고, 활동적이고, 건강하며, 예민한 감각으로 춤과 노래를 할 준비가 되어 있었고, 눈과 귀를 통해 아름답고 지적이고 행복하고 유능한 사람들을 위해 준비된' 훈련을 받았다(나는 타임지의 귀중한 편지의 내용을 인용하고 있다). 모리스 댄스, 미인 대회, 영화, 기적극(miracle plays) 등을 가지고 우리는 스튜어트(Stuart)의 교육적 이상을 부활시키려 한다. 물론 우리는 일반적인 기쁨을 증가시킨다는 목적도 있다. 그러나 시대는 더 많은 것을 요구한다. 이것들과 다수의 다른 교육 이론에서 암시하는 일종의 자기 활동과 자기 표현에서 지식은 아무런 역할도 하지 않는다. 그리하여 도시 부랑아는 우리가 함양하기로 설정한 온갖 종류의 유쾌함, 기민한 지성, 말초적 즐거움을 완벽하게 보여준다.

"네가 얻은 모든 것을 가지고 명철을 얻을지니라."(역자주-잠언4:7)는 우리의 필요를 위한 말씀이다. 명철이란 어떤 의미에서 지식을 이해하는 정신의 의식적인 행위로서, 그것은 사실 상대적이며 사람의 정신이 제시된 지적인 물질에 작용하기 전까지는 어떤 사람 안에서도 존재하지 않는다. "어찌하여 깨닫지 못하느냐?"는 복음서의 반복적이고 가슴 아픈 질문이다.

국가적으로 우리를 괴롭히는 것은 우리가 이해하지 못한다는 데 있다. 무지한 사람들만이 아니라, 교육을 받은 남녀들 또한 잘못된 주장을 하고, 원칙에 대한 편견을 제시하며, 생각(idea)에 대해 상투적인 태도를 취한다. 이러한 실패가 무지함 보다는 성실하지 않은 결과라고 주장한다면, 나는 성실하지 않은 게 무지함의 결과라고 대답하겠다. 어두워진 지능은 명확하게 볼 수 없다. 러스킨에 따르면, '그날은 배우는 자들에게 달려있지만', 지식은 '시험을 통과하기 위해 벼락치기는 하지만, 결코 배우지는 못하는 자들의' 손쉬운 습득물이 아니다.

거의 모든 선생님들이 수행하고 있는 광범위하고 훌륭한 교육의 업무를 내가 비난하고 있다고 생각하지 않기를 바란다. 교사의 역량과 아이들의 지능에 감명을 받지 않고 초등학교를 들여다보는 것은 불가능하다. 나는 이미 공립학교에 무익한 찬사를 보냈으나, 내가 알고 있는 사려 깊고 잘 교육 받은 그 여고생에게 애틋하고 다정한 감사의 말을 덧붙이고 싶다. 너무나 함부로 겨냥한 터무니없는 비판의 새총과 화살을 그녀가 받는 것은 부당하다. 새로운 대학들에 관해서라면, 그들은 대륙 도시들에 위엄과 품위를 더해야 하는 수많은 지적 삶의 중심부 앞에서 우리 중 많은 사람들이 겪었던 오명을 제거해 준다. 새 대학들은 그 땅에 대한 희망으로 가득 차 있다.

의심의 여지없이 우리는 좋은 출발지점에 이르렀지만, 여정이 끝났다고 생각해서는 안 된다. 무지함으로 인해 우리 자신에게 했던 고소를 반복할 필요는 없을 것이다. 그러나 나는 지식의 관점에서 본 교육 현장을 더 면밀하게 조사하고 그 교육현장에 적합한 지식과 정신 안에 존재하는 타고난 친밀감을 위해 애를 쓸 것이다. 현재로서는 국가의 절실한 요구에 따라 '추상적인 지식'이 실용적인 사람들에게 소개되어야 할 필요가 있다. 관계의 학문을 이해하지 못한 일반적인 실패와, 방치되었던 '사물의 비율에 대한 과학'이라는 또 다른 형태의 지식을 이해하는 데 실패했기 때문에, 이 '직무집행 영장(mandate)'이 발행되었다고 여기자.

5. 교육 그리고 삶의 충만함

전쟁 전에 파리를 공포에 떨게 했던 악명 높은 도둑은 "나는 나의 인생을 살아야 했다."고 말했다. 그리고 우리는 종종 이런 종류의 말을 '인형의 집(역자 주-입센의 희곡)'이 '자기 표현'에 대한 숭배에 위엄을 부여하기 전부터 들어왔다. 그럼에도 불구하고 보노트(Bonnot)라는 도둑은 사회에 나쁜 영향을 끼쳤는데, 잘 정리된 잘못된 이론은 나쁜 예시보다 더 위험하기 때문이다.

우리는 일반적인 비용으로 자신의 인생을 살아간다고 말하는 남자와 집안의 성가신 일과 고충으로 인생을 살아갈 여자 아이에게 신물이 난다. 그러나 사람의 인생이 어떠해야 하는지 고려하고, 각 개인에게 자신의 인생을 살아갈 수 있는 기회를 제공해 수 있는 절호의 기회는 열려 있다.

우리가 하고 있는 게 바로 이것이다. 우리는 올바른 열쇠로 아이들에게 자연에 관한 책을 열어주려고 노력한다. 이 열쇠는 많은 양의 지식은 아니더라도, 생김새와 이름을 통해 새와 꽃과 나무에 친밀해진 지식이다. 우리는 또한 시의 마법이 지식을 활력 있게 만든다는 사실을 알고 있다. 아이나 어른이나 물푸레나무 싹에 검은색을 더하며 '갈라진 벽 속의 꽃'에 부드러운 경이로움을 더하고 종달새의 노래에 흥분을 더하는 시를 인용할 수 있어야 한다. 북부 마을의 수많은 야외 자연연구회에서는 베를 짜는 사람, 광부, 기능 보유자의 회원들이 뛰어난 식물학자, 조류학자, 지질학자들로서 자신을 드러낸다. 그들의 토요일 산책은 '생명'을 의미할 뿐만 아니라 찬란한 기쁨을 의미한다. 소풍에 더 많이 참여할 수 있도록 학교에서 제공하는 기회들이 여성들을 잘 준비시키길 희망한다. 현재 수행된 현장학습은 그들의 인내와 얕은 학식에 비해 너무 철저하다.

또 다른 방향에서도 우리는 아주 잘하고 있다. 우리는 뛰어넘기든 고공비행이든 우리가 대지와 확립하는 모든 역동적인 관계가 기쁨의 이유가 되도록 지어졌다. 우리는 이것을 보기 시작했고 수영, 춤, 하키 등 현재의 기쁨과 영구적인 건강의 모든 수단들을 격려하고 있다. 또 우리는 인간의 손이 섬세함, 방향, 힘을 가하는 백 가지 동작에 사용될 수 있는 놀랍고 정교한 도구임을 알고 있다. 그러한 모든 움직임은 실행의 즐거움과 성공이라는 승리로 이끌기 때문에 기쁨의 이유가 된다. 우리는 이것을 이해하기 시작하고 공구의 능숙한 취급과 공예 연습에 젊은이들을 훈련시키기 위해 얼마간의 노력을 기울이고 있다. 언젠가 상업에서 견습제가 부활하고 훌륭하고 아름다운 일이 시행될 수 있을지도 모른다. 지금까지 우리는 각자가 '자신의 인생을 사는 것'을 보장하기 위해 전력을 다해 왔다. 그리고 이것은 이웃의 희생을 통해서가 아니다. 왜냐하면 이 세상의 섭리는 놀라워서 사람이 진실로 자신의 인생을 살 때 그 사람은 자기 자신 뿐만 아니라 이웃에게도 이익을 주기 때문이다. 우리 모두는 각 개인의 행복 속에서 번창한다. 또한 사람은 조화로움과 선율에 맞춰진 귀와 음악을 내는 목소리와 매혹적인 배열을 통해 소리를 만들어 내는 섬세한 손을 부여 받았다. 고대 그리스인처럼 우리는 음악이 교육에 필수적인 부분임을 깨달았다. 회화도 마찬가지이다. 마침내 우리는 누구나 그림을 그릴 수 있고 즐거워 한다는 사실을 깨달았다. 따라서 누구나 그림 그리기를 배우는 게 좋다. 또한 사람은 누구나 그림 감상을 좋아하기 때문에 교육은 아이에게 어떤 그림을 감상할지를 가르치기 위해 관심을 가져야 한다.

일이 임금보다 낫다고 인식하기에 사람은 노래하고 춤을 추고, 음악과 자연의 아름다움을 즐기고 자신이 보는 것을 스케치하고 자신의 훌륭한 손재주에 만족하며 정직하게 손으로 일을 할 수 있다. 다양한 방면으로 삶을 살수록 사람은 더 행복해질 수 있다. 이 모든 일에는 지성의 유쾌한 역할이 수반된다. 사람의 정신은 기분 좋게 발휘되며 종종 흥분이나 열정으로 자신이 하고 있는 일을 생각한다. 그 사람은 "나는 내 인생을 살아야 한다."고 말하며 자신에게 열려 있는 수많은 방식으로 살아간다. 다른 어떤 인생도 그 사람을 충만하게 공급하기 위해 가난해지는 일은 없으며, 오히려 행복에 대한 기쁨의 총계는 공감과 모방을 통해 증가한다.

이것은 학교에서 그리고 공공의 정신에서 달성하려고 하는 일종의 이상(理想)이다. 그로 인해 다음 세대는 타인의 인생을 침해하지 않으며 자신들의 인생을 살아가는 많은 방법들을 공급받을 가능성이 커진다. 이것이 교육과학에 대한 우리의 공헌이며 이것의 가치는 매우 크다. 사람은 먼저 자기 자신의 유용함을 위해서 양육되고, 그 다음에 사회의 유용함을 위해서 양육되어야 한다. 사실 가장 완벽하게 '자신의 인생을 사는' 사람이 타인에게 가장 많은 도움을 주는 사람이기도 하다. 왜냐하면 그 사람은 자신의 인생을 살아가는 데 이용되는 수많은 유익한 활동을 위한 공급을 그 자신 안에 포함하고 있기 때문이다. 게다가 사람이 자기 자신만의 자원으로 살아갈 수 있다는 사실에는 공동체에 반대적인 이점이 있다.

그러나 사람은 보기 위한 눈, 즐길 수 있는 마음, 사용하기에 즐거운 팔다리, 완벽한 수행에 만족하는 손만으로 이루어진 게 아니며, 이 온갖 종류의 삶은 완전히 타락한 사람들을 제외하고는 모두에게 어느정도 개방되어 있다. 그렇다면 갈망하고 굶주리고 불안하며 만족을 모르는 정신은 어떻게 된 것인가? 사실 우리는 아이에게 학창시절 동안 기계적으로 읽는 기술을 가르칠 뿐 실제로 독서를 가르쳐 주지는 않고 있다. 아이는 집중력과 어휘가 부족하고 자신의 삶을 넘어선 다른 삶을 상상하는 습관도 거의 형성되어 있지 않다. 축구 경기에서 입장료 수입을 더해보는 게 모험과 기분 전환에 관한 아이의 개념이다.

사실 우리는 인간 본성의 권리를 가진 모든 사람에게 존재하는 광대한 영역의 주변부만 단지 고려했다. 우리는 정신을 방치하고 있다. 우리가 뇌를 고려할 필요는 없을 것이다. 적절하게 영양을 공급 받고 적절하게 운동이 된 정신은 신체 기관이 제대로 물질적인 영양을 공급 받는 한 육체적인 기관들을 돌본다. 그러나 훨씬 더 큰 잘못은 우리 자신의 정신과 아이들의 정신을 부끄러울 정도로 굶주리게 하는 데 있다. 정신은 영적인 문어이며 정신의 작용으로 지식이 될 엄청난 양의 배급을 얻기 위해 사방으로 다리를 뻗는다. 그 무엇도 정신의 무한한 다양성을 지루하게 만들지 못한다. 하늘과 땅, 과거, 현재와 미래, 위대한 것과 미세한 것, 국가와 사람, 우주 등 모든 것이 인간의 지능 범주 안에 있다. 그러나 우리가 보는 바와 같이 이해의 행동 중에, '물질'이 지식으로 전환된다는 속성에 관해 의심할 수 없는 불문율이 존재하는 듯 보일 것이다. 로고스(Logos)에 대한 생각(idea)은 고대 그리스인들에게 우연히 온 게 아니었다. 삼위일체의 제2위격에 적용되는 '말씀'은 무의미한 호칭이 아니다. 그분에게서 쏟아진 모든 말씀이 더할 나위 없이 훌륭한 문학적 특징을 나타낸다는 사실은 의미심장하다. (들려준 찬송가에 대해 한 아이는 "그것은 시가 아니에요. 예수님께서 훨씬 더 잘 말씀하셨을 거에요."라고 논평했다.) 그리스도는 당신의 위엄 있는 사명을 표현하실 때 "당신이 나에게 하신 말씀을 그들에게 전하였습니다." 라고 말씀하셨다. 그리고 그때 한 제자는 "영생의 말씀이 주께 있사오니." 하며 나머지를 표현했다. 그리스인들은 말이 재산보다 행적보다 더 중요하다는 사실을 우리보다 더 잘 알고 있었다. 그리고 모든 고대 민족들에게 수사학은 권력이었던 것으로 보인다. 날조된 이야기라고 멸시했던 위대한 옛 격언이 저절로 되살아나고 있다. 어떤 현대인이 그러한 격언을 만들어 낼 수 있겠는가? 사람이 세상을 움직이지만 사람을 움직이는 동기는 말로 전달된다. 자, 사람은 사용하는 고유명사의 수에 의해 제한되며, 적절한 표현으로 자질이 인정된다. 이것은 단순히 현학적인 판결이 아니며 우리가 인간 본성이라고 부르는 불가해한 신비에 속한다. 그리고 '말이 아닌' 쉽볼렛(shibboleth, 역자 주- 에브라임 사람을 길르앗 사람과 구별하는 발음으로 쓰임)를 동반한 현대 교육 개념은 본질적으로 타락하고 있다. 인간의 지능은 빵에 대한 배고픔 이상으로 학문과 문학을 요구한다. 굶주린 이스라엘 사람들이 산헤립(Sennacherib, 역자 주-앗수르 왕)이 버리고 간 전장의 음식에 달려들었듯이, 이제 막 해방된 흑인들이 어떻게 책에 달려들었는지 아직도 생생한 기억 속에 남아 있다.

독서를 통해 양분을 공급 받은 사람은 '자신의 인생을 사는' 능력을 가지고 있다. 기계적인 노동은 반드시 고독하게 수행되며 광부나 농부들이 항상 파고 있는 갱도나 쟁기질하는 고랑을 생각할 수는 없다. 그러나 '하트 오브 미들로디언'의 재판 장면과 가이 매너링에서 '난잡하게 떠들어대는(high-jinks)' 장면을 스스로에게 그려볼 수 있는 사람은 얼마나 만족스러울 것인가? 상상력이 '앤 페이지'나 '빨리빨리 여사(Mrs. Quickly)'와 함께 놀 수 있으며 '내밀한 영혼이 거룩한 긴장을 반복하기 때문'에 그 사람은 일을 더 잘하게 된다. 특히 노동하는 사람들이 이런 일들을 한다. 많은 사람들이 풍부한 경험을 통해 "정신은 나의 왕국이다." 라고 말한다. 그리고 많은 사람들이 브라우닝이 '파라셀서스(Paracelsus)'에서 말했던 "하나님! 당신은 정신입니다. 지도자에게 정신은 소중합니다. 나의 정신만 홀로 남겨 주십시오."를 요구한다. 우리는 세인트 크로스 병원 바닥을 포장한 타일에 "정신을 소유하라."(Have mynde)가 어떻게 새겨져 있는지 알고 있다. 그리고 정신은 육체와 같이 고기를 먹어야 한다.

믿음은 약해지고 힘겨운 길 위에서 소망도 희미해지지만 사랑은 강하게 차오른다. 우리가 만약 백만장자의 소유를 취해서 대중에게 줄 수 있다면 모든 사람을 백만장자로 만들 수도 있을 것이다. 의심의 여지없이 인정 많고 모험적인 로빈 후드와 같은 장관이 일어나서(이미 일어났을지도?) 그 방식을 취했을 것이다. 그러나 모든 것이 사회적 개선의 방식으로 실행되었을 때에도, 우리가 사람들을 정신이 즐거운 곳에서 삶을 지속하게 만드는 문학으로 교육하지 않는다면 '그들의 인생을 살도록' 할 수는 없을 것이다. 어떤 사람들은 "이론적으로는 이 모든 것이 매우 훌륭합니다. 하지만, 대중을 보세요. 그들이 문학교육을 받을 능력이 있습니까? 그들은 신문투(journalese)로 말합니다. 따라서 책의 본질적인 어떤 것이라도 그들의 이해력에 맞게 물로 희석시켜야 하고 완충제를 넣어주어야 합니다." 라며 반대한다. 그러나 노동자들이 신문투로 말하는 이유는 오로지 신문이 그들의 수준에서 진솔하게 그들을 충족시켜 주기 때문이 아니겠는가? 어떤 교육이나 어떤 인생도 그들의 여정에 책을 제시하지 않았다. 그리고 그들이 제시된 문학적인 어투를 유일하게 채택한 사실은 문학에 대한 타고난 경향성을 입증한다. 모두가 알고 있는 최종 권위자에게 호소하는 게 필요한 듯하다. 심지어 소크라테스도 비난했던 수많은 군중에게 예수님께서 가장 심오한 철학을 드러내셨을 때, 의심의 여지 없이 우리도 몹시 의아해했다는 사실을 언급해야만 하겠다.

발신인에 대한 사과와 함께, 타임즈의 주간지에 재인쇄되는 영예를 가졌던 나의 글에 대해 '어떤 노동자'로 서명되어 부쳐진 편지를 언급해도 될까? (어쨌든, 그런 저널을 노동자들이 쉽게 접할 수 있음은 좋은 일이다.) 그 사람은 "이 나라에 교육을 가게 운영과는 다르게 여기는 사람이 아직 남아 있음에 감사합니다."라고 했다. 그러나 지식을 그 자체로 소중하게 여기며 지식을 성공의 수단으로 삼기를 싫어하는 노동자들이 있다는 사실에 아마도 우리가 감사해야 할 것이다.

사실, 문학은 내재된 친밀감에 반응하기 때문에 보편적으로 호소력이 있다. 알다시피 젊은 테니슨, 드 퀸시스 그리고 그와 같은 부류의 사람들은 굉장한 독서가들이다. 이들은 스스로 책을 뒤적일 능력이 있다. 그러나 문학 교육이 긴급하게 필요한 대상은 보통의 둔하고 늦된 아이들이다. 이런 아이들의 정신은 문학에 반응하지만 다른 호소에는 반응하지 않는다. 이런 아이들은 다방면의 지식에 열린 마음을 가진 완벽하게 지적인 사람으로 자란다. 지능이 학력을 초과하는 노동자들에게도 문학은 지식에 접근할 수 있는 수단이 된다. 읽고 쓰고 요약하는 원리들을 배웠기 때문에, 다른 '비루한 원리들'로 괴로울 필요가 없다. 타고난 지능과 성숙한 정신은 어려움이 발생할 때 그것들을 다룰 수 있도록 해준다. 더 자세한 설명을 위해서 노동자 모임은 백과사전을 가져야 할지도 모른다. 어떤 사람들은 자연스럽게 배움에 임하여 라틴어 문법, 그리고 유클리드 삼각법, 키케로와 함께 담대하게 고군분투할 것이다. 얼마나 행복한가! 따라서 남녀노소, 모든 계층과 모든 인종의 정신을 위한 문학은 보편적인 정신의 굶주림을 만족시키는 긴요한 매일의 요구사항이며, 이것을 방치하면 감정적인 장애가 생기고, 그 결과 당혹스러운 악이 초래 된다는 게 일반적인 결론이다.

6. 문학 형태의 지식

나는 지금까지 지식은 사람에게 필수적이며 그것이 물리학에 대한 지식이든 문학에 대한 지식이든 어린 단계에서 지식은 문학적 매체를 통해 전달되어야 한다고 주장해 왔다. 왜냐하면 정신에는 이러한 형태의 호소에 반응할 준비가 되어있는 내재하는 특성이 있는 듯하기 때문이다. 내가 어린 단계라고 말하는 이유는 아마도 한번 정신이 주어진 문학 형태에 친숙해 지기만 하면, 정신은 무의식적으로 가장 건조한 공식도 살아있는 언어로 번역하기 때문이다. 수학만이 이런 문학적 제시의 규칙에서 벗어나는 데는 어떤 이유가 있기 때문인 듯 하다. 수학은 음악과 마찬가지로 그 자체로 화법이며, 그 자체로 논리가 분명하고 절묘하게 명료하며 정신의 요건을 충족시키는 화법이다.

문학을 교육의 핵심으로 여기는 것은 새로운 게 아니며 젊은 사람을 도서관으로 바꾸는 게 그 사람을 교육하는 것이라는 제안도 새로운 게 아니다. 그러나 우리는 이제 오도가도 못하게 되었다. 정신이 지식을 요구하는 것만큼 필연적으로 정신은 체계와 질서 있는 표현을 요구한다. 그리고 아마도 우리 교육적 재난은 악착스럽게 권고되는 어떤 무계획적인 체계도 받아 들인 데 기인할 것이다.

그러나 지적인 분야든 그렇지 않든, 어느 누구도 노력의 질서와 방법 그리고 목표를 가리키는 철학 없이는 살수 없다. 이것을 발견하지 못한다면 우울증에 빠지거나 더 적극적인 광기에 빠지게 될 것이다. 그래서 우리는 여기에서 격언을 저기에서 좌우명을 다른 곳에서 어떤 개념을 찾아내어 우리가 원칙이라고 부르는 전체를 잡동사니로 만든다. 우리의 알몸을 가릴 만큼의 거추장스러운 조각들과 백 가지 구절들은 언제나 비루한 철학에 기반을 둔 인생을 배반한다. 당연히 사람들은 그들의 말보다 낫고 그들의 생각보다 낫다. 우리는 스스로를 '유한한 존재'라고 말하지만, 사람들의 관대함과 고귀함에 한계가 있을까? 얼마 전, 우리를 슬프게 했던 "이것이 바다에서의 법칙이다."(역자주: 타이타닉 호 선장의 명령, Women and Children First to the lifeboats)의 다급한 말은 온유한 기사도와 완전한 자기 희생에 대한 얼마나 멋진 광경이었는가! 인간의 본성이 우리를 저버린 게 아니다. 우리를 저버린 것은 철학이며 교육이라고 불리는 응용 철학이다. 오래된 철학이든 새로운 철학이든 모든 철학은 우리를 진퇴양난에 빠지게 한다. 우리는 스스로 우리 자신의 본성과 상태의 완벽을 꾀하거나 다른 사람을 위한 희생을 통해 우리의 상실이나 악화를 만회한다. 만약 다른 수단이 있다면 철학이 그것을 선언하지 않을 것이다.

우리는 다음의 몇 가지가 절실히 필요하다. 우리는 새로운 가치의 척도가 필요하다. 우리 모두 제1차 세계대전 전에 몇몇 백만장자들이 어떻게 '타이타닉'의 재난에서 몰락했는지 읽었을 때, 많은 돈이 중요하지 않다는 사실 뿐만 아니라, 그 많은 돈이 백만장자들에게도 중요하지 않았다는 사실을 느꼈다. 아마도 그들은 끊임없는 피로로부터 완전한 해방을 느꼈으리라고 나는 추측한다. 우리는 더 나은 인생을 원한다. 우리의 인생에는 충분한 생명이 없다. 우리는 마음을 사로잡는 큰 관심사를 가지고 있지 않다. 우리는 한 약속에서 다른 약속으로 서두르고, 시간과 인생이 얼마나 진행되고 있는지 보기 위해 슬쩍 시계를 들여다볼 뿐이다. 일주일이 빨리 지나간 듯해 보이면 우리는 승리를 느낀다. 필연적인 종말이 우리에게 모든 달려갈 길을 마치는 기쁨을 줄 수 있을지 누가 알 것인가? 우리는 소망을 원한다. 우리는 어떤 욕망의 대상 때문에 흥분하여 바쁘게 살지만, 우리가 얻는 즐거움은 노력에 있지 성취에 있지 않다. 예를 들어, 전쟁 전에 우리는 암묵적인 이해를 가지고 대륙 남학생들의 자살 건수에 대해 읽은 적이 있다. 무엇을 위해 살 것인가? 우리는 다스려 지기를 원한다. 하인들은 '명령'을 받고 싶어하며 군인과 남학생은 훈련을 즐긴다. 엄격한 궁중 예법에는 만족이 있다. '명령을 실행 중'이라는 사실이 인격에 위엄을 더한다. 반란을 일으킬 때, 그것은 단지 우리의 충성을 다른 곳에 전가한다는 의미에 지나지 않는다. 우리는 새로운 시작을 원한다. 우리는 우리 자신에 대해 그리고 모든 사안들에 어떻게 행동하고 어떻게 느낄 지를 미리 알려고 하는 데 지쳤다. 우리가 거의 무의식적으로 바라는 변화는 다른 목적, 즉 사물을 바라보는 다른 방식들이다. 우리는 우리가 가능성의 여지가 많다고 느끼며 다른 조건들이 우리에게 그 여지를 줄 수 있을 것이다. 우리는 모르기 때문에 어떤 식으로든 불안하다. 이것들이 우리를 억압하는 두세 가지 암묵적인 문제이며 우리는 그러한 영적인 문제들을 다룰 철학이 필요하다. 우리는 아무리 힘들더라도 영적인 문제들의 요구에 부응할 수 있어야 한다고 믿는다. 왜냐하면 실패가 우리 자신이나 인간의 본성에 있지 않고 상황에 대한 제한된 지식에 있기 때문이다.

타락에 대한 소문은 우리를 낙담시킨다. 그러나 그 소문에 충분한 근거는 있는 것일까? 가보로 내려온 아름다운 작은 가운은 집안에서 애지중지 자란 '신성하게 키가 큰' 수많은 딸들에게 맞지 않을 것이다. 우리는 솔직하고 진실하며 친절하게 되었다. 우리의 양심과 우리의 관용은 병적이다. 우리는 모든 사람의 복지에 대한 지나친 걱정 때문에 잠을 이룰 수가 없다. 우리는 심지어 선량한 사람을 행여 죽게 만들 수도 있는 과도한 위험도 무릅쓴다. 거의 모든 사람이 선악에 대한 질문 없이 파멸을 위해 목숨을 건다. 그리고 우리는 소방관, 의사, 구명정 담당자, 교구 목사, 심지어 일반 대중으로부터 그에 못지않은 기대도 한다. 그리고 전쟁이 배출한 사람들의 훌륭한 아량은 얼마나 주목할 만한 예증인가!

바다에서의 위험에 대한 골치 아픈 연구는 다른 사람이 위험에 처해 있는 한 아무도 자신을 구해서는 안 된다는 판결을 초래할 지경이다. 말이 되지 않음에도, 인간의 본성이 스스로에게 그것을 기대한다. 우리는 전체가 타락하지는 않았으며, 우리의 불안은 아마도 성장통에서 비롯되었는지 모른다. 우리는 비참한 자들일지 모르지만, 열정적인 헌신으로 충만한 삶을 살 수 있는 기회가 우리에게 열린다면, 우리는 노래를 부르기 시작할 준비가 되어 있다. 이제 우리의 절박한 요구는 성경에 쓰여진 말씀과 인자의 나타나심에 의해 충족된다. 그리고 우리는 세계가 아직 알지 못하는 그런 기독교를 기다리고 있다. 지금까지 그리스도는 우리의 유익을 위해 존재해 왔다. 그러나 만약 우리 또한 주님의 '오리엔탈 향유'를 맛봐야 할 때가 온다면 어떨까. 왕이 우리 가운데 계실 때 "나의 주시여!" 하는 외침이 있을 것이다. 그리고 그것에 대한 예감이 없겠는가? 그러나 이러한 것들은 기도와 금식에 의해서가 아니라 선한 일과 자기부인을 통해서만 온다. 이 모든 것들에 앞서 우리 주님은 고통스러운 절박함으로 요구하신다. "어찌하여 알지 못하느냐? 어찌하여 깨닫지 못하느냐?"

내가 우리의 가장 친밀한 관심사를 언급하려는 이유는 이 문제도 역시 문학의 영역에 속하기 때문이다. 만약 우리가 지식을 추구하고자 한다면 으뜸이 되는 지식의 중요성을 인식하면서 질서 있게 진행해야 한다. 우리 모두는 우리 시대의 영혼에 감동되기 때문에 필자는 글을 쓰고 독자는 읽는다. 이러한 것들은 우리의 비밀스러운 집착이다. 왜냐하면 우리는 '사소한 일에 지친 사람들'로서 오랜 소외에서 벗어나 새로운 시대를 맞이할 준비가 되어 있고, 또한 새로운 시대를 열망하고 있기 때문이다. 우리는 길을 알고 있고 도로 교통법을 어디서 찾을 수 있는지 알고 있다. 그러나 우리는 우리의 연구에 새로운 열정과 새로운 방법을 가져와야 한다. 우리는 더 이상 여기저기에 발을 담가보고 사용할 수 있는 조언이나 위로의 말을 찾기 위해 형식적인 단원을 읽을 수 없다. 우리는 인생의 모든 기회, 지성의 모든 요구, 영혼의 모든 불안감을 충족시키는 완벽한 철학의 발전을 바라보면서 연구에 몰두하고 있다.

기록된 '말씀'에 대해 판단하는 오만함과 서너 장의 말씀도 다룰 수 없을 정도로 얄팍한 지식은 신성한 가르침을 반복해서 연습하는 여섯 문장의 산상수훈으로 한정하는 것이며, 이것은 비난 받아야할 부조리이다. 적어도, 플라톤의 제자들이 스승의 지혜로운 말에 심오한 관심을 기울였듯이 우리도 그리스도의 가르침에 심오한 관심을 기울이자. 손에 공책을 들고 질서정연하고 점진적인 배열 안에서 관통하는 특성과 거부할 수 없는 호소력의 신성한 가르침의 내용을 관찰하자.(이러한 목적을 위해 말씀의 본문에서 복음서 역사의 대략적인 연대기적 배열 중 일부를 사용하는 것이 좋을 수 있다) 당연히 이득이 따라오겠지만 그 이득을 위해서 읽지 말자. 지식에 대한 사랑은 수천 개의 금과 은보다 더 좋은 것이다. 이 지식이 인생에서 주된 요소이다. "보라, 내가 만물을 새롭게 하노라." 하시는 그리스도의 말씀의 의미가 우리에게 밝히 떠오를 것이다. 우리는 사물의 상대적 가치에 새로운 생각을 얻게 될 것이다. 새로운 활력, 새로운 기쁨, 새로운 소망은 우리의 것이다.

만약 우리가 지식이 으뜸이며, 지식이 세 부분으로 이루어져 있고 가장 근본이 되는 지식은 하나님에 대한 지식이라는 사실을 믿는다면, 우리는 우리의 자녀를 하나님의 학생으로 양육하게 될 것이며, 우리도 똑같은 학교에서 평생을 지속하는 학문을 추구하게 될 것이다. 그러면 우리를 위해 준비된 매주일의 설교는 굶주린 사람들에게 빵과 같다. 그리고 우리는 아마도 성직자에게 생생하고 독창적인 생각을 요구하는 게 얼마나 큰 것인지 이해할 것이다. 과학과 '자연'이 이러한 주된 추구에 도움이 되려면 우리가 개입되어야 한다. 그런 다음 '성직자들의 위대한 선포'가 따라온다. 그러나 으뜸이 되는 지식에 대해 무지할 때, 그러한 선포도 침묵에 잠긴다. 문학과 역사는 항상 논의할 만하고 제안할 만한 큰 사안들을 가지고 있다. 왜냐하면 문학과 역사는 도덕적인 정부와 도덕적 무정부의 상태나 단계를 다루기 때문이며, 암묵적으로 이 모든 난해한 세상에 유일한 열쇠를 제시해 주기 때문이다. 또한 문학은 인간 정신의 가장 깊은 부분을 드러낼 뿐만 아니라, '삶의 모범과 예의범절을 가르치는'데도 유익하다.

우리는 갈림길에 서 있다. 어린아이들을 잘 알고 사랑하는 최근의 한 교육의 권위자는 상상력에 호소하는 모든 이야기와 역사를 버렸다. 아이들이 사물을 통해 배우도록 하는 게 그녀의 의무가 되었다. 그리고 메세지를 전달하는 매력과 부드러움은 황폐하게 만드는 메세지의 특징에 우리를 눈멀게 할 것이다. 우리는 루소(Rousseau)는 물론 그의 작품 '에밀(Emile)'을 잘 알고 있다. 과거에 대해 아는 게 없이 스스로 자족하는 사람은 비전도 없고 어떤 권위도 허용하지 않을 것이다. 그러나 아이들 안에 있는 인간의 본성은 18세기 철학자나 그가 계속해서 가르치는 이론보다 더 강하다. 아이들에게 동화를 들려준 사람은 누구나 문학에 대한 자연스러운 친화력을 인식하게 되고, 문학이 바로 우리가 진력해야 할 사명이 된다. 우리는 진정 말씀이 고기보다 더 귀하다는 사실을 믿을 수 없는 것일까? 만약 그렇게 믿는다면, 우리는 분연히 일어서서 아이들이 정신의 자유로운 식단을 가져야 한다고 주장해야 하지 않겠는가? 잘못된 비유와 잘못된 주장에도 불구하고, 루소는 유럽 전역의 상류층 어머니와 남성들을 교육의 대과업으로 소환할 수 있었다. 왜냐하면 그의 유창한 화술은 이것이 부모들에게 부여된 과업이며 성취할 만한 일이라고 설득시켰기 때문이다. 그리고 아마도 더 선명한 눈을 가진 우리는 다음 세대의 교육이 모든 시대의 주요한 과업이라고 확신하는 이 유산을 소중히 여기는 데 최선을 다할 것이다.

우리 자신이 바로 물질주의의 구렁텅이로부터 건짐 받은 사람들이건만, 우리는 여전히 '실용적'이고 '유용한' 교육 기관을 통해 아이들을 힘겨운 길로 몰아넣고 있다. 그러나 아이들은 자신들의 권리를 가지고 있으며 정신의 도시에 대한 자유는 그 권리들 가운데 하나이다. 모든 수단을 동원해서 아이들로 하여금 사물을 알고 사물을 통해 배우게 하라. 그러나 아이들이 문학을 더 배울수록, 적절한 가르침과 함께 사물을 더 잘 다룰 수 있게 된다. 나는 아이의 배움 전체가 가능한한 최고의 문학적 매체를 통해 전달되어야 한다고 말하는 데 주저하지 않을 것이다. 아이의 역사책은 최고 수준의 문학 작품의 특징처럼 명쾌하고, 흡입력 있고, 설득력 있고, 솔직하고, 놀랍도록 단순하게 쓴 책이어야 한다. 지리학 서적도 마찬가지다. 현재 유행하고 있는 소위 지리학을 가르치는 과학적인 방법은 대지와 다소 지나치게 까다로운 관계에 두도록 계획되어 있다. 그런 수많은 책들에서 만나는 문장들은 인간의 지능이 소화하기 불가능하지만, 단순한 기억력이 그것을 보유하고 있으므로 아이는 사이비 지식을 제공하는 사람의 잘못된 태도를 취하게 된다. 대부분의 지리책들은 문학적인 형식으로 전환되어야 소화될 수 있다. 도표와 도해에 대단한 신뢰를 두고 있지만, 아이들이 퍼즐을 즐기고 이해하듯이 도표를 즐기며 이해하는 것은 사실이나 아이들의 정신 속에 도표와 그것이 나타내는 사실 사이에 커다란 간격이 생기기 쉽다. 우리는 사진, 환등 슬라이드, 영사기 화면도 상당히 신뢰한다. 그러나 수고가 없이는 소득도 없는 법이며 아마도 우리 안에 남아 있는 그림들은 우리가 말이라는 매체를 통해 처음 구상한 그림들이다. 사진들은 우리의 잘못된 관념을 교정해주는 데 도움이 될 수는 있다. 그러나 상상력은 시각적 표현으로 작동하지 않는다. 우리는 우리의 팔레트에 설명 구절을 놓고 자신만의 그림을 그린다.(예술작품은 다른 범주에 속한다.) 우리는 아놀드(Arnold) 박사가 새로운 장소에 대해 정신적인 그림을 형성하기 위한 설명을 얻을 때까지 얼마나 불안 했는지를 기억한다. 이 정신적인 그림이 아이들과 독창적인 정신을 가진 사람들 안에 존재한다. 장소를 제 위치에 두는 지도가 바로 우리가 원하는 전부이다.

산문이든, 시이든 간에 문학 읽기는 공부했던 역사적인 시대를 일반적으로 나타내야 한다. 그러나 골라서 읽기는 피해야 하며, 아이들은 소개된 책 전체 혹은 시 전체를 읽어야 한다. 여기서 우리는 심각한 어려움에 직면하게 된다. 플라톤은 우리가 아는 바와 같이, 그의 '공화국'에 나오는 시인들이 젊은이들의 도덕을 타락시키는 사안들을 쓰지 않도록 잘 살펴야 한다고 단정했다. 지식의 홍수의 문이 열렸을 때 유럽에서 무슨 일이 일어났는지 인식했던 에라스무스(Erasmus)는 이 점에 관하여 걱정스럽게 간청했다. 그리고 로세티(Rossetti, 역자 주-시인이자 화가)가 정의의 편에 있었다는 사실은 조금 놀랍다. 프리드리히 페르스(Friedrich Perthes, 역자 주-독일인 출판업자)가 교육적인 사명을 발견한 이래로, 세상을 위해 그토록 많은 일을 해 왔던 출판사들이 이 문제에 있어서도 우리를 도울 수 있을 것인가? 출판사들은 항상 경계심 많은 학자의 지침에 따라 마지못해 삭제를 해야만 한다. 그러나 단 하나의 외설적인 단락이 남길 수 있는 정신적, 도덕적 얼룩에 대한 두려움 없이 학생들에게 책의 세계를 개방할 수 있다면 교사들에게 얼마나 양심의 안식이 되겠는가? 문학의 공화국에서 자유를 빼앗은 많은 사람들 또한 온전한 도서관 판본을 값비싸게 장정하여 적절한 자리에 보관하는 데 만족할 것이며, 일상생활에서 사용하기 편리한 책들은 불안함 없이 남겨 둘 수 있을 것이다.

이러한(매우 신중한) 과정을 거친 구약성경 자체는 아이들의 독서에 더 유용할 것이다. 그리고 여기저기서 외설적인 내용들을 제거함으로써 셰익스피어의 희곡들이 고통을 받았다고 느끼는 사람은 없을 것이다. 이 점에 있어서 우리는 너무 미신적인 경건함을 소중히 여긴다. 또 다른 문제에서 위대한 '치유 사상가'인 아놀드 박사는 우리에게 다음과 같이 충고한다. "제안된 독서를 당신의 시간과 경향성에 맞게 양을 조정하되, 그 양이 많든 적든 간에 그 종류와 범위가 다양하도록 하십시오. 제가 인간 정신의 향상과 관련된 어떠한 점에 대해 자신 있는 의견을 가지고 있다면, 이것이 바로 그것입니다." 여기에서 우리는 우리의 다양한 교양 교육 과정에 대한 지지를 얻을 수 있다. 그리고 사실 소수의 주제를 공부하는 학생이 소수의 몇 가지를 알고 있는 만큼 많은 주제를 공부하는 학생도 많은 주제를 알고 있다.

아이들은 책을 읽어야 하지 책과 저자에 관한 내용을 읽는 게 아니며, 이런 종류의 독서는 문학 애호가의 여가 시간을 위해 남겨두면 된다. 아이들의 독서는 대부분 역사적 순서로 신중하게 정렬되어야 한다. 아이들은 그것이 로빈슨 크루소인지 혹은 헉슬리(Huxley)의 생리학(Physiography)인지 아닌지를 알기 위해 직접 읽어야 한다. 아이들의 지식은 시험지가 아니라 한 번 읽은 후 그 단락을 말로(그리고 가끔 글로) 재현하는 방식으로 평가되어야 한다. 가르칠 때 우리가 신경 쓰는 온갖 추가 과정들은 아이들의 정신이 수행할 수 있는 과정들이다. 따라서 결국 이런 종류의 독서가 교실에서의 주요 과업이 되어야 한다.

우리는 영국 교육 역사의 결정적인 순간에 있다. 존 불(John Bull, 역자 주-영국을 의인화한 인물)은 곰곰이 생각하는 중이다. 그는 "나는 여성의 고등교육을 위해 노력했다. 그러나 그들로 다시 요리 냄비와 물레질로 돌아가 가정 경제를 배우게 하자. 나는 이 사십 년 동안 우리 국민의 자녀들을 교육하려고 노력했다. 그 결과는 무엇인가? 파업과 자만한 사람들뿐이다! 대신 견습학교를 주어 그들이 남은 평생 할 일을 배우도록 하자!" 그러나 존 불(John Bull)은 틀렸다. 지금까지 우리가 실패한 이유는 지식 그 자체 대신에 지식의 세세한 규칙이나 장황함에 불과한 지식을 제공한 데 있다. 지식을 경멸하지 않는 사람들이 일어나 행동해야 할 때이다. 영국을 구하고 영국을 더 큰 나라, 더 좋은 기회로 만들 시간은 아직 남아 있다. 만약 우리가 국민들을 파멸이 봉인된 물질적인 교육의 수렁에 가라앉게 방관한다면 국가에 대한 우리의 사랑은 유지되지 못할 것이다. 지금 현존해 있는 사람들은 많은 국가들 가운데 우리가 3위까지 오르게 될 날을 볼 것이다. 한 나라를 높이는 게 지식이기 때문이며 적절하게 정돈된 지식이 공의를 행하면 번영이 뒤따르기 때문이다.

한때 우리와 친숙한 멘토였던 매튜 아놀드는 "명료하게 생각하고, 깊이 느끼며, 풍성한 열매를 맺으라."라고 말했다. 그리고 그의 권고는 우리의 필요를 정확히 충족시켜 준다

부록
너무 넓은 그물망

'앞으로 다가올 일을 꿈꾸는 드넓은 세상'은 먹구름 가득한 지평선으로부터 부상하며 어렴풋이 빛나는 교육의 형상에 주목하고 있다. 이 은혜로운 실재는 세상을 바꾸고 모든 사람에게 더 넓은 가능성, 또 다른 사상, 목표를 제공하려고 한다. 그러나 모든 사람에게 열려 있는 이 교육은 기회를 보편화하는 것 이상의 더 가까운 전망을 약속 하지 않는다. 즉 정신적인 일에서도 힘을 가진 자가 차지하고 능력이 있는 사람이 가지는 것이다.

의심의 여지 없이 그물은 넓게 던져져 있고 강력한 견인력으로 끌어들이지만, 그물망이 너무 넓어서 큰 물고기만 걸릴 뿐이다. 지금 이것은 세계가 존재했던 이래로 단지 교육의 역사일 뿐이며 새로운 게 아니다. 중세시대의 성이나, 수도원, 르네상스 시대의 학교들 그리고 중국의 학교들이 바로 이러한 교육 계획에 의해서 운영되었다. 이런 교육은 그것을 원하고 받아들일 수 있는 사람을 위한 것이지 숨 쉬는 공기나 기분 좋은 햇살과 같은 보편적인 혜택이 아니니다.

우리는 이러한 한계가 '노동자 계층'에 미치는 영향에 대해 다소 안타까운 마음이 든다. 이들 중 오로지 작은 비율의 아이들만이 시험이라는 그물망에 걸릴 만큼 충분히 '클' 뿐이다. 정확히 말해 이 그물은 물속을 탐색할 뿐이다. 시험을 통과한 소수의 사람들은 큰일들을 하고 중요한 위치를 채우지만 나머지 사람들, 다수의 사람들은 지역 뉴스나 축구에 대한 기사를 다루는 '쓰레기' 같은 지역 신문의 철자쓰기를 제외하면 문맹자들에 불과하다.

그러나 이 해로움은 '노동자 계층'에만 국한되어 있을까? 대부분의 학교에서도 교육의 모든 힘으로 자신을 두드러지게 만드는 듯한 소수의 아이들에게 교육이 집중되어 있지 않은가? 물론 학교 교육이 나머지 학생들에게도 공급되지만, 아이들은 변덕스럽게 교육을 취할 수도 있고 그대로 둘 수도 있다.

우리 모두는 얼마 전, 한 쌍의 매력적인 '쌍둥이(역자 주- Francis and Riversdale Grenfell, by John Buchan)'의 회고록에 매료되었다. 이들은 보통의 사립초등학교를 거쳐 훌륭한 공립학교로 넘어가서 19살까지 그곳에서 지냈다. 즉 그들은 가장 훌륭한 기회들 중 10년에서 12년의 좋은 시절을 그곳에서 보낸 것이다. 그들은 매력적인 학생이었기 때문에 우리는 교사들이 그들을 가르치기를 전혀 꺼리지 않았다고 짐작할 수 있다. 그들의 성적은 상당히 좋았을 것이며, 비록 공립학교를 다소 비웃는 게 유행일지라도 우리는 이 두 쌍둥이가 나라에서 필요로 하는 가장 훌륭하고 가장 지적인 남자들이 되었고 그들 또한 최선을 다했음을 알고 있다. 그러므로 이 '쌍둥이'에게 일어났던 일은 무언가 공립학교에 대한 비난보다는 단지 큰 그물망 시스템에 대한 비난을 던질 뿐이다. 그들의 즐거운 전기에서 읽은 몇 가지들을 여기에 소개한다.

"폴로 게임에서 충돌이 있은 후, 병원에 입원해 있는 동안, F에게 편지하기를: '나는 그것이 정말 재미있었어. 우리가 이렇게 많은 일에 흥미를 가질 수 있다는 게 얼마나 행운이야!'"

확실히 학교장이 가르칠 만한 인재가 여기 있었다! 다시 우리는 다음과 같은 내용을 읽을 수 있다.

"그들은 장엄한 세계를 감탄하기를 그치지 않았고 그들은 신성한 순수함을 군인생활, 여행, 스포츠, 사업 그리고 특히 세계대전의 그늘에까지 동원했다."

그리고 그들의 이 '감탄'은 학교에서 그들을 특징짓는 표시였다. 다시 말하지만 그들은 교사들에게 얼마나 좋은 인재였을까!

"그러나 X에서 그들은 책에 대해 거의 관심을 보이지 않았고 나중에는 서로 간에 '우리는 완전히 교육을 받지 못한 채 학교를 떠났다고 탄식하는 습관이 있었다.'라고 우리는 읽는다."

그들의 친절한 전기 작가와 친애하는 친구는 계속 말한다.

"그러나 그들은 다른 것, 예를 들어 리더십의 재능 그리고 다양한 인간의 본성과 잘 어울릴 수 있는 힘을 배웠다."

그러나 이러한 재능들은 어떤 면에서 가족의 유전인 듯 보인다. 학교가 육성한 재능이라기보다는 그들의 본성이 아니었을까? 1880년에 태어난 그들은 1899년에 학교를 떠났고, 당시 성공적이고 모험적인 재미에 대한 형제의 즐거운 기록이 뒤따른다.

"R은 곧 도시에 흡수되어 그의 교육의 부족을 한탄하기 시작했다." "F는 이집트에서 크로머(Cromer) 경에게 큰 감명을 받고 R에게 편지를 쓰는 동안, '그는 우리 중에 가장 큰 사람이다! …… 그의 말은 들을 만한 가치가 있다'고 했다."

두 형제는 끊임없이 연락을 주고받았고 R은 멘토의 역할을 그의 형에게 지웠다. 그는 동생에게 문체를 향상시키기 위해서 타임즈 리더(Times Leader)를 암기하면서 배우라고 충고했는데 "왜냐하면 그것들은 훌륭한 영어이기 때문이다."라고 했다. 계속해서 읽어보자.

"나는 다음 우편에 좋은 책 하나를 보낼 거야. 헉슬리(Huxley) 교수가 쓴 '과학과 교육(Science and Education)'인데, 네가 다시 읽을 수 있는 부분을 여러 군데 표시를 해 두었어." R은 그들이 매우 형편없는 교육을 받았음을 알았고 이 결함을 고치기로 결심했다. "그건 중요하지 않아…… X에서 제대로 배우지 않았다고 나도 생각해. 지금이라도 그렇게 하기만 하면 돼."

이 젊은이의 훌륭한 충성심을 보라. 그는 그의 실패를 학교의 탓으로 돌릴 수 없었다.

만약 학교에 한 가지 공을 돌린다면, 그것은 그들이 '어떻게 배우는지'를 보여주었다는 점이다. 그러나 정말 그랬을까? 우리는 R이 책들을 기묘한 방식으로 분류하고서 F에게 편지를 쓴 것을 읽는다.

"누구나 기억력을 향상시킬 수 있어. 가장 좋은 방법은 무엇이든 암기해 보는 거야. 그리고 나서 네가 그것을 안다고 생각했을 때 그것을 말하고 써 보렴…… 무엇보다 정신을 항상 사용하도록 해. 어떤 한 위대한 사람 (누구였는지는 잊었다)은 대문에 69라는 숫자를 보면, 69라고 말하고, 69년으로 끝나는 해에 일어난 모든 일을 기억하려고 시도했다고 해. 혹은 말 한 마리를 보고는 그날 무엇을 보았는지 기억해 본다든가…… 그는 여유 시간이 생기자마자 책을 집어 든다고 해. 그는 매일 밤 1시 30분까지 책을 읽어. 다음 날 아침 사원으로 차를 몰고 갈 때 그는 읽은 것을 곰곰이 생각한다는 거야. 그 결과 그는 기막힌 기억력을 가지고 있고, 모든 것을 알고 있다는 거지."

그 가련한 친구가 자신과 그의 동생을 위해 마련한 엄청난 노력을 생각해 보라! 그들은 폭우 후에 쟁기질한 들판을 가로질러 지적인 경주를 펼쳤는데, 놀라운 것은 그들이 길을 뚫었다는 데 있다. 게다가 이 두 형제는 대사, 통치자, 정치가 등 위대한 인물이 될 만한 충분한 지적인 열의를 가지고 있었다. 반면에 정신의 일들이 진행되는 동안, 그들은 절망적인 투쟁 속에서 하루하루를 보냈는데, 태만을 유발하는 것은 그 무엇도 경계했다. 그리고 이 모든 것이 그들 자신의 고백에 따르면 '학교에서 배운 게 없기' 때문이었다. 지식의 분야에 대한 R의 추가적인 노력이 여기에 나타나 있다.

"나는 로즈베리가 쓴 나폴레옹을 읽고 있는 중이야. 너에게 곧 보내 줄게. 그는 얼마나 놀라운 사람인지! 그는 그의 삶에서 무언가를 배우지 않으면서 시간을 보낸 적이 없어…… 베이컨의 책에 실린 수필을 동봉할게. 할 수 있으면 외우는 게 좋아. 나는 그것이 훌륭하다고 생각해. '맥컬리의 삶'을 마침 다 읽었어. 나는 항상 우리의 위대한 정치가들과 문학의 집단이 어떻게 살아가고 있는지 궁금했거든. 그리고 세익스피어의 책도 보냈어. 카이사르가 죽은 후 안토니우스가 로마인들에게 한 장광설을 알게 되었어. 나도 전기와 철도 조직에 대해 조금 배우려고 노력하고 있는데, 내 시간을 꽉 채우고 있어. '픽윅 보고서(The Pickwick Papers)'도 보냈어. 나는 항상 이런 종류의 책을 피해왔는데, 디킨스의 작품은 누구나 볼 수 있는 썩은 소설보다 훨씬 더 재미있어! 나는 독서를 통해 그리고 교수들과 나눈 대화로 한 가지를 알게 되었는데, 너와 나는 완전히 잘못된 과목을 배웠다는 거야."

이 편지들은 애처로운 문서들이며 동시에 위안을 주기도 한다. 그것에 감사하자. 그들은 지식욕이 학교에서 그것을 충족시키든 그대로 방치하든지 간에 억제할 수 없는 욕구임을 증명해 간다. 그러나 반복해서 원기 회복을 야기해야 하는 욕구의 추구가 과정에서 별로 즐겁지 않고 무거운 길 위에 끈질긴 노동이 되어버렸을 때 이에 대한 해답은 없는 것일까?

여기 다시 교육의 부재가 수반하는 한계의 또 다른 증거가 있다. 유쾌한 삶에서 교양 있는 유머 감각은 큰 요소이지만, 이러한 젊은 이들은 유머가 없다. 어쩌면 스포츠에 중독된 젊은이들은 대개 미묘한 난센스를 이해하지 못할 것이다. 미묘하고 비현실적인 종류의 놀이를 이해하기에 스포츠는 너무 격렬하다. 계속해서 읽어 보자.

"R은 벨포어(Balfour) 씨와 레이(Reay) 경이 '이상한 나라의 앨리스'를 칭찬하는 말을 들었다. 깊은 감명을 받았던 그는 런던으로 돌아오자마자 그 책을 사서 진지하게 읽었다. 경악스럽게도 그는 그 안에서 아무런 의미를 발견하지 못했다. 그리고 그는 그것이 난센스일 수 있다는 생각이 들어서 다시 읽어 보았다. 그는 다소 재미있다고 결론을 내리긴 했지만, 여전히 실망했다."

더 이상 이 흥미로운 두 사람의 이력을 따라갈 필요는 없을 것이다. 둘 다 마흔이 되기 전에 일찍 세상을 떠났다. 그들의 훌륭한 자질과 개인적인 매력은 끝까지 그들과 함께 했으나 아쉽게도 꺾을 수 없는 무지 또한 그러했다. 그들은 지칠 줄도 모르고 애를 썼지만, R은 결국 "우리는 완전히 잘못된 과목을 배웠던 거야."라고 말했다.

매력적인 매너와 다정한 천성 덕분에 일정한 성공과 개인적인 평판을 획득한 사람들이 그들을 눈멀게 만들고 수고를 헛되게 했던 무지를 스스로 바로잡으려 했으나, 결국 의기소침해지고 실망했던 이유를 학교들은 우리에게 설명해 주어야 한다. 그들은 '사람이 지식을 좋아하기 때문에' 지식이 즐겁다는 지점까지 도달하지 못했다. 그리고 지식에 대한 이런 최고의 기쁨을 발견하기 전에는 어떤 자기 학습의 노력으로도 무언가를 성취하는 게 불가능하다는 사실도 깨닫지 못했다.

큰 규모의 공립학교가 그 목적을 달성하지 못했던 이러한 실패가 20년 전에 일어났다는 점에 주목해야 한다. 그리고 어떤 교육기구도 큰 규모의 공립학교 교장들보다 더 사려 깊고 계몽된 발전을 이루지 못했다. 아마도 코닝스비(Coningsby)에 있는 이튼(Eton) 학생들의 유쾌한 그룹은 항상 그래왔고 오늘날에도 전형적인 그룹일 것이다. 학교를 대표하는 남학생들의 훌륭한 태도와 지성에는 기사도적인 특징이 있으며 이는 그들의 지적인 활동을 잘 설명해 준다. 문제는 평범한 소년에게도 이런 많은 일들이 이루어질 수 있는지에 있다.

학교의 기능은 학생들이 평생동안 매일 스스로를 만족시키는 건강한 욕구를 만들 때까지 학생들을 지식으로 먹이는 데 있다. 우리는 어린아이들에게 배우는 방법을 가르치는 것, 즉 아이에게 음식을 제공하지 않고 먹는 동작을 가르치는 게 더할 나위 없이 적절하고 필요한 노동이라 여기며, 정신을 향상시키기 위해 추구해야 하는 공부는 뒷전으로 미뤄야 한다는 익살극을 포기해야 한다.

모든 사람이 알고 싶어하는 다방면의 지식들은 도표, 요약, 추상적인 원리를 통해서가 아니라 학교 교실 안에서 접할 수 있어야 한다. '킷(Kit)의 남동생'과 같은 아이들은 굴을 먹음으로써 '굴이 무엇인지' 배워야 한다. 지식 그 자체 외에 지식으로 가는 길은 없다. 그리고 학교는 정신이 지식을 다룰 능력이 되었다는 자격을 부여하는 일에서 시작해서는 안 된다. 학교는 다른 모든 사람들처럼 이 '쌍둥이'가 알기를 원했던 모든 종류의 지식을 포함하고 있는 책을 공급해주는 일에서 시작해야 한다. 우리는 두 가지 어려움을 직시해야 한다. 우리는 아이들이 지적인 인격체라는 사실과 지적인 삶에는 지식이 필수적이고 필연적이라고 믿지 않는다. 학교에서 가장 우수한 학생들, 큰 규모의 학교에서 여섯 명 혹은 열두 명 정도의 최고 학생들이 어떻게 실력을 발휘했는지를 보여주는 시험에 초점이 맞춰져서 교육이 이루어지는 현실은 안타까운 일이다. 탁월하고 양심적인 교사들은 시험 응시자들에게 과도한 중요성을 부여하지 않을 수 없다. 그리고 사오백 명의 학생들은 열두 명의 우수한 학생들에 의해 흥하거나 망한다.